CRIMINOLOGIA

gen
Grupo
Editorial
Nacional

Guilherme de Souza Nucci

CRIMINOLOGIA

- O autor deste livro e a editora empenharam seus melhores esforços para assegurar que as informações e os procedimentos apresentados no texto estejam em acordo com os padrões aceitos à época da publicação, e todos os dados foram atualizados pelo autor até a data de fechamento do livro. Entretanto, tendo em conta a evolução das ciências, as atualizações legislativas, as mudanças regulamentares governamentais e o constante fluxo de novas informações sobre os temas que constam do livro, recomendamos enfaticamente que os leitores consultem sempre outras fontes fidedignas, de modo a se certificarem de que as informações contidas no texto estão corretas e de que não houve alterações nas recomendações ou na legislação regulamentadora.

- Fechamento desta edição: *23.04.2021*

- O Autor e a editora se empenharam para citar adequadamente e dar o devido crédito a todos os detentores de direitos autorais de qualquer material utilizado neste livro, dispondo-se a possíveis acertos posteriores caso, inadvertida e involuntariamente, a identificação de algum deles tenha sido omitida.

- **Atendimento ao cliente: (11) 5080-0751 | faleconosco@grupogen.com.br**

Editora Forense Ltda.
Uma editora integrante do GEN | Grupo Editorial Nacional
Travessa do Ouvidor, 11 – Térreo e 6º andar
Rio de Janeiro – RJ – 20040-040
www.grupogen.com.br

- Capa: Joyce Matos

- **CIP – BRASIL. CATALOGAÇÃO NA FONTE.**
SINDICATO NACIONAL DOS EDITORES DE LIVROS, RJ.

Nucci, Guilherme de Souza,1963

Criminologia / Guilherme de Souza Nucci. – 1. ed. – Rio de Janeiro: Forense, 2021.

Inclui bibliografia
ISBN 978-65-596-4120-8

1. Criminologia. I. Título.

21-70528 CDU: 343.9

Meri Gleice Rodrigues de Souza – Bibliotecária – CRB-7/6439

Sobre o autor

Livre-docente em Direito Penal, Doutor e Mestre em Direito Processual Penal pela PUC-SP.

Professor da PUC-SP, atuando nos cursos de graduação e pós-graduação (Mestrado e Doutorado).

Desembargador na Seção Criminal do Tribunal de Justiça de São Paulo.

www.guilhermenucci.com.br

Apresentação

Cuida-se da primeira edição de obra inédita de nossa autoria, intitulada *Criminologia*, cabendo-nos elaborar a sua apresentação ao leitor. Por certo, há dois fatores introdutórios deste trabalho a quem pretenda conhecê-lo: o primeiro é o acesso ao sumário, onde se pode encontrar todos os temas desenvolvidos; o segundo se liga à experimentação de outros livros que vimos escrevendo ao longo dos anos. Portanto, não pretendemos reiterar, nesta apresentação, todos os itens do sumário. Quanto ao perfil adotado em todos os nossos trabalhos, sejam teses acadêmicas, que se transformaram em monografias publicadas, sejam livros voltados diretamente ao trabalho cotidiano do operador do direito, sejam as obras concernentes aos cursos de graduação em Direito, seguimos o mesmo propósito: conhecer o tema, explorar seus pontos positivos e negativos, tomar contato com a maior parte das opiniões de quem já se debruçou sobre ele, escrevendo algo a respeito, indicar soluções para problemas encontrados e, acima de tudo, adotar uma posição equilibrada, talvez pela força do hábito, uma vez que atuamos, como magistrado, há mais de 30 anos. Há quem prefira o autor tendencioso, com posições radicais e consideradas puristas. No direito penal, separam-se os escritores pendentes ao sistema punitivo rigoroso e os que defendem outro sistema, mais leniente. No processo penal, divergem os autores, alguns até pela profissão exercida, entre os que apoiam posições mais voltadas ao favorecimento da atividade persecutória do Estado, enquanto outros preferem defender visões sempre indulgentes quanto ao acusado. Idêntica situação pode ser encontrada nos compêndios de execução penal e dos que lidam com o direito da infância e da juventude, particularmente, no tocante ao campo dos atos infracionais.

Nessas mais de três décadas atuando, também, como professor e estudioso do direito penal, do processo penal, da execução penal e do direito da infância e da juventude, faltava-nos um aprofundamento nas causas, origens, motivos, razões, enfim, nos alicerces do sistema punitivo, o que nos conduziu ao estudo da criminologia. Eis que, nos mesmos termos de todas as nossas obras anteriores, deparamo-nos – aqui, talvez, de maneira ainda mais acirrada – com posições antagônicas e excludentes. Por certo, sabemos que alguns defendem ser *científico* ter uma corrente de pensamento a seguir, comentando outras somente para criticá-las, mas elegendo a sua como o norte a perseguir. Aliás, quanto mais se estuda com zelo e entusiasmo, mais tomamos ciência da nossa necessidade de jamais parar de fazê-lo, pois ninguém é o senhor absoluto de verdade alguma, em nenhum universo, particularmente, no cenário do direito. Temos um posicionamento singular, consistente em conhecer de tudo, aproveitar as boas ideias, criticar aquelas que nos soam inadequadas em determinado tema, mostrar os motivos da crítica e apresentar a nossa solução para a questão. Não apreciamos construir qualquer obra com citações variadas de outros autores, encerrando o texto com a miscelânea de ideias e deixando ao leitor a tarefa de decidir qual corrente seguir. Não nos parece acertado, igualmente, ofertar ao leitor citações de outros pensadores e findar com a mera aderência a uma delas, sem maiores considerações.

Do exposto, escrever esta obra constituiu um trabalho dos mais difíceis, justamente porque o cenário da criminologia é repleto de antagonismos, muitos dos quais são inconciliáveis. Há criminologistas dedicados apenas e unicamente às teorias etiológicas do crime, excluindo as sociológicas; o contrário é igualmente encontrado. Entretanto, não se pode estudar apenas a visão sociológica do delito, abrangendo o criminoso, por vezes a vítima, com passagens pela teoria da pena, nem mesmo comentar os fatores encartados na lei vigente, a respeito de fatores eminentemente etiológicos – fora do contexto sociológico – que levam pessoas ao cometimento de infrações penais. Todas as teorias sociológicas da criminologia, sozinhas, são incapazes de apresentar a integralidade do fenômeno *crime*, de quem o pratica, de quem o sofre e, acima de tudo, qual a punição adequada. Mesmo as teorias radicais, como o abolicionismo penal, chocam-se, com autores mudando de ideia com o passar do tempo e com soluções variadas para o sistema punitivo, embora todos se proclamem *abolicionistas*. Então, a unanimidade é uma ficção. Pensamos ser interessante ao leitor conhecer as variadas posições, as partes positivas e negativas de cada uma, conhecer a posição do autor e extrair a sua conclusão sobre um tema tão delicado, sensível e profundamente ligado à dignidade da pessoa humana, que precisa ser visualizada tanto da posição do criminoso quanto da parte da vítima e, sem dúvida, levando-se em consideração a sociedade como um todo.

As autênticas teorias, sérias e idôneas, que não se apresentam como um amontoado de críticas às teorias alheias, muitas delas agressivas e irônicas, sem qualquer lastro acadêmico, precisam ser levadas em conta para que a criminologia evolua, visto ser uma ciência dinâmica e, para nós, atuante até que a humanidade se aprimore o suficiente para não mais haver agressões de uns contra outros e o sistema punitivo torne-se, naturalmente, desnecessário. Enquanto isto não se der, o criminólogo precisa agir, atuar, expor suas ideias, promover suas críticas e, acima de tudo, participar do processo legislativo de construção de leis e averiguar a atividade do Poder Executivo na aplicação prática da punição, bem como estudar o comportamento do Judiciário, conforme suas decisões, indicando erros e acertos.

É o que procuramos fazer nesta nova obra. A criminologia é uma ciência, cuja vocação é o estudo das causas do crime e dos motivos que levam alguém a delinquir, mas não somente isso. Precisa analisar o comportamento da vítima, inclusive para encontrar as mais adequadas soluções para a pena e para o modo de punir – ou não – o agente. Em nossa visão, a criminologia não deve abstrair de suas linhas o que significa o crime, tampouco quais são (e como devem ser) as funções e finalidades da pena, afinal, indicar problemas concentrados em uma visão exclusiva acerca de algum tema, não ampliando horizontes, jamais será o caminho apto a ofertar soluções para os Poderes da República agirem no cenário criminal.

Afinal, a criminologia deve limitar-se a apenas criticar um sistema punitivo? Deve oferecer soluções? Essas medidas precisam ser factíveis ou podem ser ilusórias? Há de se mesclar política e criminologia? Há de se impulsionar, na criminologia, uma exclusiva ideologia? É preciso estudar e escrever, excluindo pensamentos não concordantes? Pensamos que a conciliação é o mais indicado caminho e, por isso, procuramos abordar todas as teorias consideradas importantes, desde o Iluminismo até o presente para entender o crime, o criminoso, a vítima, a pena e os sistemas punitivos existentes. Não temos a menor pretensão de cair no mesmo erro que criticamos: ofertamos o nosso entendimento a respeito de tão importantes temas, sem fechar questão, nem mesmo acreditar que atingimos o ápice das propostas para solucionar vários impasses no conturbado cenário punitivo nacional.

Esta obra possui alguns pontos diferenciados de outras obras similares: incluímos a análise das teorias sociológicas do crime e, também, os fatores etiológicos, em contextos ligados às leis vigentes; exploramos o conceito material de crime – onde nasce, as tipificações adequadas e as inadequadas, com exemplos extraídos do ordenamento jurídico-penal e da vida real –, bem como os fatores propícios à descriminalização e os bens jurídicos merecedores de tutela penal; analisamos o criminoso em tópicos particulares, como egoísmo, livre-arbítrio, periculosidade e vingança; abordamos a teoria da pena, retificando o nosso entendimento a respeito, elegendo duas funções e três finalidades para a sanção penal; buscamos refletir sobre a vítima em posição diferenciada no contexto do delito; além de expormos as questões relativas à política criminal e aos principais sistemas punitivos da atualidade, na conclusão, ofertamos várias considerações, contendo críticas e sugestões para aprimoramento do direito penal como um todo.

Vivemos uma época difícil, em virtude da facilidade com que as opiniões transitam no mundo inteiro, bem como as notícias verdadeiras e, infelizmente, as falsas. O volume de *fake news* tem provocado graves problemas e os meios de comunicação não sabem como lidar com isso, nem mesmo as leis de vários países têm uma única tendência. Tem-se estudado o que fazer: limitar seria censura; permitir seria irresponsabilidade; buscar o meio-termo seria o ideal, mas este é o dilema: qual seria a posição de equilíbrio? Esta fase, acrescida da pandemia de covid-19, desde 2020, tem tornado ainda mais radicais as visões no cenário do direito penal, do processo penal, da execução penal, com os reflexos evidentes em estudos criminológicos.

Nem mesmo para um debate sério e equilibrado tem-se conseguido espaço. Pode ser que os radicalismos se acirraram por causa da facilidade com que cada um expressa o seu pensamento, praticamente sem limites, mas é fato que debater crime, criminoso, vítima, pena e sistema punitivo é complexo e raro – ao menos, em alto nível, buscando calcar-se em sólidas teorias e soluções viáveis e constitucionalmente aceitas.

Esperamos poder contribuir para que a criminologia tenha mais alguns dados, a fim de pensar e repensar todo o arcabouço de leis penais, processuais penais, de execução penal e voltadas ao jovem infrator, lembrando, sempre, que as leis já existentes precisam ser cumpridas. Parece-nos inaceitável mudar leis que nem mesmo foram implementadas. De outra parte, o princípio da legalidade há de ser o fiel da balança das ciências criminais, não se podendo propor soluções fora do âmbito da lei editada pelo Poder Legislativo federal, válida para todo o Brasil, de forma vinculante e eficiente.

Além disso, muitas soluções virão com o tempo e elas têm uma fonte comum: a tecnologia avançada. Somente com o aprimoramento dos instrumentos de controle poderemos, realmente, cuidar do afastamento, cada vez maior, da pena privativa de liberdade e, também, conferir real eficácia às penas restritivas de direitos e à pecuniária. Passo a passo, estamos evoluindo para descobrir mecanismos punitivos alternativos, mas eficientes, embora isto dependa do aprimoramento tecnológico.

Em suma, obrigamo-nos a estudar, conhecer e escrever sobre criminologia para que possamos entender com maior profundidade o direito penal, o processo penal, a execução penal e o ato infracional. Acreditamos ter dado o primeiro passo para tanto, porque *criminologia se estuda para sempre*. Possa o leitor apreciar estas linhas, em que buscamos manter a nossa posição de equilíbrio, procurando soluções implementadoras de alternativas consagradoras do meio-termo, expondo, por certo, as várias teorias sociológicas, etiológicas, acrescidas da política criminal e dos sistemas punitivos existentes.

Agradecemos à editora Forense pelo empenho de todas as suas equipes para que esta obra inédita se tornasse uma realidade.

São Paulo, abril de 2021.

O Autor

Sumário

I

Noções iniciais

1. CONCEITO DE CRIMINOLOGIA

Trata-se da ciência voltada ao estudo das causas do crime e das razões que levam alguém a delinquir, enfocando essas causas e razões por meio de métodos empíricos e pela observação dos fenômenos sociais, onde se insere a avaliação da vítima, apresentando críticas ao modelo punitivo existente e proporcionando sugestões de aperfeiçoamento da política criminal do Estado. O crime é um fenômeno social variável de tempos em tempos, o que poderia prejudicar a avaliação da criminologia como ciência. Assim não nos parece, visto que a base do delito se mantém inalterada desde os primórdios da humanidade, como a conduta mais lesiva a bens jurídicos tutelados, em certo lugar e em determinada época, merecedora da pena, dando ensejo a ser estudada em aspectos invariáveis e, pelo menos, frequentes e repetidos, possuindo o mínimo de estabilidade para se poder indicar ao direito penal as suas balizas.[1] A meta da criminologia deve ser o aprimoramento do direito penal em todos os seus matizes.[2]

---

[1] Para Sutherland e Cressey, a criminologia não é uma ciência, mas se espera que se torne. Afinal, as proposições gerais de validade universal constituem a essência da ciência; essas proposições podem ser feitas somente enfocando unidades estáveis e homogêneas e o crime não é uma unidade estável ou homogênea, visto variar de um tempo ou lugar a outro (*Principles of criminology*, p. 19). Sob aspecto semelhante, Hans von Hentig afirma

Como esclarece ROBERTO LYRA, a formação da palavra *criminologia* é atribuída a R. Garofalo (Itália, 1851-1934), que com ela intitulou sua obra principal (1885), mas fora empregada, anteriormente, por P. Topinard (França, 1830-1911). O vocábulo *criminologia*, a princípio reservado ao estudo do crime (significado etimológico), ascendeu à designação da ciência geral da criminalidade, antes denominada *sociologia criminal* ou *antropologia criminal*.[3]

Há diferentes visões acerca da criminologia, embora se possa colher de cada uma delas o que há de relevante para se poder formar um conceito amplo e abrangente, tendo em vista que, segundo nos parece, o objetivo maior é compreender mais profundamente o que representa a infração penal à sociedade de um determinado país, os motivos que levam o Estado a estabelecer punições para certas condutas consideradas as mais lesivas a interesses juridicamente protegidos – exatamente o que define o crime em seu conceito material –, quais as espécies de penas e o seu alcance, inclusive para se conferir se a punição guarda proporcionalidade com a infração concretizada, de modo a respeitar os cânones constitucionais, mormente os voltados a regular, reconhecer e garantir os direitos humanos fundamentais.

Em avaliação mais tradicional, NÉLSON HUNGRIA a definia como "o estudo experimental do fenômeno do crime, para pesquisar-lhe a etiologia e tentar sua debelação por meios retificativos ou curativos e preventivos ou profiláticos. [...] É o conjunto de observações que, colhidas segundo o método experimental, pretende assumir o caráter de ciência causal-explicativa, em torno ao fenômeno social e humano da delinquência".[4] Sob outro ponto de vista, GARCÍA-PABLOS DE MOLINA a conceitua como a "ciência empírica e interdisciplinar, que se ocupa do estudo do crime, da pessoa do infrator, da vítima e do controle social do comportamento delitivo, e que trata de subministrar uma informação válida, contrastada, sobre a gênese, dinâmica e variáveis principais do crime – contemplado este como problema individual e

---

que, se entendermos por ciência um corpo de conhecimentos apreensíveis e passíveis de ensinamento que podem ser aplicados com um grau razoável de certeza à vida variável, a criminologia está no caminho de se converter em ciência (*Criminología*: causas y condiciones del delito, p. 12). E no dizer de HERMANN MANNHEIM, o caráter científico da criminologia tem sido ultimamente posto em causa, já que se tem afirmado que o tratamento dos delinquentes é mais uma arte do que uma ciência (*Criminologia comparada*, p. 45).

2 Cf. VITORINO PRATA CASTELO BRANCO, *Curso completo de criminologia da sociedade brasileira de direito criminal*, p. 25; ALFONSO SERRANO MAÍLLO, *Curso de criminologia*, p. 53; ORLANDO SOARES, *Criminologia*, p. 51.

3 *Criminologia*, p. 37-38. No mesmo sentido, FERNANDO SANTA CECILIA GARCÍA (Concepto de criminología, in: FERNANDO PÉREZ ÁLVAREZ [dir.], *Introducción a la criminología*, p. 19).

4 Direito penal e criminologia, p. 5.

como problema social – assim como sobre os programas de prevenção eficaz do mesmo e técnicas de intervenção positiva no homem delinquente e nos diversos modelos ou sistemas de respostas ao delito".[5]

Pode-se indicar ser a criminologia uma ciência empírica do *ser*; o direito, uma ciência do *dever ser*, logo, normativa. A primeira se serve de um método empírico, baseado na análise e na observação da realidade; o segundo segue o racionalismo lógico, abstrato-dedutivo, silogístico e categorial.[6]

Para Sérgio Salomão Shecaira, o direito penal, a criminologia e a política criminal refletem os três alicerces sobre os quais se assentam as *ciências criminais*, formando um modelo integrado de ciência conjunta.[7] Segundo nos parece, não considerando a política criminal como ciência criminal, mas um modo de raciocinar e estudar o direito penal, a fim de lhe dar a eficácia aguardada pelo Estado, nos termos da sua proposta de pacificação social, deve-se acrescentar nessa base o processo penal, que lida diretamente com a liberdade do indivíduo, desde o princípio da investigação criminal, podendo representar a privação antecipada de seu direito essencial de ir e vir, motivo pelo qual é preciso estudar, com maior zelo, essa força estatal prisional, embora de natureza cautelar. E o contexto ideal para isso se dá exatamente no cenário das ciências criminais, indagando-se sempre *por que* punir e *quando punir*.

É certo deva a criminologia estudar o crime e o criminoso, mas o faz para avaliar a necessidade da aplicação da punição, levando a análise para as funções e as finalidades da pena, integrando o cenário global da infração penal e todas as suas consequências não só para o infrator, mas igualmente para a sociedade.[8] Afinal, há uma cadeia de situações lógicas e sucessivas: prever como crime certa conduta, cominando-lhe uma pena; investigar, descobrir, processar e aplicar a sanção ao delinquente; e tornar efetiva a pena pelo seu cumprimento. Portanto, estão ligadas as causas do crime, as razões do seu autor, as penas aplicadas e a sua concretização. Esse é o universo do sistema punitivo, cujo estudo deve integrar as linhas da criminologia. Nesse cenário, incluem-se não apenas o estudo do comportamento da vítima, a sua necessi-

---

5 *Tratado de criminología*, p. 28.

6 Fernando Santa Cecilia García, Método y técnicas de la criminología, in: Fernando Pérez Álvarez (dir.), *Introducción a la criminología*, p. 29. A criminologia é essencialmente biológica, experimental e dedutiva e o direito penal é uma ciência normativa e valorativa (Israel Drapkin Senderey, *Manual de criminologia*, p. 5). No mesmo prisma: Bergalli e Bustos Ramírez (*O pensamento criminológico*, p. 44).

7 *Criminologia*, p. 319.

8 A criminologia *informa* no processo, *esclarece* no julgamento e *colabora* com a ciência penitenciária no decorrer da sanção ordenada (Hilário Veiga de Carvalho, *Compêndio de criminologia*, p. 19).

dade de reparação pelo dano provocado pelo delito, mas também a decretação de prisão cautelar, com privação da liberdade, situação equiparada ao cumprimento da pena, na prática, merecedora de uma avaliação criminológica.

Desde que surgiu, com independência, a criminologia envolveu a antropologia criminal (estudo da constituição física e psíquica do delinquente) – inaugurada por LOMBROSO com a obra *O homem delinquente* –, a psicologia criminal (estudo do psiquismo do agente da infração penal) e a sociologia criminal (estudo das causas sociais da criminalidade). Há outras indicações para o seu cenário abrangente, além das três ciências retrocitadas, como a biologia criminal, a psiquiatria criminal, a história criminal, a criminalística, entre outros aspectos.[9]

Entre o direito penal e a criminologia há uma *relação de necessidade*,[10] pois esta fornece dados empíricos àquele, proporcionando o conhecimento do conceito material de crime para que, depois, por via legislativa, estabeleçam-se os tipos penais incriminadores formalmente previstos na lei, em fiel cumprimento ao princípio da legalidade.

Há quem opte por apontar o mínimo de elementos a estudar para se atingir, mais adiante, uma definição de *criminologia*, tais como o que deve ser prioritariamente defendido em sociedade, quais são os processos de criminalização e seus requisitos e limites, além de se verificar uma forma de controlar comportamentos socialmente negativos, reputados graves em certo momento histórico e num lugar determinado.[11] De qualquer modo, aponta-se o estudo prioritário da criminologia, para instruir o direito penal, resultando disso a referida *relação de necessidade* entre ambos.

2. OBJETOS DA CRIMINOLOGIA

Pode-se intitular a criminologia como uma ciência pré-jurídica, pois capta os fenômenos e os conflitos sociais dispostos a se integrar ao direito penal, como um tipo penal incriminador, emergindo a figura do crime e da pena a ela associada.[12] Nas palavras de HILÁRIO VEIGA DE CARVALHO, a sua

---

9 EVERARDO DA CUNHA LUNA, As ciências penais, p. 125; CLÓVIS BEVILÁQUA, *Criminologia e direito*, p. 14-15.

10 MAYRINK DA COSTA, *Criminologia*, p. 86.

11 CASTRO e CODINO, *Manual de criminologia sociopolítica*, p. 25.

12 "A criminologia não é ciência jurídica, mas pré-jurídica porque contribui para a criação da norma legal, mais apropriada ao direito penal, no seu papel de melhor punir o criminoso" (CASTELO BRANCO, *Curso completo de criminologia da sociedade brasileira de direito criminal*, p. 26).

matéria de estudo é o ser humano, o seu viver social, as suas ações, toda a sua evolução, como espécie e como indivíduo. Por isso, destina-se a observar (biologia, tipologia, psicologia, psiquiatria, psicanálise, sociologia, ciências morais) e aplicar (medicina legal, criminalística, ciência penitenciária).[13]

Bernardino Alimena faz um paralelo entre criminologia e medicina, demonstrando que a luta contra uma enfermidade se torna mais eficiente quando ela ainda está incubada, impedindo-se que venha à tona, embora não se deixe de fazê-lo, também, quando já houver surgido e causado danos, visto ser necessário estancar e reparar esses danos. Portanto, luta-se contra o delito quando já provocou consequências danosas, porém, é viável fazê-lo quando ainda está para acontecer, impedindo-o de ocorrer; pode-se buscar eliminar as causas que impulsionam a sua ocorrência. Assim como existe a medicina preventiva e a reparatória, é possível atuar do mesmo modo no cenário do crime, valendo-se da criminologia e do direito penal para tanto.[14] Assim como a dor é uma notificação para o organismo de que algo está errado, o crime é uma notificação do desajustamento social, especialmente quando o delito se torna prevalente. A infração penal é um sintoma de desorganização social e provavelmente pode ser reduzido consideravelmente apenas por mudanças na organização social.[15]

A criminologia possui vários objetos: (a) crime; (b) criminoso; (c) vítima; (d) pena. A esses quatro enfoques, pode-se acrescer a política criminal. Sob o ângulo do crime, a criminologia deve estudá-lo como fenômeno social[16] a exigir providências punitivas do Estado, além de se avaliar qual é o repúdio da sociedade a certas condutas e quais os meios encontrados para evitá-las ou repará-las. Na ótica do criminoso, é preciso conhecer o ser humano em seus padrões naturais, sem pretender torná-lo um mero experimento científico, o que envolve *quem é*, *onde vive*, *como sobrevive* e, sobretudo, *o que pretende*. São fatores sociológicos sem dúvida, mas que não podem simplesmente negar ou eliminar os etiológicos, constituídos por valores psíquicos e biológicos.[17]

---

13 *Compêndio de criminologia*, p. 12-13.

14 *Introdução ao direito penal*, p. 19.

15 Edwin H. Sutherland e Donald R. Cressey, *Principles of criminology*, p. 22-23.

16 Edwin H. Sutherland e Donald R. Cressey, *Principles of criminology*, p. 3; Alfonso Serrano Maíllo, *Curso de criminologia*, p. 27.

17 "A criminologia não pode existir como uma ciência sem a ajuda da psiquiatria, que ajuda a elucidar alguns delitos de outro modo inexplicáveis. Os criminosos insanos devem ser reconhecidos e tratados como tais. Ademais, não há dúvida de que muitos problemas da personalidade – o delinquente juvenil, o criminoso senil, a ladra grávida de lojas – somente podem ser aclarados pela consulta ao psiquiatra" (Von Hentig, *Criminología*, p. 29 [tradução livre]).

No prisma da vítima, torna-se fundamental avaliar o grau de interação dessa com o agente criminoso, a sua conduta anterior ao crime, a sua influência no meio social e, com isso, os reflexos provocados na vida comunitária e, particularmente, em relação ao delinquente. Quanto à pena, cabe-lhe verificar, questionar, criticar e sugerir o aperfeiçoamento do mecanismo punitivo aplicado pelo poder público.

A criminologia deve ter por objeto, ainda, a política criminal adotada pelo Estado, pois daí advêm muitas das normas penais, que irão influenciar e envolver as relações humanas na área criminal. Não há de ser um trabalho solitário do penalista avaliar os crimes em vigor e as suas consequências punitivas; se o criminologista se abstiver de analisar os tipos penais incriminadores tais como postos e de cumprimento cogente, pouco poderá sugerir para as alterações indispensáveis, de modo a se acomodar o ordenamento jurídico-penal à realidade o mais próximo possível.

Diz-se que a criminologia é diferente do direito penal, pois estuda a realidade, com o fim de explicá-la; o direito penal, por seu turno, apenas valora a realidade e promove a sua integração nas normas jurídicas. Não nos parece devam existir campos estanques para o trabalho dos cientistas criminais. Afinal, o estudo da criminologia deve ter endereço certo, qual seja orientar a política criminal do Estado para que sejam produzidas normas penais harmonizadas à realidade social; diante disso, o criminologista não deve se abster de conhecer e emitir seu parecer acerca das leis penais criadas e aplicadas, o que não implica interpretá-las para o cotidiano dos operadores do direito. Sob outro prisma, o estudioso do direito penal deve conhecer os postulados criminológicos para promover a interpretação da norma com maior destaque para a realidade sempre atual da sociedade. A aproximação entre criminologia e direito penal só pode produzir bons frutos.

Na ótica de García-Pablos de Molina, uma ciência é normativa quando se volta a criar leis, estabelecendo-as. A criminologia busca o substrato fático do crime, investigando e promovendo descobertas a respeito, de modo a informar os poderes públicos; não é sua meta transformar essas informações em proposições concretas.[18] Por certo, a transformação dessas informações em normas concretas passa pela política criminal e atinge o Legislativo. No entanto, segundo nos parece, a criminologia não deve abrir mão de conferir se as normas postas efetivamente seguiram os informes anteriormente prestados, além de avaliar os passos dados pelo Estado na concretização das leis penais e processuais penais. Do contrário, a sua contribuição será sempre meramente

---

18 *Tratado de criminología*, p. 73-74.

teórica, não auferindo utilidade prática, visto se abster de tecer as necessárias críticas ao ordenamento jurídico, sob a sua visão empírica e investigativa.

O conhecimento das causas do delito, pelo estudo da criminologia, poderá conduzir ao seu enfrentamento, de maneira racional, permitindo a diminuição da delinquência ou, pelo menos, o abrandamento da sua gravidade.[19] Em nossa concepção, esse conhecimento deve dar-se da forma o mais abrangente possível, sem a exclusividade de uma ou outra teoria criminológica.

3. IMPORTÂNCIA DA CRIMINOLOGIA

Por certo, analisando-se o seu conceito e os seus objetos, é possível extrair a sua relevância no cenário das ciências criminais, particularmente para o direito penal. Entretanto, há alguns aspectos a mais que merecem ser mencionados.

Antes de mais nada, temos ressaltado, como princípio regente das ciências criminais, a dignidade da pessoa humana (art. 1º, III, CF), em particular sob o aspecto subjetivo, demonstrativo da indispensabilidade de o Estado respeitar a individualidade humana, em todos os seus aspectos, mas sobretudo no que concerne à autoestima e ao amor-próprio da pessoa. A fiel observância dos direitos e das garantias humanas fundamentais, muitos dos quais estão enumerados pelo art. 5º da Constituição Federal, é um dos principais passos para a preservação da dignidade da pessoa humana. Ilustrando o relevo da criminologia para encontrar as balizas essenciais do direito penal, não somente como um instrumento punitivo, mas como um mecanismo de inibição de condutas agressivas aos direitos fundamentais, é possível verificar o fenômeno social do *racismo*, entendido em seu sentido lato, como uma forma de segregação de minorias, por meios variados, cuja finalidade é excluir seres humanos do agrupamento onde vivem, desprezando-os e privando-os de liberdades públicas e de segurança individual e jurídica. Avaliar de onde emerge o racismo, em determinada sociedade, bem como por que surge o racista, dando ensejo a mecanismos penais eficazes de punição, parece-nos atribuição importante da criminologia.

Outro ponto que nos soa imprescindível para a criminologia é apontar as condutas que precisam ser consideradas penalmente irrelevantes, embora se possam caracterizar como outro tipo de ilícito, diferenciando-as daquelas cuja tipificação criminal é indispensável para a pacificação social e a preservação de bens jurídicos de valor inconteste. Noutros termos, até mesmo para

---

[19] BERNALDO DE QUIRÓS, *Criminología*, p. 27.

a aplicação do princípio da intervenção mínima, que busca consagrar a menor interferência possível do direito penal nos conflitos sociais, enaltecendo o Estado Democrático de Direito e privilegiando as liberdades individuais, torna-se forçoso conhecer o alcance social de certas condutas agressivas, que podem ferir direitos de terceiros, alcançando o seu perfil de potencialidade lesiva ao bem comum e à integração social. Ilustrando, uma ofensa à integridade corporal de alguém pode significar uma lesão corporal simples, sem maiores consequências no âmbito social, passível de punição como uma infração de menor potencial ofensivo, como pode representar uma lesão ocorrida contra a mulher, no cenário da violência doméstica e familiar, jamais espelhando uma infração menor, justamente pelas sérias consequências que disso podem advir no futuro. Outras ilações podem ser extraídas de contextos naturalmente polêmicos, em particular quando o direito penal ingressa para aplicar a punição, como o uso de drogas ilícitas, a discriminação de pessoas, o consumo livre de álcool, a prostituição, a pornografia, os furtos de pequeno valor, as infrações de trânsito, a posse e o porte de arma de fogo, enfim, as marcas sinistras de uma sociedade complexa, cujos valores se alteram de maneira dinâmica e célere, especialmente quando se enfoca o fenômeno da globalização.[20] Até que ponto deve o direito penal intervir nesses contextos e em qual medida seria justo e razoável pode e deve ser relevante atribuição da criminologia.

---

[20] A criminologia se ocuparia, num campo prévio do crime, da esfera social do infrator, da cifra negra, das condutas atípicas de interesse criminológico como a prostituição, o alcoolismo, a drogadição etc., além de delitos modernos como os contra o meio ambiente, relacionados a novas tecnologias de informação, crimes do colarinho-branco, terrorismo e segurança internacional (Fernando Santa Cecilia García, Objeto de la criminología: delito y delincuente, in: Fernando Pérez Álvarez [dir.], *Introducción a la criminología*, p. 50).

II

Aspectos relevantes da história da punição

1. DIREITO PENAL PRIMITIVO[1]

A história do direito penal é a história da luta travada pela sociedade contra os impulsos instintivos do ser humano, que no espaço e no tempo sempre ameaçaram o progresso material e moral da humanidade. O direito de punir surgiu, pois, da necessidade de defesa de bens individuais, primeiramente, e, logo a seguir, de bens coletivos.[2]

O debate acerca de ter o homem primitivo vivido em períodos de isolamento, talvez apenas com seu núcleo familiar, mas independente de associação a tribos ou clãs, para os fins penais, é irrelevante. Passa a ter importância somente o estágio a partir do qual as pessoas passam a conviver, motivo pelo qual os conflitos emergem e os interesses individuais começam a ser

---

1 "Durante muito tempo deu-se o nome de 'direitos primitivos' aos sistemas jurídicos dos povos sem escritas" (John Gilissen, *Introdução histórica ao direito*, p. 32-33).

2 Mário Curtis Giordani, *História do direito penal entre os povos antigos do Oriente próximo*, p. 1.

desrespeitados, nascendo daí as lesões variadas aos bens da época.[3] Por isso, CARRARA menciona que o estado de associação é o único estado primitivo do homem, negando o absoluto isolamento.[4]

A falta de conhecimento do universo que lhes servia de cenário fez com que o grupo primitivo visualizasse nos fenômenos da natureza as verdadeiras fontes de poder, capazes de determinar os eventos abrangentes da vida de todos, tais como chuvas, temporais, ventanias, terremotos, maremotos, variações de frio ou calor em demasia, nevascas, entre outros. Os povos deduziram que deveria haver um *deus* por trás desses distúrbios meteorológicos, alguns dos quais se transformavam em cataclismos. Nasceram os cultos e louvores a totens e tabus.[5] "Antes do Poder e das Leis, houve a Magia e a Religião, derivações naturais desse estado mental místico e pré-lógico que foi, e é, o das sociedades primitivas [...]. As forças naturais imponentes, a misteriosa causalidade dos fenômenos, projetaram deuses, demônios, espíritos, por toda a parte, animismo que veio, reflexamente, a premir e assustar depois à pobre mesma alma humana que os criou. O *totem*, deus mítico familiar, o do clã, se fez respeitar e os *tabus*, proibições, rituais, foram o germe do Estado que ordena, da Lei que proíbe, a divindade e os seus mandamentos: 'não matarás', 'respeitarás a posse do próximo' [...]".[6]

O crime era visto como um atentado contra as divindades, sendo que o castigo tinha a finalidade de aplacar a ira divina. Todo delito significava um pecado e a sanção se dirigia a recompor o pecador no sistema natural, restabelecendo a comunicação com o mundo sagrado dos deuses.[7]

---

[3] Nada sabemos, diretamente, do que foi a penalidade entre os homens primitivos. [...] É preciso recorrer a guias indiretas para se dar conta do que fora então a pena, nas origens da humanidade, procurando observar os fenômenos penais nos selvagens atuais e nas crianças que vemos ao nosso redor, uns e outros representantes dos primitivos, como sabemos, em virtude da lei do paralelismo entre a evolução ontogênica e a filogênica que já nos é conhecida (BERNALDO DE QUIRÓS, *Criminología*, p. 323).

[4] *Programa do curso de direito criminal*, v. I, p. 18. Na mesma ótica: ANÍBAL BRUNO, *Direito penal*: parte geral, t. I, p. 67.

[5] O nascimento das regras jurídicas parece que se apresenta no instante em que na mente dessas tribos primitivas de remotas idades da pedra forma-se uma primeira distinção entre o livre, o lícito e o permitido à atividade individual e o proibido, o sancionado sob uma ameaça. São esses dois conceitos que os selvagens polinésios representam positivamente com as duas palavras "tabu" e "noa". O "noa" é o lícito, o livre, aquilo que o sujeito pode praticar sem obstáculo à sua liberdade; "tabu" é o proibido, por uma condição natural das coisas ou por uma interdição dos chefes, dos sacerdotes ou dos feiticeiros (BERNALDO DE QUIRÓS, *Criminología*, p. 325).

[6] AFRÂNIO PEIXOTO, *Criminologia*, p. 24.

[7] PATRICIA ZAMBRANA MORAL, *Estudios de historia del derecho penal*, p. 6. Conferir, também: HANS VON HENTIG, *Criminología*, p. 47-48.

Quando as tribos se encontravam, podiam formar alianças para, unidas, procurar alimentos, lutar contra animais ferozes e garantir a sobrevivência; porém, o instinto de conservação era capaz de levar a batalhas entre clãs, de modo a assegurar a mais adequada conservação dos mantimentos colhidos e preservados para os mais fortes. Eis o surgimento da escravidão, em muito formada pelo grupo derrotado na guerra das tribos. Assim, quem perdia a batalha podia ser morto ou se transformava em escravo pertencente ao grupo vencedor. O direito penal foi o ramo por excelência a se materializar com maior evidência entre os povos do passado, uma vez que regras criminais eram ferramentas primordiais à coesão do grupo social.[8] Vale o registro de Bernardino Alimena, quanto à vingança excessiva, pois "esse pensamento debilitava as tribos. À morte de um homem, havia a morte de outros. A tribo não queria se prejudicar frente ao inimigo e tinha interesse que não morressem ou ficassem inválidos muitos homens. Por isso, a vingança passou a não ser mais exorbitante, não se castigava cegamente tantas pessoas, mas, sim, dentro de limites que pareciam necessários. A vingança tornou-se moderada e nem era aplicada logo após a ofensa".[9]

Se tivéssemos que definir num substantivo o termo "direito penal", na era primitiva, poder-se-ia dizer que se tratava de sinônimo de *vingança*. Era a irmã gêmea do direito penal; nasceu com a humanidade e testemunhou parte do direito criminal tal como o conhecemos hoje.[10]

Por óbvio, nessa época, a sanção aplicada não tinha nenhuma espécie de proporcionalidade em face do que se considerava infração. A ideia básica era acalmar a fúria dos deuses.

O chefe da tribo fazia as vezes de governante, juiz e sacerdote, aplicando penas e determinando o seu cumprimento.[11] Essa concentração de poder foi positiva, impedindo o embate direto entre ofensor e ofendido. Entretanto, essa intervenção do líder tribal somente funcionava se os adversários fossem do mesmo agrupamento. Caso pertencessem a grupos diversos, essa ofensa revelava-se um dano coletivo, atingindo toda a tribo e gerando uma vingança generalizada.[12]

Nas palavras de Hans von Hentig, "os membros das tribos primitivas que violavam os costumes do grupo ou ofendiam aos deuses tutores da co-

---

8 Rodrigo Freitas Palma, *História do direito*, p. 42.

9 *Introdução ao direito penal*, p. 68.

10 Antonio Sólon Rudá, *Breve história do direito penal e da criminologia*, p. 84.

11 No mesmo sentido, Patricia Zambrana Moral (*Estudios de historia del derecho penal*, p. 11).

12 Orlando Soares, *Justiça e criminalidade*, p. 20.

munidade eram atacados primitivamente com a impetuosidade de um ato de defesa própria. Era uma forma de castigo corporal que podia estender-se facilmente até causar efeitos mortais. Existia a expulsão da tribo, que não podia menos que significar a morte em condições primitivas de pesca e caça cooperativas. Algumas vezes, a pena de morte era aplicada pela ação da população da tribo ou como expressão de disciplina familiar ou de família".[13]

A fase primitiva jamais considerou a prisão como meio de cumprimento de pena. Cuidava-se, apenas, de um local para instalar o preso até o momento de seu julgamento e posterior aplicação da sanção, normalmente, de caráter corporal, gerando morte, degredo, castigos corporais e outras penais cruéis. Como narram FAUSTINO GUDÍN RODRÍGUEZ MAGARIÑOS e JAVIER NISTAL BURÓN, "a abordagem da existência dos cárceres (como pena e não como mero lugar de detenção) exigiu uma evolução e a ideia de uma reclusão gratuita como condenação somente foi admissível para os Estados nascidos das cinzas das guerras napoleônicas porque concorriam dois fatores, uma ideologia moldada nas ideias de Beccaria e dos iluministas e uma infraestrutura organizacional adequada a tal fim. [...] O cárcere serviu como lugar de retenção para deter o acusado enquanto se desenvolvia o processo e se proclamava a sentença. O presídio surgiu como uma instituição 'ad hoc' para cumprir a pena privativa de liberdade".[14]

Não existia uma distinção muito clara entre a etapa de aplicação da pena para satisfação de deuses, totens e tabus, com o encargo concentrado no chefe da tribo e a fase da vingança privada, quando o ofendido praticava a *justiça pelas próprias mãos*. Uma típica *vingança de sangue*.[15] O fato é que as

---

13 *Criminología*, p. 26.

14 *La historia de las penas*, p. 28-29. Ainda: "A palavra cárcere etimologicamente advém do latim *carcer* que define o edifício destinada à custódia de presos enquanto que a palavra prisão – derivada de *prehensio* – vem a delimitar um cenário onde um está ou se sente compelido, daqui surge uma importante distinção, pois a primeira, cárcere, nos indica um edifício ou local enquanto prisão nos passa uma ideia de uma situação derivada de uma inicial privação de liberdade. Paralelamente, presídio resulta do vocábulo *praesidium* que nos indica fortaleza, grupo de soldados, praça ou guarnição de defesa e esses vocábulos se adaptam a cada uma das etapas das histórias dos cárceres" (FAUSTINO GUDÍN RODRÍGUEZ MAGARIÑOS e JAVIER NISTAL BURÓN, *La historia de las penas*: de Hammurabi a la cárcel electrónica, p. 38).

15 O termo *vingança* provém do vocábulo latino *vindicatio*, formado pelo elemento *vis*, significando força, junto com *dico, dicere, dictum*, que significa dizer, recorrer a, impor. O recurso à força seria, pois, a *vindicatio*, de forma que *vindicatio* ou *vindicta* implica a vingança ou o castigo por conta de algum delito (PATRICIA ZAMBRANA MORAL, *Estudios de historia del derecho penal*, p. 9). Conferir, também, WALTER VIEIRA DO NASCIMENTO, *Lições de história do direito*, p. 105.

sanções eram todas desumanas, gerando exílio, apedrejamento, crucificação, esquartejamento, decapitação, mutilação, infâmias e, por óbvio, a morte.

Promovendo-se uma comparação indispensável, nota-se que a prisão preventiva se institucionalizou muito antes da prisão-pena, pois o acusado era colocado no cárcere assim que lhe imputavam o cometimento de um crime, para que aguardasse o julgamento e a sanção definitiva.

Em toda a Antiguidade, não se encontra um verdadeiro código penal. Isso não deve nos surpreender. Acontecia assim porque nos tempos primitivos não era possível a especificação dos órgãos e das funções, algo que só foi possível bastante mais tarde e porque, para guiar aos homens primitivos, era necessário um poder único, forte, indiviso.[16]

2. DIREITO PENAL SUMÉRIO

Era o direito penal na antiga Mesopotâmia. Os sumérios possuíam o Código de Ur-Nammu da III Dinastia de Ur (2050 a.C.), escrito em sumério. Em vez de penas corporais, algumas sanções se concentravam em multas. Mas havia a aplicação da pena de morte para certos delitos, como o furto com arrombamento durante a noite. O critério do talião também era encontrado.

Segundo Robert Weaver Shirley, "as leis penais dos sumérios foram as mais clementes da Mesopotâmia antiga. No Código de Ur-Nammu encontramos a substituição da lei de talião por dispositivos mais humanos, que aplicavam multas em vez de penas corporais. Igualmente o Código de Eshnunna apresenta-nos um sistema de penas baseado sobretudo no princípio da indenização legal, isto é, o autor de uma infração deveria indenizar a vítima ou seus substitutos legais. [...] Além da composição legal, o Código admite também a pena de morte para determinados crimes como, por exemplo, o arrombamento noturno praticado contra a propriedade de certa classe de cidadãos, certos raptos, o adultério, o homicídio por negligência etc.".[17]

3. DIREITO PENAL ASSÍRIO

Conforme explica Mayrink da Costa, "as leis assírias marcam um progresso bem nítido do direito penal. A cidade-estado tem a si, cada vez mais, o encargo da repressão. A responsabilidade objetiva cede lugar a subjetiva. O erro sobre o elemento essencial do delito faz desaparecer a infração e as

---

16 Bernardino Alimena, *Introdução do direito penal*, p. 24.

17 *Antropologia jurídica*, p. 141.

causas de não imputabilidade aparecem. A responsabilidade tende a tornar-se individual. As penas arbitrárias são raras".[18]

As penas variavam de simples multas até a morte (empalação, enforcamento, afogamento). Havia, ainda, a pena de mutilação.[19] "Assírio" é um termo de origem semita, derivando de Assur, divindade da guerra que emprestou seu nome à primeira capital do império. O poderio assírio se consolidou quando conquistou, no ano 729 a.C., a grande cidade da Babilônia. Manteve-se num patamar de direito penal bárbaro e cruel.[20]

É importante registrar que os sumérios, os acadianos, os hititas e os assírios redigiram textos jurídicos, que puderam ser chamados de *códigos*, com regras de direito mais ou menos abstratas.[21]

4. DIREITO PENAL HITITA

A sociedade hitita (II milênio a.C.) tinha registro bíblico, mas somente no século XIX foram encontrados os vestígios dessa civilização, situada onde atualmente se encontra a Turquia.[22] Do tronco indo-europeu, surgiu um poderoso império nas margens do Kizil-Irmak (antigo Hays dos gregos) e que estendeu sua influência não só através dos planaltos anatólicos como até as fronteiras dos domínios egípcios e babilônicos.[23]

No campo penal, diversamente de outras legislações, predominava a individualização da pena e a responsabilidade pessoal, exceto em duas situações: responsabilidade familiar, quando houvesse rebelião contra o rei, e responsabilidade da cidade cujo território foi palco de homicídio, não se encontrando o autor. Fora disso, a pena só atingia o autor do delito. A pena destinava-se tanto à repressão quanto à indenização da vítima. Muitos artigos do código hitita demonstravam a substituição de penas corporais pelas pecuniárias ou, até mesmo, por prestação direta, como a reconstrução de algo ou a reposição de uma plantação.

A pena de morte era raramente aplicada, reservada a casos de crimes sexuais e revolta contra o rei. Não se encontravam mais suplícios cruéis.[24]

---

18 *Criminologia*, p. 18.

19 MÁRIO CURTIS GIORDANI, *História do direito penal entre os povos antigos do Oriente próximo*, p. 20-21.

20 RODRIGO FREITAS PALMA, *História do direito*, p. 56.

21 JOHN GILISSEN, *Introdução histórica ao direito*, p. 52.

22 ARACY KLABIN, *História geral do direito*, p. 92.

23 MÁRIO CURTIS GIORDANI, *História do direito penal entre os povos antigos do Oriente próximo*, p. 23.

24 ARACY KLABIN, *História geral do direito*, p. 103.

As punições eram mais moderadas do que as encontradas entre os babilônios e os assírios. A pena de morte e as cruéis mutilações eram mais raras; em vez de castigos corporais, havia as multas. O aborto era punido com uma multa de 20 siclos, por exemplo. As lesões corporais acarretavam composição pecuniária: a fratura de um pé ou de uma mão: 20 siclos. A pena para quem cegou uma pessoa livre ou fez cair seus dentes variava de 20 a 60 siclos. O rapto (que não visasse ao casamento) era castigado mais severamente que o assassínio. Vários crimes contra os costumes eram punidos com a morte: incesto, estupro e sodomia.[25]

5. DIREITO PENAL BABILÔNIO

Hamurabi, rei da dinastia dos *amoritas*, que, vindos do deserto arábico, estabeleceram-se na Média Mesopotâmia, foi o reunificador da Mesopotâmia e fundador do Primeiro Império Babilônico. Foi um Estado despótico, centralizador em todos os níveis: administrativo, religioso, linguístico e jurídico. Aliás, a centralização jurídica foi possível graças à elaboração de um código de leis, provavelmente redigido em 1694 a.C. É um dos mais antigos documentos jurídicos conhecidos. Compunha-se de 282 artigos, 33 dos quais se perderam devido à deterioração da coluna de pedra basáltica onde estavam inscritos em caracteres cuneiformes gravados em uma estela de diorito negro com 2,25 m de altura, 1,60 m de circunferência e 2,00 m de base, achada na cidade de Susa, na Pérsia, por uma expedição francesa chefiada pelo arqueólogo Jacques de Morgan; encontra-se hoje no Museu do Louvre, em Paris.[26]

A bem da verdade, seu direito não foi um trabalho essencialmente original.[27] Embora fosse uma lei de caráter religioso, havia menos preceitos morais nesse código do que nas legislações de Israel, da Índia ou do Islã. Diversamente do Egito, as sanções penais eram diferenciadas, conforme a posição social da vítima. Se mais elevada do que o acusado, este sofria uma punição mais grave do que seria comum.[28]

A conhecida pena de talião era recorrentemente adotada, mas justamente para impedir vinganças extremadas.[29]

---

[25] Mário Curtis Giordani, *História do direito penal entre os povos antigos do Oriente próximo*, p. 24-25; Rodrigo Freitas Palma, *História do direito*, p. 25.

[26] Jair Lot Vieira, *Código de Hamurabi*, p. 9; John Gilissen, *Introdução histórica ao direito*, p. 61.

[27] Rodrigo Freitas Palma, *História do direito*, p. 48-49.

[28] Aracy Klabin, *História geral do direito*, p. 65-66.

[29] Rodrigo Freitas Palma, *História do direito*, p. 52.

Exemplos de normas: "1. Se alguém acusou um homem, imputando-lhe um homicídio, mas se ele não pode convencê-lo disso, o acusador será morto. 2. Se alguém imputou a um homem atos de feitiçaria, mas se ele não pode convencê-lo disso, aquele a quem foram imputadas as atividades de feitiçaria, irá ao Rio; mergulhará no Rio. Se o Rio o dominar, o acusador ficará com a sua casa. Se este homem for purificado pelo Rio, e se sair são e salvo, aquele que lhe tinha imputado atos de feitiçaria será morto; aquele que mergulhou no Rio ficará com a casa do seu acusador"; "195. Se um filho agrediu o seu pai, ser-lhe-á cortada a mão na altura do pulso"; "196. Se alguém vazou um olho de um homem livre, ser-lhe-á vazado o olho"; "197. Se ele partiu um osso de um homem livre, ser-lhe-á partido o osso".[30] Nos arts. 196 e 197, pode-se visualizar, claramente, a adoção da pena de talião.

Outros crimes: o ladrão surpreendido cometendo um furto por arrombamento era morto e emparedado; quem cometia um furto durante calamidade, aproveitando-se de um incêndio, era lançado às chamas. Uma das penas era também a expulsão da cidade, que se aplicava a delitos menores.[31]

No Código de Hamurabi não havia distinção entre roubo e receptação: "Se alguém rouba o que pertence ao Deus (templo) ou à Corte (régia), deverá ser morto; também aquele que recebeu a coisa roubada deverá ser morto".[32]

Havia cerca de 67 artigos dirigidos à constituição da família e às relações entre os componentes dela. Segundo o art. 129, a mulher e seu cúmplice, apanhados em flagrante adultério, deveriam ser lançados à água, "salvo se o marido perdoar a sua mulher e o rei, o seu escravo". A mulher acusada de adultério pelo marido poderia evitar o castigo, jurando em nome de Deus sua inocência. [...] O estupro era punido com a pena capital.[33] A autoridade dos pais, mesmo adotivos, era cuidadosa e severamente resguardada: o filho reincidente em falta grave contra seu pai podia ser renegado por ele (art. 169). Se o filho dissesse: "tu não és meu pai ou minha mãe" poderia ter a língua cortada.[34]

O direito penal era rigoroso, mas a vingança privada foi substituída pela composição pecuniária. Consta de seu texto a menção à pena de morte por 34 vezes. Os métodos de execução eram cruéis: afogamento, cremação,

---

30 JOHN GILISSEN, *Introdução histórica ao direito*, p. 65-66.

31 ZAFFARONI, *Tratado de derecho penal*: parte general, v. I, p. 325.

32 RODRIGO FREITAS PALMA, *História do direito*, p. 51.

33 ROBERT WEAVER SHIRLEY, *Antropologia jurídica*, p. 159.

34 MÁRIO CURTIS GIORDANI, *História do direito penal entre os povos antigos do Oriente próximo*, p. 15-17.

empalação, atirar ao fogo, cravar uma estaca, mutilações corporais (cortar a língua, cortar o seio, cortar as orelhas ou as mãos, arrancar os olhos, tirar os dentes, entre outros). A pena pecuniária, quando não fosse paga pelo condenado, poderia levá-lo à morte. Não havia, nessa época, trabalhos forçados ou pena de prisão.[35]

Sob outro aspecto, a lei de Hamurabi tinha um caráter eminentemente jurídico, enquanto a lei mosaica apresentava caráter religioso e insistia claramente no aspecto ético do direito. No sistema babilônico, por exemplo, a posição da mulher na sociedade já lhe concedia direitos equiparados aos do homem, de modo a lhe ser garantido o pleno exercício da sua capacidade jurídica. Se casada, podia ter bens próprios e separados dos bens do marido, facultando-lhe a lei dispor desses com inteira liberdade. E os que pertencessem ao casal em comum, administrados que eram pelo marido, não poderiam ser objeto de negócio sem a interferência da mulher, devendo esta figurar, particularmente nas vendas, ao menos como testemunha, o que dá a ideia da outorga uxória do nosso direito.[36]

Entre as leis penais da Mesopotâmia, encontrava-se mais clemência no código sumeriano e mais severidade no direito assírio; o Código de Hamurabi mediava entre ambos.[37]

Foi justamente no período entre a queda da dinastia de Ur (2003 a.C.) e o começo do reinado de Hamurabi (1792 a.C.) que Esnuna (cidade-estado) conheceu momentos de grande expansão territorial e conseguiu entrar de maneira determinante no cenário político da Babilônia.[38]

O *direito penal* trazido pelo Código de Hamurabi refletia o momento de elaboração do próprio documento; buscando uma extrema centralização do poder nas mãos do soberano, o código, na parte alusiva aos delitos e às penas, consagrava uma fusão de elementos sobrenaturais, princípios de autotutela e retaliação e penas ligadas à mutilação e aos castigos físicos.[39]

---

35 Aracy Klabin, *História geral do direito*, p. 70; Mayrink da Costa, *Criminologia*, p. 22-23.

36 Walter Vieira do Nascimento, *Lições de história do direito*, p. 23-24.

37 Idem, p. 15-16.

38 Emanuel Bouzon, *Leis do reino de Esnunna*, p. 139-151.

39 Antonio Carlos Wolkmer, *Fundamentos de história do direito*, p. 34.

6. DIREITO PENAL INDIANO

O Código de *Manu*, que não é um legislador, mas um tipo de ser mitológico,[40] redigido em sânscrito, foi o mais elaborado texto penal da Índia. Era uma autêntica sistematização da cultura hindu. O direito de castigar era uma emanação de Brahma e o rei, seu delegado. Alguns situam no século XIII a.C.; outros, no século V a.C. O exato nome é "Manava Dharma Xastra", dividido em 12 livros com 2.567 artigos.[41]

Assinalava a pena com função eminentemente moral, pois purificava quem a cumpria. Dava importância aos motivos e distinguia a culpa do dolo e do caso fortuito. Em decorrência do rigoroso sistema de castas, as penas mais severas destinavam-se aos integrantes das castas inferiores, especialmente se esse fosse o ofensor e, a vítima, um membro de casta superior. Não se aplicavam penas corporais em pessoas de castas superiores, visto se presumir no condenado uma maior capacidade para conhecer as consequências de seus atos.[42] Tanto assim que os limites entre o crime e o pecado eram eliminados até o ponto em que o homem de casta superior, vale dizer, o brâmane que conhecesse de memória o texto sagrado, podia cometer impunemente qualquer fato.[43] Por outro lado, o direito bramânico caracterizava-se por um sentido impositivo voltado para as castas inferiores, pairando sobre elas uma terrível sentença: o respeito às leis é a garantia de não transformação do homem, após a morte, em animal abjeto ou planta daninha.

As penas eram cruéis e degradantes, abrangendo castigos físicos até alcançar a morte (empalação, fogo, esmagamento por elefantes, afogamento, aplicação de óleo fervente na boca e nas orelhas, dilaceração ou devoramento por cães em praça pública e esquartejamento à navalha; a morte mediante esmagação ou pisoteamento por elefantes se destinava a agentes públicos condenados por corrupção),[44] portanto, mantinham o caráter das sanções existentes em outras partes do mundo. Havia um certo avanço na criação de

---

[40] Conforme a lenda, Sarasvati foi a primeira mulher criada por Brahma de sua própria substância. O deus a desposou e, após o casamento, nasceu Manu, pai da humanidade, a quem se atribuiu o mais popular código de leis reguladoras da convivência social. Manu, progênie de Brahma, pode ser considerado como o mais antigo legislador do mundo; a data de promulgação de seu código não é certa, alguns estudiosos calculam que seja aproximadamente entre os anos 1300 e 80 a.C. (Jair Lot Vieira, *Código de Manu*, p. 41).

[41] Aracy Klabin, *História geral do direito*, p. 143.

[42] Patricia Zambrana Moral, *Estudios de historia del derecho penal*, p. 79.

[43] Zaffaroni, *Tratado de derecho penal*: parte general, v. 1, p. 323; Rodrigo Freitas Palma, *História do direito*, p. 80.

[44] Élcio Arruda, *História do direito penal*, p. 80-81.

figuras criminosas, como, por exemplo, a calúnia, a injúria, os crimes sexuais e o acolhimento de delitos representativos de enfermidades (tuberculose, elefantíase, epilepsia, cegueira, entre outras), visto acreditarem que, noutra vida, essas pessoas cometeram crimes graves e estariam sendo punidas por deuses.[45] Outro progresso, nesse código, era a distinção entre o furto e o roubo; o primeiro caracterizava-se pela subtração da coisa na ausência do dono e o segundo pela subtração da coisa, com emprego de violência, na presença do dono.[46]

As mulheres não tinham a mesma proteção que os homens; na realidade, eram amparadas apenas em situações excepcionais. No art. 426, visualizava-se: "uma mulher está sob a guarda de seu pai, durante a infância, sob a guarda de seu marido durante a juventude, sob a guarda de seus filhos em sua velhice; ela não deve jamais se conduzir à sua vontade".[47]

É interessante observar, conforme indicado por Rodrigo Freitas Palma, que, sobre adultério, os hindus dedicaram cerca de 68 artigos para tratar exclusivamente dele. O receio quanto à eventual possibilidade de mistura de castas era uma das razões que conferiam plausibilidade aos termos manifestados pelo legislador da Índia antiga.[48] Aliás, essa diferença de castas não foi superada até hoje, embora com consequências diferentes da época primitiva.[49]

Exemplos das castas (conjunto de pessoas às quais o nascimento permite contrair casamente entre elas) no sistema hindu: *brâmanes* (encarregados do ensino e dos sacrifícios); *ksatriyas* (guerreiros encarregados de proteger a ordem pelas armas); *vasyas* (encarregados dos negócios); *sudras* (encarregados de cultivar os campos). O resto da população não se incluía nas castas. Eram os *chandalas* ou párias.[50]

A Manu seguiu, na Índia, Yájnavalkya (aproximadamente no século IV da nossa era), que escreveu um código, comentado depois, na metade do século XI, em versos sânscritos no *Mitaksara*.[51]

---

45 Aracy Klabin, *História geral do direito*, p. 150.

46 Walter Vieira do Nascimento, *Lições de história do direito*, p. 110.

47 Rodrigo Freitas Palma, *História do direito*, p. 86.

48 *História do direito*, p. 88.

49 Sobre as castas, conferir em John Gilissen, *Introdução história ao direito*, p. 24.

50 John Gilissen, *Introdução histórica ao direito*, p. 104.

51 Bernardino Alimena, *Introdução ao direito penal*, p. 30.

7. DIREITO PENAL CHINÊS

As dinastias, muitos séculos antes de Cristo, sem nem se falar em leis penais, introduziram uma legislação muito cruel, várias formas de penas de morte, amputações, castração e marcas a ferro no rosto.

A primeira legislação sistemática advém do século XXII a.C., com os chamados "imperadores místicos": Yao, Sun e Yu. Sun publicou suas leis penais com o título "As cinco penas": o homicídio com morte, o furto e as lesões com amputação, a fraude com amputação do nariz e os delitos menores com marca a ferro na fronte. A dinastia Shang concluiu seu período no século XII a.C. com uma legislação penal de grande crueldade, na qual se conheceram penas tais como abraçar uma coluna de ferro quente, esquartejamento, cozimento, açoites etc. A dinastia Chou se estendeu até o século III a.C. e foi pródiga em dispositivos penais.

Em torno do século VII a.C., suprimiu-se a pena aos familiares e estabeleceram-se cinco classes de penas, conforme a tradição: morte, deportação, desterro, bastão e açoites. No ano de 745 d.C. foi abolida a pena de morte, embora pouco depois tenha sido restabelecida. No século X estabeleceu-se que, em nenhuma província, se poderia executar sentença de morte que não fosse previamente confirmada na capital do Império. No ano de 1389 de nossa era, sancionou-se o código penal da dinastia Ming, que distinguia cinco categorias de infrações em ordem de gravidade, mantendo, com algumas reformas, o sistema das cinco penas.[52]

A República, em 1912, manteve as cinco penas: bambu, bastão, desterro temporal, desterro permanente e morte, embora tenha estabelecido o relevante princípio da legalidade: não há crime sem lei anterior que o defina.[53]

Nessa época, ultrapassou-se a fase da vingança privada, passando-se a punição à esfera pública, sem qualquer caráter divino, e continuavam as penas cruéis (empalação, marcas a ferro em brasa, açoites, castração etc.).[54] Mas, houve uma certa evolução no direito penal chinês. Como bem esclarece Robert Weaver Shirley, os juristas chineses consideravam *criminosa* a pessoa que demonstrasse, por uma série de atos, não poder ser reabilitada, quando então eram impostas sanções formais. O direito criminal era um padrão em que o *criminoso escorregava gradativamente de uma colina*, apesar do apoio da

---

52 Zaffaroni, *Tratado de derecho penal*: parte general, v. I, p. 320-322.

53 Aracy Klabin, *História geral do direito*, p. 158.

54 Rodrigo Freitas Palma, *História do direito*, p. 123.

família e da comunidade.[55] Para eles, entretanto, o sistema europeu – no qual um indivíduo é agarrado, levado a juízo, condenado e punido por um ato – *equivaleria a um penhasco*: uma vez tendo a pessoa caído, é muito difícil voltar ao topo. Contudo, deveria ser observado que certos atos muito violentos eram tratados com extrema severidade pelo antigo sistema legal chinês. Havia um esforço considerável para se tomar cuidados especiais com menores ou com os infratores primários das leis, ainda que a sociedade geralmente mostrasse menos clemência. Um criminoso condenado, ou às vezes até um acusado, era frequentemente rotulado de *criminoso* e sofria grandes pressões sociais que, muitas vezes, o impediam de retornar a uma vida normal.[56]

8. DIREITO PENAL PERSA

O *Vendidâd*, parte principal do *Avesta*, contém os fragmentos da antiquíssima legislação persa. Incluem-se os ensinamentos que Ahura Mazda, o ser puro criador dos bens visíveis, dava a Zoroastro (século VII a.C.). Essa legislação tinha, por conseguinte, um caráter sagrado e expiatório. Os preceitos relativos aos diversos delitos alternavam-se com preceitos religiosos e os mais graves delitos castigados com a morte eram, por exemplo, executar cerimônias de purificação sem ter poder para isso e ensinar doutrinas heréticas. Essas leis não eram vazias de conteúdo humano. Se a morte de um homem não era mais grave que a de um cão guardião, devia-se a que o cão era o principal meio de segurança do homem; a morte do *udra* (lontra) era um grave delito, tão só porque esse animal destruía os *devas* (espíritos ligados e integrados à natureza; não eram bons nem maus, mas podiam ser manipulados pelos humanos para finalidades boas ou ruins) das águas. Distinguia-se o elemento intencional do delito da imprudência e do caso fortuito, o que era um avanço.[57]

Ainda sobre Zoroastro (Zarathustra, no Oriente) e a visão religiosa no tocante à qual ele deu grande expressão, existe o zoroastrismo, uma religião cujas raízes voltam ao começo do segundo milênio a.C. É ainda praticada hoje por, provavelmente, 100 mil pessoas, que moram majoritariamente na Índia e, em menores números, no Irã. A sua influência pode ser vista no judaísmo (e no cristianismo), no tocante ao maniqueísmo e ao gnosticismo, bem como no budismo e no islamismo. Apesar dessa influência no mundo, houve uma

---

55 O direito tinha apenas um papel secundário na vida social. Preservava-se a "ordem natural das coisas". Essa concepção nasceu sobretudo os pensamentos de Confúcio (século VI a.C.) (John Gilissen, *Introdução histórica ao direito*, p. 24).

56 *Antropologia jurídica*, p. 45.

57 Bernardino Alimena, *Introdução ao direito penal*, p. 31.

finalização durante o século VII d.C. com a conquista dos árabes em relação ao Irã, havendo repressão e perseguição sob o islamismo. Essa religião se deve a um mago persa chamado Zoroastro, que viveu seis mil anos antes de Platão, portanto, cerca de seis mil e quinhentos anos antes de Cristo. Os escritos dessa religião concentram-se na *Avesta* iraniana e na *Rgveda* hindu. É seguro dizer que a religião refletia a sociedade, suas instituições sociais e meios econômicos de vida. Havia divisão básica em três camadas: religiosos, guerreiros e fazendeiros. É da essência do zoroastrismo que o ser humano é dotado de livre-arbítrio e deve escolher entre a verdade e a mentira; a sua salvação ou perdição concerne somente à sua escolha.[58]

Cerca de 500 a.C., os crimes de menor importância eram punidos com a chibata que podia ser, em parte, substituída pela multa pecuniária. Os crimes mais graves eram severamente punidos com castigos bárbaros como a marca a fogo, a mutilação, a cegueira e a própria morte. A pena de morte era aplicada em casos como homicídio, estupro, aborto, grave desrespeito à pessoa do rei e traição. Havia diversos processos de executar a pena máxima: o veneno, a empalação, a crucificação, o enforcamento, o apedrejamento etc. Apesar desses castigos severos, convém notar que a lei não permitia que se punisse com a pena de morte alguém que houvesse cometido um único crime.[59]

O direito penal era rigoroso na época zoroástrica, aplicando-se a pena de morte, assim como chicotadas, mutilações – de preferência no rosto, para não diminuir a capacidade de trabalho –, multas, grilhões e trabalhos forçados.[60]

Nessa ocasião, uma das formas mais brutais se conheceu como *scafismo*, que consistia em pressionar o tronco do executado deixando que seus membros, cobertos de mel, fossem atacados por moscas e os vermes dos excrementos roessem seus intestinos. Outra forma consistia em enterrar vivo o condenado. Também se utilizou o fogo, o esquartejamento e, com muita frequência, a crucificação.[61]

9. DIREITO PENAL EGÍPCIO

Tratava-se de um direito penal severo. As execuções podiam abranger o abandono do condenado aos crocodilos, o estrangulamento, a decapitação, a fogueira, o embalsamamento em vida e a empalação.[62]

---

[58] William W. Malandra, *An introduction to ancient iranian religion*, p. 5-20.

[59] Robert Weaver Shirley, *Antropologia jurídica*, p. 290.

[60] Aracy Klabin, *História geral do direito*, p. 137.

[61] Zaffaroni, *Tratado de derecho penal*: parte general, v. I, p. 330.

[62] Rodrigo Freitas Palma, *História do direito*, p. 67.

Essas punições drásticas não diferiam das demais civilizações do mundo antigo. Eis algumas características da época: (a) os criminosos de classes altas escapavam da vergonha da execução pública: podiam optar pelo suicídio (como no Japão na era dos samurais); (b) a mutilação era uma pena empregada em larga escala (nariz, olhos, mãos e língua); (c) havia trabalhos forçados; (d) o ladrão tinha que pagar sempre; (e) os funcionários que traíam o superior eram severamente punidos; (f) o perjúrio era castigado com a morte; (g) o parricídio acarretava a tortura e a fogueira; (h) o assassínio de escravo ou de homem livre era punido da mesma forma; (i) quem presenciasse um assassínio sem tentar impedi-lo era condenado à morte (omissão penalmente relevante).[63]

Ao faraó cabia o papel principal na confecção das leis que marcavam o ritmo da vida no vale do Nilo. Como em todas as civilizações do mundo antigo, encontra-se, no Egito, a pena de morte. A maneira de executá-la era bárbara, como mencionado, implicando o abandono do condenado à voracidade dos crocodilos, o estrangulamento, a decapitação, a fogueira, o embalsamamento em vida, a empalação etc. A mutilação era uma pena empregada em larga escala. Entre os órgãos afetados por esse meio cruel e desumano de punir figuravam: o nariz, os olhos, as mãos e a língua. Outras penas usuais eram a condenação a trabalhos forçados nas fronteiras do país – nas colônias ou nas pedreiras –, a multa, a bastonada etc. Uma particularidade do crime de perjúrio era o castigo com a morte, porque esse delito envolvia ao mesmo tempo dois dos maiores crimes, a saber: injúria e desprezo aos deuses e a deslealdade para com os homens.[64]

O mais antigo *código* atualmente conhecido é o de *Ur-Nammu*, fundador da terceira dinastia de Ur (cerca de 2040 a.C.). Há vestígios de textos mais antigos, como o *código* de Urakagina de Lagas, de meados do terceiro milênio ou o de Sulgi, em Ur. Do mesmo período, conservam-se milhares de atos da prática e atas de julgamento. Depois do desmembramento de Ur, vários principados fizeram esforços no sentido da redação de recolhas jurídicas, nomeadamente os de Esnuna (perto do Tigre, na Acádia).[65]

No Egito, o faraó era divinizado; a origem do seu poder advinha do deus Hórus, razão pela qual era onipotente. A época em que surgiu a maioria das leis coincide com os reinados de Ramsés II e Bocchoris.[66]

---

63 Mário Curtis Giordani, *História do direito penal entre os povos antigos do Oriente próximo*, p. 6-7.

64 Robert Weaver Shirley, *Antropologia jurídica*, p. 96-97.

65 John Gilissen, *Introdução histórica ao direito*, p. 61.

66 Aracy Klabin, *História geral do direito*, p. 29-32.

Algo interessante a destacar é que, não conseguindo eliminar o furto, baixou-se a denominada *Lei dos Ladrões*, que os agrupava numa espécie de sindicato. Assim, a vítima do furto podia dirigir-se ao líder dos ladrões e recuperar o seu objeto, desde que pagasse o equivalente a um quarto do seu valor.[67]

Outra particularidade era a existência do *talião simbólico*. Ao espião que revelava segredos de governo amputava-se a língua; ao estuprador, os órgãos genitais; ao falsificador de selo ou moeda, as mãos; à mulher adúltera, o nariz.[68]

No Egito, o legislador foi o deus Thot. Depois, por *ordem* de Ísis e Osíris, protetores do Egito, escreveram-se de novo as leis, confiando-as aos sacerdotes. O sentimento da justiça (com o símbolo da pluma de avestruz, porque se acreditava que essa ave tinha todas as plumas de igual longitude) inspirava o julgamento. A pena castigava principalmente aquela parte do corpo com a qual se cometeu o delito.[69]

A organização societária egípcia era um sistema eminentemente teocrático. O rei era, a um só tempo, governante, sacerdote, juiz e guerreiro; detinha todos os poderes do Estado.[70]

O antigo Egito se caracterizou em matéria criminal por sua forte influência de Estado eminentemente teocrático, o que se configurava por uma legislação penal baseada, principalmente, em condutas que afetavam a religião ou o faraó, cuja pena era a de morte por diversas formas, como a tortura, a forca, a crucificação, a decapitação etc. Igual sorte ocorria aos pais, aos filhos e aos irmãos do delinquente. Penas comuns também eram as mutilações, o exílio, a escravidão, a confiscação de bens e os trabalhos nas minas.[71] Enfim, não havia uniformidade quanto aos crimes e, principalmente, quanto às sanções.

A pena de morte era frequentemente aplicada no antigo Egito: nem mesmo recém-nascidos homens, tão logo dados à luz, escapavam à sanha sanguinária dos faraós egípcios, segundo narrativa bíblica contemplada no Êxodo. Na forma simples ou comum, a pena capital era executada pelo enforcamento ou pela decapitação, para crimes de sacrilégio, magia, não revelação de complôs contra os chefes de Estado etc.[72]

Já a pena de morte agravada, por sua vez, era cumprida pelo fogo, crucificação, suplício das cinzas ou embalsamamento em vida. A morte pelo

---

[67] Idem, p. 56.

[68] PATRICIA ZAMBRANA MORAL, *Estudios de historia del derecho penal*, p. 156.

[69] BERNARDINO ALIMENA, *Introdução ao direito penal*, p. 27.

[70] WALTER VIEIRA DO NASCIMENTO, *Lições de história do direito*, p. 21.

[71] ANTONIO SÓLON RUDÁ, *Breve história do direito penal e da criminologia*, p. 108.

[72] ÉLCIO ARRUDA, *História do direito penal*, p. 28.

fogo era infligida ao parricida, cujos membros empregados na perpetração do crime eram especialmente mutilados, por meio de incisões nas mãos, nos braços e nas pernas, realizadas com juncos pontiagudos, para, a seguir, deitar-se o condenado num leito de espinhos, ateando-lhe fogo. O arremesso do condenado a rio povoado por crocodilos e sua exposição a ataques de víboras em terra consistiam em outros modos de execução da pena capital, a despeito de muito afeiçoados à natureza de *ordálias* ou *prova de Deuses*.[73]

Colocando em maiores detalhes, aos pais responsáveis pelo derramamento do sangue dos próprios filhos era cominada punição severa e dura, conhecida por *abraço à morte*, afinal, o infanticídio frustrava a diretriz egípcia de aumentar a população em prol do bem do Estado. Contudo, em vez da morte, ao infanticida era infligida reprimenda incomum: por três dias e três noites, de público, ele era compelido a permanecer abraçado ao corpo do próprio filho a quem matara, sob cerrada vigilância de guardas e da multidão, de molde a não se livrar um só momento do abraço após a morte. Ao homem culpado de adultério era cominada a pena de mil chicotadas, enquanto à mulher adúltera, conforme visto linhas atrás, infligia-se a amputação do nariz. O açoite e o jejum compulsório por três dias eram as penas cominadas a quem se recusasse a comparecer em juízo como testemunha.[74]

No plano literário, a existência da prisão-pena no antigo Egito era solidificada por passagem contemplada na Bíblia, no livro do Gênesis: por volta de 1728 a.C. (Reino Médio do Egito), vendido como escravo a mercadores egípcios pelos próprios irmãos, José foi comprado por Putifar, chefe da guarda do faraó; falsamente acusado de sedução pela mulher de seu amo, ele foi condenado à prisão, enviado a um dos cárceres do Egito, destinado a agentes de crimes contra o rei; durante seu tempo de permanência na prisão, ele terminou alçado à condição de supervisor pelo carcereiro-chefe; ficou aproximadamente 12 anos confinado, em razão de seus dotes na leitura de sonhos.[75]

Reiterando, o rol de sanções penais do antigo Egito era integrado pela morte simples e agravada, mutilação, servidão, chicotadas, jejum forçado, relegação, exílio, declaração de infâmia, confiscação de bens, multa, trabalhos forçados (temporários e perpétuos) e aprisionamento. A pena de morte se fazia acompanhar de todos os sofrimentos decorrentes da natureza do crime e das exigências da opinião pública, executada sempre de público, ofertada bebida inebriante ao condenado, antes da execução, como "ato de humanidade".

[73] Idem, p. 29-30.
[74] Idem, p. 30-31.
[75] Idem, p. 37.

A ladrões e a outros agentes de crimes capitais, em vez da morte, cominava-se a pena de mutilação, amputação do nariz do condenado e seu ulterior envio compulsório aos confins do deserto, numa cidade que se tornaria conhecida por "Rinocolura", em alusão aos seus habitantes, homens e mulheres carentes de nariz.

A pena de multa, de ordinário, era reservada a infrações penais mais tênues.[76]

Foi uma organização teocrática, na qual as condutas que afetavam a religião ou o faraó eram apenadas com a morte, das piores maneiras possíveis.[77]

10. DIREITO PENAL ROMANO

Na fase da República, começaram a desaparecer as leis atribuídas às divindades, passando-se do elemento religioso aos interesses do Estado.[78] Essa foi a fase áurea do direito, de importância para o estudo histórico. "Na Antiguidade, os romanos, com efeito, foram o primeiro povo civilizado a fazer do direito objeto de estudo especializado e sistemático, chegando a estabelecer definições e classificações dos fenômenos jurídicos válidas ainda hoje e constituindo as bases do direito privado de vários povos modernos, inclusive o nosso."[79]

O principal texto romano denominava-se Lei das XII Tábuas, gravado em 12 placas de madeira e afixado no fórum da cidade de Roma por volta de 451-449 a.C. O seu propósito era o de resolver certos conflitos entre plebeus e patrícios. Os plebeus, em razão do descaso patrício, haviam ameaçado abandonar definitivamente a cidade, pois se sentiam terrivelmente desprestigiados e prejudicados por não terem o devido acesso ao conhecimento da lei. Mas a saída final para as constantes crises seria a elaboração de uma lei geral que concedesse, com maior abrangência, aqueles direitos por tanto tempo negligenciados à plebe. O tribuno Terentílio Arsa, em 462 a.C., nomeou uma comissão de decênviros (magistrados), que recebeu a incumbência de elaborar leis gerais para Roma.[80]

O resultado final desses trabalhos, como mencionado, ficou conhecido como as Lei das XII Tábuas. O grande valor consistiu em ter sido uma das

---

76 Idem, p. 42.

77 ZAFFARONI, *Tratado de derecho penal*: parte general, v. I, p. 324.

78 RODRIGO FREITAS PALMA, *História do direito*, p. 177.

79 ARACY KLABIN, *História geral do direito*, p. 22.

80 RODRIGO FREITAS PALMA, *História do direito*, p. 187; JOSÉ REINALDO DE LIMA LOPES, *O direito na história*, p. 45.

primeiras leis que ditavam normas eliminando diferenças de classes.[81] A sua importância tornou-se incontestável a partir da verificação de que o mencionado corpo de leis refletiu uma das primeiras iniciativas no sentido de reduzir à forma escrita todo o direito preexistente, fazendo com que passasse a ser de conhecimento público.[82] Envolveu direito público e privado. Operou-se uma divisão entre delitos públicos, de interesse do Estado e por ele reprimidos, e delitos privados, com lesões a particulares, a quem cabia requerer a punição. Mas alguns crimes graves, como o homicídio, embora cometido contra indivíduos, eram considerados delitos públicos.[83] Sabe-se por Cícero que, em seu tempo, a Lei das XII Tábuas era decorada nas escolas.[84]

Em Roma, como em todos os povos primitivos, o direito penal teve uma origem sacra. A partir da referida Lei das XII Tábuas, o direito se encontrou laicizado e se estabeleceu a distinção entre os delitos públicos e os delitos privados. Os delitos públicos eram perseguidos pelos representantes do Estado no interesse dele, enquanto os delitos privados eram perseguidos pelos particulares em seu próprio interesse. Os delitos públicos se formaram em torno de dois conceitos básicos: os delitos de alta traição e o parricídio. Este representava a morte do pai, do homem livre. A alta traição se compunha de diversos crimes contra o Estado.[85]

De qualquer forma, a Lei das XII Tábuas autorizava a lei de talião.[86]

O direito penal romano começou com a vingança e passou pelos estágios do talião e da composição, até atingir a pena pública. Distinguiam-se os delitos públicos, que se castigavam em interesse da sociedade, e os delitos privados, que se castigavam em interesse do ofendido. Pouco a pouco introduziu-se a ação pública, até mesmo para os delitos privados. O direito penal romano não alcançou o desenvolvimento do direito privado, inclusive pelo fato de que certos delitos privados eram regulados como meras injustiças pelo direito civil.[87]

Sobre os crimes, pode-se ressaltar os seguintes temas: (a) instituiu-se a *legítima defesa presumida*: "se alguém comete furto à noite e é morto em flagrante, o que matou não será punido" (art. 3º, Tábua II),[88] mas, no apêndice,

---

[81] Jair Lot Vieira, *Lei das XII Tábuas*, p. 123.

[82] Rodrigo Freitas Palma, *História do direito*, p. 189.

[83] Aracy Klabin, *História geral do direito*, p. 199.

[84] Mário Curtis Giordani, *História de Roma*, p. 258.

[85] Zaffaroni, *Tratado de derecho penal*: parte general, v. I, p. 336.

[86] Patricia Zambrana Moral, *Estudios de historia del derecho penal*, p. 157.

[87] Bernardino Alimena, *Introdução ao direito penal*, p. 35.

[88] Jair Lot Vieira, *Lei das XII Tábuas*, p. 125.

preceitua-se: "quanto ao ladrão surpreendido de dia, não é permitido matá-lo se não se utilizar de armas"; (b) no tocante ao furto, como regra, as autoridades não intervinham se a vítima já fora compensada. Alguns ladrões representavam maior temor à sociedade, ao agir com audácia, frequência ou escala de operações. Portanto, poderia haver o agravamento da pena. Em sentido estrito, o furto fazia parte do direito civil;[89] (c) o roubo era considerado delito mais grave, pois envolvia o uso de armas;[90] se houvesse morte, a pena era mais rigorosa;[91] (d) a *Lei Cornelia* impunha a penalidade de deportação para qualquer um que matasse um homem ou carregasse uma arma para esse propósito, ou quem possuísse, vendesse ou preparasse veneno para matar uma pessoa, ou prestasse falso testemunho em casos de homicídio. A pena era a morte para as classes altas; para as baixas, também a morte, mas executada de forma mais cruel, como por crucificação ou sendo a pessoa jogada às feras. Um homicídio significava alguém matando um ser humano com alguma espécie de arma;[92] (e) quanto ao estupro, abrangia relações sexuais entre um homem e uma garota ou uma mulher solteira ou viúva de respeitável *status* ou relações sexuais com um homem ou garoto respeitável. Era preciso haver quebra da moralidade. Por isso, exigia-se intenção maliciosa;[93] além disso, podia ser considerado um crime público, porque era considerado uma fornicação à força. A vítima não tinha sua reputação afetada, visto não ter consentido. Se ainda fosse solteira, teria chance de se casar;[94] (f) sobre a prostituição, embora fosse considerada uma modalidade de lenocínio na Roma pagã, a penalidade era somente a infâmia. Um marido que surpreendia em flagrante, na sua própria casa, um amante que fosse prostituto, ator ou escravo, poderia matá-lo. Na época de Calígula, a prostituição foi taxada. Na época cristã do Império, houve penalização mais severa ao lenocínio, como flagelação e expulsão. Podiam as prostitutas ser condenadas ao trabalho nas minas, além do confisco da propriedade (este último para as classes mais elevadas). A prostituição individual não foi afetada; podia haver apenas banimento;[95] (g) a preocupação com as práticas homossexuais dava-se somente no cenário masculino. A homossexualidade feminina não afetava o ego masculino ou a maioria da sociedade. A homossexualidade masculina era crime na Roma pagã, pois era considerada como estupro. Aceitava-se a relação

---

89 O. F. Robinson, *The criminal law of ancient Rome*, p. 24.

90 Idem, p. 29-30.

91 Idem, p. 48.

92 Idem, p. 43.

93 Idem, p. 59.

94 Jill Harries, *Law and crime in the roman world*, p. 88.

95 O. F. Robinson, *The criminal law of ancient Rome*, p. 69-70.

sexual masculina ou feminina com escravo;[96] (h) o peculato era o desfalque de dinheiro público e, como regra, cometido apenas por magistrados do Senado. A *Lex Iulia* proibia ilegais aquisições – tomar, desviar ou converter – de qualquer dinheiro destinado a propósitos públicos ou religiosos, ou ainda tornar isso possível por qualquer outra pessoa não autorizada para adquirir. A punição, durante o Império, era a deportação, com confisco da propriedade. Poderia também ser aplicada uma multa;[97] (i) o adultério era definido como sexo entre uma mulher casada e um homem, que não fosse seu marido (o seu *status* marital era irrelevante). As vítimas eram a família e a comunidade. Havia a viabilidade de um filho incestuoso, podendo ser herdeiro do *pater familias*. Além disso, o adultério feria a honra familiar. Os ofensores pegos em flagrante (de classe baixa) poderiam ser mortos pelo marido traído;[98] (j) o homicídio e outros atos violentos (como provocar incêndio) podiam levar as pessoas de baixa classe a serem queimadas vivas.[99]

Em suma, definir crime sempre foi mais difícil do que se esperava. O discurso moral era indissociavelmente ligado ao processo legal e esperava-se que pessoas más recebessem a devida punição nas cortes. O crime era considerado uma ofensa à comunidade. A Lei das XII Tábuas estatuiu que a responsabilidade principal por levar o réu à corte cabia ao queixoso, como regra.[100]

Durante a República, era muito difícil impor uma pena de morte a um cidadão romano. Preferia-se a expulsão e havia a proibição de uso do fogo e da água. Tornava-se uma pessoa exilada, um ser humano sem Estado.

Durante o Império, a divisão de classes acentuou-se e os ricos sempre obtinham penas mais suaves que os mais humildes. Uma típica condenação era enviar o condenado a trabalhos forçados nas minas. Servia mais às classes menos favorecidas.[101]

No direito romano desenvolveu-se a concepção de elemento subjetivo do crime, estendendo-se ao direito canônico. Foi feita a distinção, no âmbito dos delitos, entre a culpa e o caso fortuito, a culpa leve e a culpa lata, o dolo simples e o *dolus malus*. Desse modo, o elemento subjetivo da ação delituosa começava a se diferenciar do elemento objetivo com sutil precisão, do que resultou a teoria

---

96 Idem, p. 70.

97 Idem, p. 84.

98 Jill Harries, *Law and crime in the roman world*, p. 96-97.

99 Idem, p. 107.

100 Idem, p. 1.

101 Idem, p. 36.

da tentativa.[102] As crianças, abaixo de sete anos, foram excluídas da responsabilidade penal, por serem incapazes de agir com *dolo* ou propósito criminoso.[103]

"Durante a República romana, de qualquer forma, a maioria dos conflitos continuava sendo resolvida de forma privada entre as partes envolvidas e aqueles que decidiam o pleito. Estes foram os pretores e outros magistrados menores, uma vez que os cônsules delegaram esse labor (Stein, 2001:12), embora não tivessem a prerrogativa de funcionários estáveis. Este é o momento de maior desenvolvimento do direito romano. A partir das míticas XII Tábuas se organizou esse saber em torno das decisões da jurisprudência. [...] A República estabeleceu um limite acentuado ao poder de julgar em mãos do funcionário, com a sua transferência a tribunais 'populares' como os 'curiais', os 'centuriais' ou os integrados por 'tribos', que davam conta de uma limitação posta pela divisão de poder. Logo, com o Império e a fase expansiva dessas formas organizadas politicamente ao redor das cidades, economicamente baseadas na exploração de escravos, reviveu-se a *cognitio* (método 'vertical' de busca da verdade e atribuição da razão própria da monarquia romana) em mãos do Senado imperial e dos cônsules, e também, finalmente, do próprio imperador e dos magistrados por ele nomeados que constituíram a aparição dos primeiros funcionários oficiais encarregados especificamente de julgar penalmente e com estabilidade no cargo".[104]

Os romanos foram os grandes juristas da Antiguidade. Os seus jurisconsultos, sobretudo os dos séculos II e III, foram os primeiros na história da humanidade a conseguir elaborar uma técnica jurídica e uma ciência do direito, graças à análise profunda das instituições e à formulação precisa das regras jurídicas. No Ocidente, o direito romano sobreviveu durante algum tempo nas monarquias germânicas, graças à aplicação do princípio da personalidade do direito. Depois de um eclipse de alguns séculos (séculos IX a XI), o direito romano, tal como tinha sido codificado em Bizâncio no século VI, na época de Justiniano, reapareceu no Ocidente, graças ao estudo que os juristas dele fizeram no seio das universidades nascentes (séculos XII e XIII). Até os finais do século XVIII, o direito romano era (com o direito canônico) o único direito ensinado nas universidades; tratava-se de um direito letrado. Do século XIII ao século XVIII, assistiu-se à penetração progressiva do direito romano no direito ocidental.[105] Claro está que as normas jurídicas romanas

---

102 WALTER VIEIRA DO NASCIMENTO, *Lições de história do direito*, p. 111.

103 O. F. ROBINSON, *The criminal law of ancient Rome*, p. 16.

104 GABRIEL IGNÁCIO ANITUA, *Introdução à criminologia*, p. 31-32.

105 JOHN GILISSEN, *Introdução histórica ao direito*, p. 18.

estavam, sob diversos aspectos, bem distantes da perfeição; admitiam a escravidão, não protegiam os desafortunados, não estabeleciam uma perfeita igualdade entre os seres humanos. Em outras palavras, não reconheciam os direitos do ser humano como tal.[106]

11. DIREITO PENAL ISLÂMICO

A palavra *Islam*, do idioma árabe, transmite a ideia de "submissão a Deus". A fundação da fé islâmica é devida ao profeta Maomé (570-632), que, de acordo com a tradição religiosa, teria recebido, por intermédio do anjo Gabriel, uma revelação divina especial que daria origem aos versos do Alcorão, o livro sagrado dos muçulmanos.[107]

O Alcorão é o livro mais sagrado para os muçulmanos, equivalente à Torá para os judeus e aos Evangelhos para os cristãos. A Suna é a segunda fonte mais importante, pois é o conjunto de ditos e feitos atribuídos a Maomé.[108]

São considerados delitos de maior gravidade no universo islâmico: (a) homicídio; (b) apostasia ao Islã; (c) promover a guerra contra Alá ou algum de seus mensageiros; (d) furto; (e) roubo; (f) adultério; (g) difamação; (h) falsa acusação de adultério ou fornicação; (i) consumo de álcool ou entorpecentes.[109]

Há alguns crimes que se remetiam à vingança privada e permitiam a revanche da família da vítima por meio de punições, variáveis segundo o lugar. Havia possibilidade de acordo entre os envolvidos.[110]

Existia ainda o talião, como a flagelação, a amputação, a clausura e diversas penas pecuniárias. A lapidação (apedrejar até a morte) não tem registro no Alcorão, mas ainda é usada em países mais ortodoxos hoje em dia. Não se permitia a aplicação de penas cruéis a mulheres e a crianças. O Alcorão comina pena de amputação da mão "à altura do pulso" do infrator que comete o furto. Não havia distinção formal entre furto e roubo.[111]

Fora das leis escritas, existia ainda um direito usual que variava de país para país, o que dava motivo a que, na realidade, o direito muçulmano fosse menos dependente do Alcorão do que se poderia imaginar à primeira vista

---

106 Mário Curtis Giordani, *História de Roma*, p. 256.

107 Rodrigo Freitas Palma, *História do direito*, p. 219.

108 Idem, p. 222.

109 Idem, p. 231-232.

110 Idem, p. 232.

111 Gustave Le Bon, *A civilização árabe*, p. 470.

– verificando-se mesmo a particularidade de que às vezes o costume chegava a prevalecer sobre a lei escrita.[112]

O Alcorão e seus intérpretes estabeleceram, também, o direito criminal e, como o código de Moisés, tinha por base a pena de talião, que foi o princípio fundamental de todos os códigos primitivos. O direito de castigar pertencia primeiro ao ofendido, exercendo-se no culpado ou em sua família, pois, em todas as sociedades antigas, a unidade sempre foi a família. Se o crime não podia ser vingado no pai, vingava-se no filho ou no neto e, por isso, o Deus da Bíblia tirava a vingança da iniquidade do pai "nos filhos até à terceira ou quarta geração". A pena de talião tinha a vantagem de restringir consideravelmente o número de mortes, porém com uma série de desagravos que, em geral, duravam muito tempo. Em virtude disso, foi substituído por uma compensação pecuniária, paga aos parentes da vítima, sistema que durou até que o direito de castigar, exercido a princípio pelo indivíduo ofendido ou por sua família, passou a sê-lo pela sociedade; todavia, essa fase do direito criminal só atingiu as sociedades de organização central poderosa. Desse modo, a lei de talião de Moisés, "olho por olho e dente por dente", suavizada pelo sistema das compensações, era princípio fundamental do direito criminal no Alcorão, embora nesse mesmo livro se recomende o perdão como preferível à vingança. Isso já representou um imenso progresso, pois, nas épocas primitivas, quem não se vingava ficava desonrado.[113]

Enfocando o furto, como exemplo, no Alcorão estipula-se: "quanto a um ladrão ou ladra, cortar-lhe-eis as mãos em retribuição das obras de suas mãos e como um castigo que procede de Deus" (V:42). No tocante à morte involuntária, o preço do sangue era de 100 camelos e não podia ser recusado; o preço dos ferimentos simples variava segundo a gravidade desses. Devia-se o preço do sangue de todos os parentes do matador a todos os indivíduos da família do morto; se o assassino não fosse descoberto, pagaria a comunidade a que ele pertencia. Essas regras provavam a estreita solidariedade que devia existir entre os árabes da mesma família ou da mesma associação.[114]

Tratava-se de um direito religioso, como o hindu ou o chinês. Estendeu-se à África do Norte, Turquia, Sudeste asiático, Turquestão, Irã, Paquistão, Bangladesh, uma parte da Indonésia, sul e centro da Espanha e Portugal.[115]

Os doutores muçulmanos distinguiam três categorias de infrações de acordo com as respectivas penas. Devia-se observar que essa classificação

---

112 Idem, p. 471.

113 Idem, p. 472.

114 Idem, p. 474.

115 JOHN GILISSEN, *Introdução histórica ao direito*, p. 23.

possuía um fundamento cronológico. As infrações da primeira categoria representavam aquilo que subsistiu do direito penal pré-islâmico. Nesse terreno, a atuação de Maomé se fez, como já visto, no sentido de humanizar a justiça privada, substituindo a vingança ilimitada pela pena de talião, considerada como princípio de igualdade e proporcionalidade (Alcorão, XVI:126). Ainda dentro do mesmo espírito humanitário, a pena de talião foi substituída pela composição legal. As infrações da segunda categoria correspondiam às reformas que o profeta introduziu. Finalmente, as infrações compreendidas na terceira categoria abrangiam certos atos que adquiriram o caráter de periculosidade para a sociedade muçulmana somente com a evolução histórica dessa mesma sociedade. A *primeira categoria* compreendia os crimes de sangue, *v.g.*, o homicídio voluntário com ou sem premeditação, o homicídio involuntário, lesões corporais praticadas por vingança ou em momento de cólera (não por ocasião de roubo ou de ato de pilhagem). Esses delitos eram punidos com a pena de talião ou pela composição legal. A *segunda categoria* incluía as infrações cometidas contra Alá, como, por exemplo, a apostasia, o adultério, a blasfêmia, o uso do vinho etc. Nessa categoria encontravam-se o roubo, a pilhagem, a rebelião, a injúria, a difamação. As penas eram determinadas e fixadas pela lei religiosa na época alcorânica e podiam revestir um aspecto de extrema gravidade, como, por exemplo, a pena de morte, a flagelação etc. A *terceira categoria* abrangia todos os demais delitos que, depois do período alcorânico, foram considerados como atingindo a ordem social. As penas ficavam ao arbítrio do juiz, limitado, contudo, pelo decreto do soberano ou pelo costume. As penas consistiam em prisão, fustigação, confisco de bens, multa etc.[116]

12. DIREITO PENAL GERMÂNICO

O direito germânico, de natureza consuetudinária, caracterizou-se pela vingança privada e pela composição, além de conhecer a vingança de sangue.

Para Filippo Gramatica, um instituto que trouxe progresso inegável ao campo do direito penal foi o modelo de composição dos povos germânicos; afinal, por meio do pagamento em dinheiro, armas, utensílios, redimia-se da vingança do ofendido. Houve um progresso moral e jurídico.[117]

---

[116] Mário Curtis Giordani, *História do mundo árabe medieval*, p. 290.

[117] *Principios de derecho penal subjetivo*, p. 25. A composição é algo questionável, no campo penal, pois pode envolver apenas interesses materialistas, vale dizer, a troca da aplicação de uma pena por um valor qualquer em bens valiosos. Pode-se compreender no campo de delitos patrimoniais, mas o mesmo não nos parece razoável envolvendo delitos contra vida, por exemplo.

Além de terem conhecido a pena de talião, por influência romana, os germânicos adotaram, para a prova do crime, as denominadas *ordálias* ou *juízos de Deus*. Eram provas que submetiam os acusados aos mais nefastos testes de culpa: caminhar pelo fogo, ser colocado em água fervente, submergir num lago com uma pedra amarrada aos pés, e, caso sobrevivessem, seriam considerados inocentes; do contrário, a culpa estaria demonstrada, não sendo preciso dizer o que terminava ocorrendo nessas situações. Havia, também, os duelos judiciários, em que acabava prevalecendo a *lei do mais forte*. Note-se que essas provações já eram utilizadas por povos mais antigos.

Os germanos tiveram concepção absolutamente objetiva do crime, excluída qualquer indagação psicológica.[118] Dominava a vingança privada. A pena pública destinava-se aos casos de ofensa direta à comunidade, como traição.[119] A pena era considerada expiação (inspirada pelo cristianismo), mas também redenção. Prevalecia a ideia do livre-arbítrio.[120]

A partir da época carolíngia, a fusão dos dois sistemas jurídicos – o romano e o germânico – realizou-se, mas num quadro político e social novo, que deu origem a um sistema jurídico do tipo feudal (séculos X a XIII).[121]

O direito penal germânico era um todo baseado nos costumes; tratava-se de um direito absolutamente consuetudinário, à medida que não havia nenhuma lei escrita e tudo se baseava nos fatos ocorridos e nas práticas anteriores, sendo essa, pois, a sua forma jurídica. Mas, para começar a falar do direito penal germânico primitivo, é necessário ter em mente que a sua formação societária se baseava na unidade familiar denominada *sippe*, que se pode definir como um *conjunto de pessoas do mesmo tronco familiar*. Esse conjunto familiar representava uma unidade jurídico-penal na sociedade, cujo exercício, apesar da suavidade das penas, poderia inclusive alcançar a morte, como, por exemplo, em casos de infidelidade da mulher. A paz ocupava, assim, um lugar de extremo destaque na *sippe*, uma vez que, composta de um caráter sagrado, afrontá-la significava também afrontar aos deuses da tribo. A expiação, no direito germânico, tinha uma característica especial, pois não se tratava de uma simples atitude de fazer o delinquente sentir dor, mas era necessário fazê-lo sofrer grande humilhação pública. Imputava-se não somente ao indivíduo, mas a todos do grupo. A humilhação se poderia obter por duas maneiras: por uma imposição, o que produzia grande dor no

---

118 Mayrink da Costa, *Criminologia*, p. 39.

119 Idem, p. 40.

120 Idem, p. 42.

121 John Gilissen, *Introdução histórica ao direito*, p. 17.

delinquente, ou por meio de acordo de composição, que era celebrado por intermédio de pedido do indivíduo infrator ou seu grupo, consistindo no pagamento de multa. Não se falava em talião na maior parte do tempo.[122]

A pena mais grave conhecida dos germânicos era a perda da paz. Era uma consequência do princípio talional: quem lesava a paz, podia perder a paz. Se a paz era a ordem e o direito, a perda da paz era a perda da proteção jurídica. A paz, quebrada pelo delinquente, não era propriamente a do grupo ou do povo, senão a da vítima, que tinha o caráter sagrado. O direito penal germânico tinha um caráter extremamente individualista. O delito punha o delinquente em estado de inimizade, vale dizer, de guerra. O estado de guerra contra o infrator e a família exigia por parte do lesionado e de sua família um dever de vingança. A *vingança de sangue* não era um direito, mas um dever. Não obstante, a expiação que tinha lugar por meio da vingança não consistia em uma simples produção de dor ao inimigo ou ao delinquente; era a humilhação deste e de seu grupo. Essa humilhação não somente podia ser obtida mediante a brutal produção de dor, mas também quando o inimigo ou delinquente, ou seu grupo, celebrava um acordo de composição, que consistia em pagar uma multa ao lesado. O sistema penal era diferenciado para os homens livres e para os servos, que eram considerados como coisas. Os servos, quando delinquiam, eram castigados pelo senhor em função do direito interno. Com a influência do cristianismo, houve uma tendência a reduzir a pena de morte.[123]

13. DIREITO PENAL HEBRAICO

Há cerca de três mil anos, povos semitas ocuparam um dos lados do rio Jordão e fundaram ao redor da cidade de Jerusalém um Estado importante. Foram chamados hebreus, até 1.200 a.C., depois israelitas e, a partir de 500 a.C., "judeus", termo que provém da palavra *judeanos*. Distinguiam-se de todas as demais civilizações, pois já possuíam a convicção da existência de um Deus único. Escreveram o Velho Testamento, composto por cinco livros: Gênese, Êxodo, Levítico, Números e Deuteronômio. Levando em consideração essa lei escrita, as lições dos sacerdotes e as consultas aos doutores ou mestres-rabis permitiram formar a Torá e, depois, uma nova compilação, chamada Mischná. O conjunto da Mischná e uma ou outra glosa magistral – chamada Guemará – formou o Talmud. Há, na realidade, dois: o de Jerusalém (menor)

---

[122] Antonio Sólon Rudá, *Breve história do direito penal e da criminologia*, p. 130-133.

[123] Zaffaroni, *Tratado de derecho penal*: parte general, v. I, p. 341-344.

e o da Babilônia (maior). Esses escritos são essenciais para captar as normas e leis existentes à época.[124]

O direito penal hebraico apoiava-se em base tríplice: expiação do mal, compensação do mal e necessidade de exemplo. Havia a pena de morte, executada por variados modos, conforme a gravidade do crime: apedrejamento (mais grave), fogo, decapitação (intermediárias), estrangulamento (mais leve).

Regia o cenário a lei de talião, quando envolvia lesões físicas (olho por olho, dente por dente; mão por mão, pé por pé). Nem sempre era aplicada à risca, podendo ser substituída pela reparação do dano paga pelo ofensor à vítima. Na realidade, o talião era uma barreira encontrada para evitar a vingança privada, prestigiando-se a proporcionalidade.[125]

A conhecida pena de talião significou um avanço no campo das sanções penais, visto que pretendia igualar a lesão causada pelo crime e o mal imposto pela pena. *Talião* deriva da expressão latina *talis-qualis* (tal... qual). Estabelecia a ideia do *olho por olho, dente por dente, mão por mão, pé por pé*. O talião expandiu-se na exata medida em que o Estado se organizou, chamando a si a obrigação de punir, colocando-se cada vez maior limite ao *direito de vingança*.[126]

Uma das características da lei penal hebraica era a absoluta igualdade estabelecida para os culpados por fatos delitivos, sem tomar em conta suas condições sociais, políticas ou religiosas. A vingança pessoal era um direito, envolvendo a reparação do dano; a vingança sagrada, um dever, constatando-se o caráter sagrado da lesão.[127] A lei de talião possuía três aspectos: (a) o propósito de não vingar o mal, mas de cumprir com exatidão a justiça; (b) não devia ser vingança pessoal, mas uma justiça pública; (c) fora o caso de assassinato, a lei possibilitava uma indenização monetária da parte do ofensor.[128]

Em síntese, no direito hebraico já prevalecia: (a) o critério que dava ao juiz uma margem de livre-arbítrio para aplicar a pena; (b) o princípio da responsabilidade exclusiva do criminoso; (c) o conceito de equivalência quantitativa entre a infração e a punição.[129]

---

[124] Aracy Klabin, *História geral do direito*, p. 106-107, 115.

[125] Zaffaroni, *Tratado de derecho penal*: parte general, v. I, p. 327.

[126] Aracy Klabin, *História geral do direito*, p. 125.

[127] Aracy Klabin, *História geral do direito*, p. 24; Antonio Sólon Rudá, *Breve história do direito penal e da criminologia*, p. 109-110.

[128] Paul Hoff, *O pentateuco*, p. 182.

[129] Walter Vieira do Nascimento, *Lições de história do direito*, p. 109.

Outras penas também faziam parte do sistema penal: mutilação, açoite, exílio, expulsão, excomunhão, multa, perda da propriedade. O processo penal assumia o perfil acusatório, permitindo-se a instrução pública e verbal, com contraditório, mas sem advogados, produção de prova testemunhal (pelo menos, dois testemunhos), presunção de inocência e sem utilização de tortura.[130]

O direito penal vinculou-se ao caráter sagrado, pois a sua fonte de inspiração era uma revelação divina.[131]

A tradição hebraica, por sua vez, asseverava que a revelação divina teve lugar entre os patriarcas da nação, Abraão, Isaac e Jacob, que teriam firmado uma aliança eterna com Deus, pacto esse que deveria ser observado por todos os seus descendentes. Assim, as gerações vindouras carregariam no corpo um sinal evocativo dessa celebração, o que resultou na instauração do rito judaico da circuncisão.

O judaísmo assume que Deus é o Grande Legislador. O direito e o sagrado se confundem como um todo. Moisés é a figura central na história judaica, pois, acima de tudo, ele era um legislador e um juiz, o construtor de uma moldura poderosa para encerrar numa estrutura de retidão todos os aspectos de comportamento público e privado.[132]

Vale ressaltar o decálogo principal da Torá: "I. Não terás outros deuses diante de mim; II. Não farás para ti imagem de escultura, nem semelhança alguma do que há em cima no céu, nem embaixo da terra, nem nas águas, nem debaixo da terra. Não te encurvarás a elas, nem as servirás; pois eu, o Senhor teu Deus, sou Deus zeloso, que visito a maldade dos pais nos filhos até a terceira geração daqueles que me aborrecem, mas faço misericórdia até mil gerações daqueles que me amam, e guardam os meus mandamentos; III. Não tomarás o nome do Senhor teu Deus em vão, pois o Senhor não terá por inocente ao que tomar o seu nome em vão; IV. Guarda o dia de sábado para o santificar, como te ordenou o Senhor teu Deus. Seis dias trabalharás, e farás toda a tua obra, mas o sétimo dia é o sábado do Senhor teu Deus. Não farás nenhuma obra nele, nem tu, nem o teu filho, nem a tua filha, nem o teu servo, nem a tua serva, nem o teu boi, nem o teu jumento, nem animal algum teu, nem o estrangeiro que está na tua cidade, para que o teu servo e a tua serva descansem como tu. Lembra-te que foste servo na terra do Egito, e que o senhor teu Deus te tirou dali com mão forte e braço estendido. Pelo que o Senhor

---

130 Élcio Arruda, *História do direito penal*, p. 56-71.

131 Rodrigo Freitas Palma, *História do direito*, p. 91; John Gilissen, *Introdução histórica ao direito*, p. 66.

132 Rodrigo Freitas Palma, *História do direito*, p. 93-94.

teu Deus te ordenou que guardasses o sábado; V. Honra a teu pai e a tua mãe, como o Senhor teu Deus te ordenou, para que se prolonguem os teus dias, e para que vá bem na terra que o Senhor teu Deus te dá; VI. Não matarás; VII. Não adulterarás; VIII. Não furtarás; IX. Não dirás falso testemunho contra o teu próximo; X. Não cobiçarás a mulher do teu próximo. Não desejarás a casa do teu próximo, nem o seu campo, nem o seu servo, nem a sua serva, nem o seu boi, nem o seu jumento, nem coisa alguma do teu próximo".

As leis de caráter criminal são imprescindíveis para manutenção ou coesão de qualquer grupo social, pois o seu fim primeiro é conferir estabilidade ao cotidiano de qualquer comunidade. Do decálogo, emergiram quatro crimes graves: homicídio, roubo, adultério e falso testemunho.

Ao menos duas formas distintas de homicídio já foram claramente percebidas pelo legislador israelita: o homicídio doloso e o culposo.[133]

Eis um rol dos principais crimes do direito hebraico: blasfêmia (Dt 5:11); idolatria (Dt 5:7-8); homicídio (Dt 5:17); roubo/furto (Dt 5:19); adultério (Dt 5:18); inobservância do descanso sabático (Dt 5:12-14); feitiçaria (Ex 22:17); indignidade (Dt 5:16); incesto (Lv 20:11-14); bestialidade (Ex 22:18; Lv 18:23; 20: 15-16); rapto (Ex 21:16); falso testemunho (Dt 5:20).[134]

Quanto ao homicídio, a Bíblia distingue duas classes: voluntário e involuntário. O homicídio voluntário era castigado com a pena capital. O homicídio involuntário não era punido com a morte e o réu podia buscar refúgio em cidades escolhidas como asilos. O infanticídio era punido com a morte. As lesões corporais que não causassem a morte implicavam a pena de indenização por parte do ofensor pelo tempo que a vítima perdera e pelas despesas havidas com medicamentos.[135]

Ainda sobre dolo e culpa, o elemento subjetivo foi bem diferenciado: "se alguém empurrar a outrem com ódio, ou intencionalmente lançar contra ele alguma coisa, e ele morrer, ou por inimizade o ferir com a sua mão, e ele morrer, aquele que o feriu será morto; é homicida. O vingador do sangue, encontrando o homicida, matá-lo-á. Mas se o empurrar subitamente sem inimizade, ou contra ele lançar algum projétil, sem intenção de atingi-lo, ou sem o ver, deixar cair sobre ele alguma pedra, que possa matar, e ele morrer, não sendo ele seu inimigo, nem o tendo procurado para o mal, então a congregação julgará entre ele e o vingador de sangue, segundo estas leis. A congregação

---

133 RODRIGO FREITAS PALMA, *História do direito*, p. 100-103; MÁRIO CURTIS GIORDANI, *História do direito penal entre os povos antigos do Oriente próximo*, p. 39.

134 RODRIGO FREITAS PALMA, *Manual elementar de direito hebraico*, p. 67.

135 ROBERT WEAVER SHIRLEY, *Antropologia jurídica*, p. 243.

livrará o homicida da mão do vingador de sangue, e o enviará de volta à cidade do seu refúgio, onde se tinha acolhido; ali ficará até a morte do Sumo Sacerdote, que foi ungido com santo óleo". Outro grande desenvolvimento deu-se no contexto da responsabilidade penal pessoal, como se pode visualizar nesse preceito: "os pais não serão mortos pela culpa dos filhos, nem os filhos pela culpa dos pais. Cada qual morrerá pelo seu pecado". Apesar dessa evolução, não havia distinção entre furto e roubo. Para essas hipóteses, usavam-se muito as penas pecuniárias, indenizando a vítima. Quanto ao adultério, a pena de lapidação destinava-se para ambos os infratores.[136]

A pena do falso testemunho era proporcional àquela pela qual o réu seria condenado.[137]

Como já destacado, toda a legislação mosaica estava impregnada do espírito religioso. Porém, havia uma tendência humanitária, se fosse comparada com a de outras nações à época, embora estivesse distante dos conceitos atuais de punição.

A pena de prisão não existia. A composição pecuniária podia ser aplicada a algumas infrações, como lesão provocadora do aborto e sedução. A lei mosaica estava longe da perfeição, embora tenha constituído um conjunto de normas éticas, com prolongada duração, influenciando vários outros povos.[138] O povo hebreu sobressaiu-se entre os povos da Antiguidade oriental pelo elevado nível moral de suas instituições, bastando mencionar o fato de que a legislação mosaica e a moral cristã se assemelham muito até hoje.[139]

É relevante observar que o decálogo de Moisés é perpétuo, pois até os dias atuais se respeita, basicamente, o que ali se proíbe, senão no campo penal, ao menos no âmbito civil. Como exemplos: (a) *não matarás;* (b) *não cometerás adultério;* (c) *não roubarás;* (d) *não prestarás falso testemunho contra o teu próximo;* (e) *não desejarás a casa do teu próximo;* (f) *não desejarás a mulher do teu próximo, nem o seu servidor, nem a sua serva, nem o seu boi, nem o seu burro, nem nada que pertença ao teu próximo.*[140]

Em síntese, a lei mosaica classificava os crimes da seguinte forma: (a) delitos contra a divindade; (b) delitos contra o próximo; (c) delitos contra a

---

136 Rodrigo Freitas Palma, *História do direito*, p. 104-105; Robert Weaver Shirley, *Antropologia jurídica*, p. 243.

137 Rodrigo Freitas Palma, *História do direito*, p. 105.

138 Robert Weaver Shirley, *Antropologia jurídica*, p. 242-246.

139 Mário Curtis Giordani, *História do direito penal entre os povos antigos do Oriente próximo*, p. 29.

140 John Gilissen, *Introdução histórica ao direito*, p. 71.

honestidade; (d) delitos contra a propriedade; (e) delitos contra a honra. Além da pena capital, eram utilizados a flagelação, a prisão, a internação, o anátema e a composição pecuniária. A pena de morte era executada, como regra, por meio da lapidação (apedrejamento dos condenados). Havia, também, a pena fatal pelo fogo e pela decapitação. Utilizava-se a prisão, tanto preventiva, para evitar a fuga do criminoso, como também para promover o castigo imediato do delinquente. A excomunhão (anátema) era aplicada a quem tivesse atentado contra bens jurídicos religiosos. Consistia numa espécie de *morte civil* do criminoso.[141]

14. DIREITO PENAL GREGO

Na Grécia antiga, como retrataram os filósofos da época, a punição mantinha seu caráter sacro e continuava a representar forte tendência expiatória e intimidativa. Em uma primeira fase, prevalecia a vingança de sangue, que terminou cedendo espaço ao talião e à composição. Predominava a pena de morte, utilizada para a maioria dos crimes, tais como traição, atentado a instituições políticas, abuso de funções diplomáticas, corrupção, peculato, concussão, sacrilégio, deserção, moeda falsa, assassinato, incêndio, roubo, falsidade, alguns crimes contra os costumes, entre outros. Aplicava-se, majoritariamente, pelo envenenamento por cicuta – consagrada pela execução de Sócrates. Executava-se, ainda, a morte por precipitação (atirar pessoa do alto de uma rocha); por crucificação, particularmente cruel e infamante (reservada a ladrões, traficantes de escravos, adúlteros, entre outros); por apedrejamento, expressando um modo de autodefesa da sociedade, como se fosse um linchamento popular; por meio do estrangulamento, da decapitação, do afogamento, do ateamento em fogo, da morte por enterramento em vida. Além da pena capital, havia as penas corporais, o exílio, o confisco de bens, a degradação cívica (retirada de parte ou da totalidade dos direitos do cidadão), a venda como escravo (juntamente com o confisco de bens), aplicada, como regra, ao estrangeiro, a multa, a prisão (medida provisória ou punitiva). O aparelhamento de justiça não era tão avançado quanto o romano. Como regra, havia duas fases para o julgamento: na primeira, determinava-se a culpa; na segunda, a pena.[142]

Os gregos desenvolveram, também, a consciência da existência de uma lei eterna, imutável, a reger o homem indistintamente. Tratava-se de uma ideia embrionária do que convencionamos chamar hoje de *direito natural*. O

---

[141] ARACY KLABIN, *História geral do direito*, p. 121-124.

[142] ÉLCIO ARRUDA, *História do direito penal*, p. 91-143.

direito ateniense era, sem dúvida alguma, o mais aperfeiçoado. O Areópago foi o mais antigo tribunal de Atenas. Tinha caráter aristocrático, já que formado por antigos arcontes, que sempre eram escolhidos entre os cidadãos das duas classes mais altas. No século IV, o Areópago só conservava o julgamento dos casos de homicídios com premeditação, de incêndios e de envenenamentos. A mais democrática corte de Atenas, porém, foi aquela conhecida por *Heliaia* ou Tribunal dos Heliastas (júri popular composto de até seis mil cidadãos, escolhidos por sorte, entre os que tivessem mais de trinta anos e se colocassem à disposição da cidade para exercer importantes funções). Drácon (cerca de 620 a.C.) foi o artífice de leis pautadas na construção de um ambiente de muita severidade, passando à história como pérfido legislador. A tônica da legislação de Drácon consistia na aplicação da pena de morte para a maioria dos delitos, o que lhe valeu a reputação de "sanguinário".[143] As suas penas duras e cruéis originaram o termo *draconiano*.

Estabelecia-se que a pessoa acusada por homicídio tinha direito a um julgamento, mas havia diferença entre homicídios voluntários e involuntários. Drácon garantia impunidade à pessoa que matasse outro homem surpreendido próximo à sua mulher, mãe, filha, irmã ou concubina. A lei dividia mulheres em duas categorias: as que tinham bom comportamento sexual estavam protegidas pela impunidade garantida aos matadores de pessoas que chegassem próximo a elas e outras que não incidiam nesse quadro – aquelas cujo sexo era permitido.[144]

Houve a novidade do *ostracismo* (chamado assim porque a votação que decidia pela sua aplicação se dava por escrito em uma concha – *ostracon*, em grego). Consistia em mandar sair da cidade por dez anos. Não era aplicada apenas a criminosos, mas a qualquer pessoa que se distinguisse excepcionalmente a cada ano, fazendo com que a sua superior popularidade ameaçasse o equilíbrio das forças da democracia grega. Atingia políticos, militares, artistas, intelectuais etc.[145]

As leis draconianas eram fundamentadas sob dois critérios: o da vingança e o da intimidação. Os delitos se dividiam em dois grandes grupos, a saber: aqueles praticados contra os particulares e os praticados contra a coletividade. Estes ofendiam o Estado, com o propósito de proteger seus cidadãos. Aos crimes praticados em face dos particulares eram aplicadas penas de certa forma mais brandas que as aplicadas em face dos crimes praticados contra a

---

143 Rodrigo Freitas Palma, *História do direito*, p. 150-155.

144 Michael Gagarin e David Cohen, *Ancient greek law*, p. 239.

145 Aracy Klabin, *História geral do direito*, p. 185.

sociedade. A esses eram destinadas as mais cruéis das penas, seguidas invariavelmente da morte do delinquente.[146]

Sólon, eleito arconte em 594 a.C., tomou a si a tarefa de enfrentar a crise. Fez seu nome ser lembrado pelas gerações que se seguiram, tendo sua legislação sido festejada como sinônimo de justiça e equidade. O direito penal ateniense parecia bem menos severo do que aquele produzido entre os povos da Antiguidade oriental. As formas mais usuais de punição eram as multas, o desterro, o confisco e a prisão.[147]

De acordo com a lei de Sólon, os ladrões eram punidos com uma multa pesada e, às vezes, com uma penalidade adicional e humilhante: a de ser mantido no pelourinho. "Se o bem roubado for recuperado, o valor da penalidade deverá ser o dobro do valor do bem; não sendo recuperado, será dez vezes maior, além da punição legal. O ladrão deve ser mantido no pelourinho por cinco dias e cinco noites, se o tribunal decidir impor uma pena adicional. Aquele que desejar poderá propor a pena adicional, quando a questão for levantada."[148]

Quanto a algumas infrações, nota-se que o adultério era crime em Atenas (século V a.C.). No tocante à prostituição, havia lei restringindo os direitos civis de todos os que se prostituíssem. Proibia-se exercer qualquer sacerdócio, advogado do povo, entre outros cargos. Se fosse proibido e alguém infringisse a proibição, seria condenado à morte. Porém, as interdições de direitos eram previstas somente para os casos de prostituição masculina, pois boa parte dos cargos somente poderia ser preenchida por homens. Em Esparta, o homem já era, na juventude, um exímio e perigoso guerreiro. Havia a lei que autorizava o rechaço paterno às crianças portadoras de deficiências. O pai poderia lançar o bebê de qualquer penhasco se achasse que a sua compleição física seria um empecilho à carreira militar. Eram xenófobos. Os soldados comandados por Leônidas lutaram com ânimo redobrado contra os persas.[149]

Existem apenas fragmentos dessas legislações de Atenas e Esparta. A legislação ateniense deixou mais rastros visíveis. Os delitos distinguiam-se conforme constituíssem uma lesão aos direitos de todos ou uma lesão de um direito individual. Para aqueles, as leis eram extremamente cruéis e reinava a arbitrariedade. Para estes, ao contrário, havia certo abrandamento. Ex.: o assassino poderia salvar-se com o desterro. Os juízes podiam castigar fatos

---

146 ANTONIO SÓLON RUDÁ, *Breve história do direito penal e da criminologia*, p. 117.

147 RODRIGO FREITAS PALMA, *História do direito*, p. 156.

148 ILIAS ARNAOUTOGLOU, *Leis da Grécia antiga*, p. 81.

149 RODRIGO FREITAS PALMA, *História do direito*, p. 160.

não previstos em lei, recorrendo à equidade. As leis espartanas castigavam especialmente o soldado covarde no combate. Os jovens efeminados eram açoitados com varas. Os meninos disformes deviam ser mortos. Os réus de delitos passionais perdiam os olhos.[150]

A punição legal implicava a deliberada inflição de dor, prejuízo ou perda para o Estado ou para a comunidade na forma de resposta jurídica à violação da norma legal. Isso gerava a perda da vida, da liberdade ou da propriedade, privações dos direitos civis ou sociais, exílio, desonra, tortura, marcas ou mutilações, inflição de tais penalidades à família ou a parentes da pessoa condenada. Todas as formas de punição eram encontradas de diversas maneiras na lei ateniense, embora a maioria não atingisse cidadãos, mas estrangeiros e escravos. Os debates giravam em torno do trinômio: retribuição, dissuasão e reabilitação.[151]

Protágoras (481 a.C. – 411 a.C.) negou a força do argumento de que criminosos devem ser punidos apenas porque a justiça "requer", pois eles "merecem" a punição, ou porque a honra das vítimas assim "demanda". Protágoras argumentou que o passado não pode ser desfeito e a punição se volta ao futuro.[152]

O medo da impunidade era enorme. Uma pequena ofensa não punida poderia desarranjar toda a cidade, gerando vingança. Assim, as penas eram muitas vezes desproporcionais aos crimes, para os padrões atuais. Abrangiam, em geral, castigos, multas, feridas, mutilações, morte e exílio. A pena de morte guardava um caráter ritual e sagrado de forma geral, de modo que, conforme o delito, era a forma da morte. Já o *ostracismo* dependia de julgamento por um tribunal popular e era aplicado ao demagogo, para que ele perdesse o controle sobre a população. Era uma válvula de escape para se livrar dos indesejados pela população. No início do ano, votava-se se haveria ou não o ostracismo, depois votavam-se os nomes dos denunciados. Quando a ideia de exílio tornou-se menos insuportável, o ostracismo foi caindo em desuso.[153]

Sobre a prostituição masculina (346 a.C.), a lei previa sanção ao cidadão que se prostituísse; em caso de desobediência à condenação imposta, a pena era a morte.[154]

---

150 Bernardino Alimena, *Introdução ao direito penal*, p. 33-34.

151 Michael Gagarin e David Cohen, *Ancient greek law*, p. 170-171.

152 Idem, p. 173-174.

153 José Reinaldo de Lima Lopes, *O direito na história*, p. 39.

154 Ilias Arnaoutoglou, *Leis da Grécia antiga*, p. 76.

Nas origens do direito penal helênico, encontrava-se o regime da *vendetta*, que vigorava entre famílias diversas. Dentro da própria família, o pai decidia e castigava soberanamente.

Pouco a pouco, chegou-se à ideia de que o crime não era uma ofensa privada, mas um atentado à ordem política, uma infração à lei cuja reparação podia ser pedida por qualquer bom cidadão. Outro grande progresso a assinalar na legislação penal ateniense foi a abolição progressiva das penas coletivas, que puniam não só o réu, mas até mesmo os membros da sua família. O traço fundamental do código penal ateniense era a preocupação de assegurar a cada cidadão a liberdade pessoal. Nesse sentido é que se deve entender o grande número de penas pecuniárias existentes (multas, confiscação de bens) e que eram preferíveis às penas privativas da liberdade.[155]

Nos primeiros tempos, só existia a justiça patriarcal, exercida no interior da família. O chefe da família julgava todos os seus dependentes de maneira soberana e determinava a execução da sentença, que ele próprio havia pronunciado. O homicídio, quaisquer que fossem as suas circunstâncias, gerava um estado de guerra entre as famílias interessadas: vigorava o regime da *vendetta*. O sangue derramado clamava por sangue; cada crime de morte devia ser compensado com um outro homicídio. Para deter a série infinita desses crimes, que passava a ocorrer em cadeia, era necessário um verdadeiro tratado de paz, uma transação aceita com o livre consenso de todos os interessados, que renunciavam ao direito de vingança e aceitavam o preço do sangue. Todos os membros da família eram solidários, tinham o dever de perseguir o assassino, eram igualmente responsáveis pelos crimes de cada um. A vingança não era cobrada apenas do autor dos crimes, mas de todos os parentes. A família só escapava dessa responsabilidade caso rompesse toda e qualquer ligação com o culpado, expulsando-o do grupo ou entregando-o à família ofendida. As ideias primitivas acerca do direito e da justiça familial foram-se modificando à medida que a própria família se transformava e abdicava de sua soberania e independência, reconhecendo a supremacia do Estado. O Estado colocou-se, então, como árbitro e juiz entre as famílias. Essa intervenção do Estado justificava-se por muitas razões. Antes de mais nada, por motivos religiosos, pois o delito era considerado uma mácula e o culpado podia contaminar outras pessoas, enquanto não fosse purificado. Os deuses podiam vingar-se sobre uma cidade inteira por causa de um crime que permanecesse impune. A fim de assegurar a tranquilidade pública, o Estado devia ter força suficiente para impedir que os particulares fizessem justiça pelas próprias mãos; por

---

[155] Mário Curtis Giordani, *História da Grécia*, p. 200.

isso, assumiu a responsabilidade de solucionar os conflitos de modo pacífico e legal, por mais graves que fossem.

Em Atenas, Drácon decidiu que, em caso de homicídio involuntário, o culpado poderia regressar do exílio, desde que um único parente da vítima lhe desse permissão de fazê-lo. Nas origens, a pena não atingia apenas o culpado, mas todos os seus; mais tarde, já se admitia que o crime era pessoal e que, portanto, o castigo devia ser pessoal. A responsabilidade coletiva só persistia nos casos de crimes contra o Estado ou contra os deuses. Como se vê, aos poucos chegou-se à ideia de que o crime não era uma ofensa privada, mas antes uma ofensa à ordem pública, uma infração à lei para a qual todo bom cidadão podia exigir uma reparação. O homicídio, ainda que fosse voluntário, não era objeto de um processo oficial, como nos dias de hoje. Os parentes do morto eram os únicos qualificados para assumir o papel de acusadores: caso se abstivessem de perseguir o assassino, esse não poderia ser perturbado.[156]

A pena capital era prescrita aos crimes de traição, lesão ao povo ateniense, atentado contra as instituições políticas, alteração do direito nacional, aleivosias assacadas na Assembleia Geral do povo, abuso de funções diplomáticas, corrupção e irregularidades perpetradas por agentes de autoridade, peculato, concussão, impiedade, sacrilégio, deserção para o inimigo, moeda falsa, exploração irregular de minas, assassinato, incêndio, detenção arbitrária, a maior parte dos roubos, diversos tipos de falsidade, certos atentados contra os costumes, denunciação caluniosa, condutas censuráveis praticadas contra pais, órfãos, tratamentos ultrajantes, entre outros.[157]

A lei se fazia intangível por ser considerada divina. Não somente o julgador, autoridade terrena, estava isento de responsabilidade pela lei, mas também pelo juízo acerca dos fatos, que se fazia derivar de Deus, que interferia para dirimir a questão fática no processo, por meio da *ordália* ou *prova de Deus*. A composição, vale dizer, o cancelamento da pena mediante um pagamento à vítima ou a seus enlutados era um meio de preservar a capacidade produtiva da população – e também a capacidade guerreira – sem afetar o princípio de que a pena alcançava a todos os culpáveis. As sanções a coisas e animais tinham por objetivo fortalecer a ética social até o limite de convencer a população de que ninguém ou nada, nem mesmo as coisas, os animais ou os mortos escapavam à sanção penal, que respondiam a uma lei universal que a tudo governava. Bastavam esses exemplos para deixar claro que o desaparecimento de formas tão brutais, que pertenceram à "arqueologia

---

[156] A. Jardé, *A Grécia antiga e a vida grega*, p. 188-190.

[157] Élcio Arruda, *História do direito penal*, p. 103.

criminal", não implicavam o desaparecimento das motivações político-penais a que elas respondiam e que ainda subsistiam revestindo outras formas.[158]

15. DIREITO PENAL JAPONÊS

Sofreu forte influência chinesa durante muitos séculos. Terminou adotando o modelo *civil law*, mas com forte influência da interpretação dada pelos tribunais (em face da proximidade com os Estados Unidos).[159]

De caráter também teocrático, o sistema penal japonês tinha uma característica especial que o diferenciava dos demais, pois havia um sistema penal bipartido em classes: uma destinada aos condenados que, um dia, poderiam recuperar a sua liberdade e outra, destinada a quem não tinha essa esperança. Chama a atenção o fato de que as pessoas delinquentes podiam casar-se entre si, mas seus filhos eram geralmente vendidos como escravos ao completarem oito anos.[160]

A origem do direito penal japonês também se firmava na teocracia, adicionando-se que havia duas classes de penas de prisão: uma para os que poderiam sair algum dia, no sul, e outra, para os que não recuperariam a sua liberdade, no norte. No século VII d.C. sancionou-se um código, seguindo orientação da legislação chinesa, com o sistema das cinco penas. Na época medieval, em 1232, sancionou-se "a lei das penas", contendo 51 artigos, simplificando as tipificações, encabeçando a tabulação com os delitos contra o Estado, apartando-se notoriamente da tradição chinesa.[161]

16. DIREITO PENAL CANÔNICO

O direito canônico,[162] predominando na Idade Média, perpetuou o caráter sacro da punição, que continuava severa, mas havia, ao menos, o intuito corretivo, visando à regeneração do criminoso.

A religião e o poder estavam profundamente ligados, nessa época, e a heresia implicava crime contra o próprio Estado, que se estruturou em termos

---

[158] ZAFFARONI, *Tratado de derecho penal*: parte general, v. I, p. 333-335.

[159] RODRIGO FREITAS PALMA, *História do direito*, p. 129.

[160] ANTONIO SÓLON RUDÁ, *Breve história do direito penal e da criminologia*, p. 113.

[161] ZAFFARONI, *Tratado de derecho penal*: parte general, v. I, p. 323-324.

[162] É do grego que veio o vocábulo *canon*, significando *regra*, designando o conjunto de *cânones eclesiásticos* (WALDEMAR MARTINS FERREIRA, *História do direito brasileiro*, t. 2, p. 166).

religiosos, gerando uma justificação religiosa, também, ao direito penal. A pena era fundamentada como análoga ao castigo divino.[163]

Para os cristãos, somente Deus poderia castigar ou premiar os seres humanos, justificando-se a punição dos criminosos por meio da Igreja. A pena adquiriu o caráter de expiação para atingir a penitência. O objetivo é levar o acusado ao arrependimento.[164] Introduziu-se a pena em claustro nos monastérios, que foi a origem da pena privativa de liberdade dos tempos atuais. Daí veio o termo "penitenciária", conhecido atualmente.[165]

Surgiram os manifestos excessos cometidos pela Santa Inquisição, que se valia, inclusive, da tortura para extrair a confissão e punir, exemplarmente, com medidas cruéis e públicas, os pretensos culpados. Inexistia, até então, qualquer proporcionalidade entre a infração cometida e a punição aplicada.[166]

Não se pode olvidar o resultado do procedimento inquisitivo, instaurado pela Igreja romana, na Idade Média, que levou à morte milhões de pessoas, cujo elemento central era a obtenção da confissão, a qualquer custo: a chamada *rainha das provas*. Durante a época da Inquisição, morreram milhares de pessoas em decorrência de sua ação. Os dominicanos foram escolhidos inquisidores e, diligentemente, procuravam por suspeitos de heresia, submetendo-os a investigações e torturas – que o papa Inocêncio IV legalizou, em 1252, e o papa Alexandre VI, em 1261, abençoou. Em 1484, o papa Inocêncio VIII instruiu os inquisidores a usar a tortura não apenas para atingir condenações, mas também para dramatizar os horrores do inferno. Tendo em vista que a confissão poderia fazer cessar a tortura, muitas vítimas admitiram a prática de crimes hediondos.

A partir de 1492, com a união real de Aragão e Castela, ganhou força o processo inquisitorial na Espanha. O objetivo dos reis católicos era combater as *heresias* em meio à comunidade de crentes. A consequência foi o início de uma era de terror, especialmente na Península Ibérica, que viria a se espraiar por todos os setores da sociedade. Os culpados de heresias mais graves, que se arrependiam, recebiam prisão perpétua e tinham os bens confiscados. Os outros eram mandados para a fogueira em uma procissão e cerimônia da Igreja chamada *autos de fé*. Um estatuto papal de 1231 determinou que a

---

[163] Mir Puig, *Estado, pena y delito*, p. 4.

[164] Filippo Gramatica, *Principios de derecho penal subjetivo*, p. 53-54.

[165] Zaffaroni e Pierangeli, *Manual de direito penal brasileiro:* parte geral, p. 177.

[166] Se algum benefício houve do sistema inquisitivo, deveu-se à força dos inquisidores, com poder direto de quem governava, contra os senhores feudais, que cometiam crimes contra os vassalos e terminavam impunes. Então, o poder dos inquisidores era propício a *fazer justiça* aos mais fracos nessa época obscura dos direitos fundamentais da humanidade.

fogueira fosse a punição padrão. A pena mais severa era a excomunhão. Ela visava a afastar o excomungado da comunidade, com o intuito de forçá-lo à correção, à emenda. Expirado o prazo do decreto, o excomungado retornava à comunidade, sendo recebido de braços abertos pelos seus irmãos.[167]

O sistema era a expressão do sadismo. Havia "execuções por facas, machado e espada, cabeças sendo golpeadas com toras ou cortadas com arado, pessoas sendo queimadas vivas, deixadas a morrer de fome em porões, ou tendo espinhos cravados em suas cabeças, olhos, ombros e joelhos, estrangulamento e asfixiamentos, sangramentos e desviceramentos até a morte, estiramentos do corpo até o esquartejamento, tortura sobre a roda, tortura com pinças incandescentes, descolamento da pele, corpos serrados em pedaços ou atravessados com ferro ou instrumentos de madeira, queimaduras na estaca e muitas outras formas elaboradas de crueldade. Não é de se estranhar que praticamente todos os crimes eram puníveis com a morte, e que a questão vital era a maneira pela qual a morte seria infligida".[168]

Entre as penitências e penas impostas aos hereges, pela Inquisição, figuravam: *obras de piedade* (por exemplo: recitar certas orações, jejuar durante determinado período etc.); *peregrinações* (Roma, Santiago de Compostela etc.); *sinais distintivos pregados nas vestes* (cruzes em número variado etc.), *penas pecuniárias* (que serviam para cobrir as despesas judiciárias ou eram empregadas em obras de interesse comum); *prisão* (regime mais severo e regime mais suave); *confisco de bens* (na França, o confisco se fazia em favor do tesouro real, pois o rei assumia as despesas com o tribunal da Inquisição), *demolição de casas* (pena muitas vezes atenuada). A pena mais grave era a condenação à morte pela fogueira.[169]

Não eram incomuns, nessa época, julgamentos após a morte. Num único dia, em 1245, em Montsegur, 200 infiéis foram queimados. Sob a tutela do dominicano Tomás de Torquemada (1483-1498), nomeado inquisidor, a repressão da Igreja atingiu proporções terríveis. Ele possuía uma rede de espiões, muitos dos quais se juntavam a ele apenas por autoproteção. Ainda que a confissão pudesse salvar o acusado da morte, não o salvava do confisco e da prisão. Dados da Inquisição indicam que Torquemada conseguiu mandar para a fogueira inúmeras pessoas e milhares para a prisão.[170]

---

167 RODRIGO FREITAS PALMA, *História do direito*, p. 217-218.

168 GEORG RUSCHE e OTTO KIRCHHEIMER, *Punição e estrutura social*, p. 33-37.

169 JOHN GILISSEN, *Introdução ao direito*, p. 314.

170 C. L. MANSCHRECK, *A history of christianity*: from persecution to uncertainty, p. 187-188.

O direito canônico era o direito da comunidade religiosa dos cristãos, mais especialmente o direito da Igreja católica. O termo "canon" vem do termo grego "kanoon" (regra), empregado nos primeiros séculos da Igreja para designar as decisões dos concílios.[171]

"A Igreja tornou-se então um grande centro de poder, possuindo inúmeros servos, riquezas e territórios imensos, administrados por seus representantes, em todas as cidades e aldeias, sob a direção do poder central sediado em Roma, onde a autoridade máxima era o papa, chefe da cristandade. De simples comunidade religiosa e moral que era a princípio, a Igreja se transformou em uma vasta organização política e econômica, que se arrogou o direito de decretar a pena de morte contra todos os cristãos que não quisessem aceitar os dogmas eclesiásticos, e que conseguiu acumular riquezas fabulosas, por meio dos dízimos pagos pelos fiéis, ou pelos donativos e heranças que recebia, ou ainda através das conquistas que empreendia".[172]

Houve época em que, no direito canônico, proclamava-se ser o delito um mal em si mesmo e usava-se a composição privada. As penas corporais foram substituídas por penas imateriais e a pena de morte, por penas carcerárias, conservando a vida do réu, fazendo a sua correção possível. O direito canônico chegou a distinguir a moral do direito e subdividia os delitos em delitos eclesiásticos, que ofendiam o direito divino, e delitos seculares, que ofendiam a ordem humana, além de delitos mistos, que ofendiam o direito divino e o laico. Os primeiros eram castigados pela Igreja com penitências. Os segundos eram apenados pelo poder laico com verdadeiras penas e pela Igreja no foro de consciência, com penas medicinais ou censuras. Os últimos podiam ser castigados tanto pelo poder laico como pela Igreja, aplicando-se penas de ordem vingativa.[173]

O direito canônico manteve-se durante toda a Idade Média, como o único direito escrito e universal. Sua uniformidade e sua unidade derivavam do fato de que a sua interpretação era privativa do papa, desde os tempos de Gregório VII.[174]

A respeito da época das *ordálias*, os exemplos são variados: o acusado mergulhava o braço em água fervente ou então carregava ferro em brasa, sendo que, após um certo número de dias, caso fosse inocente, deveria mostrar a ferida milagrosamente curada por obra de Deus. Além das *ordálias*, eram

---

171 John Gilissen, *Introdução histórica ao direito*, p. 133.

172 Orlando Soares, *Justiça e criminalidade*, p. 40-41.

173 Bernardino Alimena, *Introdução ao direito penal*, p. 39.

174 Antonio Carlos Wolkmer, *Fundamentos de história do direito*, p. 211.

frequentes os duelos judiciais, nos quais o acusado ou o seu padrinho duelava com o acusador ou o seu padrinho e a vitória daquele era sinal de sua inocência. Outra forma de provar a inocência era obter um número considerável de testemunhas que jurassem a honestidade do acusado. Chamado de processo por compurgação, aplicava-se a crimes considerados menores.[175]

É consenso entre a maioria dos autores que soa muito estranho falar de um direito penal canônico e o motivo é muito simples, pois não existia um povo que se denominasse canônico. O próprio termo *canônico* passa a ideia de inexistência de arbitrariedade, ou seja, indica algo que é natural. No entanto, em matéria jurídica, canônico faz referência ao conjunto de leis que serve para regular a organização interna da Igreja católica, fundada pelos cristãos nas entranhas do Império Romano, cuja sede principal ficou conhecida como a casa do Pedro, o primeiro papa. Outra característica importante do direito penal canônico, dado o seu caráter eminentemente tutelar, foi o fato de reivindicar para si todos os aspectos subjetivos do delito. Prova disso é o fato de quão danosa foi a eleição, pela Igreja e seu direito, dos aspectos subjetivos como prioritários para toda a obscura história da Inquisição. Por fim, vale observar que o direito penal canônico manifestou grande interesse em limitar a pena a somente ao homem individual, descartando, assim, a pena a animais, limitando-se apenas a maldições desses. É do seio do direito canônico que se observa o surgimento da responsabilidade penal aplicada às pessoas jurídicas, conforme a conhecemos hoje.[176]

Toda essa dinâmica eclesiástica influenciou o direito penal de tal maneira que transcendeu o sistema penal de então, fazendo com que as penas aplicadas se tornassem brutais e cruéis, a exemplo do que ocorrera na época primitiva e na Antiguidade. O sistema penal que antes era acusatório adquiriu ares extremamente inquisitivos.[177]

17. DIREITO PENAL MEDIEVAL

Nessa época, que decorreu, aproximadamente entre os séculos V e XVII, é impossível tratar da existência de uma justiça penal, podendo-se apenas apontar um poder punitivo assistemático. Por outro lado, foi a época da Inquisição, como já demonstrado em tópico anterior, quando prevaleceu uma época de excessos de toda ordem. Nesse prisma, a Inquisição desenvolveu

---

175 Idem, p. 290.

176 ANTONIO SÓLON RUDÁ, *Breve história do direito penal e da criminologia*, p. 151-156.

177 Idem, p. 175. Cf., ainda, ZAFFARONI, *Tratado de derecho penal*: parte general, v. I, p. 344-347.

um sistema caracterizado pela vigilância, pela concentração de poder, com base no encarceramento, na exclusão e no castigo, aprimorando determinadas formas processuais e de organizar a investigação da verdade, resolvendo pleitos, sistema ainda vigente em alguns locais. A Inquisição medieval foi um tribunal de exceção estabelecido pela Igreja para fazer face aos perigos que a ameaçavam e punham em risco a sociedade inteira, na sua visão.[178]

Por outro lado, o sistema inquisitivo, como modelo judicial, caracterizou esse momento do continente europeu, onde se impôs o absolutismo monárquico e uma ideia mais forte de Estado; eis o motivo pelo qual a lesão contra certa pessoa era considerada uma afronta à ordem estabelecida pela Igreja ou pelo soberano.[179]

Havia, basicamente, duas vantagens no sistema inquisitivo dessa época: permitia-se que o inquisidor, com a força auferida do monarca que o designou, pudesse processar pessoas poderosas, como os senhores feudais; houve o estabelecimento de um direito penal público, que terminou coibindo, de certa forma, a vingança privada.[180]

Predominava, como organização político-social, mas, também no campo econômico, o feudalismo, no qual o senhor feudal fornecia a terra e o vassalo nela residia e trabalhava. Havia a troca da cessão da terra por serviços prestados e, logicamente, renda.

A palavra *feudo* deriva do latim *feodum* e está etimologicamente associada à ideia de propriedade. O sistema feudal somente pode lograr êxito graças, em parte, ao fato de as cidades europeias estarem empobrecidas e os proprietários das terras, sem condições de, por si sós, proverem adequadamente a proteção de seus domínios.[181] Esse período "é caracterizado por um conjunto de instituições das quais as principais são a vassalagem e o feudo. Nas relações feudo-vassálicas, a vassalagem é o elemento pessoal: o vassalo é um homem livre comprometido para com o seu senhor por um contrato solene pelo qual se submete ao seu poder e se obriga a ser-lhe fiel e a dar-lhe ajuda e conselho, enquanto o senhor lhe deve proteção e manutenção. A ajuda é geralmente militar, isto é, o serviço a cavalo, porque a principal razão de ser do contrato vassálico para o senhor é poder dispor duma força armada composta por cavaleiros".[182]

---

178 John Gilissen, *Introdução ao direito*, p. 315.

179 Gabriel Ignácio Anitua, *Introdução à criminologia*, p. 35-36.

180 Patricia Zambrana Moral, *Estudios de historia del derecho penal*, p. 15.

181 Rodrigo Freitas Palma, *História do direito*, p. 213.

182 John Gilissen, *Introdução ao direito*, p. 189.

Inexistia a pena de prisão; o cárcere era destinado a guardar pessoas para a futura aplicação dos castigos[183] sempre abusivos e desproporcionais, muitos dos quais executados em praças, à vista do público, reunindo multidões para o evento. A concentração de poder e a ausência de democracia espelharam um sistema penal caracterizado por penas cruéis, além de se valer do mesmo sistema da Inquisição, privilegiando a confissão sob tortura, sem garantia de defesa aos acusados, culminando em sanções desproporcionais ao delito cometido.

A queda do sistema feudal, por volta dos séculos XIV e XV, trouxe enorme desorganização social e a Europa encheu-se de grupos de mendigos, vadios, rufiões, prostitutas, indigentes e criminosos de toda ordem, o que perturbou a paz social. Os governantes viam nessa massa de pessoas um perigo potencial. Houve a criação de casas de asilo a mendigos e a prostitutas, que formaram centros de encarceramento das pessoas consideradas *indesejáveis*. Aos poucos, os Estados europeus adaptam-se à prisão como pena repressiva, mesmo que ainda mantidos os castigos físicos cruéis.[184] A primeira instituição criada para *limpar* as cidades de vadios e mendigos foi a *Bridewell*, em Londres (1555); posteriormente, esse método desenvolveu-se na Holanda, denominando-se *casas de correção*, um misto de casa de assistência aos pobres, com oficinas de trabalho, e instituição penal.[185]

A privação da liberdade como pena pertence aos tempos modernos, é uma ideia de meados do século XVI e começo do século XVII para edificar as *casas de trabalho* ou *casas disciplinárias* para vagabundos ou mendigos, que se transformaram em centros para delinquentes, pobres, órfãos e enfermos ao largo do século XVII. Separação noturna e trabalho comum diurno.[186]

Pouco a pouco todos os Estados europeus foram se adaptando, cuidando da prisão como pena repressiva, mesmo subsistindo castigos corporais, pecuniários e desterro.[187]

Após muitos séculos de excessos, o advento do iluminismo fez com que várias vozes se erguessem contra a tortura e a pena de morte, especialmente quando impostas de maneira desproporcional ao crime praticado e contra a

---

183 "*Carcer enim ad continendos homines non ad puniendos haberi debet* (as prisões existem apenas para prender os homens e não para puni-los)" (GEORG RUSCHE e OTTO KIRCHHEIMER, *Punição e estrutura social*, p. 88).

184 FAUSTINO GUDÍN RODRÍGUEZ MAGARIÑOS e JAVIER NISTAL BURÓN, *La historia de las penas*, p. 50-51.

185 GEORG RUSCHE e OTTO KIRCHHEIMER, *Punição e estrutura social*, p. 62.

186 FAUSTINO GUDÍN RODRÍGUEZ MAGARIÑOS e JAVIER NISTAL BURÓN, *La historia de las penas*: de Hammurabi a la cárcel electrónica, p. 64.

187 Idem, p. 51.

existência de um procedimento inquisitivo, sem garantia de defesa, além de fazerem inúmeros outros chamamentos a um direito penal humanista. Como bem acentua ANITUA, "as *bandeiras* do iluminismo nessas áreas foram, por um lado, a defenestração da tortura e do segredo do julgamento e, por outro, a crítica à crueldade e à infâmia dos castigos públicos".[188]

17.1 Sistemas penitenciários americanos

17.1.1 Filadélfia

Na América, paralelamente, assistia-se ao surgimento da prisão modelo de *Walnut Street*, fundada na Pensilvânia em 1790. Surgiu o sistema celular ou de isolamento. Impunha-se ao preso a leitura da Bíblia e a vivência em completo silêncio, tal como um monge a expiar seus pecados, sem qualquer contato com outros detentos, além de serem proibidas as visitas de familiares ou amigos. Somente era permitido o acesso a funcionários do presídio, a algum membro da Associação de Ajuda ao Preso e ao sacerdote. Entretanto, o silêncio anulava socialmente o interno, produzindo distorções mentais e perturbações comportamentais.[189]

Esse método foi introduzido com a ajuda dos *Quakers*, um grupo religioso conservador. A característica essencial era o confinamento celular, local onde os presos ficavam até cumprir a integralidade da pena, enlouquecer ou morrer. Baseava-se no uso da religião como ferramenta única para a educação, o que poderia gerar efeitos positivos nos condenados. Eis o propósito do isolamento total, sem qualquer espécie de trabalho que pudesse distraí-los da *missão* de ler a Bíblia e voltar-se a Deus. Aliás, nem mesmo poderiam ser corrompidos uns pelos outros, visto prevalecer o silêncio absoluto.[190]

Como descreve AUGUSTO ACCIOLY CARNEIRO, na Pensilvânia, em acréscimo, havia o rigor do regime celular, caracterizado pelo isolamento total, dia e noite, sem contato com outros reclusos; chegando à prisão, era o detento visitado por um médico, devia tomar um banho, seus olhos eram vendados, vestia o uniforme da penitenciária, recebia orientações do diretor e era levado à sua cela, onde lhe tiravam a venda, passando a viver em solidão. Seu nome era substituído por um número. Não havia trabalho nem movimentos físicos relevantes, gerando ociosidade e ausência de sociabilidade: ambiente capaz de

188 GABRIEL IGNÁCIO ANITUA, *Introdução à criminologia*, p. 65.

189 FAUSTINO GUDÍN RODRÍGUEZ MAGARIÑOS e JAVIER NISTAL BURÓN, *La historia de las penas*: de Hammurabi a la cárcel electrónica, p. 68.

190 GEORG RUSCHE e OTTO KIRCHHEIMER, *Punição e estrutura social*, p. 168-169.

produzir psicoses carcerárias, suicídios, inaptidões, enfim, uma deterioração do ser humano.[191]

17.1.2 Auburn

No estado de Nova York, emergiu a prisão de Auburn, em 1818, passando a ter projeção com a direção do capitão Elam Lynds, a partir de 1823. Continuava-se com o rigor no trato do preso, impondo-se o silêncio, embora tenha inaugurado a fase na qual se permitiu o trabalho aos internos. O isolamento em celas persistiu e a meta era a imposição do castigo regenerador por meio da ideia de penitência. Chegou a produzir, com o trabalho dos presos, mão de obra barata, o que gerou o questionamento dos sindicatos de trabalhadores comuns, que chegaram a atuar para impedir a compra dos produtos manufaturados pelos detentos, alegando concorrência desleal.

As suas falhas foram a causa do seu fracasso, mas não se pode perder de vista que os atuais sistemas penitenciários americano e brasileiro estão alicerçados nesse método, com aperfeiçoamentos. Basta conferir o disposto na legislação pátria para verificar que o regime fechado tem a estrutura similar: isolamento noturno em cela e trabalho durante o dia. Naturalmente, permite-se a visita de familiares e amigos aos presos e inexiste a *lei do silêncio*.

18. DIREITO PENAL ILUMINISTA

O iluminismo, denominado época das luzes, evidenciou obras e pensamentos relevantes para a humanização do direito penal. Uma das principais foi a publicação da obra *Dos delitos e das penas*, de CESARE BONESANA, Marquês de Beccaria, em 1764. Tratava-se de um jovem de 26 anos, que não era jurista e nunca havia escrito algo sobre o tema; assim o fez porque se sentiu próximo a um erro judiciário, ocorrido na França. Um antigo protestante, um dos huguenotes que viviam no território cuja capital era Toulouse, fora acusado de matar um de seus filhos, para evitar que se convertesse ao catolicismo. O processo se conduziu de forma sectária e o Parlamento de Toulouse condenou Juan Calas à pena de morte. Ele foi executado com os insólitos tormentos da época. A viúva ficou inconsolável e pediu auxílio ao homem ideologicamente poderoso à época, o grande Voltaire. Ele se comoveu com a história e com a razão de sua causa. Terminou conseguindo a revisão do processo de Calas. Sob a influência desse estímulo, o marquês, que até então só escrevera sobre

---

[191] *Os penitenciários*, p. 6-7.

frivolidades da juventude, tomou a pena para concretizar, quase de uma só vez, o livreto *Dos delitos e das penas*.[192]

Nas palavras de ROBERTO LYRA, "Beccaria estigmatizou os 'nobres' ignóbeis, o fanatismo, a superstição, o obscurantismo, a ignorância. Foi assim que iluminou e desagravou a consciência humana. Ele sofreu a fúria misoneísta, tal como hoje os portadores das novas mensagens do progresso social. Não foi poupado, sequer, na sua honra, expiando o desdém das cátedras e o anátema dos púlpitos anticristãos".[193]

As ideias introduzidas diziam respeito aos princípios da racionalidade, legalidade, publicidade, igualdade e proporcionalidade. Apontou, como finalidade da pena, impedir o cometimento de outros delitos.[194] Beccaria atacou muitas iniquidades, erros e crueldades e, escrevendo com clareza, vigor, emoção, conseguiu convencer a muitos.[195]

Nessa época, também se torna importante o trabalho de John Howard, considerado o criador do direito penitenciário, propondo uma reforma do sistema carcerário e apontando a necessidade de se implementar mais higiene na cadeia, com o objetivo de evitar doenças e epidemias, além de haver separação dos condenados, conforme a gravidade dos delitos praticados. Pregava a ideia de se adotar um sistema de celas, com isolamento, evitando-se a promiscuidade e a corrupção moral dos detentos.[196]

Vários filósofos de singular relevância organizaram e publicaram inúmeros artigos, influenciando o cenário político, tais como Diderot, Locke, Rousseau, Voltaire, Montesquieu, Buffon, entre outros, mas suas ideias também contribuíram para maturar uma nova estrutura ao direito penal da época.[197] Concomitantemente, várias declarações, prevendo direitos individuais essenciais, foram editadas, na Inglaterra, nos Estados Unidos e na França.[198]

---

192 BERNALDO DE QUIRÓS, *Criminología*, p. 345. Beccaria foi uma das primeiras vozes a se levantar contra a pena de morte.

193 ROBERTO LYRA, *História do direito penal*, p. 9.

194 FAUSTINO GUDÍN RODRÍGUEZ MAGARIÑOS e JAVIER NISTAL BURÓN, *La historia de las penas*: de Hammurabi a la cárcel electrónica, p. 75.

195 ENRICO FERRI, *Princípios de direito criminal*, p. VII, prefácio.

196 FAUSTINO GUDÍN RODRÍGUEZ MAGARIÑOS e JAVIER NISTAL BURÓN, *La historia de las penas*: de Hammurabi a la cárcel electrónica, p. 80.

197 Antonio Sólon Rudá, *Breve história do direito penal e da criminologia*, p. 225.

198 Mais detalhes sobre as ideias iluministas, a obra de Beccaria e as escolas penais serão apresentados no capítulo referente à origem da criminologia. Os iluministas propunham ideias e instrumentos factíveis à época, o que difere dos ingênuos abolicionistas de hoje, querendo eliminar completamente o sistema punitivo na esfera penal. Para tudo há um limite calcado no bom senso.

19. DIREITO PENAL BRASILEIRO ANTIGO

O direito penal, no Brasil-colônia, foi rigoroso e abusivo, conforme se pode constatar pela leitura das ordenações portuguesas, que aqui vigoraram por muitos anos. As penas eram cruéis, envolvendo morte, açoite, mutilação, galés etc. As Ordenações Filipinas foram as mais duradouras e, como exemplos, as penas previstas eram as seguintes: (a) multas; (b) confisco; (c) queimaduras com tenazes ardentes; (d) mutilação; (e) açoites, com ou sem baraço; (f) degredo para a África, Brasil e outros locais; (g) degredo para as galés; (h) morte natural cruelmente; (i) morte natural de fogo; (j) morte natural (enforcamento); (k) morte natural por forca, ficando pendurado até apodrecer e o corpo cair no patíbulo.[199]

A Constituição do Império (1824) aboliu as penas cruéis e infamantes, embora o Código Imperial de 1830 ainda previsse a pena de morte para homicídio agravado, insurreição de escravos e latrocínio. Em 1855, houve a execução de Motta Coqueiro, constatando-se, depois, o erro judiciário, situação que surpreendeu o imperador D. Pedro II.[200]

Por certo, em época de penas severas como as mencionadas, a prisão era apenas um local para aguardar a imposição dessas sanções.[201] Aliás, justamente por essa razão é que se pode constatar constituir a pena privativa de liberdade uma forma civilizada de sanção penal, não se tendo encontrado nada mais adequado para aplicar a autores de crimes graves.[202]

20. UMA BREVE CONCLUSÃO

A história do ser humano e a da punição se entrelaçam no tempo, porque desde o momento em que se formaram os grupos, as tribos, as comunidades, enfim, houve a convivência entre as pessoas, surgiram os desrespeitos aos interesses alheios e, a partir disso, emergiram os conflitos, que podiam ser solucionados de maneira pacífica ou belicosa. A punição representa um castigo, uma atitude hostil e danosa a quem é punido, podendo ser aplicada por quem se sentiu lesado ou pelo chefe do clã. De qualquer forma, a recriminação carrega consigo o sinal do mais forte contra o fraco, nem sempre significando seja ela justa, correta ou até mesmo proporcional ao que foi realizado pelo apenado.

---

199 C. J. de Assis Ribeiro, *História do direito penal brasileiro*, p. 139-140.

200 Shecaira, Exclusão moderna e prisão antiga, p. 7.

201 Ruy Rebello Pinho, *História do direito penal brasileiro*, p. 101.

202 Porém, o problema da superlotação dos presídios é situação secular no Brasil. Como demonstra Shecaira, a prisão tinha capacidade para umas 20 pessoas e continha, em 1830, nada menos de 390 (Exclusão moderna e prisão antiga, p. 10).

Outro ponto relevante em torno da punição diz respeito às regras a serem seguidas em determinada comunidade, desde a pré-história até o presente, pois é o descumprimento aos modelos de comportamento esperados que dá ensejo ao desrespeito ao interesse alheio e, por via de consequência, sente-se o lesado impelido a punir o ofensor, seja para satisfação própria, seja para servir de exemplo ao grupo ao qual ambos pertençam.

Em época primitiva, um integrante da tribo podia violar os costumes vigentes para o grupo e a ofensa se dirigia não diretamente àquela comunidade, mas aos deuses, que os tutelavam; a punição, então, vinha contornada por uma crença em forças sobrenaturais, pretensamente ofendidas pelo comportamento *desregrado*, cuja satisfação somente se daria caso houvesse castigo severo ao infrator. Se isso não ocorresse, poderiam os deuses punir toda a tribo, algo que precisaria ser evitado. Pode-se, hoje, questionar essa credulidade e as razões punitivas da época, embora o cenário não tenha sofrido alteração substancial, mas apenas formal. As normas continuam existindo e quem as infringe, conforme o grau de lesividade, sofre a punição.

Vislumbra-se que o transcurso do tempo permite a mudança das regras comportamentais, variando de comunidade para comunidade, proporciona a escolha de diferentes métodos punitivos, determina como e quem impõe a sanção, mas, na essência, lida-se com a infração e a punição de modo duradouro e eternizado. Por isso, o estudo do crime, do criminoso, da pena e das suas consequências é relevante tanto no presente quanto para o futuro.

Observando-se a história da punição, desde tempos primevos, pode-se registrar o temor humano diante da infração a uma norma posta e aceita como válida por determinada sociedade. Esse temor se descortina pela imposição do castigo, para que o desrespeito não se repita e, também, para que outros, por meio do exemplo dado pelo sofrimento vivido pela pessoa apenada, sejam desencorajados a tomar atitudes similares. A pena – branda, rigorosa ou drástica – é uma resposta ao criminoso. Enquanto houver o crime, existirá a pena, cabendo à sociedade regular e equilibrar a infração e a punição; eis o papel do direito, como regulador das relações humanas e árbitro maior dos conflitos.

Von Hentig aponta, com olhos ao passado, o nascimento das normas proibitivas como fruto da desobediência aos deuses, aos sacerdotes, aos reis e aos pais.[203] Por vezes, as crenças religiosas e os costumes reiterados em uma

---

[203] Anote-se, sempre, a relação de força e poder para a construção do sistema punitivo: o mais forte é desrespeitado e, por isso, pode punir. Noutros termos, tem *força suficiente* para punir. O mais forte pode ser desde uma pessoa, sob o prisma da vingança privada, como pode ser o poder exercido por instituições sólidas de uma sociedade contemporânea. De

tribo podiam gerar um corpo de cânones como os Dez Mandamentos ou a Lei das XII Tábuas. A lei penal é um dos sintomas do delito, merecendo ser bem elaborada.[204]

Há pontos reiteradamente renovados ao longo do tempo na história da humanidade e do direito penal. Desses pontos, quando observados com critério, ver-se-á a indispensabilidade do caráter exemplificativo da punição, buscando evidenciar o poder de quem a aplica para gerar temor a quem é destinatário da norma. É o que se denomina como a finalidade preventiva geral da pena, que, no passado, espelhava-se por punições intensas, hoje consideradas desumanas e excessivamente cruéis, embora o sentido seja exatamente o mesmo: a aplicação de uma pena de reclusão de alguns anos configura o mesmo recado, ou seja, cometer um crime significa uma punição, seja para reafirmar a presença do direito penal, seja para intimidar outros membros da sociedade. Não é porque a pena era cruel, sob a vista dos direitos humanos de hoje, que ela deixava de ter o seu conteúdo preventivo. Ademais, dissociar a sua função retributiva, no tocante a quem a sofre diretamente, do alerta para a comunidade onde o apenado vive – caráter preventivo – é impossível. Castiga-se o malfeitor com a punição, que precisa ser sempre algo pesaroso e não uma recompensa pelo delito cometido, para que ele sinta a força e o poder de quem impôs a norma violada e não torne a delinquir, vale dizer, reprime-se para prevenir individualmente a prática de outros crimes. Afinal, anormais[205] são os que se sentem recompensados pelo sofrimento, talvez em catarse masoquista; portanto, para o ser humano comum o padecimento de qualquer espécie é desagradável e algo a ser evitado.

Avaliando-se o cenário da pena capital executada por meio da crucificação, muito utilizada por persas, selêucidas, cartagineses e romanos desde o século VI a.C. até o século IV d.C., quando Constantino, imperador cristão, a aboliu, verifica-se o seu caráter de *vitrine* da punição para a sociedade antiga. Havia inúmeros modos de se executar a crucificação. Antes, o condenado podia ser açoitado ou torturado; na sequência, era colocado preso de braços estendidos na viga cruzada ou pregado, com firmeza, pelos pulsos. Erguia-se

---

todo modo, o direito penal é uma relação de força e poder; eis por que, respeitados os direitos humanos fundamentais, precisa ser dosado e aplicado de maneira equilibrada e harmônica às finalidades pretendidas. O direito penal é um limitador ao poder estatal e não um direito punitivo livre e desmedido.

204 *Criminología*: causas y condiciones del delito, p. 27-29.

205 Anormais, para esse cenário, são as pessoas raras que diferem da imensa maioria. Não se está utilizando o sentido de loucura, enfermidade de qualquer espécie e muito menos de algo atávico.

a viga cruzada para juntar-se ao eixo vertical, colocando o crucificado a uns três metros de altura. Atavam-se os pés ou eram pregados ao eixo vertical. Havia uma saliência nesse eixo para dar suporte aos pés e ao corpo. Acima da cabeça, inseria-se uma placa com o nome e o crime. A morte era o resultado de vários fatores, como o constrangimento à circulação do sangue, a falência de órgãos e asfixia. Quando se buscava apressar a morte, as pernas do condenado eram quebradas com um cubo de ferro, evitando-se suporte para o corpo, o que tornava a respiração mais difícil, apressando a asfixia e o choque. Geralmente, puniam-se com a crucificação os agitadores políticos ou religiosos, piratas, escravos e os que não possuíam direitos civis.[206]

O percurso da humanidade na direção do justo equilíbrio entre o crime e a pena aplicada é longo e, como se pode constatar, durante séculos, inexistiu qualquer proporcionalidade. Além disso, outro fator a exigir muita atenção no cenário do direito penal é verificar quais condutas realmente devem ser consideradas delitos, sujeitas à aplicação de uma punição.

A criminalização obedece a cenários históricos, que enfocam certa sociedade em determinado local durante um tempo; os cenários se alteram, os costumes mudam, os valores são modificados e o que era crime, por vezes grave, pode deixar de ser. Os exemplos não são extraídos apenas do passado, mas ainda hoje pode-se constatar alguns *abismos* existentes entre diferentes nações: em determinado país, uma conduta pode ser crime grave, sujeito à pena de morte; noutro, a conduta nem mesmo é considerada delituosa.

Tomando-se o exemplo da comunidade de esquimós – Inuit – do Alasca, Canadá e Groenlândia, cuja civilização sobreviveu por cerca de três mil anos sem um Estado organizador, constata-se a existência de *normas* advindas do costume, porém, levadas à risca. Na região onde vivem, no inverno, uma pessoa pode morrer de frio em cinco minutos se não estiver vestida adequadamente. Por tradição, o povo é caçador e, no inverno, essa atividade se torna mais difícil, razão pela qual se desenvolveu uma lei básica, consistente em repartir o alimento. Assim, armazenar comida é considerado um crime grave, pois é natural dividir os bens. Sob tal crença, nem mesmo os ingleses conseguiram se estabelecer no local com o comércio, visto que os esquimós estavam sempre dispostos a repartir suas peles e alimentos com os ingleses e não conseguiam entender o motivo de eles manterem estoque de mantimentos sem dividi-lo. Esse procedimento não era normal, ao contrário, era *crime*. Algumas comunidades esquimós chegaram a matar os comerciantes

---

206 Disponível em: <https://www.britannica.com/topic/crucifixion-capital-punishment>. Acesso em: 12 jan. 2021 [tradução livre].

ingleses e distribuíram os alimentos armazenados. Era o *justo* para o direito esquimó; o crime mortal não era o roubo, mas a ganância.[207]

No cenário dos índios do Brasil, explica Assis Ribeiro que o adultério da mulher era considerado crime gravíssimo e seu marido poderia matá-la. Porém, o adultério do marido era simplesmente ignorado. Por outro lado, a vida era respeitada, assim como a integridade física. O homicídio era um crime que dizia respeito ao interesse de todos, cuja pena era a morte, mas somente o doloso; o homicídio culposo não era incriminado. O infanticídio não era punido entre os índios brasileiros. As crianças nascidas com deficiências físicas eram prontamente sacrificadas pelos próprios pais. Entre os guaranis, havia aversão por gêmeos, pois consideravam que a mulher poderia ter apenas um filho de cada vez; nascendo duas crianças, o pai atribuía o fato à infidelidade da mulher e os matava, como sendo prole aviltante. O aborto não era incriminado. Quanto aos crimes patrimoniais, de modo similar aos esquimós, os índios presenteavam-se reciprocamente com alimentos (animais, peixes, frutas etc.), mas davam muita importância à propriedade de armas, venenos para flechas e vestidos. O roubo, por sua vez, não era praticado pelos selvagens brasileiros; não há narrativas a esse respeito.[208]

Voltando o foco para os astecas e os incas, os primeiros adotavam a pena de morte (por lapidação, estrangulamento e decapitação), a escravidão, o desterro, o confisco, a destituição do emprego e a prisão. Os incas adotavam uma lei penal diferenciada para nobres e plebeus, sendo mais benigna aos primeiros. A pena de morte era utilizada e se fazia por decapitação, pela fogueira, forca, soterramento, esquartejamento, lapidação e arrastamento (esta era considerada a mais infamante).[209]

Além de todo o histórico narrado nos itens anteriores, inserem-se alguns tópicos a mais nesta breve síntese apenas para evidenciar a imensa dificuldade da humanidade para estabelecer um critério universal, justo e equânime para *criminalizar* condutas e, sobretudo, para *punir*. Embora se possa constatar a nítida evolução do caráter civilizatório do direito penal da atualidade na maior parte nas nações, ainda se pode encontrar crimes bizarros e penas aviltantes.

Analisar a história da punição é uma das tarefas do criminologista, pois somente assim se poderá compreender mais detalhadamente o que leva alguém a delinquir, quais as razões que conduzem determinada sociedade a criminalizar certas condutas e, principalmente, como e em que medida punir.

---

207 Robert Weaver Shirley, *Antropologia jurídica*, p. 10-11.

208 *História do direito penal brasileiro*, p. 70-80.

209 Zaffaroni, *Tratado de derecho penal*: parte general, v. 1, p. 331.

Um ponto é recorrente e imutável: não há, no mundo, a conduta nitidamente criminosa e não punida. Por outro lado, o debate quanto à pena adequada é infindável. O que se colhe, analisando a história da punição, desde os tempos primitivos, é que o *crime* existe e merece ser *punido*. Fugir disso significa simplesmente cair no cenário da pura ficção. O trabalho do criminólogo – e, também, do penalista – é estabelecer os limites punitivos do Estado, mas nunca tentar eliminar o poder sancionador do poder público, pois a concentração da aplicação da pena em mãos dos órgãos estatais proporciona o maior respeito possível aos direitos humanos fundamentais. Abstrair a punição, por puro desejo ou vontade interior de alguns, não leva a nenhum caminho produtivo. Avaliar o cenário histórico da punição – desde as sanções mais rigorosas até os tempos atuais – serve de parâmetro para aprimorar o sistema punitivo. Se o radicalismo do passado é condenado, hoje, igualmente, há o infantil radicalismo do presente, consistente em eliminar da face do planeta o direito penal.

Quem conhece o direito penal vigente em todos os países do mundo pode asseverar ser essa proposta abolicionista uma imensurável tolice, pois não alcança nem mesmo os países onde nasceram tais ideias. Já era tempo de se aceitarem esses pressupostos e isso não foi feito. Aprimorar o direito penal recomenda a concretude de ações para que possam ser realmente adotadas nos tempos atuais, sem bobagens ou ilações fictícias (algumas se proclamam *realistas*, como qualquer adepto a um conto de fadas pode ser acolhido como tal por quem quiser). A história da punição demonstra a sua indispensabilidade. Qual é a missão maior do criminólogo e do penalista? Identificar quais são as condutas ilícitas realmente necessárias para a esfera penal, abstraindo-se outras; fixar as reprimendas mais civilizadas possíveis a essas infrações, atendendo aos reclamos sociais, dentro do espectro dos direitos e das garantias humanas fundamentais. Fugir desse quadro pode significar simplesmente a luta por uma ideologia econômico-política nunca testada com aspecto positivo em lugar nenhum do mundo (logo, uma ficção) ou a aposta por um sistema imaginário, em que não há o direito penal, arremessando a sociedade a um teste de consequências gravíssimas (se não der certo).

Acreditamos que a responsabilidade científica precisa ser utilizada nesse campo. O direito penal existe hoje e não será expurgado pela vontade de alguns, para dizer o mínimo, os *românticos*. Deve-se aperfeiçoar o sistema punitivo, sem a pretensão de eliminá-lo e muito menos de o condicionar a um novo sistema *político-econômico*, sem qualquer precedente positivo, até hoje, no mundo.

O que faz certos ideólogos oferecer soluções fracassadas, portanto, já testadas, em outros lugares do mundo? Possivelmente, o orgulho, aquele sentimento nocivo indicativo de uma postura de satisfação com os próprios feitos, vale dizer, o que "eu escrevo é o melhor para a humanidade". Alguns criminólogos orgulham-se de si mesmos e das propostas que apresentam, embora elas sejam inúteis e rechaçadas mundo afora. É preciso um processo de autoavaliação para que se perceba que ciência não se faz, definitivamente, à força, vale dizer, sem qualquer respaldo no mundo real.

A história da punição, desde as épocas primitivas até o momento atual, considerando-se o mundo inteiro (e não apenas o *quintal da vida do criminólogo*), demonstra a necessidade de se punir o crime. Portanto, parece-nos o mais adequado caminho, dentro da realidade, apontar as condutas realmente nefastas, merecedoras de punição, além de sugerir as mais adequadas penas nos tempos contemporâneos.

A criminologia necessita operar com a realidade – e não com a *vontade* de uns e outros, consistente em *inventar* mundos paralelos, onde inexistem alicerces efetivos de realidade. Aliás, esses adeptos da ficção, sabendo da sua ingenuidade, ofertam modelos reais de soluções de conflitos na órbita penal (exemplo: utilização da justiça restaurativa).[210] Não deixa de ser interessante, pois há o reconhecimento de que o seu modelo de sistema "punitivo" é simplesmente irreal, para dizer o mínimo.

---

[210] Alguns radicais deveriam se abster de apontar soluções alternativas às abstrações e ficções que propõem para não macular sistemas realistas e possíveis de serem atingidos, como a justiça restaurativa. Quando se confunde uma coisa com outra, pode-se prejudicar um sistema factível, por conta do rechaço de muitos à tolice da abolição do direito penal. O radical deveria limitar-se à sua tese principal e ponto. Ingressar em sistemas de intervenção mínima ou justiça restaurativa somente macula essas posturas.

III

Origem e desenvolvimento da criminologia

1. INTRODUÇÃO

Aponta-se a origem da criminologia com o advento da escola positiva do direito penal, quando os estudos proporcionados por LOMBROSO, a partir de sua obra *O homem delinquente* (1876), ganharam um caráter científico, com seu método empírico, preocupando-se o estudioso com o criminoso e não mais enfocando apenas o crime.[1]

Como esclarece CASTELO BRANCO, no século XIX surge a teoria de Francisco José Gall (1758-1828) quanto à localização das qualidades e dos defeitos, incluindo as tendências criminais, no crânio humano, desenvolvendo-se a frenologia (estudo do crânio e do encéfalo para determinar as características intelectuais e a personalidade de cada um). Surgem as principais figuras da escola positiva, com Cesare Lombroso, desenvolvendo a antropologia criminal, Enrico Ferri, a sociologia criminal, e RAFAEL GAROFALO, cuidando da

---

[1] LINA MARIOLA DÍAZ CORTÉS, Etapa pre-científica de la criminología, in: FERNANDO PÉREZ ÁLVAREZ (dir.), *Introducción a la criminología*, p. 131; SHECAIRA, *Criminologia*, p. 74; ROSA DEL OLMO, *A América Latina e sua criminologia*, p. 34.

primeira obra intitulada *Criminologia*, em que analisa a periculosidade do criminoso no âmbito do direito penal.[2]

No desenrolar dos estudos, Lombroso constatou que o delinquente nascia como tal e podia ser identificado pela conformação craniana, aprofundando-se na análise de cérebros de famosos criminosos da sua época. Portanto, o crime seria uma consequência do determinismo e o livre-arbítrio, uma ficção.

Entretanto, é preciso considerar que os estudos da escola clássica, cujo principal expoente foi CESARE BONESANA, Marquês de Beccaria, com o seu livro *Dos delitos e das penas*, segundo nos parece, deram início a uma nova fase para o direito penal, inclusive para a avaliação da origem do delito, apontando-se para o livre-arbítrio como causa, o que não foge totalmente à realidade. Ademais, muitos outros princípios foram indicados como pertinentes às finalidades da punição, algo que, igualmente, se liga ao objeto da criminologia. Portanto, a criminologia contemporânea experimentou uma longa evolução, valendo-se dos relevantes embates teóricos e metodológicos das escolas clássica e positiva, no início, em busca de sua autonomia científica.[3]

O iluminismo, com seus grandes pensadores, teve grande mérito nessa mudança drástica de rumo do direito penal, que, em fins da Idade Média tinha "por objeto exclusivo amedrontar e intimidar por meio de castigos brutais, e a pena de morte em suas formas mais bárbaras era ditada pela ideia de prevenção geral contra o delito, desconhecendo-se a pessoa do delinquente".[4]

De qualquer forma, como bem lembra SÉRGIO SALOMÃO SHECAIRA, a criminologia não é fruto de um livro ou o produto de uma escola, tampouco o resultado de um só pensamento. Cuida-se da síntese de um século de estudos sobre o fenômeno da criminalidade, permitindo o surgimento de vários modelos dispostos a explicá-la.[5] Aliás, a pesquisa e a busca por respostas acerca da origem do crime e do criminoso permanecem até hoje, descortinando diversas outras opiniões, algumas que se pretendem inéditas e outras que redescobrem teses passadas e procuram moldá-las à luz do presente.

---

2 *Curso completo de criminologia da sociedade brasileira de direito criminal*, p. 39-40.

3 ALFONSO SERRANO MAÍLLO, *Curso de criminologia*, p. 91.

4 ALVARO MAYRINK DA COSTA, *Criminologia*, p. 47.

5 *Criminologia*, p. 76.

2. BECCARIA

Como significativo representante da escola clássica, torna-se importante destacar os pontos principais da obra *Dos delitos e das penas*.[6] O autor expressou a sua indignação diante da imensa diferença de tratamento entre ricos e pobres, visto que estes eram os que sofriam os piores tormentos, decorrentes de processos sem provas e por conta de delitos inexistentes, experimentando a crueldade dos cárceres, até alcançar as dolorosas penas.[7]

Ressaltou que o poder estatal deve proporcionar segurança à sociedade e não servir de instrumento de coerção injusta, pois as liberdades individuais precisam ser respeitadas. O exercício de um poder despótico terminou por impor aos mais fracos as penas cruéis e abusivas, não se devendo jamais olvidar a indispensabilidade de que somente as leis possam impor sanções para cada crime e que o direito de elaborar essas leis cabe ao legislador, enaltecendo, portanto, o princípio da legalidade. Embora o magistrado faça parte da sociedade, não pode impor a outro membro dessa sociedade uma pena que não seja estabelecida por força de lei, visto que o legislador é o legítimo representante da comunidade unida por contrato social. O seu temor em relação à violação da lei o fez pregar não terem os juízes o direito de interpretar as normas penais, pois não são legisladores. Ao magistrado compete analisar se determinado indivíduo cometeu ou não um ato ilícito, promovendo um silogismo perfeito, no qual a premissa maior deve ser a lei geral, a premissa menor a ação, que esteja conforme a lei ou não, para atingir a consequência: a liberdade ou a pena. Qualquer raciocínio a mais pode tornar o cenário incerto e obscuro, razão pela qual é perigoso invocar o *espírito da lei*; assim fazendo, pode-se abandonar as leis à torrente das opiniões. O cidadão estaria sujeito a um falso raciocínio ou, até mesmo, ao mau humor do juiz. Em suma, o caminho ideal é a execução literal da letra da lei para que o cidadão possa calcular os inconvenientes de uma conduta ilícita; esse conhecimento pode desviá-lo do delito. Beccaria apontou que os princípios por ele defendidos desagradariam aos déspotas e seria importante a leitura de seu livro, embora tenha reconhecido que os tiranos não leem. Aliás, além do princípio da legalidade, encontra-se a sua defesa acerca da taxatividade das leis penais, pois

---

6 Esse livro constitui a primeira reflexão moderna sobre o problema do crime, a qual posteriormente foi desenvolvida, nos séculos XVIII e XIX, por autores como o alemão Paul Johann von Feuerbach, o inglês Jeremy Bentham, o italiano Francesco Carrara (1805-1888), entre outros (Ryanna Pala Veras, *Nova criminologia e os crimes do colarinho branco*, p. 3).

7 Cesare Bonesana, *Dos delitos e das penas*, p. 14.

essas necessitam ser redigidas em forma clara, em linguagem compreensível, sem obscuridade.

Quanto à prisão, embora tenha reconhecido ser destinada apenas a aguardar a pena, como nos atuais moldes representa a prisão preventiva, o autor indicou que deveria ela ser decretada quando indispensável, apontando elementos ainda hoje ofertados para a sua utilização, como a fuga do criminoso, o clamor público, as ameaças que o acusado pode fazer, seu ódio pela vítima, a existência de crime e de indícios de autoria, entre outros.[8]

Sinalizou constituir a moderação das penas a trilha ideal a ser percorrida, pois ela não deve ter por finalidade gerar um sofrimento desmedido, nem a sua aplicação é capaz de desfazer o crime já praticado, razão pela qual há de existir proporcionalidade entre o castigo e o mal representado pelo delito. Aliás, se a pena for excessiva, pode tornar o criminoso mais audacioso para evitá-la, além do que o objetivo do castigo é prevenir a prática de outra infração penal.[9] Nesse contexto, esclareceu a inviabilidade de uma punição desigual em face da diversa gravidade de dois crimes, gerando contradição evidente, e exemplifica com a aplicação da pena de morte para quem mata um faisão e para quem tira a vida de um ser humano. Assim fazendo, destrói-se, no coração da pessoa, os sentimentos morais, obra de muitos séculos. Em suma, os castigos não podem ser maiores que os delitos.[10]

Quanto à sua contrariedade à pena de morte, desfilou o autor vários argumentos, entre os quais se encontra o fato de ser a vida um direito indisponível do ser humano, tanto que o suicídio é considerado ato ilícito. Se nem a pessoa tem o direito de se matar, o mesmo direito não pode ser cedido a outrem ou à sociedade. Quanto a esse ponto, nos dias de hoje, considera-se o suicídio uma conduta ilícita, tanto assim que é atípica a coerção para impedi-lo,[11] além de constituir crime o induzimento, a instigação ou o auxílio ao suicídio.[12] Sob o aspecto prático, levantou a questão de mostrar a experiência que a pena de morte nunca segurou criminosos à prática do mal. Entretanto, apontou

---

8 Idem, p. 18-24.

9 Idem, p. 46-47.

10 Idem, p. 66-67.

11 *Vide* art. 146 do Código Penal: "Constranger alguém, mediante violência ou grave ameaça, ou depois de lhe haver reduzido, por qualquer outro meio, a capacidade de resistência, a não fazer o que a lei permite, ou a fazer o que ela não manda: Pena – detenção, de três meses a um ano, ou multa. [...] § 3º Não se compreendem na disposição deste artigo: [...] II – a coação exercida para impedir suicídio".

12 Conforme art. 122 do Código Penal: "Induzir ou instigar alguém a suicidar-se ou a praticar automutilação ou prestar-lhe auxílio material para que o faça: Pena – reclusão, de 6 (seis) meses a 2 (dois) anos".

um lado peculiar a respeito da aplicação da pena de morte, concernente a constituir um espetáculo atroz, provocador de violento abalo, mas passageiro. Um castigo duradouro causaria mais efeito no espírito humano do que o seu rigor. Mais eficaz seria a privação da liberdade por longo tempo, obrigando o condenado a trabalhos penosos para reparar o dano causado à sociedade.[13]

Sugeriu, então, que a escravidão perpétua pode substituir, com vantagem, a pena de morte, possuindo o rigor necessário para afastar do delito o espírito mais determinado, além de expor o culpado aos olhos do povo, a servir como exemplo duradouro. Quanto a se tratar, igualmente, de uma pena rigorosa e, em tese, tão cruel quanto a morte, argumentou ser vantajosa a pena de escravidão para a sociedade, pois amedronta mais aquele que testemunha o fato do que quem a sofre.[14]

Por outro lado, indicou ser cabível o banimento e o confisco de bens para quem perturba a tranquilidade pública, não obedecendo às leis.[15]

Um fator relevante é a rápida aplicação da pena, ou seja, quanto mais próxima da prática do crime será mais justa e útil, inclusive pelo fato de ser utilizada a prisão para se esperar o julgamento. Logo, esse meio aflitivo e cruel deve durar pouco tempo. Consistindo a pena em elemento retributivo e preventivo à prática de crimes, quanto mais demorar a aplicação da sanção menos efeito será capaz de gerar à sociedade, sob a ideia de proximidade entre crime e castigo. Sustentou, ainda, não ser o rigor do suplício que previne os delitos com mais segurança, mas a certeza do castigo. Uma pena moderada, mas inevitável, causará impressão mais forte do que o vago temor de um castigo terrível em relação ao qual se tenha a esperança da impunidade. Cuida-se de postulado até hoje apontado como verdadeiro por penalistas e criminologistas.

Afirmou que o direito de punir não cabe a ninguém em particular, mas às leis, constituindo a vontade de todos, espelhando o que atualmente se denomina de monopólio do poder punitivo estatal. Um dos aspectos desse poder é justamente dosar as hipóteses de indulgência, como a concessão de graça, tendo em vista as atrocidades das penas aplicadas. Há dois relevantes apontamentos, um deles indicativo da importância do bem jurídico tutelado pela lei penal, quando Beccaria indicou ser a verdadeira medida dos delitos o

---

[13] *Dos delitos e das penas*, p. 49-50. "Coincidente com Beccaria, o filósofo político Voltaire (1766) sustentava que era preferível colocar a trabalhar os condenados para fins públicos, vale dizer, servir ao Estado mediante suas penas, pois: '... sua morte somente beneficia ao carrasco, a quem se paga para matar homens em público'" (Gazir Sued, *Genealogía del derecho penal*, p. 48).

[14] *Dos delitos e das penas*, p. 51-53.

[15] Idem, p. 56-57.

dano causado à sociedade, enquanto o outro aspecto se concentra na ideia de que a gravidade do delito não depende da intenção de quem o comete, pois, se assim fosse, haveria de existir um código particular para cada cidadão ou uma lei penal para cada crime,[16] algo que sinaliza a atualidade de se sustentar ser o dolo a vontade de cometimento do tipo penal, independentemente de se falar em *intensidade*.

Para a sua época, defender a igualdade de todos perante a lei foi um nítido avanço e, certamente, desagradou à nobreza e ao clero. O autor sustentou a necessidade de que as penas aplicadas às pessoas da mais alta linhagem devem ser as mesmas que as do último dos cidadãos, pois a *igualdade civil* é anterior a todas as honras e riquezas.[17]

Recriminou o duelo, demonstrando que o cidadão, ao recusar o desafio, termina desprezado pelos concidadãos, sendo levado a uma vida solitária, renunciando aos encantos da sociedade e expondo-se a insultos e vergonha. O correto, portanto, seria punir o agressor, vale dizer, aquele que deu chance ao duelo, declarando inocente quem se viu constrangido a defender a própria honra. Cuida-se de acertada crítica ao duelo, hoje considerado um homicídio se quem o aceita tira a vida do outro. Sobre o crime patrimonial, mencionou que o roubo cometido sem violência (na verdade, refere-se ao furto) deveria ser punido somente com pena pecuniária, afinal, quem tira o bem alheio deveria ser despojado do seu. Por outro lado, muitos *roubos* são cometidos por homens infortunados, sem bens e, nessa hipótese, até mesmo a pena pecuniária poderá levar à multiplicação das subtrações. Chegou, então, a indicar para o *roubo* a pena de escravidão temporária; se, porém, for cometido com violência, é justo ajuntar à servidão as penas corporais.[18]

Outro avanço incontestável diz respeito ao princípio da responsabilidade pessoal, ao explicar que a pena, se aplicada à família inocente, torna-se odiosa e tirânica.[19]

A prevenção ao crime se liga à preservação da liberdade e à educação. A pessoa instruída tem maiores condições de modificar o seu comportamento, respeitando o semelhante.[20]

Esse escrito foi uma verdadeira *revolução* para a época na qual foi editado, contendo ideias até hoje sustentadas pela doutrina penal. Embora contenha

---

16 Idem, p. 60-68.
17 Idem, p. 73.
18 Idem, p. 77.
19 Idem, p. 84.
20 Idem, p. 100.

conclusões ainda consideradas rigorosas, como a pena de escravidão com trabalhos forçados, teve o mérito de levantar o debate sobre outros aspectos cruéis e degradantes ligados à pena e à sua forma de aplicação. Por isso, apesar de se indicar a origem da criminologia no estudo *científico* da escola positiva, parece-nos essencial considerar as lições transmitidas não somente por Beccaria, mas, igualmente, por diversos outros autores iluministas como um autêntico prenúncio da análise do crime e do criminoso.[21]

3. ESCOLA CLÁSSICA

Essa escola defendeu a autonomia do direito penal e, na primeira fase da sua existência, mais filosófica e política, procurou centrar o estudo na justiça humana, defendendo a soberania popular contra o absolutismo medieval, lutando pelos direitos e pelas garantias individuais contra o Estado totalitário, calcado que era em direito divino. Por isso, o século XVIII foi chamado o "século das luzes", com base nos variados estudos dos iluministas. Na segunda fase, mais jurídica, os clássicos se apegaram à técnica, quando se destacou Carrara.[22] A pena ganhou contornos retributivo-preventivos.[23]

Na visão de García-Pablos de Molina, a escola clássica tinha orientação jusnaturalista e apresentou a imagem do ser humano como racional, igual e livre, valendo-se de uma concepção utilitária do castigo, sem se descuidar do apego ético. Afirmou-se o livre-arbítrio como um novo arquétipo do ser humano, capaz de se autodeterminar, de optar e decidir o que fazer, sem representar um simples joguete de forças divinas ou demoníacas. Resume os postulados da escola da seguinte forma: todos os seres humanos são iguais, incluindo os criminosos; o crime é um ato irracional; deve-se priorizar a análise do fato e não do seu autor, havendo explicação para cada fato delitivo; é preciso dar uma resposta ao comportamento criminoso com uma pena justa, útil e proporcional, vez que ela se justifica para controlar o delito.[24]

Moniz Sodré de Aragão enumera os postulados do livre-arbítrio, tal como sustentado pela escola clássica: (a) o livre-arbítrio é o fundamento da responsabilidade moral do criminoso; (b) só há responsabilidade penal

---

21 Beccaria, com a obra *Dos delitos e das penas*, revolucionou os sistemas punitivos vigentes, abrindo caminho para as modernas teorias da pena, apontando ser melhor prevenir os delitos que castigá-los (Alvaro Mayrink da Costa, *Criminologia*, p. 52).

22 Outros representantes da escola clássica italiana: Romagnosi, Filangieri, Pagano, Rossi, Camignani, Ellero, Pessina (Afrânio Peixoto, *Criminologia*, p. 47).

23 Roberto Lyra, *Novíssimas escolas penais*, p. 6.

24 *Tratado de criminología*, p. 402-405.

quando existe a responsabilidade moral, isto é, só podem ser punidos, como autores de ações ou omissões criminosas, os que têm responsabilidade moral, logo, possuem o livre-arbítrio; (c) há graus para essa responsabilidade moral do criminoso e está na razão direta da porção do livre-arbítrio que ele possui; (d) a severidade da pena e, portanto, a gravidade do delito, variam conforme seja maior ou menor essa responsabilidade moral; (e) o crime é obra exclusiva da vontade livre do delinquente; nunca um produto natural e social, resultante da ação combinada de fatores biológicos, físicos e sociais.[25] A pena se justifica como um mal imposto ao indivíduo que merece um castigo em razão de uma falta considerada *crime*, cometida de maneira voluntária e consciente.[26]

Reduzir a prática do crime ao puro livre-arbítrio do ser humano é simplificar demais o cenário em que se insere a delinquência; por outro lado, retirar completamente do contexto a vontade livre e consciente de infringir a lei penal, adotando-se o determinismo como móvel propulsor exclusivo da existência do delito em sociedade, igualmente, é um passo excessivo e antinatural. Segundo nos parece, a escola clássica trouxe à baila a relevância do livre-arbítrio, gerador do crime como parte inerente à própria natureza humana de se portar como determina a sua vontade consciente do cenário existente à sua volta. Por certo, a pena é um castigo, porque prêmio não poderia jamais ser, tendo em vista gerar uma nítida incongruência em face do prejuízo causado à vítima pelo delito ocorrido. Entretanto, esse castigo tem uma função de utilidade e a finalidade de prevenir o cometimento de novas infrações, o que a escola clássica também apregoa.

Outro aspecto relevante da época concerne ao desenvolvimento do estudo das condições dos presos. Os pioneiros da ciência penitenciária foram John Howard e Jeremy Bentham. O primeiro preocupou-se, com particular empenho, a estudar as condições prisionais, verificando soluções para a terrível situação da época.[27] Conforme lembrança de ORLANDO SOARES, houve um episódio marcante na vida de Howard, que se dirigia a Portugal, em 1755, condoído com as vítimas lisboetas do terremoto ali ocorrido, quando o navio em que viajava foi capturado por piratas franceses. Disso resultou ter sido aprisionado e levado a um cárcere em Brest, onde avaliou não somente a desgraça dos injustamente detidos, como, também, as humilhações, as provações, o contágio de enfermidades e a denominada "febre das prisões", supor-

---

25 *As três escolas penais*, p. 60.

26 Idem, p. 213.

27 GARCÍA-PABLOS DE MOLINA, *Tratado de criminología*, p. 410.

tados pelos condenados.[28] Fez várias viagens pela Europa, visitando prisões, durante muitos anos, o que lhe conferiu experiência suficiente para propor inúmeras sugestões em sua obra *State of Prisons* (1777). Há quem afirme ter sido Howard mais que um penalista, mas um filantropo. Entre suas ideias estão a redefinição dos locais dos cárceres, o reaparelhamento do mobiliário, o fornecimento de água saudável aos detentos, assim como alimentação apropriada, os cuidados com a saúde, por meio da higiene físico-mental dos prisioneiros, a disciplina diferenciada para cada encarcerado, a instituição do agente penitenciário e o regulamento particularizado para o sistema prisional, como forma de controlar as medidas estabelecidas.[29]

Bentham, além de se dedicar à ciência penitenciária, foi um teórico da pena, cuja finalidade precípua era a prevenção geral negativa (caráter intimidatório). A sua obra *O panóptico* propôs um novo desenho arquitetônico para o cárcere. O estabelecimento seria circular, com uma torre de vigilância ao centro, de onde o guarda poderia exercer o controle total e permanente dos condenados. Conforme esclarece Gabriel Ignacio Anitua, a pretensão de Bentham com o cárcere em estrutura panóptica era permitir a constante observação, com o fito de eliminar a tirania subalterna e os assédios dos guardas aos presos, pois a arbitrariedade era a regra.[30] Nos Estados Unidos, houve modelos assim, como as penitenciárias de Western State (Pittsburgh) e Stateville (Illinois).[31]

4. LOMBROSO

Indicado como precursor da criminologia, em razão de seu estudo empírico, que pode ser verificado por meio da sua obra *O homem delinquente*, torna-se relevante analisar algumas de suas principais ideias. Benigno Di Tullio aponta o ano de 1871 como o início da fase lombrosiana da antropologia criminal, quando Lombroso, já psiquiatra e médico legista na Universidade de Pavia, fazendo a autópsia em famoso bandido calabrês, Villella, e encontrando que, em seu crânio, no lugar da habitual e normal crista occipital, havia uma covinha similar aos que apresentam os vertebrados superiores mais próximos ao homem, e precisamente nos símios antropoides, concebeu a na-

---

[28] *Criminologia*, p. 71. Aliás, por conta de uma *febre carcerária*, veio a falecer em 1790 (Gabriel Ignacio Anitua, *Castigo, cárceles y controles*, p. 148).

[29] Antonio Sólon Rudá, *Breve história do direito penal e da criminologia*, p. 238-239.

[30] *Castigo, cárceles y controles*, p. 148.

[31] García-Pablos de Molina, *Tratado de criminología*, p. 411-412.

tureza atávica do delito, lançando as bases científicas da antropologia criminal, que foram expostas em 1876, na primeira edição de *L'uomo delinquente*.[32]

Passou a sustentar que todos os delinquentes autênticos mostravam uma série de sintomas físicos que os marcavam como uma variedade especial da humanidade e os impulsionavam ao delito, ainda que os crimes não tenham sido descobertos.[33] Na sua visão, a pessoa normal não viola as leis por ter receio do castigo, da infâmia, da religião e por exercer as suas faculdades morais civilizadas. O criminoso, por seu turno, não controla seus atos e sua voluntariedade é ilusória, visto que a sua própria existência é influenciada pelas condições externas, predeterminada pela sua constituição interna, orgânica e genética.[34] Cuida-se da negativa do livre-arbítrio como móvel das condutas humanas.[35]

Essa forte carga biológica é o atavismo, significando a herança dos antepassados, dos seres selvagens, o que tornava o delinquente diferente das outras pessoas. SERRANO MAÍLLO aponta, nesse tópico, uma clara influência de Darwin, pois esses desvios advêm da herança ou do insuficiente desenvolvimento de alguns órgãos físicos, levando os criminosos a estampar um nível de evolução primitiva. Assim, as suas características físicas os tornavam potencialmente reconhecíveis.[36]

Eis por que a consequência para o criminoso não deve ser um castigo, como forma de retribuição, mas, sim, como um tratamento, voltado à defesa social. Encarcerar um doente seria uma injustiça. Construindo um paralelo com a atual posição do direito penal, seria como o Estado atua no cenário dos inimputáveis, por doença mental ou desenvolvimento mental incompleto ou retardado, aplicando-lhes medida de segurança, em decorrência de ato ilícito penal, como forma de cura e tratamento.

---

32 *Tratado de antropologia criminal*, p. 51. No mesmo sentido, HILÁRIO VEIGA DE CARVALHO (*Compêndio de criminologia*, p. 65); ISRAEL DRAPKIN SENDEREY (*Manual de criminologia*, p. 26). Foram publicadas cinco edições durante 20 anos. O autor aumentou a obra em 252 páginas, chegando à 5ª edição com 1.900 páginas (MANNHEIM, *Criminologia comparada*, p. 319).

33 HANS VON HENTIG, *Criminología*, p. 31. Essa tendência se explicaria pelo atavismo e por outros dois desvios: a loucura moral e a epilepsia (ISRAEL DRAPKIN SENDEREY, *Manual de criminologia*, p. 27).

34 GAZIR SUED, *Genealogía del derecho penal*, p. 448.

35 Lombroso considerava o delito como um ente natural, "um fenômeno necessário, como o nascimento, a morte, a concepção", determinado por causas biológicas de natureza sobretudo hereditária (ALESSANDRO BARATTA, *Criminologia crítica e crítica do direito penal*, p. 39).

36 ALFONSO SERRANO MAÍLLO, *Curso de criminologia*, p. 111.

No princípio, o pretenso caráter científico das suas conclusões experimentou acolhimento e atenção, embora, com o passar do tempo, a existência de um *delinquente nato*[37] não se tenha comprovado empiricamente. Não há um tipo fechado de criminoso, com características corporais e psíquicas, a compor um ser humano especial e identificado antes mesmo de praticar qualquer ato ilícito. Ademais, parcela relevante, a fazer parte do comportamento humano, é a personalidade, e essa é formada não somente por caracteres hereditários, mas sobretudo pela convivência em sociedade. Ninguém nasce propenso ao delito.

Aliás, nessa esteira, ERNST SEELIG critica a teoria lombrosiana, apontando que a tipicidade, para a criminologia, consiste apenas na repetição de características naturalísticas do fenômeno criminal como expressão da vida e não do direito penal. Os tipos penais de crime não são utilizáveis para a compreensão criminológica. Exemplificando, se um namorado ciumento mata a tiro o seu rival e, num outro caso, um assaltante, surpreendido, abate, a sangue frio, a testemunha incômoda, está-se diante de fatores diferenciados de vivências e de personalidades de dois atos criminais inteiramente diversos, embora possam apresentar similitude quanto ao tipo penal.[38]

O mérito de Lombroso não se concentrou em apontar o *homem delinquente*, como algo atávico e inerente às suas condições físico-psíquicas, mas propiciar outro enfoque ao crime, que não mais se centralizaria no *fato* e na sua *gravidade*; voltou-se o olhar ao autor do delito, como indivíduo, com suas particularidades, entre as quais o seu grau de sociabilidade ou antissociabilidade.[39]

5. ESCOLA POSITIVA

Essa escola não teve apenas Lombroso como seu único representante, pois Ferri e Garofalo são outros grandes nomes,[40] implementando estudos que vão além da antropologia criminal, atingindo a sociologia criminal e a própria denominação de *criminologia*.

---

[37] MEZGER atribuiu a Ferri a utilização da expressão "delinquente nato" – e não a Lombroso – quando aquele escreveu uma crônica sobre a obra deste último, a fim de dar um significado ao tipo por ele descrito (*Criminología*, p. 64).

[38] *Manual de criminologia*, v. 1, p. 76-77.

[39] No mesmo sentido, ISRAEL DRAPKIN SENDEREY (*Manual de criminologia*, p. 34).

[40] Além dos três mais conhecidos (Lombroso, Ferri e Garofalo), incluem-se Marro, Sergi, Virgilio, Kurella, Corre, Zucarelli, Nina Rodrigues, João Vieira, Viveiros de Castro, Esmeraldino Bandeira, Candido Motta, Moniz Sodré, dentre outros (AFRÂNIO PEIXOTO, *Criminologia*, p. 48).

Na visão de EVANDRO LINS E SILVA, a escola positiva, em análise geral, não pode ser considerada contrária à dignidade da pessoa humana e ao reconhecimento dos direitos humanos em face da justiça criminal. Foi um movimento criativo, dando ensejo a vários estudos específicos, entre os quais a política criminal e a ciência penitenciária. Proporcionou o exame da personalidade do autor do crime, iniciando o que veio a ser denominado "movimento da defesa social".[41]

RAFFAELE GAROFALO (1851-1934), outro nome relevante do positivismo italiano,[42] publicou a obra *Criminologia*.[43] Afirma que o crime se concentra no indivíduo, momento em que este revela a sua natureza degenerada. Com isso, nasce a relação entre periculosidade e medida de segurança.[44] Afinal, apoiando-se na ideia do delito natural, o crime sempre ocorreu e não deve ser o foco do estudo, pois é uma ação prejudicial que fere sentimentos, convencionando-se chamar de *sentido moral* da agregação humana. O delinquente lesiona os sentimentos morais, pois desprovido de piedade e de probidade.[45]

Sobre o conceito material de *crime*, GAROFALO expôs, com nitidez, o seu valor, mencionando ser inviável aos juristas o definirem, pois não se trata de termo técnico, mas uma palavra exprimindo um conceito a todos acessível, desde os conhecedores da lei até os ignorantes. O legislador a captou da linguagem popular, limitando-se a aplicá-la a certas condutas reputadas criminosas.[46] Em verdade, na essência, o *delito* é uma concepção extraída da sociedade, como uma conduta muito grave, lesiva a direito ou a interesse de alguém, merecedora de uma sanção rigorosa. Porém, a partir disso, quem constrói, *formalmente*, o crime é o legislador e, por isso, torna-se uma construção artificial: é delito aquilo que o Parlamento assim quer, fazendo-o por intermédio da lei. Respeita-se o princípio da legalidade, embora nem sempre a lei espelhe a realidade social, nem sempre a conduta tipificada como delito é

---

[41] EVANDRO LINS E SILVA, De Beccaria a Filippo Gramatica, p. 9. A personalidade humana é um composto unitário de fatores somáticos, funcionais e psíquicos, influenciáveis e influentes reciprocamente de modo contínuo (ROBERTO LYRA, *Novíssimas escolas penais*, p. 31).

[42] Para GARCÍA-PABLOS DE MOLINA, Garofalo sistematizou e divulgou o pensamento positivista, suavizando extremismos doutrinários (*Tratado de criminología*, p. 455).

[43] GAROFALO publicou, pela primeira vez, em 1885, uma obra com o título *Criminologia*, embora o vocábulo já tivesse sido empregado em 1879 pelo antropólogo francês Topinard (RYANNA PALA VERAS, *Nova criminologia e os crimes do colarinho branco*, p. 4). No mesmo sentido, ROBERTO LYRA (*Novíssimas escolas penais*, p. 8).

[44] SHECAIRA, *Criminologia*, p. 97.

[45] LINA MARIOLA DÍAZ CORTÉS, Etapa científica de la criminología, in: FERNANDO PÉREZ ÁLVAREZ (dir.), *Introducción a la criminología*, p. 149; MANNHEIM, *Criminologia comparada*, p. 327.

[46] *Criminologia*, p. 2.

justa e até mesmo *moralmente aceitável*. A evolução evidencia isso com clareza e até em tempos atuais consegue-se vislumbrar mundo afora discrepâncias no cenário da criminalização de condutas, algumas radicais, demonstrativas de que algo é lícito em determinado país e penalmente ilícito, com gravíssima punição, em outro.

Ilustrando o tema, Garofalo mencionou que matar um homem para roubá-lo foi costume de tribos selvagens ou bárbaras, quando a vítima pertencesse a um grupo inimigo. Portanto, é inviável encontrar condutas universalmente consideradas criminosas e, igualmente, universalmente punidas.[47]

No tocante ao conceito de *delinquente típico*, Garofalo apontou a pessoa privada de altruísmo, de benevolência e de piedade; nela não se encontra qualquer sentimento de justiça, supondo um elevado grau de moralidade. Esse indivíduo é capaz de matar ou roubar indiferentemente, por qualquer razão que lhe pareça conveniente.[48] Sobre a insensibilidade do delinquente, exemplificou com o assassinato cometido por um rapaz de 16 anos, que resolveu matar um mendigo que o importunou, a despeito das súplicas da vítima.[49] Não é preciso voltar tanto no tempo para encontrar casos similares, pois, nos anos 1990, um grupo de rapazes, a pretexto de brincar com a sorte de um mendigo, ateou-lhe fogo e a vítima morreu. Posteriormente, descobriu-se que se tratava de um índio a perambular pelas ruas. O ponto de convergência é a *mesmice* do comportamento humano, em inúmeros aspectos, podendo-se vislumbrar situações muito semelhantes distanciadas por séculos. Portanto, o caminho percorrido pelas escolas não se completou e a criminologia está longe de colocar um ponto-final quanto à explicação a respeito das causas do crime e dos motivos do delinquente.

Enrico Ferri deu o mais equilibrado contorno à escola positiva, acrescentando aos elementos antropológicos de Lombroso (condições orgânicas, como anomalias cranianas) e psicológicos (condições psíquicas, como anomalias de inteligência ou de sentimento) de Garofalo, os fatores sociais no cenário do delito. Destacou, na origem do crime, os dados ambientais, proporcionando o desenvolvimento da sociologia criminal. Ele, também, negou o livre-arbítrio como gerador do crime, pois o ser humano é condicionado, ao viver em sociedade, carecendo de liberdade. Classificou os delinquentes em cinco categorias: os natos, os loucos, os habituais, os ocasionais e os passionais. Para cada um deles deve haver a sanção apropriada, podendo-se buscar

---

[47] Idem, p. 4.

[48] Idem, p. 114.

[49] Idem, p. 80.

recuperá-los para retorno ao convívio social; se não for possível, impõe-se a segregação permanente.[50] Com a sua ideia de defesa social, a natureza e a extensão da pena devem ser necessárias para neutralizar a periculosidade do agente. O direito penal teria por objeto os naturais *inimigos da sociedade*. Pode-se associar esse ideário, embora sob nova roupagem, ao direito penal do inimigo, sustentado por Jakobs.[51]

Outra das relevantes figuras da época foi Felipe Pinel (1745-1826), considerado criador da psiquiatria moderna e quem conseguiu retirar do alienado a condição de pária, elevando-o à categoria de doente. Afinal, antes dele, o enfermo mental era tratado como possuído pelo demônio e vivia acorrentado.[52]

Conforme o entendimento de DORADO MONTEIRO, o positivismo é uma reação ao idealismo clássico, que sustenta ser a vontade humana a causa única de todos os seus atos. Ao contestar o livre-arbítrio, apontam-se como causas produtoras do delito os fatores antropológicos, físicos e sociais. Assim, a escola positiva de direito penal, na sua ótica, constituiu um progresso no cenário da ciência, pois substituiu a anterior responsabilidade moral pela responsabilidade social, vale dizer, a pena é um movimento social de reação contra o delito.[53] Desse modo, a gravidade do fato e a culpabilidade do agente assumem um plano secundário.

Seguindo a mesma trilha e negando categoricamente o livre-arbítrio humano como fator desencadeante do delito, MONIZ SODRÉ DE ARAGÃO afirma que as pessoas não são moralmente responsáveis por suas condutas, sejam elas mentalmente saudáveis ou enfermas, sejam bem desenvolvidas intelectualmente ou possuam intelectualidade incompleta ou retardada ou ainda não concluída. Na realidade, são legalmente responsáveis pelo que fazem, quando fato punível, tendo em vista que a responsabilidade existe para todos os que vivem em sociedade. Essa vivência atrai a responsabilidade penal do delinquente, como uma autêntica responsabilidade social; a partir disso, o rigor punitivo se volta à periculosidade do infrator e à sua incapacidade de vida social. O delito não é uma falha humana, fruto da livre vontade do indivíduo, mas o resultado da combinada ação de fatores biológicos, físicos e sociais. Portanto, fruto do determinismo.[54]

---

50 LUIZ LUISI, Prefácio, in: Enrico FERRI, *Os criminosos na arte e na literatura*, p. 11-12. No mesmo prisma, BERNALDO DE QUIRÓS (*Las nuevas teorías de la criminalidad*, p. 33).

51 LOLA ANIYAR DE CASTRO e RODRIGO CODINO, *Manual de criminologia sociopolítica*, p. 98.

52 ISRAEL DRAPKIN SENDEREY, *Manual de criminologia*, p. 23.

53 *El positivismo en la ciencia jurídica y social italiana*, p. 23-27.

54 *As três escolas penais*, p. 79-80.

Nessa escola, há o componente biológico, demonstrativo de que uns se inclinam mais ao crime que outros, não se descurando da influência dos fatores sociais. Portanto, a pena encontra fundamento na defesa da sociedade, na periculosidade do criminoso, dedicando-se à prevenção especial.[55]

Em suma, o positivismo despreza o livre-arbítrio, consagrando o determinismo. Afirma-se que o mero fato de viver em sociedade é capaz de fundamentar a responsabilidade criminal de quem infringe a lei penal; esta, por seu turno, é um meio de defesa social e, se possível, de recuperação do indivíduo.[56]

6. ESCOLAS MISTAS OU ECLÉTICAS

Não houve nenhuma outra escola de direito penal que suplantasse as escolas clássica e positiva naquilo que elas representaram de ineditismo, para a época, bem como ao seu profundo antagonismo. Inúmeras outras escolas terminaram por extrair elementos das duas mencionadas e buscaram apresentar formas alternativas para explicar a criminalidade e fundamentar a razão de existir da pena.[57]

Marcos César Alvarez indica que, ao longo dos congressos internacionais de antropologia criminal, após a divulgação das ideias de Lombroso, surgiram críticas e resistências a tais postulados, a partir de autores como Alexandre Lacassagne (1843-1924), Gabriel Tarde (1843-1904) e Émile Durkheim (1858-1917).[58] Para Afrânio Peixoto as escolas podem ser apresentadas da seguinte forma: (a) escola clássica (Beccaria, Romagnosi, Filangieri, Pagano, Rossi, Carmignani, Carrara, Elero, Pessina); (b) escola correcional (Roeder); (c) escola positiva (primeira fase: Lombroso, Ferri e Garofalo; segunda fase: Garofalo, Patrizi; terceira fase: Ferri, Florian, Crispigni); (d) escola penal humanista (Lanza); (e) escola crítica ou *terza scuola* (Alimena, Carnevale); (f) escola unitária (Sabatini); (g) escola do idealismo atualístico (Maggiore, Spirito); (h) escola neoclássica tecno-jurídica (Rocco, Manzini); (i) escola neopositiva (Puglia, Florian, Crispigni, Asúa).[59]

---

55 Lina Mariola Díaz Cortés, Etapa científica de la criminología, in: Fernando Pérez Álvarez (dir.), *Introducción a la criminología*, p. 150-151.

56 García-Pablos de Molina, *Tratado de criminología*, p. 453; Roberto Lyra, *Novíssimas escolas penais*, p. 8.

57 Nesse sentido, também: Antonio Sólon Rudá (*Breve história do direito penal e da criminologia*, p. 271).

58 Teorias clássicas e positivistas, in: Lima, Ratton e Azevedo (org.), *Crime, polícia e justiça no Brasil*, p. 54.

59 *Criminologia*, p. 51.

Parece-nos relevante destacar, entre elas, a escola crítica ou *terza scuola* (Alimena, Carnevale, Impallomeni), que buscou conciliar as duas anteriores (clássica e positiva). Uma das propostas foi a substituição do livre-arbítrio para o cometimento do crime pelo critério da voluntariedade, mantendo-se a ideia da responsabilidade moral. Negou a existência do criminoso nato, ao mesmo tempo que sustentou a viabilidade de se destinar a pena (a imputáveis) e a medida de segurança (a não imputáveis) para situações diferentes no contexto penal.[60]

Além disso, apregoou que o direito penal deveria manter-se como ciência independente, sem se atrelar à criminologia, como indicava a teoria lombrosiana; afirmou ter o delito várias causas, não sendo fruto exclusivo da constituição criminosa do agente, embora possa haver indivíduos predispostos ao delito em face da influência do meio em que vivem; defendeu a atividade dos penalistas e dos sociólogos para obter as reformas sociais necessárias a modificar as condições de vida da maior parte das pessoas, criando condições de maior bem-estar. Essas concepções espelham uma relação entre criminologia e política criminal, consistindo esta última em ser o veículo destinado a programar e executar os projetos e as estratégias propostos pela criminologia.[61]

Entre seus autores, destaca-se, ainda, Gabriel Tarde, na França, com suas publicações *Filosofia penal* e *Criminalidade comparada*.[62]

Gabriel Tarde desconsiderou a responsabilidade penal baseada no livre-arbítrio em face do progresso do determinismo científico; para a responsabilidade moral deve-se levar em conta a identidade pessoal e a semelhança social.[63] Para ele, os fatos da vida são praticados por meio do exemplo e o crime nasce por meio da imitação, como um costume ou um hábito. Portanto, um grupo social nada mais é do que um conjunto de seres que se imitam uns aos outros; disso se conclui não ser o delito algo original, mas o produto da imitação do comportamento alheio.[64] É a essência da teoria da associação diferencial, que será mais detidamente analisada em outro capítulo.

Houve um grande hiato na evolução dos estudos penais e criminológicos com o advento da primeira guerra mundial em 1914, durando até o final da segunda grande guerra, em 1945. Como bem lembra EVANDRO LINS E SILVA, nessa época, "o progresso do direito penal, no sentido que estamos acentuando,

---

60 MONIZ SODRÉ DE ARAGÃO, *As três escolas penais*, p. 80.

61 ORLANDO SOARES, *Criminologia*, p. 75; GARCÍA-PABLOS DE MOLINA, *Tratado de criminología*, p. 503.

62 EVANDRO LINS E SILVA, De Beccaria a Filippo Gramatica, p. 10.

63 MONIZ SODRÉ DE ARAGÃO, *As três escolas penais*, p. 81.

64 ANTONIO SÓLON RUDÁ, *Breve história do direito penal e da criminologia*, p. 365.

de respeito e garantia dos direitos humanos, sofreu um rude golpe, desfechado pelo fascismo, pelo nazismo e pelo comunismo. Na Itália, restabeleceu-se a pena de morte, com o Código Rocco, de 1930. O pensamento penal fascista representou um acentuado retrocesso em relação à política criminal renovadora do começo do século, que percorria o sentido humanista e humanitário do direito penal, dentro da genial concepção de Von Ihering de que 'a história da pena é a história de sua constante abolição'. Mitiga-se, não se agrava; o gênero humano deve ser tratado com compreensão, com inteligência, com tolerância para os seus erros e fraquezas; a brutalidade, a selvageria e a violência jamais foram formas hábeis ou racionais de corrigir eventuais desvios de conduta. A repressão impiedosa do nacional-socialismo, que repudiou o princípio da reserva legal, institucionalizou a tortura, criou os campos de concentração e extermínio, executou reféns, foi o triste exemplo de uma época de violações dos direitos dos cidadãos e da dignidade humana. Não foi diferente o regime soviético, com os julgamentos sinistros da era staliniana e as condenações capitais por tribunais sem garantias".[65]

7. ESCOLA DA DEFESA SOCIAL[66]

Depois da segunda guerra mundial, emerge a escola da defesa social, com Filippo Gramatica, que fundou, em 1945, o Centro Internacional de Estudos da Defesa Social. Ele negou a existência de um direito a castigar em favor do Estado. Deve-se socializar o delinquente, aplicando medidas de defesa social, preventivas, educativas e curativas, conforme a personalidade do agente.[67]

Gramatica destacou que a valoração da defesa social deve centralizar-se no grau de antissociabilidade subjetiva do agente, além de ser fundamental assegurar a individualização das medidas, evitando-se injustiças humanas e a desproporção de uma condenação. Ressaltou o trabalho de Saleilles como precursor da individualização da pena. Ademais, a sanção penal não pode ser um fim em si mesma, pois deve atender mais racionalmente à defesa da sociedade; para atingir esse objetivo, o ideal é investir na recuperação do infrator e no desaparecimento das causas que o tornaram antissocial. Propôs, então, abolir a responsabilidade penal, substituindo-a pela antissociabilidade

---

[65] De Beccaria a Filippo Gramatica, p. 10-11.

[66] Embora alguns se refiram à *defesa social* apenas como um movimento, com novas ideias, parece-nos seguir a tendência de formar uma escola, com entendimentos diferenciados das tradicionais escolas clássica e positiva, mesmo podendo ser denominada como uma escola mista ou eclética.

[67] García-Pablos de Molina, *Tratado de criminología*, p. 507; Antonio Sólon Rudá, *Breve história do direito penal e da criminologia*, p. 389.

subjetiva, suprimindo-se, igualmente, a pena, como mecanismo de impor um castigo e gerar temor, bem como de seus critérios mecanizados de aplicação, para que emerjam as medidas de defesa social preventivas, curativas e educativas.[68]

Entre as suas linhas mestras, o autor indica que o Estado não tem o direito de castigar, mas de socializar o delinquente, buscando eliminar as causas do mal-estar do indivíduo em sociedade. A medida de defesa social precisa adequar-se exatamente à pessoa em relação à qual é aplicada, em perspectiva concreta, com alusão à sua personalidade e não em função do dano provocado pelo crime.[69]

Refutou a proposta do contrato social, que nunca existiu, cuidando-se de um simples idealismo. A sociedade não é um fenômeno natural, nem o resultado de um contrato; as leis que regem a vida das pessoas advêm de um convencionalismo imposto pela maioria, em torno do bem político regente das diversas sociedades. Portanto, o Estado não pode limitar a liberdade do indivíduo com a finalidade de alcançar objetivos estranhos aos fins naturais do ser humano; deve-se colocar a serviço daqueles que o criaram: tem deveres, antes que direitos. O seu poder deve ser exercido para vencer a esfera de egoísmos individuais para o bem comum.[70]

Critica a pena, que seria decorrência do autoritarismo estatal em sua relação com o indivíduo, não possuindo nenhuma justificativa racional. Por isso, em seu lugar, seria preciso implementar uma série de medidas preventivas, educativas, sociais e de defesa, a título de colaboração. Emerge o "direito da defesa social", cuja meta é a prevenção geral, substituindo o direito penal.[71]

O direito da defesa social teria a finalidade de melhorar as pessoas, socializando-as, em vez da ideia de tutelar os bens. Substitui-se o delito, como fato, pelo índice de antissociabilidade subjetiva e seus diversos graus. A pena proporcional ao crime tornar-se-ia medida de defesa social, conforme a exigência peculiar de cada um. Sob outro aspecto, GRAMATICA não nega a existência do livre-arbítrio; em vez disso, pretende superar o debate entre livre-arbítrio e determinismo, substituindo-o pela antissociabilidade, estranha ao direito.[72]

---

68 *Principios de defensa social*, p. 28-29.

69 Idem, p. 31.

70 Idem, p. 46, 48-49.

71 Idem, p. 53, 54, 57.

72 Idem, p. 76-78.

A escola clássica consagra os conceitos de castigo e responsabilidade moral, contrapondo-se a isso a escola positiva, buscando os conceitos de periculosidade e responsabilidade legal ou social, destacando a figura do criminoso. Porém, o delito é fruto da violação da norma penal; logo, o que cria o delinquente é a norma penal. Nessa linha, aponta inexistirem duas categorias de seres humanos: delinquentes e não delinquentes; há, isso sim, aquele que, deparando-se com uma proibição, viola a lei, assumindo legalmente a característica de *antissocial*. Esse indivíduo seria aquele que adotou uma conduta não desejada pela sociedade.[73]

Sob o argumento de excluir o caráter aflitivo da pena, deve-se buscar, em seu lugar, a medida de segurança (uma medida de defesa social), que poderia ser aplicada independentemente da prova de um fato e seu respectivo dano concreto à sociedade. Passa-se a considerar o índice de antissociabilidade, enfocando a conduta de fazer ou não fazer algo, em seu triplo valor: *físico, psíquico e jurídico*.[74]

Na realidade, está-se propondo um sistema concentrado no grau de periculosidade apresentado pelo indivíduo, cuja verificação se dá por meio da sua conduta, reputada *antissocial*, aplicando-se medidas de defesa social, mesmo antes de se comprovar qualquer dano efetivo a um bem jurídico tutelado. A diferença entre a proposta lombrosiana e a apresentada por Gramatica concentra-se no fato de que a periculosidade da escola positiva poderia ter origem atávica, enquanto na escola da defesa social a antissociabilidade advém da personalidade do indivíduo.

Para a defesa social, um ato preparatório pode revelar a antissociabilidade, a partir da sua manifestação exterior, visualizando-se a finalidade de cometer uma violação à norma, o que demonstra a sua atitude antissocial.[75]

Em outro prisma, a culpabilidade seria substituída pela antissociabilidade culposa ou dolosa, não se aceitando nem mesmo o termo *imputabilidade*, por pressupor a atribuição do delito e da culpabilidade ao sujeito, captando características do direito penal, repudiado pelo sistema da defesa social.[76]

Propõe-se sejam declarados em estado perigoso, aplicando-se as medidas de segurança e a reabilitação, aqueles que apresentarem periculosidade social,

---

[73] Idem, p. 85, 91, 93.

[74] Idem, p. 99, 101, 108, 113.

[75] Idem, p. 116.

[76] Idem, p. 133-134.

como os vagabundos, os rufiões, os homossexuais, as prostitutas, os traficantes de pornografia, os mendigos, os ébrios habituais, os toxicômanos etc.[77]

Em síntese a tais postulados, esclarece EVANDRO LINS E SILVA que Marc Ancel se opôs a Gramatica "por entender que a abolição do direito penal conduziria ao 'arbítrio mais absoluto ou mesmo para uma espécie de caos social', advertindo, porém, que 'o penalista sente hoje que não mais pode ser simplesmente um jurista' [...] e 'o criminalista mais avisado sente igualmente que não pode reconhecer, sem distinção, ao médico, ao sociólogo ou ao psicólogo o direito de substituí-lo'".[78]

8. ESCOLA DA NOVA DEFESA SOCIAL[79]

Na sequência, surge a nova defesa social de Marc Ancel, que criou um movimento de política criminal humanista, visando à proteção eficaz da comunidade, por meio de estratégias fora do campo penal, partindo do conhecimento científico da personalidade do infrator e buscando neutralizar a sua periculosidade de modo individualizado e humanitário, afinal, ele não deixa de ser um membro da sociedade e como tal deve ser compreendido. Vê-se nítida vocação humanista da *nova defesa social*, procurando o tratamento ressocializador do criminoso.[80] Além disso, ANTONIO SÓLON RUDÁ acrescenta, entre essas ideias, a propositura de uma espécie de *desjudicialização* de certas partes da ciência penal para fazer valer uma eficiente política criminal, integrando a defesa social em um novo direito penal, como meio de luta contra o crime.[81]

Narra MARC ANCEL que "o movimento de defesa social nasceu realmente da revolta positivista; e o positivismo foi na realidade uma 'revolta' contra o direito penal clássico, assimilável em muitos aspectos, no que diz respeito à sua significação histórica, ao movimento de revolta que exprimia em 1764 o famoso pequeno tratado *Dos Delitos e das Penas* de Beccaria. A diferença, sem dúvida, surge do fato de que, em consequência da evolução rápida das concepções e do triunfo da Revolução Francesa, as ideias de Beccaria, po-

---

77 Idem, p. 188.

78 De Beccaria a Filippo Gramatica, p. 13.

79 Embora alguns se refiram à *nova defesa social* apenas como um movimento, com ideias particulares, parece-nos seguir a tendência de formar uma escola, com entendimentos diferenciados das tradicionais escolas clássica e positiva, mesmo podendo ser denominada como uma escola mista ou eclética. Ademais, forma um nítido contraponto à escola da defesa social, razão pela qual é apontada como *nova* defesa social.

80 GARCÍA-PABLOS DE MOLINA, *Tratado de criminología*, p. 508.

81 *Breve história do direito penal e da criminologia*, p. 391.

pularizadas, foram rapidamente aceitas por todos. O sistema repressivo do antigo regime foi substituído pelo regime penal neoclássico do século XIX, baseado na responsabilidade moral e na pena-castigo".[82]

A *nova defesa social* apresenta-se como uma reação ao sistema unicamente retributivo da pena e não para simbolizar a antiga noção de *proteção da sociedade*. Isto não significa que a aplicação da sanção penal deixe de proteger a comunidade como um todo, pois visa à prevenção do crime e ao tratamento dos criminosos.[83] Portanto, o problema efetivo não reside na supressão da lei penal, mas na utilização racional, no campo jurídico, dos variados fatores da criminologia.

Cuida-se de um movimento contrário à concepção de considerar a pena como um mecanismo de expiação em decorrência de uma falta; afinal, a proteção social demanda um conjunto de medidas extrapenais com a finalidade de neutralizar o criminoso, por mecanismos curativos ou educativos. Deve-se adotar uma política criminal voltada à ressocialização, desenvolvida por meio da humanização do direito penal, apoiada pelo estudo do fato criminoso e da personalidade do delinquente.[84]

É interessante a menção do autor a Platão e à sua ideia de proteção da sociedade contra os criminosos perigosos, já antevendo que a detenção provisória – à época utilizada somente para aguardar a aplicação da pena – deveria converter-se em pena aplicável na maior parte dos casos, senão na totalidade. Portanto, Platão foi o primeiro a distinguir entre o delinquente recuperável e o irrecuperável.[85]

Por outro lado, analisando o positivismo, enumera as posições essenciais dessa escola, que não consistiu unicamente na rejeição do livre-arbítrio, inspirando o ser humano a optar entre o bem e o mal; o delito passa a não ser mais uma abstração, como uma entidade jurídica, auferindo o *status* de fato natural e social e merecedor de ser analisado sob a perspectiva concreta da personalidade do autor. Desse modo, a função da justiça criminal deixa de ser punir uma culpa ou restabelecer o direito violado por meio da imposição de uma sanção. Passa a ter uma finalidade concreta de proteção da sociedade contra o crime. Eis a função preventiva da sanção aplicada, neutralizando

---

[82] *A nova defesa social*, p. XX (introdução).

[83] Idem, p. 8-10.

[84] Idem, p. 17-18.

[85] Idem, p. 31.

ou curando o delinquente. Para tanto, a legislação e a justiça penal precisam orientar-se pelos ensinamentos antropológicos e sociológicos.[86]

Evoluindo na concepção de defesa social, quer-se evitar qualquer ingrediente metafísico, como seria o acolhimento do livre-arbítrio para fundamentar a prática do crime, bem como afastar a ideia de aplicação da pena para garantir a justiça *absoluta*, proporcional ao mal causado pelo delito em abstrato. Seria a adoção da pena de talião, no campo do direito penal. Porém, a justiça humana é sempre relativa, visto julgar a pessoa concreta, logo, é incapaz de promover um sistema verdadeiramente retributivo.[87]

A nova defesa social considera o crime como um fato humano, portanto, uma expressão da personalidade de seu autor, vale dizer, o criminoso nada mais é que um ser concreto. A crise da justiça penal se deve à insuficiência do direito penal clássico, puramente retributivo, cuja pretensão é dar uma solução abstrata e jurídica a um problema que ultrapassa a limitada esfera da lei.[88]

A nova defesa social rejeita o determinismo positivista, além do que o debate filosófico acerca da existência ou da inexistência do livre-arbítrio deveria permanecer à margem da luta contra a criminalidade. Pretende situar-se distante dos positivistas quanto à responsabilidade legal ou objetiva e dos clássicos (ou neoclássicos) quanto à responsabilidade moral abstrata.[89]

Objetiva-se o respeito à dignidade humana, a necessidade de garantia da liberdade individual, a preservação de um regime de legalidade, a organização de um procedimento judiciário e a desconfiança de um sistema que busque aplicar medidas de segurança preventivas, antes mesmo da ocorrência do crime.[90]

Além disso, a nova defesa social pretende adotar uma postura diferenciada em face do criminoso, levando em conta a sua personalidade, por meio de estudos sistemáticos, conforme métodos científicos. O magistrado continuaria julgando o fato delituoso, porém, não somente utilizando o critério objetivo da lei penal, mas se valendo de fatores subjetivos extraídos da personalidade do autor. Esse conhecimento do infrator não diria respeito apenas a aspectos exteriores ao ato, como os seus antecedentes estabelecidos pelos serviços policiais. Teria vinculação com a sua constituição biológica, as suas reações psicológicas, a sua história pessoal e a sua situação social; isto seria o exame

---

86 Idem, p. 85-86.
87 Idem, p. 232-233.
88 Idem, p. 234, 236.
89 Idem, p. 238, 240.
90 Idem, p. 241.

científico do delinquente no processo penal moderno. É o que sustenta a política criminal da nova defesa social.[91]

Sobre a individualização da pena, o autor menciona não ser mais uma faculdade do magistrado, mas uma obrigação imposta pela lei. Aliás, constitui, hoje, princípio constitucional expresso na Constituição Federal do Brasil (art. 5º, XLVI, primeira parte). Além disso, o Código Penal dedica vários artigos para a aplicação da pena o mais individualizada possível.

No tocante ao sistema do duplo binário (aplicação de pena e medida de segurança), Ancel se opõe, dando-o por superado. Deve o magistrado optar pela via penal (pena) ou pela via da defesa social (medida de segurança).[92]

Na mesma linha da defesa social de Gramatica, defende que a vadiagem, a mendicância ou a prostituição, para citar alguns exemplos, devem ser objeto de disposições legislativas que as englobem, resultando num regime de medidas preventivas no caso dessas periculosidades *ante delictum* particulares, o mesmo ocorrendo com alcoólatras e toxicômanos.[93]

Sobre a reforma penitenciária, o autor a aponta como um dos principais problemas a resolver, em nome da política criminal da nova defesa social. É preciso conceder a oportunidade ao condenado de se tornar um cidadão livre.[94] Esse tema se encontra no ideário de quase todas as escolas penais, nos estudos de variadas vertentes doutrinárias penais e constitui quase uma unanimidade entre os penalistas que possuem conhecimento da questão, ao menos no Brasil. Porém, vale ressaltar, desde logo e sempre, que a remodelação do sistema carcerário, para torná-lo mais humanizado e digno, depende não da política criminal, mas, sobretudo, dos políticos, que legislam e governam. Observa-se que, infelizmente, a ideologia do governante tem sido irrelevante, pois o problema se arrasta há tempos, sem qualquer horizonte iluminado à frente. O motivo que aparece como um dos mais evidentes é a indiferença da sociedade em relação à situação penitenciária, visto que lidar com a criminalidade, de forma humanizada, não *rende votos*.

Nas palavras de Evandro Lins e Silva, "a Nova Defesa Social é, atualmente, um movimento dinâmico e propagador das ideias que surgem e se entrecruzam nos domínios da ciência penal. É inegável o seu papel como estímulo e emulação para os estudos, pesquisas e observações em torno dos problemas criminais, dentro de um amplo espectro, seja no direito e no pro-

91 Idem, p. 281-285.

92 Idem, p. 297.

93 Idem, p. 307.

94 Idem, p. 350.

cesso penal, seja sobretudo na definição de uma política criminal garantidora do respeito aos direitos humanos. Ele é a expressão moderna das conquistas da Revolução Francesa e da antevisão genial de Beccaria".[95]

Este capítulo dedicou-se a enumerar as principais escolas penais, dando ênfase à origem da criminologia e ao seu desenvolvimento por algumas fases. Outros estudos criminológicos contemporâneos têm sido elaborados, muitos dos quais ligados à sociologia criminal e às versões ideológicas da criminologia, temas a serem considerados no próximo capítulo.

---

95 De Beccaria a Filippo Gramatica, p. 13-14.

IV

Teorias sociológicas da criminologia

1. INTRODUÇÃO

As teorias sociológicas apontam diferentes soluções para o problema da criminalidade, além de buscarem justificativas para o crime e para o delinquente, concentrando-se em estudos voltados ao cenário onde está imerso o criminoso e onde ocorre a infração penal. Rejeitam, como regra, a ideia do livre-arbítrio como móvel propulsor do delinquente para infringir a lei penal, bem como procuram afastar os postulados vinculados a fatores biológicos, psicológicos ou conectados à personalidade do agente. Observa-se uma ideia de determinismo subjacente a todas as teorias, expressando que o crime é fato natural e corriqueiro (ou um desvio atribuível a alguém) nas sociedades, desde a Antiguidade até o presente, enquanto o criminoso é apenas um fruto da sociedade onde vive.

O delito acontece não porque o infrator faz uma escolha entre o bem e o mal, mas pelo fato de infrações fazerem parte da realidade humana em qualquer lugar. Sob outro aspecto, causas sociais e políticas indicariam que o criminoso é *levado* ao cometimento do delito por fatores exteriores à sua vontade, praticamente inevitáveis. Muitas dessas teorias apontam que a solução, em tese, para a criminalidade deve passar por uma profunda mudança no quadro político, ideológico ou social. Sem isso, inexiste viabilidade real de contenção do crime em níveis aceitáveis.

Alguns criminólogos buscam dividir essas teorias em grupos, surgindo, basicamente, dois: teorias de consenso e teorias do conflito. Segundo nos parece, essa divisão se faz por razões mais didáticas do que efetivas e práticas, motivo pelo qual optamos por não apontar a separação em grupos, até porque há muitas ideias que se interpenetram. Noutros termos, as teorias se completam. De todas elas podem ser extraí**dos** elementos positivos e boas ideias, razão pela qual não nos convence qualquer posição radical de rechaço às demais, como se alguma delas pudesse ser a *dona da verdade*, seja em nível científico, seja em nível real.

Aliás, algumas teorias são abstrações, indicando um puro idealismo, enquanto outras procuram apontar soluções práticas e mecanismos efetivos para contornar a crise pela qual passa o direito penal há séculos. Algumas se submeteram a experimentos e ofertam estatísticas, enquanto outras constituem expressões de ideologia política, dependentes de profundas modificações na sociedade para que possam ser implementadas. Há ótimas análises realizadas pelas teorias sociológicas, cada qual em seu parâmetro, de modo que nos parece ser ideal extrair o que cada uma tem de mais positivo e factível para alcançar o fenômeno da criminalidade, promovendo sugestões e críticas construtivas, aptas a fornecer substratos concretos para a consolidação de uma nova política criminal, especialmente no Brasil, carecedor dessa metodologia de trabalho no campo penal.

Compreender o crime, buscar entender o delinquente, indicar erros e excessos punitivos e, sobretudo, propor soluções é a trilha ideal para o criminólogo e para o penalista, mesmo se tendo a perfeita noção de que a resolução definitiva do dilema da delinquência está longe de ser alcançada, o que não impede implementar tentativas de aprimoramento do sistema criminal.

Como esclarece HERMANN MANNHEIM, a sociologia criminal tem por principal objeto o estudo das relações entre a sociedade e seus integrantes, sejam pessoas singulares, sejam coletivas, na exata medida em que tais relações possam contribuir para a ocorrência do crime. Deve-se analisar, igualmente, o significado criminológico de instituições sociais, algumas áreas geográficas ou fatores ligados ao sexo e à idade das pessoas, envolvendo, nesses últimos casos, implicações biológicas e psicológicas; quanto às regiões, revestem-se de significativos aspectos físicos. Além disso, o crime deve ser visto como um dos vários modos de expressão da cultura de uma nação em dado momento histórico, mesmo se levando em conta que o conceito de cultura é, por si só, vago e impreciso, havendo o risco de a luz a ser projetada sobre o crime não ser tão clara quando desejável.[1]

2. ECOLOGIA CRIMINAL

Nas palavras de Recaséns Siches, "chama-se Ecologia o estudo das relações entre os organismos vivos e seu ambiente ou contorno. Existem três ramos da Ecologia: o botânico, o animal e o humano. A Ecologia humana estuda as relações do homem com a Terra e com todos os fatores de seu ambiente natural. Consagra uma atenção especial à distribuição dos seres humanos no espaço e às suas relações com as fontes de subsistência e com os fatores de adaptação social – transcendendo neste ponto o campo dos meros fatos físicos".[2]

A ecologia humana ocupa-se das relações das pessoas com o meio onde vivem, em todos os seus aspectos, sempre visualizando a organização territorial e as relações de recíproca dependência e influência entre os diversos bairros de uma cidade.[3] Nesse cenário, a ecologia urbana é muito útil para o estudo da organização social, pois se volta à análise da distribuição das classes sociais, verifica as migrações internas e as condições de vida das diversas categorias populacionais; além disso, permite conhecer o âmbito da segregação e das características de diferentes bairros.[4]

A denominada Escola de Chicago desenvolveu a teoria da ecologia criminal ou da desorganização social, promovendo trabalhos na área de humanas, avaliando movimentos sociais, analisando grupos sociais, o comportamento das multidões, a opinião pública, a psicologia de massas e a social, os comportamentos patológicos gerados pela cidade, a criminalidade e o crime.[5] Tinha por orientação a forte preocupação em face da melhoria das condições de vida na cidade, buscando investigar cientificamente qual seria a mais adequada política social para atingir esse padrão. Com isso, converteu Chicago numa espécie de laboratório.[6]

Nesse contexto, a gênese da criminalidade espelha a concepção do delito como um fenômeno coletivo e social, servindo-se de um método quantitativo

---

1 *Criminologia comparada*, v. 2, p. 649, 653.

2 *Tratado de sociologia*, p. 339.

3 Recaséns Siches, ob. cit., p. 340.

4 Paul-Henry Chombart de Lauwe, A organização social no meio urbano, in: Otávio Guilherme Velho (org.), *O fenômeno urbano*, p. 126.

5 Sérgio Salomão Shecaira, *Criminologia*, p. 133-134.

6 Alfonso Serrano Maíllo, *Curso de criminologia*, p. 119.

para apurar os dados relativos ao crime e ao criminoso, além dos fatores de tempo e lugar, ressaltando a transcendência dos fatores socioeconômicos, tais como pobreza, educação, densidade da população etc.[7]

Atualmente, cada cidade se desenvolve à sua maneira, mas todas mantêm um perfil relativamente similar, visualizado pelo centro, onde, como regra, estão os órgãos administrativos e o centro comercial e financeiro, espalhando-se, depois, para os bairros residenciais mais abonados e desembocando na periferia, onde vive a população mais pobre. O grau de integração entre essas regiões é crucial para se captar a maior ou menor harmonia reinante na urbe, o que, aliás, torna-se mais difícil quanto maior for a cidade. As políticas estatais de controle social e, também, de provimento dos serviços essenciais tendem a ser mais eficientes nos centros e nos bairros mais abastados, afastando-se dos bairros periféricos, que deixam de contar com a devida assistência. Por vezes, a desorganização social começa de fora para dentro, podendo até mesmo atingir o centro, para onde seguem muitos dos desassistidos, a fim de encontrar algum trabalho, obter algum óbolo, arranjar uma diversão ou simplesmente sair da zona miserável onde passam boa parte da sua vida.

Eis que, em grandes metrópoles, há centros deteriorados, zonas de elevada concentração da criminalidade, que, então, começa a se espalhar por outros cantos da cidade, levando classes economicamente favorecidas a se recolher em bairros exclusivos,[8] por vezes em condomínios fechados e vigiados por segurança particular, permitindo, então, o crescimento desordenado e incontrolável do crime por todos os lados, podendo-se apontar determinada cidade como insegura. Como lembra GEORG SIMMEL "a metrópole extrai do homem, enquanto criatura que procede a discriminações, uma quantidade de consciência diferente da que a vida rural extrai. Nesta, o ritmo da vida e do conjunto sensorial de imagens mentais flui mais lentamente, de modo mais habitual e mais uniforme". A atitude mental dos metropolitanos é mais reservada e "como resultado dessa reserva, frequentemente nem sequer conhecemos de vista aqueles que foram nossos vizinhos durante anos. E é esta reserva que, aos olhos da gente da cidade pequena, nos faz parecer frios e desalmados. Na verdade [...] é uma leve aversão, uma estranheza e repulsão

---

7 GARCÍA-PABLOS DE MOLINA, *Tratado de criminología*, p. 433.

8 Surgem quarteirões de residências elegantes, dos quais são excluídas as classes mais pobres em virtude do acrescido valor da terra. Crescem então cortiços que são habitados por grandes números das classes pobres incapazes de se defender da associação com marginais viciados (ROBERT EZRA PARK, A cidade: sugestões para a investigação do comportamento humano no meio urbano, in: OTÁVIO GUILHERME VELHO [org.], *O fenômeno urbano*, p. 30).

mútuas, que redundarão em ódio e luta no momento de um contato mais próximo, ainda que este tenha sido provocado".[9]

No estudo realizado em Chicago, constatou-se que as cidades teriam a tendência de se ordenar formando círculos concêntricos, iniciados com a zona central, onde estariam os negócios e a indústria; após, os menos ricos ocupariam a zona ao redor do centro (uma zona de transição); na sequência, conforme os círculos se afastassem do centro, as zonas iriam sendo habitadas por grupos mais favorecidos economicamente, desejosos por residir próximo ao local de trabalho; por último, viriam os bairros residenciais. Por esse meio, notou-se que os mais frequentes problemas criminais localizavam-se na chamada zona de transição.[10] Essa segunda zona, circundando a central e comercial, originariamente era habitada pela alta burguesia, mas foi rapidamente abandonada e convertida em área de chegada de imigrantes, terminando por concentrar um conjunto de problemas no cenário da saúde pública e social (enfermidades mentais e físicas), além de abrigar a prostituição, as drogas, o jogo, os bares e outras "condutas desviadas", enfim, um espaço de desorganização social, com crescentes índices de miséria e criminalidade.[11]

Não são poucos os programas de recuperação de áreas consideradas deterioradas e dominadas pela criminalidade em várias cidades do mundo. Promove-se a reconstrução dos prédios, leva-se segurança pública ao bairro, proporciona-se a criação de variados programas sociais, com a instituição de lugares para recreação, divulgação cultural, creches, escolas de bom nível, sem perder de vista a busca por melhores condições de habitação. Enfim, é a *humanização* do espaço decadente.

Quando se pretende recuperar o centro histórico de uma urbe, investe-se em segurança pública, boa iluminação, recuperação dos prédios e centros culturais, cinemas, teatros, restaurantes, lojas, assegurando-se o bom funcionamento dos transportes públicos para o fácil acesso ao centro e deste para as periferias. Os comerciantes precisam sentir-se seguros antes de tudo para que aquela área central possa tornar a pulsar vibrante outra vez, enquanto as pessoas precisam caminhar pelas ruas, parques e cercanias sem sentir o temor da criminalidade. Por vezes, as atitudes governamentais são radicais, como já experimentado em cidades como Nova York, por meio da política da *tolerância zero*, que será objeto de comentário em tópico separado, no contexto do movimento da lei e da ordem.

---

9 A metrópole e a vida mental, in: Otávio Guilherme Velho (org.), *O fenômeno urbano*, p. 12 e 17.

10 Alfonso Serrano Maíllo, *Curso de criminologia*, p. 123-124.

11 Castro e Codino, *Manual de criminologia sociopolítica*, p. 155.

Um dos principais objetivos para estancar a violência, que afeta a convivência urbana, deve centralizar-se no convívio das pessoas, sem privilegiar a progressiva clausura de parcela da população mais rica, fechando-se em condomínios bem vigiados, ao mesmo tempo que se deixa de cuidar dos mais pobres, largando-os à própria sorte. O espaço público não pode transformar-se em ilhas simbolizadas por ambientes fechados, como *shopping centers*, espaços de exclusão dos menos favorecidos; se assim for feito, o autêntico espaço público se deteriorará rapidamente e atrairá parcela considerável da criminalidade, inclusive pela ausência de vigilância ostensiva da polícia ou de segurança privada.[12]

Sob o programa da Escola de Chicago se começa a entender a cidade como uma unidade ecológica. Passa-se a investigar de modo específico os problemas de socialização e as transformações sociais. O objeto da investigação concentra-se em determinada comunidade, com as suas questões de enfraquecimento dos laços grupais primários; quanto maior a urbe, maiores as mudanças nas relações entre as pessoas, tornando-as mais distantes e superficiais, perdendo-se as raízes e afrouxando os freios inibitórios. Tais situações podem levar ao incremento do vício e da criminalidade.[13]

Como frisa García-Pablos de Molina, "a grande cidade se converte em um cadinho de etnias, religiões, culturas e cosmovisões. Mas também em um preocupante foco de problemas sociais, derivados do câmbio social e do conflito cultural: pobreza, marginalização, suicídio, alcoolismo, prostituição, criminalidade. Em suma, o problema da integração à sociedade norte-americana de 'cultura' com personalidade própria: o da adaptação conflitiva a uma nova estrutura urbana e industrializada de grupos muito heterogêneos (costumes, língua, educação, riqueza, raça etc.) e móveis".[14]

Sobre as áreas segregadas, é preciso considerar a constituição de guetos culturais, decorrentes da aglomeração de colônias raciais e de imigrantes ou refugiados, que são pontos isolados da cidade e assim identificados, gerando preconceito racial por parte de quem ali não vive, de modo a tornar mais intensos os laços dos habitantes dessa área.[15] Entretanto, a segregação conjunta pode resultar em problemas criminais, como servir de ponto de encontro de

---

[12] Shecaira, *Criminologia*, p. 166.

[13] Bergalli e Bustos Ramírez, *O pensamento criminológico...*, p. 171-172.

[14] *Tratado de criminología*, p. 748.

[15] Grandes números de habitantes envolvem uma maior quantidade de variações individuais. E tais variações dão origem à separação espacial de indivíduos conforme a cor, a herança étnica, o *status* econômico e social, gostos e preferências (Louis Wirth, O urbanismo como modo de vida, in: Otávio Guilherme Velho [org.], *O fenômeno urbano*, p. 99).

gangues e traficantes de drogas. Segundo PARK, "os processos de segregação estabelecem distâncias morais que fazem da cidade um mosaico de pequenos mundos que se tocam, mas não se interpenetram. Isso possibilita ao indivíduo passar rápida e facilmente de um meio moral a outro, e encoraja a experiência fascinante, mas perigosa, de viver ao mesmo tempo em vários mundos diferentes e contíguos, mas de outras formas amplamente separados".[16]

Para a ecologia criminal, a redução da criminalidade depende da alteração efetiva das condições econômicas e sociais das pessoas, em particular, das crianças. Por isso, a prevenção é um caminho mais seguro, envolvendo programas sociais nas comunidades mais carentes e atraindo as instituições locais, como igrejas, escolas, associações de bairro, entre outras, para recompor a desorganização social; é curial estabelecer a solidariedade entre as pessoas, aproximando-as do controle à criminalidade. Por meio de programas comunitários, contendo atividades recreativas, pode-se buscar esforços para melhorar as condições das residências, para a boa conservação dos prédios, abrangendo a melhoria sanitária dos bairros pobres da cidade.[17]

BRAULIO SILVA e FREDERICO COUTO MARINHO expõem que a delinquência é basicamente uma consequência do colapso dos controles institucionais e comunitários. Se a relação entre vizinhos se fortalecer por confiança mútua, há maior propensão em intervir; entretanto, se haverá controle do crime ou não dependerá de um relacionamento de confiança, também, com atores externos.[18] Portanto, é essencial assegurar os laços comunitários e com o poder público.

Em visão de conjunto, ANDRÉA MARIA SILVEIRA aponta a vigilância do bairro, o policiamento comunitário e as alterações quanto ao desenho urbano. São estratégias multidisciplinares e abrangentes, buscando prevenir a violência das gangues e o uso de drogas, bem como reduzir o acesso a armas de fogo e providenciar atividades de lazer e ocupação aos jovens. A mobilização da comunidade para a vigilância do território e a cooperação com a polícia, incentivando comportamentos seguros e ordeiros, são condições positivas, visando à segurança pessoal e das propriedades.[19]

---

16 A cidade: sugestões para a investigação do comportamento humano no meio urbano, in: OTÁVIO GUILHERME VELHO (org.), *O fenômeno urbano*, p. 62.

17 SHECAIRA, *Criminologia*, p. 155-159.

18 Urbanismo, desorganização social e criminalidade, in: LIMA, RATTON e AZEVEDO (org.), *Crime, polícia e justiça no Brasil*, p. 77 e 84.

19 A prevenção do crime e segurança comunitária, in: LIMA, RATTON e AZEVEDO (org.), *Crime, polícia e justiça no Brasil*, p. 543. Na mesma linha, LETÍCIA GODINHO (Participação e segurança pública, in: LIMA, RATTON e AZEVEDO [org.], *Crime, polícia e justiça no Brasil*, p. 551).

Entretanto, uma das críticas formuladas à Escola de Chicago se concentra na sua visão de combate ao delito focada em planos de reordenação e equipamento urbano, com melhoria de infraestrutura e dotação de serviços. Com isso, supõe-se haver diminuição nos índices de criminalidade, mas, ao enfatizar o aspecto geográfico, deixando de lado outras variáveis da origem do crime, termina atacando apenas o que pode atrair o delito, porém, não o que o desencadeia.[20]

Outro problema da teoria ecológica diz respeito à ausência de explicação para a ocorrência de condutas desviadas fora das denominadas *áreas delitivas* ou *zonas de desorganização social*.[21]

Em síntese, não se pode negar os bons propósitos da pesquisa e da investigação realizadas pela Escola de Chicago e pelos adeptos da teoria ecológica, de onde se extrai uma proposta essencialmente preventiva ao crime, sem ofertar qualquer encaminhamento para a atuação repressiva ao delito. Sem dúvida, se uma cidade for bem planejada e atendida pelo Estado em todas as suas áreas, a tendência a ter zonas de desorganização social diminui consideravelmente. Entretanto, quanto maior for a metrópole, mais difícil se torna esse controle social e, também, a assistência às comunidades mais carentes, gerando áreas de concentração de miséria, ausência de policiamento ostensivo, serviços sociais deficientes e, com isso, propiciando o estabelecimento de zonas deterioradas, onde a criminalidade pode se impor mais facilmente.

A teoria da ecologia criminal tem sido utilizada em vários lugares para recuperar áreas degradadas das grandes cidades, principalmente, com razoáveis índices de redução da criminalidade. Porém, a teoria não abrange todas as causas do crime, tampouco os motivos que levam o criminoso a infringir a lei – em particular, aqueles que são de classes economicamente mais abonadas –, além de não cuidar especificamente das finalidades da pena e do âmbito efetivo da punição.

3. ASSOCIAÇÃO DIFERENCIAL

Para essa teoria, ninguém nasce criminoso e o delito não surge do nada; aprende-se a cometê-lo. Cuida-se, portanto, de um processo de aprendizagem, de imitação de comportamento alheio, situação natural em sociedades plurais e conflitivas. Na lógica de Sutherland, um dos expoentes dessa corrente, o

---

[20] LUCÍA NÚÑEZ REBOLLEDO, La prevención del delito a través de los paradigmas criminológicos, in: ORDAZ HERNÁNDEZ e CUNJAMA LÓPEZ (coord.), *Criminología reflexiva*: discusiones acerca de la criminalidad, p. 62-63.

[21] SHECAIRA, *Criminologia*, p. 168.

seu pressuposto básico é dado pela organização diferencial, significando que, em sociedade, existem várias *associações* estruturadas em torno de distintos interesses e metas.[22]

Conforme esclarece Ryanna Pala Veras, nos Estados Unidos, "na década de 1930, todas as pesquisas sociológicas seguiam a linha da Escola de Chicago. O crime era explicado em termos multifatoriais, tais como classe social, lares instáveis, idade, raça, localização urbana ou rural, distúrbios mentais. Sutherland desenvolveu sua teoria da associação diferencial nessa época, num esforço de explicar as razões pelas quais esses vários fatores se relacionavam com o crime e, assim, complementar a teoria ecológica. Era uma teoria microssociológica que buscava tanto organizar e integrar a pesquisa do crime até aquele momento quanto servir de referência a pesquisas futuras. Para a teoria da associação diferencial, o comportamento delituoso não é intrínseco às condições sociais nem à personalidade do indivíduo, mas resulta do aprendizado, da interação entre as pessoas, sobretudo íntimas".[23]

Haveria para Sutherland uma autêntica pedagogia do crime, na qual a conduta criminosa passaria por todos os passos do processo de aprendizagem, iniciando-se com a comunicação e a interação com outras pessoas de interesses semelhantes, desembocando na realização de associações, caracterizadas pela sua frequência, duração, intensidade e prioridade. Emergem os valores criados num grupo determinado, fazendo-o se diferenciar de outros.[24]

O comportamento criminoso é captado e assimilado em vários grupos por onde passa o indivíduo – família, escola, amizades etc. –, dando ensejo a compreender como os moradores de bairros pobres e socialmente desorganizados podem experimentar a formação de gangues de delinquentes juvenis, visto que um adolescente *aprende* com o outro a cometer infrações, inclusive para pertencer a certo grupo que lhe interessa. Mas não somente nesse nível socioeconômico, pois a teoria da associação diferencial tem explicação para os denominados crimes do colarinho-branco.[25] Aliás, esse foco é extremamente relevante, pois se retira o holofote do crime praticado pelo infrator de baixa

---

22 García-Pablos de Molina, *Tratado de criminología*, p. 830.

23 *Nova criminologia e os crimes do colarinho branco*, p. 37.

24 Lucía Núñez Rebolledo, La prevención del delito a través de los paradigmas criminológicos, in: Ordaz Hernández e Cunjama López (coord.), *Criminología reflexiva*, p. 65.

25 Sutherland criou o termo *white collar crime* para dar ênfase à posição social dos criminosos (que seria o fator determinante de seu tratamento diferenciado) e trouxe para o campo científico o estudo do comportamento de empresários, homens de negócios e políticos como autores de crimes profissionais e econômicos, o que antes não ocorria. Ele pretendia comparar a criminalidade das classes baixas com a das classes altas (Ryanna Pala Veras, *Nova criminologia e os crimes do colarinho branco*, p. 24).

ou nenhuma renda, geralmente autor de delito violento, visto ser o meio mais fácil para alcançar o resultado almejado, como um roubo, por exemplo, para envolver o criminoso de alto poder aquisitivo, cuja necessidade para o cometimento de um delito está longe de ser uma garantia de sobrevivência própria ou da família.

Os estudos da associação diferencial levaram a diversas conclusões, entre as quais está o processo de comunicação entre as pessoas, mormente as que privam do mesmo grupo social, razão pela qual um indivíduo pode *aprender* com outro a burlar regras e cometer crimes econômicos ou financeiros porque as condições lhe parecem favoráveis.[26] Em certo contexto, um empresário pode sentir-se prejudicado porque outro, ao cometer um delito tributário, por exemplo, obtém um lucro muito superior ao seu, situação que pode estimulá-lo a fazer o mesmo. As relações sociais impelem, quanto maior for a intimidade, a essa interação e, por via de consequência, ao aprendizado.

A concentração da pesquisa sociológica no cenário dos crimes de colarinho-branco serve para afastar todos os argumentos de que o ser humano nasce delinquente e, mais que isso, com características físicas visíveis e passíveis de identificação, a fim de que medidas preventivas possam ser contra ele utilizadas, prevenindo-se a prática do delito. Essa concepção perde o alicerce quando se nota no infrator de um delito econômico o perfil totalmente dissociado dessa característica física marcante. Além disso, aos que, igualmente, concentram o foco do crime na avaliação de comportamentos considerados *desviados* – e alguns enumeram a prostituição, a mendicância, o uso de drogas, a vadiagem, o alcoolismo etc. –, os equívocos, também, se tornam claros, tendo em vista que criminosos de elevada renda estão distantes desse quadro. Assim, a causa do crime e a origem do criminoso precisam ser buscadas em elementos mais sólidos e menos especulativos, e até preconceituosos.

Quanto ao aspecto ligado à delinquência juvenil, muitas vezes centralizada nas classes de baixa renda, de fato, jovens *aprendem* comportamentos negativos com outros e o fazem para *pertencer* a um grupo,[27] ser aceito por uma certa comunidade, evitar a segregação naquele cenário criminoso, até porque já foi vítima de segregação social em muitos outros contextos. Porém, essa não pode ser a única explicação para o surgimento do delito ou do criminoso, levando-se em consideração a existência de inúmeros jovens de baixa renda – a maioria, por certo – que não cometem delitos e buscam levar uma vida simples, mas honesta.

---

[26] SHECAIRA, *Criminologia*, p. 177.

[27] Assim, também, ALFONSO SERRANO MAÍLLO (*Curso de criminologia*, p. 132).

É certo que a teoria da associação diferencial possui sólidos argumentos em relação aos crimes do colarinho-branco, quanto ao processo de interação entre agentes infratores, desmontando as teses de que a pobreza, a péssima condição de habitação, a ausência de assistência social, a carência de uma educação decente, enfim, as surradas explicações de sempre geram a criminalidade. Por outro lado, não explica, satisfatoriamente, o contexto das pessoas de elevada renda que jamais tendem ao crime, bem como as de baixa renda que, igualmente, são avessas ao delito.

Nas palavras de Shecaira, "não são poucas críticas que devem ser feitas à teoria. A primeira delas diz com a desconsideração da incidência de fatores individuais de personalidade, ocultos e até inconscientes na associação e demais processos psicossociais. O crime nem sempre decorre de padrões racionais e utilitários, pois há fatos absurdos, ocasionais, espontâneos, impulsivos, alheios a qualquer processo de aprendizagem. [...] Do mesmo modo, a teoria desatende as diferentes aptidões individuais para a aprendizagem [...]. Ainda mais: não se explica a razão pela qual, em iguais condições, uma pessoa cede à influência do modelo desviante, e outra, nas mesmas circunstâncias, não".[28] Sob o mesmo prisma, Bergalli e Bustos Ramírez argumentam que a teoria da associação diferencial possui fragilidades, como a simplificação e a construção mecanicista do pressuposto de aprendizagem. Da mesma maneira, a teoria ignora as diferentes habilidades individuais para a aprendizagem.[29]

Um dos pontos dessa teoria, que nos parece acertado, é a inviabilidade de se tentar explicar o comportamento delitivo referindo-se à ideia da busca da felicidade, à luta por *status* social, à necessidade de dinheiro ou à frustração. Essas explicações são insuficientes, pois muitas pessoas perseguem tais objetivos sem cometer delito algum.[30]

Alguns crimes passionais podem ser cometidos por qualquer pessoa, como por exemplo, um homicídio, motivado por ciúme. Mas o que leva um empresário bem-sucedido, com elevado ganho, a ingressar no cenário do crime do colarinho-branco? O que faz uma pessoa de baixa renda, embora tenha tido ótima educação de seus pais, partir para a criminalidade violenta habitual e, até mesmo, cruel? Seriam singelos processos de aprendizagem? O ser humano é muito complexo para ser analisado de forma simplista: aprende-se a delinquir e ponto. Há quem não aprenda com ninguém e cometa crimes

---

[28] *Criminologia*, p. 189.

[29] *O pensamento criminológico*, p. 177.

[30] Castro e Codino, *Manual de criminologia sociopolítica*, p. 163.

graves, assim como existem os que estão imersos em cenários de criminalidade (familiar, escolar ou na comunidade) e escapam ilesos a essa *aprendizagem*.

Por certo, o dedo é apontado para quem vive no chamado "submundo do crime", como o traficante de drogas, capaz de cometer não somente o comércio de entorpecentes, mas várias outras infrações penais, violentas (homicídio, sequestro com morte, lesão corporal, ameaça etc.) e não violentas (lavagem de dinheiro, corrupção ativa, sonegação etc.). A questão levantada é se esse traficante *aprendeu* a cometer os vários crimes com alguém ou desenvolveu o seu "talento" sozinho; talvez, até, ensinando a outros.

É inconteste que o criminoso do colarinho-branco pode ser capaz de gerar um rombo nas finanças de um órgão público de tal monta que o problema social daí gerado seja imenso; um único delito é apto a produzir mais danos econômicos do que centenas de furtos ou peculatos cometidos individualmente por vários infratores. No entanto, as leis penais não são aplicadas enfocando o dano causado apenas. Um só crime econômico ou financeiro pode resultar em pena reduzida de privação da liberdade, passível de substituição por penas restritivas de direitos, porque não cometido com violência contra a pessoa, redundando em punição branda. Por outro lado, o furtador de coisas de valores pequenos (não necessariamente insignificantes), que o faça várias vezes, terminará condenado a penas privativas de liberdade mais elevadas e, tudo somado à reincidência ou aos maus antecedentes, o levará a cumpri-las no regime fechado inicialmente. Somado o prejuízo causado às vítimas, atinge-se uma cifra infinitamente menor que a alcançada pelo único delito de colarinho-branco. No entanto, um está condenado, mas solto; o outro, igualmente condenado, encontra-se preso em regime fechado. Para isso, a teoria da associação diferencial não apresenta nem explicação, nem solução.

Outro ponto sensível é o *aprendizado* de alguns delitos violentos, como se pode observar no cenário do crime organizado (delinquentes seguem outros para garantir a sua participação naquele agrupamento) e no âmbito da violência doméstica e familiar, quando infratores de hoje podem ter sido as vítimas do passado, *aprendendo* a ser violentos como seus pais ou avós foram um dia. Entretanto, o que se pode observar é a diversidade de classes sociais cometendo os mesmos crimes – como o caso da violência doméstica. O foco, portanto, não se concentra na posição social ou no extrato econômico-financeiro mais elevado de alguém, mas na sua personalidade, retornando-se, então, a utilizar critérios expostos em outras escolas, como a nova defesa social.

A teoria da associação diferencial trouxe luzes relevantes ao ambiente criminológico, em particular no cenário dos crimes de colarinho-branco, mas não explicou integral e satisfatoriamente a causa do crime para todos os segmentos sociais e em contextos bem diversos dos assemelhados aos grupos interativos, nos quais se pode desenvolver o processo de aprendizagem. Além disso, absteve-se de ingressar no âmbito da punição justa e na maior profundidade com que se deve considerar o criminoso, com suas individualidades e tendências naturais.

4. ANOMIA

Anomia é uma situação social desprovida de regras ou leis, podendo simbolizar anarquia ou desorganização. Inserindo-se esse estado na avaliação de uma sociedade, está-se apontando para a sua falta de organização, redundando em mau funcionamento, o que pode tornar a vida das pessoas mais difícil, perturbando a compreensão dos comportamentos adequados e éticos.

Essa teoria sociológica da anomia indica que o crime é o resultado do inadequado funcionamento da sociedade, embora seja uma situação normal. Quanto à pena, em princípio, deve intimidar, ressocializar e neutralizar, conforme cada caso concreto. São apontados os trabalhos de Herbert Spencer, Robert Merton, Gabriel Tarde, Alexandre Lacassagne e Émile Durkheim como expressões dessa teoria.

Nas palavras de García-Pablos de Molina, o termo *anomia* surgiu na obra de Durkheim, quando a sociedade francesa do século XIX encontrava-se convulsionada por duas revoluções e inserida num rápido processo de industrialização e mudança social. Portanto, enfrentava um estado de desorganização, apto a gerar condutas desviadas de seus membros. Muitas dessas condutas são denominadas crimes, que são *normais*, por serem manifestações da diversidade social; é impossível imaginar uma sociedade desprovida de crimes, que, aliás, só devem atrair real preocupação quando atingirem índices alarmantes. A consciência coletiva, que impõe a coesão interna, pode atingir um grande número de pessoas, mas não todas. O crime pode resultar da incorrigível maldade humana, algo que, também, é inerente à sociedade.[31]

Durkheim, na obra *O suicídio*, explicou o comportamento humano como uma decorrência não somente do livre-arbítrio, mas moldado por forças sociais, que estão fora do seu controle. Elegeu o suicídio para avaliar a conduta humana, por se tratar de ato radical e que, em princípio, parece ser uma decisão pessoal exclusiva. Recorreu a estatísticas oficiais e observou que o número de suicídios a cada ano, em regiões diversas, não variava aleatoriamente, mas seguia tendências sociais e previsíveis. Portanto, o que afetava o

---

[31] *Tratado de criminología*, p. 784-788.

suicídio era a *anomia*, a ausência de normas em certas conjunturas. Quando uma sociedade está em desorganização, afetada por crises ou transformações súbitas, torna-se incapaz de exercer a ação de limitar a aspiração humana, de onde vem a brusca ascensão da curva dos suicídios. Em suma, diante de abruptas mudanças, as pessoas podem desconfiar das normas regentes da sua conduta, desdenhando das expectativas. Portanto, todos esses fatores, também, podem estar ligados ao aumento do índice da criminalidade.[32]

Durkheim argumenta que as crises industriais ou financeiras possibilitam o aumento dos suicídios porque representam crises, vale dizer, perturbações da ordem vigente na coletividade. Qualquer ruptura de equilíbrio, gerando pobreza ou abastança, pode compelir à morte voluntária. Não há como quantificar o bem-estar almejado pelo ser humano. Aliás, a considerar as necessidades humanas de per si, elas são ilimitadas. Assim, perseguir um objetivo inacessível por hipótese seria condenar-se a um eterno estado de descontentamento.[33] Por isso, todos estão ligados à vida por um tênue fio, que pode se romper a qualquer momento. Uma solução é que a paixão humana seja limitada e esse limite há de vir de uma força externa ao indivíduo. Tal força deve ser moral e apenas a sociedade está em condições de estabelecer essa limitação moral.[34] Quando há um estado de desregramento ou anomia, as paixões humanas ficam menos disciplinadas, justamente quando precisariam de uma disciplina mais austera. Uma explicação relevante se encontra na pobreza, ao atuar contra o suicídio, pois constitui um freio. A riqueza, pelo contrário, fornece a ilusão de independência ao ser humano, de desejos ilimitados; assim, qualquer limitação parece insuportável. Eis por que muitas religiões enaltecem os benefícios e o valor moral da pobreza, visto ser ela o melhor veículo para ensinar o homem a se conter.[35]

Na ótica de Durkheim, o delito é parte funcional da sociedade, e não uma patologia, constatando-se o incremento das taxas de criminalidade conforme houver evolução social. Ao analisar o conjunto de suicídios, aponta-o como um fato social, abstraído do cenário da pura individualidade, afinal, a própria estrutura de uma sociedade influencia nas taxas de suicídios em determinados períodos.[36]

---

32 Alfonso Serrano Maíllo, *Curso de criminologia*, p. 303-305.

33 *O suicídio*, p. 240-243.

34 Idem, p. 244.

35 Idem, p. 249-250.

36 Ryanna Pala Veras, *Nova criminologia e os crimes do colarinho branco*, p. 8.

A teoria da anomia se insere no cenário das teorias funcionalistas, sem interpretar o delito como anomalia, considerando a sociedade um todo orgânico, com articulação interna. Surge a desorganização das normas sociais quando os mecanismos institucionais reguladores do bom funcionamento da sociedade não estiverem fazendo a sua parte. Emerge o crime como resultado natural da estrutura social; uma conduta desviada somente é crime porque é reprovada.[37]

Robert Merton aponta cinco maneiras de reação de uma pessoa em face da situação de anomia social: (a) a *conformidade* demonstra normalidade e o indivíduo aceita a realidade, adaptando-se. É o que garante estabilidade à sociedade; (b) a *inovação* é uma reação do delinquente, buscando meios culturais, mas rejeitando os instrumentos institucionais para alcançá-los. Pretende *cortar caminho* para atingir a ascensão social; (c) o *ritualismo* é uma reação da pessoa, quando cumpre cegamente as normas vigentes, geralmente, por se sentir incapaz de atingir objetivos diferenciados; (d) a *apatia ou retraimento* é o distanciamento das metas e dos meios de alcançá-las, abrangendo os que renunciam a objetivos mais específicos, como os viciados em drogas ou álcool, os errantes, os mendigos etc.; (e) a *rebelião* é a opção por metas diferentes das adotadas pela sociedade em geral. Caracteriza-se pela rebeldia sem causa definida.[38]

Embora a sociedade americana não possa servir de exemplo universal e abrangente, observa-se que, em variados casos, as camadas de menor renda não conseguem atingir os fins almejados, por uma série de deficiências como formação, profissão, propriedade e *status*. Assim, um dos caminhos utilizados é o da ilegalidade, repousando a teoria da anomia na concepção de que a sociedade não proporciona os caminhos legais para alcançar o bem-estar a muitas pessoas, que, sob pressão, terminam por cometer crimes, especialmente contra a propriedade.[39] Observa-se, praticamente, um determinismo social, impulsionando ao cometimento de infrações penais.

Uma situação de anomia particular é relatada por Ralf Dahrendorf. Em Berlim, em fins de abril de 1945, havia sinais de decomposição, mas as ruas estavam calmas, sem mais invasões de oficiais da SS nas casas. Alguns lençóis eram colocados nas janelas indicando rendição às forças de ocupação. Enquanto um militar aposentado planejava suicídio por não suportar a vergo-

---

37 Shecaira, *Criminologia*, p. 191, 195-196.

38 Ryanna Pala Veras, *Nova criminologia e os crimes do colarinho branco*, p. 59; Sérgio Salomão Shecaira, *Criminologia*, p. 200-202.

39 Bergalli e Bustos Ramírez, *O pensamento criminológico*, p. 199.

nha, um jovem hitlerista brigava com outro a respeito de ter Hitler conduzido a Alemanha à desgraça. Não havia autoridade no local e os armazéns, desertos, começaram a ser saqueados. O sentido da palavra *furto* estava esvaziado. Surgiram oficiais russos e os atos violentos e arbitrários recomeçaram. Leis de ontem tornavam-se a injustiça do amanhã. A injustiça de ontem, as leis do amanhã. Houve uma breve pausa de anomia, alguns dias, talvez semanas, para primeiro desmontar e depois restabelecer as leis.[40]

Para Dahrendorf, a anomia é uma condição social, que pode fazer brotar vários tipos de comportamento, como ocorreu durante a queda de Berlim em 1945. Ela fornece uma condição básica, em que as taxas de crimes tendem a ser elevadas e a avaliação do delito permite uma compreensão maior sobre a anomia. Não se trata de um estado de espírito, mas do estado de uma determinada sociedade. Valendo-se do exemplo do sonho americano de oportunidades ilimitadas, afirma que as pessoas podem se iludir, esperando o sucesso pessoal, embora, na realidade, fatores sociais e econômicos as impeçam de alcançá-lo, o que pode gerar desorientação e incerteza.[41] Enfim, a anomia é uma condição social particular, quando as regras de comportamento perdem a validade e, onde prevalecer a impunidade, a eficácia das normas corre perigo.[42]

A teoria da anomia volta-se, essencialmente, à demonstração da insatisfação humana com as suas condições de vida, especialmente quando são vivenciados momentos turbulentos e de crise na sociedade. Por isso, há uma forte concentração de exemplos extraídos da prática de crimes de ordem patrimonial,[43] sem tanto apelo a outras espécies de delito. O crime é um fato natural e não necessariamente negativo, pois pode apresentar aspectos favoráveis à estabilidade e à mudança, renovando os laços de solidariedade dos seres humanos. A pena representaria a reparação a toda a sociedade em decorrência do crime cometido.

---

[40] *A lei e a ordem*, p. 11-13.

[41] No fundo do *american dream*, formado de êxito e bem-estar, aparece o desmoronamento dos fins sociais e culturais dos grupos aos quais está vedado o seu alcance por razões socioestruturais (BERGALLI e BUSTOS RAMÍREZ, *O pensamento criminológico*, p. 198-199).

[42] Ralph Dahrendorf iniciou um exame dos sistemas sociológicos de corte funcionalista, baseados no modelo do consenso e do equilíbrio, formulando o reconhecimento de que as sociedades e suas organizações existem e se mantêm não porque há um consenso universal, mas por conta da coação e da pressão de umas sobre as outras (BERGALLI e BUSTOS RAMÍREZ, *O pensamento criminológico*, p. 211).

[43] A teoria da anomia foi usada empiricamente para investigações limitadas a certo tipo de criminalidade: a que se refere aos crimes contra a propriedade cometidos por indivíduos pertencentes a camadas sociais baixas (BERGALLI e BUSTOS RAMÍREZ, *O pensamento criminológico*, p. 205).

Embora muitos associem essa teoria aos funcionalistas, não se vislumbra unidade de pensamento nem mesmo entre eles, razão pela qual inexiste uma solução única para apontar a causa da criminalidade e o mais adequado método de puni-lo, bem como a razão para fazê-lo. Por outro lado, valendo-se do funcionalismo sistêmico, Jakobs já apresentou a teoria do *direito penal do inimigo*, porque, havendo desorganização social, causada, por exemplo, pelo terrorismo, é muito provável que a liberdade sofra cerceamento, visto que o temor generalizado da sociedade atrai a atuação de um Estado mais forte, quiçá despótico.[44]

Entretanto, Shecaira tece a seguinte consideração: "de um ponto de vista epistemológico e também metodológico, o funcionalismo constitui um grande avanço em relação ao positivismo. O conceito de função não só permite perceber a sociedade como um processo, mas também afastar a transposição mecânica da bagagem científica das ciências naturais às sociais".[45] Parece-nos ter havido alguns progressos, a se considerar somente o funcionalismo, mas não um avanço tão considerável a ponto de se garantir a aplicação de um direito penal humanista, embora cercado pela legalidade e pelos demais princípios penais de legitimação da pena e sua aplicação.

5. SUBCULTURA CRIMINOSA

O termo *subcultura* pode ter diversos significados, representando uma cultura influenciada por outra; uma cultura dentro de outra; uma cultura de um grupo menor inserida numa cultura de um grupo maior e até mesmo uma cultura inferior a outra, considerada superior.

Em termos sociológicos, visualiza-se a subcultura como um conjunto de crenças e concepções de um grupo menor, inserido em uma sociedade, cuja cultura é majoritária; trata-se de termo utilizado para indicar a delinquência juvenil, as gangues, as pessoas que se proclamam alternativas, conforme a roupa, o modo de se comportar, a música cultivada, as tatuagens e *piercings* usados, entre outros fatores.

A teoria da subcultura surgiu da Escola de Chicago, tendo como alguns de seus expoentes Trasher, Frazier, Parker, Albert Cohen, Matza, Stanley Cohen, Whyte, Shaw e McKay. Trasher considerava que a desorganização das comunidades de imigrantes fosse o principal causador das gangues juvenis,

---

44 Um dos tormentos da anomia é que ela representa maus presságios para a liberdade. Enquanto persiste, cria um estado de medo e pede um estado tirânico como remédio (Ralf Dahrendorf, *A lei e a ordem*, p.15).

45 *Criminologia*, p. 205.

até como espelho do conflito cultural entre as diversas nacionalidades vivendo numa mesma região, estando em contato com uma civilização estrangeira e hostil. Para Albert Cohen, a subcultura, refletida na forma de gangue, seria um recurso social alternativo, por meio do qual se expressaria o desprezo ao denominado sonho americano e justificaria atividades delinquenciais não utilitárias, como a violência, o vandalismo ou a vadiagem. O conceito de subcultura está intimamente relacionado com a delinquência juvenil.[46]

No cenário criminal, a subcultura simboliza uma revolta de certas minorias, pertencentes à classe menos favorecida economicamente, indignadas com as suas condições de vida, por visualizarem poucas oportunidades sociais efetivas para alcançar sucesso educacional, profissional e ascender na escala social. Nesse prisma, BARATTA sustenta que a constituição de subculturas criminais representa a reação das minorias desfavorecidas e a sua tentativa de se orientar na sociedade, embora diante das reduzidas possibilidades legítimas de agir de que dispõem.[47]

As subculturas criminais podem ser o produto do escasso acesso das classes baixas aos objetivos e às metas culturais firmados pelas classes médias. Terminam por buscar algum êxito concentrado nos guetos onde atuam.[48] O termo *gueto* designa os conjuntos habitacionais degradados das periferias urbanas; surgiu em Veneza, em 1516, derivado do italiano *giudeica* ou *gietto*, indicando, na origem histórica, a reunião forçada de judeus em determinados bairros para proteger os cristãos de sua contaminação. Gueto simboliza racismo, espelhando preconceito, violência, segregação e discriminação.[49] Outro aspecto lamentável de certos guetos é o elevado índice de criminalidade, como aponta WACQUANT no gueto negro norte-americano de Chicago, onde há extrema periculosidade e altas taxas de delitos violentos que afligem seus habitantes.[50]

A cultura existente no gueto liga-se à do mundo exterior, sendo dinâmica e impulsionada pelas contradições de oportunidades e de ideias, juntamente com a negativa de uma cidadania econômica e social. Não se trata de ausência de cultura ou de uma cultura díspar na essência. É apenas uma cultura dife-

---

46 LUCÍA NÚÑEZ REBOLLEDO, La prevención del delito a través de los paradigmas criminológicos, in: ORDAZ HERNÁNDEZ e CUNJAMA LÓPES (coord.), *Criminología reflexiva*, p. 63.

47 *Criminologia crítica e crítica do direito penal*, p. 70.

48 GARCÍA-PABLOS DE MOLINA, *Tratado de criminología*, p. 810.

49 LOÏC WACQUANT, *As duas faces do gueto*, p. 17-18.

50 Idem, p. 36.

rente, constituída como subcultura "por bricolagem" a partir de uma cultura mais abrangente.[51]

Algumas dessas subculturas apresentam-se como uma nítida contracultura, não significando apenas possuir valores próprios, mas afrontar os que forem reputados majoritários. Muitas dessas condutas, que podem ser consideradas atos infracionais, não têm qualquer utilidade, pois são realizadas dando vazão ao prazer sádico; além disso, quando se está no contexto das gangues, são formas de afirmação de poder e, também, maneiras de atemorizar jovens de classe média ou alta. Alguns adolescentes praticam as infrações apenas pelo prazer de ser perseguidos e reprimidos. Por isso, constatam-se, em diversos casos, atos de vandalismo, direção perigosa, ingestão abusiva de álcool, uso de drogas, pichações e outras reações ao que consideram o *normal*.

Para Luis Felipe Zilli, uma definição para gangue seria a de *grupos de jovens que compartilham uma identidade comum, sistematicamente envolvidos com práticas violentas e/ou criminosas e conflitos territorializados*. Essas gangues envolvem-se, geralmente, com o tráfico de drogas, possuem o domínio territorial armado de certa localidade e constituem uma espécie de organização social. Quando atuam em áreas socialmente vulneráveis tendem a dividir as comunidades em esferas de influências, sempre com a disposição de se valer da violência. Seriam as gangues uma resposta associativa diferencial de alguns jovens à hostilidade que os cerca, buscando vantagens competitivas na disputa pelos escassos recursos existentes.[52]

Shecaira lembra que uma das formas de transgressão hoje constatadas é o *bullying*, um modo de violência escolar, dentro dos estabelecimentos de ensino, manifestando-se por agressões físicas, injúrias, ameaças, constrangimentos e intimidações, levando a vítima a isolamento. Os comportamentos de quem pratica o *bullying* são negativos, sob um cenário de desequilíbrio de poder, em que se notam as crianças e os adolescentes mais fortes de um grupo dominando os mais fracos de outro grupo ou isolados.[53]

Observa-se, também, a subcultura como reflexo de conflitos familiares e da constante tensão que alguns jovens experimentam em seus lares, nem sempre bem organizados e equilibrados; por isso, adolescentes nesse mesmo estado terminam por associar-se. Aliás, não são poucas as gangues juvenis que se formam por conta da desagregação familiar de seus integrantes.

---

[51] Jock Young, *A sociedade excludente*, p. 142.

[52] Grupos delinquentes, in: Lima, Ratton e Azevedo (org.), *Crime, polícia e justiça no Brasil*, p. 118-120.

[53] *Criminologia*, p. 224.

Cuidando-se de crianças e adolescentes, não há como enfrentar a delinquência juvenil da mesma forma como a criminalidade em geral. É preciso ter uma ação estatal específica, informada por princípios norteadores do direito da infância e da juventude.

A teoria da subcultura criminal não representa uma teoria completa da criminalidade, até porque concentrada, primordialmente, na delinquência juvenil, em relação à qual nem se aplica o direito penal, mas o direito da infância e da juventude, no Brasil, como já mencionado acima.

Entretanto, os conceitos desenvolvidos foram essenciais para compreender certos aspectos de comportamentos desviantes, gerados em uma sociedade de classes, sem uma consciência humanitária. Em lugar disso, vislumbra-se um aumento da distância social entre os seus componentes, com a acumulação de riqueza para poucos.[54]

6. CRITICISMO (CRIMINOLOGIA RADICAL)

O criticismo desenvolve-se em torno da teoria marxista, buscando o socialismo, como uma meta política a ser atingida. Pode ser denominada de crítica radical ou criminologia moderna e tem uma essência ideológica bem clara. Alguns adeptos do marxismo menos ortodoxo voltam-se a uma criminologia crítica, que alguns também denominam de criminologia cultural. De qualquer forma, seja a criminologia radical, seja a crítica, a sua base é marxista.[55]

O modelo marxista se fundamenta no conflito de classes, de um lado a burguesia, detentora dos meios de produção e, de outro, o proletariado, composto pela classe trabalhadora de assalariados, que vendem a força do seu trabalho. Esse conflito, por si só, é negativo e precisa ser superado, sendo resultado do processo econômico vigente, o capitalismo.[56]

São adeptos dessa criminologia radical, como desencadeadores, Ian Taylor, Paul Walton e Jock Young (Inglaterra). Na Alemanha, Sack. Nos Estados Unidos, Richard Quinney e Chambliss. Na Itália, Melossi, Pavarini, Bricola e Baratta (Escola de Bolonha). Na França, Michel Foucault, com ideias convergentes com os temas centrais da criminologia radical. Na América Latina, Lola Aniyar de Casto, Rosa Del Olmo e Zaffaroni. Em Portugal e no Brasil,

---

54 Bergalli e Bustos Ramírez, *O pensamento criminológico*, p. 190.

55 São teorias do conflito de corte marxista: criminologia radical; criminologia crítica; criminologia marxista; nova criminologia (García-Pablos de Molina, *Tratado de criminología*, p. 889).

56 Ryanna Pala Veras, *Nova criminologia e os crimes do colarinho branco*, p. 21.

destacam-se Boaventura de Sousa Santos, Roberto Lyra Filho, Nilo Batista e Juarez Cirino dos Santos. Mais recentemente, o francês Loïc Wacquant.[57]

Lola Aniyar de Castro e Rodrigo Codino buscam esclarecer que a Escola de Frankfurt promove uma criminologia crítica (Marcuse, Fromm, Horkheimer, Habermas, alguns com vinculação a categorias da psicanálise), optando por um marxismo não ortodoxo, realizando uma crítica cultural ou crítica da ideologia.[58]

Para Taylor, Walton e Young, é importante focalizar a atividade do indivíduo poderoso, pois muito do que faz nem é definido como ilegal ou não é assim captado na prática. O grupo dominante estabelece o seu domínio por meio das sanções materiais, mas, também, por meio de conjuntos diversos de legitimação. Converte-se poder em autoridade. Geralmente, quem cria as regras é o maior violador de regras em uma sociedade. A criminologia deve estar comprometida com a abolição das desigualdades em riqueza e poder. Qualquer visão diferente dessa cairá no *correcionalismo* e, seja qual for o seu fim, está vinculado à identificação do desvio com patologia ou, quando não, com enfoques fenomenológicos contemporâneos, tornando-se insensato.[59] E criticam o sistema capitalista: "sob o capitalismo, o capitalista não compra trabalho, mas *força de trabalho*; isto é, o capitalista especifica como, no que, quando e sob que condições a força de trabalho deve ser exercida (isto sendo *outro* tipo de alienação). Ao mesmo tempo que os servos são transformados em trabalhadores assalariados 'livres', o capitalista ganha o direito de regular e especificar a natureza do contrato".[60] Na ótica da injustiça quanto à punição destinada a pessoas pobres e àquelas mais abastadas, Herman e Julia Schwendinger indagam "não é o momento para levantar sérias questões sobre posturas subjacentes à definição do campo da criminologia quando um homem que furta uma miserável soma pode ser designado criminoso, enquanto agentes do Estado podem, com impunidade, legalmente recompensar homens que destroem alimentos, de forma que os níveis de preço

---

57 Ryanna Pala Veras, *Nova criminologia e os crimes do colarinho branco*, p. 133; Sérgio Salomão Shecaira, *Criminologia*, p. 286-287.

58 *Manual de criminologia sociopolítica*, p. 311.

59 Criminologia crítica na Inglaterra: retrospecto e perspectiva, in: Taylor, Walton e Young (org.), *Criminologia crítica*, p. 33, 35 e 55.

60 Idem, p. 66. O sistema capitalista, como ocorreu com a ordem feudal, é uma unidade de contrários em luta: a burguesia e o proletariado, as quais se condicionam mutuamente. O direito e toda a ordem social podem ser explicados assim (Lola Aniyar de Castro, *Criminologia da libertação*, p. 59).

possam ser mantidos, enquanto uma considerável porção da população sofre de subnutrição?"[61]

Na expressão de YOUNG, "a estratégica criminológica radical não é argumentar pela legalidade e a regra de direito, mas é mostrar a lei em sua verdadeira cor, como o instrumento de uma classe dominante, e, *taticamente*, demonstrar que o Estado quebrará suas próprias leis, que sua legitimidade é uma vergonha, e que os criadores da lei são, também, os maiores violadores da lei. [...] A tarefa intelectual de uma criminologia socialista é prover uma análise materialista do desvio, e a estratégia que ligará tal teoria a uma prática social real. A meta é um socialismo de diversidade; os problemas, enormes, mas, por isso mesmo, a finalidade é ainda maior".[62]

Aliás, sobre a forma de controle exercida pelo direito penal, TONY PLATT afirma que "este tipo de reformismo [referindo-se ao reformismo liberal capitalista] ajudou a criar o *sursis* e o livramento condicional, o sistema de justiça juvenil, reformatórios e prisões-albergue, a sentença indeterminada, centros de ajustamento e diagnóstico, defensores públicos, agências de serviço de jovens e muitas outras 'reformas' que têm servido para fortalecer o poder do Estado sobre o pobre, as comunidades do terceiro mundo e os jovens".[63] E prossegue defendendo que a criminologia radical não se limite à definição legal de crime existente, mas que busque uma definição que possa refletir a realidade do sistema calcado em poder e privilégio; enfim, não se pode aceitar a "ficção da neutralidade do direito".[64] Um conceito socialista de delito, calcado nos direitos humanos, seria libertário para o exame do imperialismo, do racismo, do capitalismo, do sexismo e outros sistemas de exploração do ser humano, gerador de miséria.[65]

Nas palavras de ROBERTO LYRA, "os socialistas históricos em geral sustentaram que, na sociedade dividida em classes, a justiça é sempre justiça de classe e que nela a lei oculta a defesa dos interesses da classe dominante, sob o disfarce de tutela da sociedade ou do Estado. A preocupação principal –

---

61 Defensores da ordem ou guardiães dos direitos humanos?, in: TAYLOR, WALTON e YOUNG (org.), *Criminologia crítica*, p. 175.

62 Criminologia da classe trabalhadora, in: TAYLOR, WALTON e YOUNG (org.), *Criminologia crítica*, p. 110 e 112.

63 Perspectivas para uma criminologia radical nos EUA, in: TAYLOR, WALTON e YOUNG (org.), *Criminologia crítica*, p. 117.

64 Idem, p. 125.

65 Idem, p. 126. Assim, também, HERMAN e JULIA SCHWENDINGER, Defensores da ordem ou guardiães dos direitos humanos?, in: TAYLOR, WALTON e YOUNG (org.), *Criminologia crítica*, p. 136.

acrescentaram – é a proteção daqueles em cujo favor foi constituído o poder político com a ordem jurídica correspondente".[66]

Para Juarez Cirino dos Santos, a criminologia radical é uma reação à criminologia tradicional, tanto quanto o marxismo foi para a clássica economia política. Assim, as relações de produção e as questões relativas ao poder econômico e político são conceitos essenciais à criminologia radical. Observa-se que, em sociedades capitalistas, a maior parte dos delitos é de cunho patrimonial, mesmo envolvendo violência, pois se trata de uma busca para suprir carências econômicas dos mais carentes.[67] Um dos principais movimentos dessa criminologia é abandonar os estudos etiológicos e as explicações causais do delito, orientando-se para questões de valor e de real interesse.[68]

O radicalismo de esquerda tem por finalidade abolir o controle burguês, extinguindo-se a prisão, a polícia e os meios de comunicação de massa – enfim, tudo o que for considerado *inimigo da classe trabalhadora* e instrumento para o capitalismo –, substituindo-os por instituições proletárias.[69]

A luta dos criminólogos radicais se volta ao imperialismo, à exploração de classe, ao racismo, entre fatores outros, sempre com a finalidade de assegurar a instituição de uma sociedade sem classes, por meio da socialização dos meios de produção.[70] O seu compromisso se vincula à transformação da estrutura social e à construção do socialismo, preocupando-se com o conjunto das relações sociais e com a estrutura econômica, sem se voltar ao tradicional comportamento criminoso e ao sistema de justiça criminal. Em suma, a origem da criminalidade se baseia nas condições estruturais do capitalismo.[71]

No tocante à pena privativa de liberdade, sustenta o autor que a prisão não reduz a criminalidade, gera a reincidência, permite a organização criminosa e dá origem a delinquentes, enfim, constitui um fracasso.[72] Na realidade, a crise do direito é a crise do capitalismo, como um modo de produção de classes. É preciso, para aprimorar o que se tem hoje, adotar uma política de

---

66 História do direito penal, p. 12.

67 *A criminologia radical*, p. 1, 5, 9.

68 No mesmo prisma, Geoff Pearson: "as questões de etiologia são irrelevantes, não porque elas são 'erradas', mas porque elas fogem à questão: a questão humana básica, que é obscurecida, é que ou nós respeitamos o estilo do desviante, ou nós não o aceitamos; e se sua 'tendência' nos ameaça então ele é 'anormal'" (A sociologia do desajuste e a política de socialização, in: Taylor, Walton e Young [org.], *Criminologia crítica*, p. 197).

69 Juarez Cirino dos Santos, *A criminologia radical*, p. 21.

70 Idem, p. 28.

71 Idem, p. 31, 40.

72 Idem, p. 56.

criminalização das classes dominantes e descriminalização das classes dominadas (nesse caso, como exemplos, aborto, drogas, crimes sexuais, políticos, de opinião). Além disso, substituir a prisão por penas alternativas para a pequena criminalidade, como lesões leves, perigo para a vida e saúde, furtos, danos e contravenções penais.[73]

O direito penal é apenas um braço punitivo do Estado capitalista, que oprime a classe trabalhadora, transformando em crime apenas o que lhe interessa. Cuida-se de uma forma de dominação política, escudada no sistema econômico.[74] Como consequência, o ser humano não tem livre-arbítrio para optar entre cometer crime ou não, uma vez que se encontra submetido a um modelo econômico que é insuperável, agindo como uma força determinista. Nessa linha, RICHARD QUINNEY afirma que "o direito criminal é usado internamente pela classe dominante para manter a ordem doméstica. Os interesses da classe dominante são assegurados pela prevenção de qualquer desafio à estrutura moral e econômica da classe dominante. Em outras palavras, os militares no exterior [tratando da sociedade americana] e a aplicação da lei no interior, são dois lados do mesmo fenômeno; a preservação do interesse da classe dominante".[75]

Um ponto relevante, registrado por ALESSANDRO BARATTA, diz respeito à igualdade meramente formal que, por vezes, pode-se detectar no âmbito do direito penal. Assim, valer-se do princípio da fragmentariedade para deixar à margem do direito penal certas condutas, passíveis de absorção por outros ramos do direito, pode servir a interesses escusos e para utilizar o controle penal do Estado. Portanto, a imunização de certos comportamentos socialmente danosos, típicos das classes dominantes (*vide* os crimes de colarinho branco) encobre a ideologia capitalista, tendendo a dirigir o processo de criminalização a comportamentos típicos das classes subalternas e pobres. Para proteger determinados bens de interesse da classe produtora de riquezas, a rede é muito fina; para a criminalidade econômica, por exemplo, a rede é muito larga.[76] Quanto a esse aspecto, torna-se difícil refutar, tendo em vista que a simples observação dos tipos penais incriminadores demonstra a imensa diferença de pena, quando destinada a um crime patrimonial, como o furto,

---

[73] Idem, p. 83.

[74] Sob um ponto de vista diferenciado, PASUKANIS afirma que o estado jurídico é uma miragem conveniente para a burguesia, pois substitui a ideologia religiosa até então reinante, mas continua ocultando a dominação existente (*A teoria geral do direito e o marxismo*, p. 122).

[75] O controle do crime na sociedade capitalista: uma filosofia crítica da ordem legal, in: TAYLOR, WALTON e YOUNG (org.), *Criminologia crítica*, p. 240.

[76] *Criminologia crítica e crítica do direito penal*, p. 165.

que, após sucessivas reformas no Código Penal, conseguiu a proeza de *ganhar* cinco circunstâncias qualificadoras, a ponto do furto de galinha poder ser apenado com reclusão de dois a cinco anos (art. 155, § 6º). É praticamente a mesma pena cominada a delitos tributários e econômicos, previstos pela Lei 8.137/1990 (arts. 1º e 4º). Sob outro aspecto, BARATTA completa ser hoje a função do cárcere o demonstrativo da desigualdade sistêmica, captando presos das camadas mais depauperadas da sociedade, marginalizados socialmente e estigmatizados pelo sistema punitivo estatal. Assim, o cárcere seria a *ponta do iceberg que é o sistema penal burguês.*[77]

Para o marxismo, o direito penal expressa uma ideologia e todo o seu discurso é produzido pela classe dominante, servindo apenas para legitimar o sistema de desigualdade social, originado pelo sistema capitalista. Entretanto, mundo afora, qualquer sistema penal é baseado na política vigente em determinado país e constituído pelo Legislativo, por meio da maioria de seus membros; noutros termos, como regra, serve sempre aos interesses da classe dominante e isso não é uma realidade somente capitalista.

Tratando desse tema, RYANNA PALA VERAS aponta haver somente uma igualdade formal perante a lei, mas, na essência, oculta-se a autêntica desigualdade material. A criminologia funciona, igualmente, como uma ideologia – e não uma ciência – não devendo atuar de maneira neutra.[78]

Uma boa síntese do pensamento da criminologia radical é realizada por PAUL Q. HIRST: "se Marx e Engels rejeitam as classes criminosas como uma força reacionária, o que (eles pensam) do 'indivíduo' que é levado ao crime? Certamente, nós vemos aqui uma vítima do sistema capitalista, um produto de forças além de seu controle". E prossegue: "a maioria dos pobres desgraçados desalojados por evicções e fechamentos (das propriedades), pela Acumulação Primitiva que separou o trabalhador dos meios de produção, não teve opção senão tornar-se ladrões, vagabundos e bandidos, e como tais foram perseguidos sem piedade pela própria classe que produziu sua queda".[79] Na visão do autor, o criminoso profissional assim age *independentemente da sua vontade*. O crime, por outro lado, "é definido pela lei do Estado e detectado

---

[77] Idem, p. 167.

[78] *Nova criminologia e os crimes do colarinho branco*, p. 22. Aliás, para RYANNA PALA VERAS, a experiência dos regimes totalitários comunistas (União Soviética, Leste Europeu, Coreia do Norte, Cuba) e sua derrocada na Europa no final da década de 1980 levou muitos autores a abandonar a criminologia crítica, adaptando o seu discurso à realidade atual, quando a polarização ideológica deixou de ter sentido (Ob. cit., p. 133).

[79] Marx e Engels – sobre direito, crime e moralidade, in: TAYLOR, WALTON e YOUNG (org.), *Criminologia crítica*, p. 269-270.

e punido pelo aparelho repressivo do Estado. [...] O Estado intervém na luta de classes com seu aparelho ideológico e repressivo para quebrar o poder do movimento político dos trabalhadores através de sanções legais e extralegais. Uma forma de tal intervenção do Estado é a rotulação dos oponentes políticos da burguesia como 'criminosos'".[80] Quanto ao furto, o ladrão é apenas um parasita no sistema capitalista de produção; o comunismo não reconhece a propriedade privada nem o furto entre os membros de um grupo particular de parentesco.[81]

O ponto fulcral da criminologia radical é apontar para a modificação de uma sociedade capitalista, baseada na desigualdade e na subordinação, convertendo-a em uma sociedade socialista, em que há liberdade e igualdade. Essa sociedade pode prescindir cada vez mais do direito penal e da prisão. Porém, a substituição do direito penal *por qualquer coisa melhor* somente acontecerá quando a sociedade se transformar, abstraindo o direito penal burguês.[82]

Em contraposição às ideias socialistas, GAROFALO menciona os que almejam ver um incremento de proteção aos pobres e fracos, na ordem jurídica e econômica, pois nem precisariam intitular-se *socialistas*, mas apenas *cristãos*, no sentido de sustentarem a moral do Cristo.[83] Por vezes, a defesa do socialismo não vem das classes inferiores, mas das classes médias e até superiores, como se significasse verdade e progresso.[84] Alega que nos aristocráticos salões vários cavalheiros respeitáveis e milionários filantropos manifestam o desgosto pelos políticos governantes, que não teriam caráter nem ideal, sem servir à pátria, mas à especulação particular. Veem, então, com simpatia, o movimento socialista, que seria uma reação ao governo de classe. Mas a verdadeira vontade é conquistar o poder, não pelo bem de todos, mas para expropriar a classe dominante e substituí-la.[85] O autor refuta a proposta socialista por tentar impor à sociedade, em substituição a um sistema criado

---

80 Idem, p. 272.

81 Idem, p. 279 e 282.

82 ALESSANDRO BARATTA (*Criminologia crítica e crítica do direito penal*, p. 206-207). Conforme ARMIDA BERGAMINI MIOTTO, em congressos internacionais, as delegações dos países de regime socialista ou comunista dizem que antes da revolução socialista havia miséria, prostituição e crime; depois, não há mais miséria, nem prostituição, nem crime. Entretanto, em nenhum desses países deixou de haver um código penal e neles há prisões lotadas e superlotadas. A cifra negra e os criminosos de colarinho branco estão em todos os países (*A violência nas prisões*, p. 222).

83 *A superstição socialista*, p. 6.

84 Idem, p. 8.

85 Idem, p. 13-15.

naturalmente por séculos de natural evolução, uma organização oposta, utópica e sem a menor precisão de linhas, da qual não se tem exemplo em lugar algum.[86] A substituição da propriedade individual pela coletiva não significa que os males cessariam ou não surgiriam outros ainda maiores. Não está provado que o operário poderia ganhar mais, trabalhando menos. Nem se sabe o futuro da riqueza pública se ficasse em mãos de um único capitalista em lugar de múltiplos capitalistas. Porém, os socialistas insistem em dizer que todas as ideias de justiça dependem da ordem econômica atual, que eles não aceitam.[87] A alteração do sistema pode representar simplesmente a mutação de proprietários e o socialismo pretende que o estímulo individual seja substituído pelo sentimento de dever, em busca do bem coletivo. A concepção é poética, mas não tem nada a ver com a ciência social.[88] Afirma, ainda, ser ficção imaginar que, inaugurado o sistema socialista, os crimes desapareceriam porque sumiu a propriedade individual.[89] Questiona o ponto referente à abolição da religião, porque esta tornaria o ser humano dócil, escravo e resignado ao aviltamento, renegando a razão e degradando a dignidade humana.[90] Finalmente, indica que a história é a grande inimiga dos socialistas, pois a civilização só surge num país quando nele se institui a propriedade individual e hereditária.[91]

Conforme sintetiza García-Pablos de Molina, para o marxismo a criminalidade é um mal evitável, pois é produto de uma sociedade capitalista. A criminalidade "morrerá de morte natural" quando for superada a sociedade burguesa, visto que a sua causa reside nas estruturas econômicas de um certo modelo social, que é essencialmente criminógeno. O delito seria um fenômeno de uma *patologia social*, que pode ser erradicado.[92]

A criminologia marxista parte da história da sociedade como o produto da luta de classes e não tem a intenção de explicar o delito, tampouco o delinquente, mas lutar contra o injusto sistema capitalista, que, se substituído pelo socialismo, permitirá a erradicação da criminalidade. Não apresenta nenhum exemplo de socialismo instituído em qualquer nação até hoje que tenha dado resultado positivo, no nível ideal apregoado. Por meio de teorias, expõe uma sociedade ideal, não testada concretamente, nem oferta exemplos de erradicação da criminalidade. Nem por isso, deixa de apresentar ideias

---

86 Idem, p. 22.
87 Idem, p. 30.
88 Idem, p. 59.
89 Idem, p. 80.
90 Idem, p. 111.
91 Idem, p. 140.
92 *Tratado de criminología*, p. 926-929.

relevantes e apontar contrastes injustificados no sistema penal da atualidade. Um dos exemplos concentra-se na diferença existente, ao menos no Brasil, entre a punição cominada aos crimes de colarinho branco e aos demais delitos patrimoniais. Os primeiros são capazes de gerar um dano muito mais expressivo à sociedade, mas todos terminam sendo punidos de maneira igualitária, sendo que, por vezes, o crime patrimonial comum pode chegar a sanções mais elevadas. Muitas questões relativas à discriminação racial ou de gênero também são expostas e nota-se, ainda, a fragilidade do sistema presente para lidar com tais aspectos. Em suma, não nos parece que a teoria radical ou crítica seja aproveitada por inteiro, até porque implicaria a alteração integral do sistema político-econômico, algo distante do estudo do direito penal. Isso não impede de se captarem ideias proveitosas para aprimorar o sistema punitivo atual, amenizando diferenças injustas na tipificação dos crimes, bem como verificando as mais positivas formas de sanção penal, conforme o crime cometido.

7. ETIQUETAMENTO (*LABELING APPROACH*)

A teoria do etiquetamento (rotulação social ou *labeling approach*) busca um novo modelo de controle social, dotado de certa carga ideológica. Procura demonstrar que o crime não tem uma natureza ontológica, mas é pura definição realizada por aqueles que detêm os mecanismos de controle na área penal, desprovido de qualquer carga etiológica. Enfim, a criminalidade é uma simples etiqueta.[93] O *status* criminal é *atribuído* a alguém, como um rótulo, deixando de lado as suas qualidades, que passam a um segundo plano. Aponta ser relevante analisar o processo criminal à luz da realidade social, naturalmente conflituosa e problemática.[94]

A teoria sociológica do *interacionismo simbólico* foi a base para o desenvolvimento da perspectiva criminológica do *labeling approach*. Os criadores dessa teoria foram os sociólogos George Herbert Mead, Erving Goffman e Herbert Blummer.[95] Outros expoentes são Becker, Lemert, Kitsue, Tannenbaum, Schur, Erikson e Gusfield.[96] Há um processo de comunicação entre

---

93 Lucía Núñez Rebolledo, La prevención del delito a través de los paradigmas criminológicos, in: Ordaz Hernández e Cunjama Lópes (coord.), *Criminología reflexiva*, p. 69; Fernanda Campos Junqueira, Entre interações e violências [...], in: André Moysés Gaio (org.), *Contra a criminologia*, p. 42.

94 García-Pablos de Molina, *Tratado de criminología*, p. 217-218; Hassemer e Muñoz Conde, *Introducción a la criminología y al derecho penal*, p. 59.

95 Ryanna Pala Veras, *Nova criminologia e os crimes do colarinho branco*, p. 74.

96 Lola Aniyar de Castro e Rodrigo Codino, *Manual de criminologia sociopolítica*, p. 217.

as pessoas, estabelecendo que os atos humanos se estabelecem da interação com os outros. Noutros termos, o "eu" individual seria um produto social.[97]

A teoria configurou uma crítica ao direito penal e à criminologia tradicionais. Expôs a ideia de que a intervenção da justiça criminal pode aprofundar a criminalidade, pois a própria prisão contribui para uma forma de criminalização, provocando uma *delinquência secundária*, resultado da estigmatização do condenado.[98] Segundo informa Shecaira, a partir do *labelling*, a pergunta a ser feita pelos criminólogos se altera, não mais se indagando o motivo de o criminoso cometer o crime. Em seu lugar, deve-se indagar por que algumas pessoas são tratadas como delinquentes e quais seriam as consequências disso. Sob outro aspecto, para ser rotulado como criminoso é preciso cometer apenas um delito, passando esse a ser uma referência, e estigmatizando a pessoa. A partir dessa *categorização*, o indivíduo começa a procurar outras pessoas rotuladas da mesma forma, podendo gerar uma reiteração criminal e até mesmo a formação de uma organização ou associação criminosa.[99]

Howard Becker foi um dos expoentes dessa teoria, especialmente ao publicar a obra *Outsiders*. O autor expõe que, imposta uma regra, quem a infringe é visto como alguém especial, que não sabe viver de acordo com as normas estabelecidas, logo, é encarado como um *outsider*.[100] Pode-se, igualmente, descrever como *desvio* o comportamento diferente do comum; assim, ser ruivo ou canhoto, por configurar um *desviante*, porque a maior parte das pessoas é morena e destra.[101] Esses exemplos são pueris, mas a busca por quem é diferente vai crescendo, atingindo pessoas gordas, assassinas, homossexuais, infratoras de regras de trânsito etc. Enfim, o desvio é uma criação da sociedade. Os grupos sociais criam o *desvio* ao fazerem as regras, cuja infringência gera o rótulo de *outsider*,[102] que pode, sem dúvida, ser de um *criminoso*.

O autor esclarece que essas regras tendem a ser aplicadas com maior frequência a determinadas pessoas que a outras. Ilustrando, meninos de classe média, quando detidos, não vão tão longe na punição quanto os garotos dos bairros miseráveis. A lei, também, se aplica de modo diverso a negros e brancos.[103] Inexiste razão para supor que somente os que praticam atos desviantes

---

97 Ryanna Pala Veras, *Nova criminologia e os crimes do colarinho branco*, p. 75.

98 Shecaira, *Criminologia*, p. 256-257.

99 Idem, p. 259-260.

100 Tradução livre: estranho.

101 *Outsiders*, p. 15-18.

102 Idem, p. 22.

103 Idem, p. 25.

têm a tendência de fazê-lo; é provável que muitas outras pessoas também tenham impulsos desviantes. Em teoria, as pessoas podem ser muito mais desviantes do que parecem. Então, o que levaria as pessoas convencionais a segurar esses impulsos desviantes?[104]

Pode-se apontar algumas respostas a essa indagação, entre as quais o fato de essa pessoa, considerada não desviante, envolver-se em grupos e instituições de comportamentos convencionais. Outro ponto é que essa pessoa tem uma reputação a zelar ou um emprego comum a preservar. Precisa ser e parecer convencional. Por vezes, um ato não apropriado pode parecer necessário a uma pessoa cumpridora da lei, de modo que esse ato desviante é absorvido, se não como todo apropriado, pelo menos como não totalmente impróprio.[105] Nota-se maior tolerância dos órgãos policiais com as pessoas convencionais do que com as que aparentam ser desviantes.

BECKER demonstra que, para ser rotulado de delinquente, basta cometer um único crime. A partir disso, advém o rótulo e todas as secundárias consequências do etiquetamento. Muitos presumem que o condenado por arrombamento de uma casa seja alguém que irá assaltar outras casas também.[106]

Um ponto complexo concerne ao viciado em drogas, que se veria impelido a outros tipos de atividade ilegítima, como roubar e furtar, porque não consegue um emprego lícito; as pessoas convencionais se recusam a tê-lo por perto. Ele é, então, tratado de forma repressiva e proibido de usar drogas. Assim, acaba buscando o entorpecente de maneira ilegal. Essa conduta o lança para o mercado clandestino, faz o preço das drogas subir e ele pode acabar preso. O seu comportamento seria a consequência da reação pública ao desvio e não o efeito das qualidades inerentes ao ato desviante.[107]

Segue o autor defendendo o uso da maconha, que não produziria dependência, como o álcool e as drogas opiáceas. O usuário não teria síndrome de abstinência e o seu padrão de consumo poderia ser considerado *recreativo*. Desse modo, *aprender* a gostar de maconha é uma condição necessária, mas não suficiente, para desenvolver um padrão estável de uso da droga. Essa

---

104 Idem, p. 37.

105 Idem, p. 40.

106 Idem, p. 43. Entretanto, essa presunção não é de todo absurda, na exata medida em que vários criminólogos apontam o elevado índice de reincidência, mesmo depois de alguém condenado cumprir a sua pena. Portanto, os problemas se interpenetram.

107 Idem, p. 45. Pode-se questionar a situação exemplificada. Em primeiro lugar, seria preciso legalizar o uso de drogas. Em segundo, se esse "desviante" é um viciado, haveria de ser tratado. Entretanto, simplesmente justificar roubos ou furtos em nome do vício em drogas é por demais simplista.

pessoa precisaria lutar contra as forças de controle social que fazem o ato parecer inconveniente, imoral ou ambos.[108] Poder-se-ia acrescentar que essa pessoa seria considerada *criminosa* em muitos lugares mundo afora.

Becker aponta que muitas forças poderosas querem controlar o uso da maconha nos Estados Unidos. Enquanto isso, o ato é ilegal e pode levar a punições severas. Essa ilegalidade quanto ao acesso à maconha torna o acesso dificultado para quem queira usá-la, afinal, o seu consumo pode ser perigoso, em face da viabilidade de prisão e encarceramento.[109] Sobre o tema, Stanley Cohen destaca que o pânico moral atingiu o campo das drogas há pelos menos uns 100 anos, apontando o diabólico instigador e o usuário vulnerável, bem como a rápida inclinação da droga leve para a pesada e a transição do que é seguro para o perigoso. De toda forma, várias substâncias continuaram surgindo, como heroína, cocaína, maconha, inúmeras espécies de anfetaminas, LSD etc.[110] A campanha mundial de combate às drogas, no alerta de Sérgio Salomão Shecaira, tornou o mundo numa grande Chicago dos anos 1930, quando se proibia o álcool (lei seca). O tráfico internacional e os grandes traficantes constituem enormes problemas, em versão globalizada dos antigos gângsteres. Seria preciso preservar o Estado Democrático de Direito, assegurando a tolerância e o direito de pensar de modo diferente, reconhecendo-se o uso recreativo das drogas, deixando o controle produtivo ao Estado.[111]

Esclarece Becker que muitos se queixam de que a teoria da rotulação não fornece uma explicação etiológica do desvio, tampouco explica como as pessoas que cometem atos desviantes passam a fazê-lo. E muito menos

---

108 Idem, p. 52 e 69.

109 Idem, p. 70. Retorna-se ao ponto de partida. Seria preciso descriminalizar o uso da maconha (ou mesmo de outras drogas) ou regulamentá-lo, se assim for o desejo da sociedade. Enquanto for proibido, de nada resolve argumentar com a teoria da rotulação de quem foi preso consumindo maconha, pois poderia ser, igualmente, preso e rotulado se matasse alguém ou furtasse um estabelecimento. O etiquetamento demonstra apenas o que não deveria ser crime, embora seja.

110 *Folk devils and moral panics*, p. XIV. Como esclarecem Julita Lemgruber e Luciana Boiteux, o problema da droga não é o uso, mas o abuso. É preciso cessar a ideia de um mundo totalmente livre de drogas, pois essa ilusão tem matado mais do que as próprias drogas (O fracasso da guerra às drogas, in: Lima, Ratton e Azevedo [org.], *Crime, polícia e justiça no Brasil*, p. 362).

111 Drogas e criminologia, in: Lima, Ratton e Azevedo (org.), *Crime, polícia e justiça no Brasil*, p. 338-339. De fato, o combate a toda e qualquer droga, em toda e qualquer situação, tem-se mostrado uma batalha perdida pelo Estado, com o enriquecimento dos grandes traficantes e o domínio que são capazes de engendrar em comunidades empobrecidas. É preciso tomar alguma medida mais inteligente nesse campo, pois simplesmente elevar as penas e prender pessoas não está funcionando.

demonstra a razão pela qual quem está ao redor dessas pessoas não comete os mesmos desvios. Busca uma explicação inviável de ser fornecida pela teoria do etiquetamento, pois aponta o fato de que as pessoas, num grupo social, aprendem umas com as outras. Diz que uma pessoa pode adequar a sua linha de ação levando em conta as ações de outras, como uma ação coletiva.[112] Ao encarar o desvio como ação coletiva, pode-se visualizar que as pessoas agem atentas às reações de outros envolvidos na mesma ação. É importante para quem age de certa maneira saber como os seus companheiros vão avaliar o que faz e como essa análise pode afetar seu prestígio e sua posição.[113]

Parece-nos que a explicação se concentra na teoria da associação diferencial. Quem faz parte de um grupo de pessoas convencionais, está preocupado com o que podem pensar os seus companheiros se praticar uma conduta considerada desviante; porém, quem está inserido num grupo já considerado desviante, tem menor preocupação com isso, além do que há teorias secundárias para justificar os atos desviantes de qualquer um.

Segundo Becker, o etiquetamento é o processo por meio do qual o desviante se torna individualizado como tal por conta de um processo político, visto que o comportamento categorizado como desviante advém das regras estabelecidas pela classe dominante, segundo critérios de poder.[114] Porém, exime-se de explicar, realmente, a origem do crime e do criminoso, bem como de esclarecer o motivo pelo qual uns delinquem e outros não. Cumpre o seu papel de identificar no etiquetamento do criminoso um fardo pesado a carregar, após ter sido condenado e cumprido a sua pena.[115]

Essa teoria lida com a denominada *cifra negra*, ou seja, o número de delitos descobertos e punidos é muito menor do que acontece na realidade. Logo, há muitos crimes ocultos. Dessa forma, quem é descoberto termina por receber o rótulo de delinquente, o que pressupõe a atividade das instâncias oficiais de controle social da criminalidade; quem não é descoberto, não ad-

---

112 *Outsiders*, p. 183.

113 Idem, p. 184.

114 SHECAIRA, *Criminologia*, p. 258; BERGALLI e BUSTOS RAMÍREZ, *O pensamento criminológico*, p. 224.

115 "Os gregos, que tinham bastante conhecimento de recursos visuais, criaram o termo estigma para se referirem a sinais corporais com os quais se procurava evidenciar alguma coisa de extraordinário ou mau sobre o *status* moral de quem os apresentava. Os sinais eram feitos com cortes ou fogo no corpo e avisavam que o portador era um escravo, um criminoso ou traidor – uma pessoa marcada, ritualmente poluída, que devia ser evitada" (ERVING GOFFMAN, *Estigma*: notas sobre a manipulação da identidade deteriorada, p. 12).

quire esse *status*, apesar de ter realizado o mesmo comportamento punível. Um deles sofre o efeito estigmatizante e o outro não.[116]

Sobre o etiquetamento, MICHELLE ALEXANDER argumenta que "esse sistema depende do rótulo da prisão, não do tempo de prisão. Uma vez rotulada como delinquente, a pessoa é introduzida em um universo paralelo no qual a discriminação, o estigma e a exclusão são perfeitamente legais, e privilégios de cidadania como votar ou participar de júri estão fora de alcance".[117] Por outro lado, a autora critica, com razão, o sistema norte-americano da negociação (*plea bargain*), apontando-o como rígido demais em face das pessoas pobres: "imagine que você é Emma Faye Stewart, uma afro-americana de trinta anos, mãe solteira de duas crianças, que foi presa em uma varredura de drogas em Hearne, no Texas. Todas as pessoas presas exceto uma eram afro-americanas. Você é inocente. Após uma semana na cadeia, não tem ninguém para cuidar de seus dois filhos pequenos e está impaciente para ir para casa. Seu advogado, nomeado pelo juízo, apressa-a a se declarar culpada da acusação de distribuição de drogas, dizendo que o promotor lhe ofereceu liberdade assistida. Você recusa, proclamando firmemente sua inocência. Finalmente, depois de quase um mês na cadeia, você decide se declarar culpada para poder voltar para seus filhos. Não querendo se arriscar a um julgamento que a leve a anos de prisão, você é condenada a dez anos de liberdade assistida e obrigada a pagar mil dólares de multa, bem como as custas processuais. Agora você também está marcada como uma delinquente de drogas. Não tem mais direito a vale-alimentação; pode ser discriminada em empregos; não pode votar por no mínimo 12 anos; e está prestes a ser despejada da habitação pública em que vive. Uma vez que você se torne uma sem-teto, seus filhos serão tirados de você e postos para adoção. Um juiz finalmente julga improcedentes todas as acusações contra os réus que não se declararam culpados. No julgamento, considera que toda a varredura foi baseada no testemunho de um único informante que mentiu à promotoria. Você, no entanto, ainda é uma delinquente condenada por um crime de drogas, sem-teto e desesperada para conseguir de volta a guarda de seus filhos".[118] Esse cenário evidencia não apenas o negativismo da rotulação por conta de uma condenação, como expõe um lado injusto da negociação existente nos Estados Unidos, que termina por privar as pessoas do devido processo legal.

---

[116] BARATTA, *Criminologia crítica e crítica do direito penal*, p. 86. Cuida-se de verdade incontestável, mas isso acontece não somente no cenário dos crimes. Qualquer infração, para ser punida, depende de ser descoberta e apontado o seu autor, em todos os ramos do direito.

[117] *A nova segregação*: racismo e encarceramento em massa, p. 151.

[118] Idem, p. 155.

No cenário das críticas, para BERGALLI e BUSTOS RAMÍREZ, o etiquetamento seria apenas um princípio de investigação, que não possui nenhuma teoria explicativa do comportamento desviante.[119] Sob outro aspecto, GARCÍA-PABLOS DE MOLINA esclarece que o *labeling approach* apresenta uma visão *idealista* e *ingênua* do controle social informal, como não excludente nem estigmatizante, fora do controle organizado pelo Estado. Na verdade, o controle social informal pode ser tão coercitivo, estigmatizante e gravoso quanto o controle formal e é isento das garantias que acompanham o normal funcionamento daquele.[120] Ademais, essa teoria não oferece uma explicação satisfatória da origem, do desenvolvimento e da consolidação da desviação.[121]

Outra crítica à teoria do etiquetamento é feita por ALFONSO SERRANO MAÍLLO, ao mencionar que há condutas graves atentatórias a bens jurídicos fundamentais, como o homicídio, o roubo em residência, os crimes contra a liberdade sexual, que são proibidas, sob ameaça de pena, em todas as sociedades; logo, são delitos por si mesmos, nada tendo a ver com a reação que possam provocar. São condutas proibidas pelo mal que geram, independentemente de quem as pratique. Não se trata, pois, de um singelo rótulo.[122]

Na ótica de SHECAIRA, "a teoria interacionista não foi uma verdadeira escola criminológica. Com efeito, melhor seria se descrevêssemos tal pensamento como um enfoque criminológico de algo que consegue dar conta com absoluta precisão *do que sucede e de como sucede*, mas não do *por que sucede*".[123]

Realmente, a teoria menciona a desviação primária como algo inevitável, sem esclarecer qual seria a conduta normal e qual deveria ser a desviada; a partir disso, apresenta o crime como um simples rótulo, vale dizer, uma conduta desviada escolhida para ser infração penal, geralmente por classes dominantes. Como regra, trabalha com exemplos controversos e condutas não violentas, como uso de drogas ou prostituição, deixando de lado delitos violentos e graves.

A bem da verdade, o estigma não é algo exclusivamente ligado ao criminoso. Em plena época da pandemia de covid-19, no Japão, muitas pessoas se

---

119 *O pensamento criminológico*, p. 226-227.

120 No mesmo sentido: "o controle social formal tem, desde logo, aspectos negativos, mas assegura, ao menos, uma resposta racional, igualitária, previsível e controlável, o que não ocorre com os controles informais ou não institucionalizados" (FERNANDO SANTA CECILIA GARCIA, Objeto de la criminología: el control social, in: FERNANDO PÉREZ ÁLVAREZ [dir.], *Introducción a la criminología*, p. 109).

121 *Tratado de criminología*, p. 221 e 885.

122 *Curso de criminologia*, p. 367.

123 *Criminologia*, p. 281.

incomodavam muito mais com o reconhecimento de que adoeceram, por conta do vírus, do que por qualquer outra causa. Alguns moradores, nesse país, preferiram isolar-se em casa, sem qualquer tratamento, sob suspeita de contaminação pelo novo coronavírus, assumindo o fardo desse isolamento, somente para não serem discriminados por outras pessoas. Verificou-se que 67% da população temia mais o estigma social do coronavírus do que os riscos para a saúde. Por isso, alguns habitantes assumiam o risco de ficar em casa, sem tratamento, evitando o reconhecimento de que foram infectados. Pessoas morreram isoladas por conta disso. O governo japonês chegou a instituir um tipo de "ministro da solidão", autoridade programada para dar assistência às pessoas isoladas. Observe-se, portanto, haver muito mais estigmas espalhados mundo afora do que simplesmente concentrá-los na condenação pelo cometimento de crimes.[124]

Uma das soluções possíveis, para amenizar o elevado nível de punições, seria a política criminal do direito penal mínimo, com o que se evitaria ao máximo a desviação secundária, advinda da condenação e da estigmatização do apenado, algo plausível, inclusive de acordo com o princípio da intervenção mínima. Portanto, as soluções podem ser encontradas dentro do próprio sistema penal vigente. Além do minimalismo penal, aponta-se como fator positivo que a condenação aplicada a alguém fique oculta, sem mais aparecer, evitando-se o *etiquetamento* dela decorrente. A bem da verdade, no Brasil, por força de lei, a folha de antecedentes de quem já cumpriu a sua pena não é de livre acesso, mas apenas ao Judiciário, quando o indivíduo praticar outra infração penal. Por outro lado, nada impede que a sociedade atue, de modo proativo, visando a evitar que certos comportamentos, mesmo considerados desviantes, como o consumo de drogas, por exemplo, possa transformar-se em um caso criminal, encaminhando o interessado para tratamento e recuperação, ao menos enquanto for considerada delituosa essa conduta.

8. MOVIMENTO DA LEI E DA ORDEM

Cuida-se de um movimento conservador, que também pode ser denominado de "realismo de direita", surgido nos Estados Unidos nas décadas de 1980-1990, tendo por representantes Van den Haag, James Q. Wilson, Edward Benfield, Freda Adler, entre outros.[125] Em particular, deve-se ressaltar a publicação do influente artigo "Broken windows" ("Janelas quebradas"),[126] em

---

[124] *Folha de S. Paulo*, 21 fev. 2021, p. A12.

[125] Shecaira, *Criminologia*, p. 291.

[126] A crítica ao artigo veio dos realistas de esquerda, argumentando que não era tanto o crescimento dos fatos anticívicos o condutor à decadência da vizinhança, mas a instabilidade

1982, por JAMES Q. WILSON e GEORGE KELLING, além de ressaltar a posição de Charles Murray (1996-1997) com a sua afirmação de que a *prisão funciona*. A criminologia conservadora foi muito influente nessa época e produziu impacto na política criminal de muitos países.[127]

Institui-se, em Nova York, o programa nominado *tolerância zero*, simbolizando um direito penal máximo, que não deve afastar a punição das infrações menores, pois elas terminam por justificar o crescimento da criminalidade, partindo para delitos mais graves e colocando em risco a segurança pública. Um dos pontos relevantes desse movimento é a conservação dos espaços públicos, que não devem ser objeto de ocupação desorganizada, degradação, pichação e para a prática de atividades ilícitas, como a prostituição, o consumo de drogas e álcool na vida pública.

Defendendo a política da tolerância zero, WILLIAM BRATTON e PETER KNOBLER narram que os nova-iorquinos almejavam uma solução para o perigo ao seu redor, pois não podiam caminhar pelas ruas sem serem agressivamente abordados por mendigos ou verem pessoas usando as ruas e calçadas como banheiros públicos. Não podiam parar seus carros nos semáforos sem serem abordados por pessoas que manchavam os para-brisas com trapos imundos, pedindo dinheiro para limpar.[128] Quando o prefeito Giuliani foi eleito em 1993, tinha a plataforma de melhorar a qualidade de vida na cidade e combater o crime; Bratton havia sido chefe do trânsito, apresentando sucesso na sua atividade, razão pela qual foi chamado para ajudar a limpar a cidade. Enquanto acadêmicos, sociólogos e criminólogos acreditavam que o crime era fruto de problemas sociais, Bratton entendia que a polícia poderia ter um efeito significativo no combate ao delito. Com liderança e gestão, o comportamento de rua poderia ser controlado e, a partir disso, ser alterado. Assim fazendo, o crime poderia ser contido.[129]

No tocante aos problemas ocorridos no metrô, constatou-se evasão de tarifas, com pessoas ingressando sem pagar, o que provocava um enorme prejuízo aos cofres da cidade; aliás, um dos efeitos disso é que uns viam outros viajando de graça e tinham a sensação de que a cidade inteira estaria fora de controle. Havia desordem, com mendigos agressivos e vândalos atrapalhando

---

econômica e a fragmentação da comunidade a incentivar a decomposição do controle informal; daí o aumento da delinquência e da desordem (ROGER MATTHEWS, *Criminología realista*, p. 41)

127 ROGER MATTHEWS, *Criminología realista*, p. 39.

128 *Turnaround:* how America's top cop reversed the crime epidemic, p. X.

129 Idem, p. XI.

uma viagem segura. O crime foi tomando conta, com roubos juvenis, gangues e o incremento do uso de armas de fogo em assaltos.[130] Por isso, em certas estações mais problemáticas, foram colocados vários policiais à paisana, dia e noite, e várias prisões foram realizadas, em particular dos que estavam passando sem pagar. Os policiais ficaram motivados. Além disso, avisos passaram a ser dados pelo alto-falante das estações, de que a polícia conduziria batidas no trem, cada vez que houvesse uma parada.[131]

Criou-se a figura do *patrulheiro amigo*, retomando o contato com a comunidade e procurando ouvir, com cortesia, os problemas apresentados pelas pessoas, buscando resolvê-los. Isso fornecia uma percepção de segurança. Por vezes, a presença dos policiais já servia para prevenir o crime.[132] A atividade policial mirou no comércio de drogas, feito ao ar livre, tirando-o das ruas e, onde fosse possível, livrando os lugares interiores. Onde há drogas, há armas; portanto, o caminho era confiscar tudo isso.[133]

Quanto à violência doméstica, passou-se a dar prioridade máxima a responder chamadas envolvendo violações de ordens de proteção, com prisão obrigatória. Oficiais foram treinados para identificar os padrões de abuso e, mesmo quando a vítima não queria prestar queixa, caso o policial entendesse de modo diverso, a prisão era realizada. A cidade de Nova York estava tomada por caixas de som com volume elevado, limpadores de para-brisas, prostitutas de rua, bêbados em público, mendigos agressivos, ciclistas imprudentes, grafiteiros. Tudo isso foi combatido.[134] Segundo os autores, embora tenha havido uma queda nacional do índice de criminalidade, na cidade de Nova York a queda foi muito maior. Isso ocorreu porque pessoas foram presas e havia mais policiais nas ruas.[135] Os autores negam ter havido abuso policial, embora afirmem que estavam retomando as ruas e não foi um trabalho fácil, pois lidavam com assassinos, estupradores, assaltantes e outros criminosos, além de ladrões, viciados em drogas e bêbados. Muitas das *brutalidades* que teriam sido reportadas por essas pessoas tinham por finalidade conseguir alguma indenização. Em suma, Nova York tornou-se um lugar muito mais seguro.[136]

---

[130] Idem, p. 144.
[131] Idem, p. 159.
[132] Idem, p. 198.
[133] Idem, p. 227.
[134] Idem, p. 228.
[135] Idem, p. 290.
[136] Idem, p. 291, 310.

JAMES WILSON sustenta a inviabilidade de se ter uma vizinhança segura se o índice de criminalidade não cair, ao contrário, elevar-se. Quanto aos espaços públicos, as pessoas têm medo de ser atacadas violentamente por um estranho, mas não apenas isso; há, igualmente, o temor de serem incomodadas por desordeiros, embora não sejam violentos ou necessariamente criminosos. Nesse cenário, estão os mendigos, os bêbados, os adolescentes desordeiros, as prostitutas, os vadios e os mentalmente perturbados. Não é possível que a polícia simplesmente ignore e negligencie essa fonte de medo real.[137] O autor narra uma experiência realizada por Philip Zimbardo, psicólogo de Stanford, aproveitando a teoria das janelas quebradas, quando ele arranjou um automóvel sem placas e deixou estacionado numa rua do Bronx. Obteve outro carro no mesmo estilo e deixou em Palo Alto, Califórnia. O veículo do Bronx foi atacado por vândalos em cerca de dez minutos depois de ter sido ali *abandonado*. Primeiro, uma família (pai, mãe e filho jovem) removeu o radiador e a bateria. Em 24 horas, tudo de valor havia sido retirado. Após, aleatoriamente, a destruição completa teve início, com janelas quebradas, partes arrancadas, estofamentos rasgados. As crianças passaram a usar o veículo como playground e a maior parte dos vândalos estava bem-vestida, aparentando ser de "brancos respeitáveis". O veículo em Palo Alto permaneceu intocado por mais de uma semana. Quando Zimbardo destruiu parte dele com uma marreta, passantes juntaram-se a isso e, em algumas horas, o carro tinha sido totalmente destruído. Os vândalos, novamente, aparentavam ser "brancos respeitáveis". A diferença entre as situações se concentra no anonimato existente no Bronx, em relação à vida comunitária, onde há frequentes abandonos de veículos e coisas são furtadas ou danificadas, pois ninguém liga; em Palo Alto, o vandalismo não começou rapidamente porque as pessoas acreditam que as coisas privadas são protegidas e aquele comportamento pernicioso pode ser custoso. Entretanto, o vandalismo pode acontecer em qualquer lugar, desde que as barreiras comuns a todos, como o mútuo respeito e a as obrigações de civilidade, sejam rebaixadas por ações sinalizando que ninguém está se importando.[138]

Na sua visão, mesmo com uma grande sequência de programas destinados a jovens, pobres e desvalidos, nos anos 1960, a taxa de crimes subiu. Portanto, a pobreza em si não gera a delinquência, embora tanto ela quanto o racismo possam perpetuá-la.[139] Em verdade, o ponto relevante é a sensação de segurança pública, com a visibilidade da atuação policial, transmitindo a impressão de que a desordem e o crime não compensam.

---

137 *Thinking about crime*, p. 64.

138 Idem, p. 66.

139 Idem, p. 3 e 33.

Avaliando o realismo de direita e a criminologia conservadora, ROGER MATTHEWS argumenta que esse realismo poderia ser caracterizado como *realismo ingênuo*, pois assume como postos a categoria do delito, o funcionamento e a finalidade do sistema da justiça criminal. Centraliza-se nos dados imediatos e assume um enfoque comum para o controle da delinquência, evitando as explicações acerca das causas e estruturas mais profundas, como a pobreza e a desigualdade; concentram-se os esforços nos aspectos mais visíveis e superficiais do delito e em seu controle. Evitando objetar os problemas conceituais difíceis, as políticas apresentadas soam melhor nos políticos e no público em geral. Esse realismo pode ser considerado correto ou realista ao levar a sério o delito, tendo por objetivo reduzir a criminalidade e a vitimização; porém, é ingênuo ao assumir a *realidade* como algo evidente.[140]

O autor faz referência ao eterno confronto entre os conservadores, sustentando a regeneração da família e da comunidade para reduzir o crime, e os liberais, defendendo a necessidade de diversidade, um limite à punição e ao aumento das restrições às liberdades pessoais.[141] As propostas liberais, no sentido de que a criminalidade se dá em razão da pobreza e das privações das pessoas, consistindo em meio adequado para tratar a delinquência com a prestação de melhores oportunidades ligadas à reabilitação, incentivando um sistema judicial penal mais humano e menos intrusivo, são criticadas por conservadores, que apontam o incremento da taxa de criminalidade, mesmo quando a sociedade estava mais próspera (entre os anos 1970 e 1980) e comprometida na luta contra a pobreza. Exageros à parte, MATTHEWS destaca um ponto que os liberais não conseguem explicar: a razão pela qual muitos pobres são respeitosos à lei e muitos ricos não são.[142]

Quanto às críticas acerca da lei e da ordem, LUCÍA NÚÑEZ REBOLLEDO aponta que a aplicação da tolerância zero em determinadas áreas da cidade não é suficiente para diminuir o total de crimes cometidos, até porque as infrações se deslocam para outras áreas, formando guetos. Além disso, o gasto com a polícia é consideravelmente elevado, movimentando, também, a atividade judicial e aumentando a população carcerária. Nessa ordem de situações, tornam-se mais frequentes o abuso de autoridade e os excessos da polícia, permitindo um ganho político, nem sempre compatível com a autêntica prevenção a crimes. Aliás, essa forma de atuação contenta mais a classe média em detrimento da camada mais pobre da população. Por fim, a

140 *Criminología realista*, p. 38-39.
141 Idem, p. 42.
142 Idem, p. 46.

instituição da lei e da ordem não envolve os delitos de colarinho-branco, os ambientais, entre outros, cujos danos são mais lesivos à sociedade.[143]

Por seu turno, MICHAEL TONRY aponta que essa política punitivista elevou o nível de encarceramento nos Estados Unidos para um padrão excessivo, causando danos especialmente a vidas de muitos jovens homens negros, que terminam por passar pela prisão ou por um período de prova em grande parte.[144] Parcela desse movimento da lei e da ordem é fruto do denominado *pânico moral*, que advém quando algum evento horrível e notório ocorre, inflamando a emoção pública, gerando preocupação e reações exageradas. Esses pânicos morais podem ter origem em abuso infantil ou violência escolar.[145] Além disso, é preciso considerar que a maioria dos promotores é eleita, assim como a maior parte dos magistrados estaduais, o que acarreta plataformas eleitorais de combate ao crime.[146] A classe política apoia normas penais severas e o público tende a permitir. A explicação para essa tolerância se deve ao incremento do nível de criminalidade, à credulidade na prevenção do delito, ao cinismo político, à manipulação partidária em face da ansiedade do povo e à indiferença pelo que se passa com os americanos negros.[147] Embora muitos creiam que os delinquentes agem por livre-arbítrio e optam pelo caminho criminoso, há fatores relevantes a levar em consideração, tais como o abuso infantil, a pobreza, a incapacidade mental, as limitadas oportunidades, a carência de habilidades vendáveis e a socialização para valores desviados, conduzindo algumas pessoas para escolhas que, de outro modo, não fariam.[148] Um dos exemplos mencionados pelo autor diz respeito, igualmente, a outros países, como o Brasil, onde vários jovens se tornam traficantes, por falta de opções rentáveis, tendo em vista o relativo baixo risco para ganhar um bom dinheiro. Os adolescentes privilegiados não o fazem, como regra, porque vivem circunstâncias diferenciadas e possuem outras alternativas para o sucesso. Ainda no tocante ao pânico, ressalta que tudo isso leva à pressão da sociedade pela adoção da severidade no trato penal e a proximidade do sistema judicial criminal com a política eleitoral conduz à punição excessiva.[149]

---

143 La prevención del delito a través de los paradigmas criminológicos, in: ORDAZ HERNÁNDEZ e CUNJAMA LÓPES (coord.), *Criminología reflexiva*, p. 55-56.

144 *Thinking about crime*, p. 3.

145 Idem, p. 5. No mesmo sentido, STANLEY COHEN (*Folk devils and moral panics*, p. XIII e XVI).

146 *Thinking about crime*, p. 9 e 34.

147 Idem, p. 11.

148 Idem, p. 13.

149 Idem, p. 204-206.

Em relação ao pânico moral, Stanley Cohen esclarece significar uma reação social excessiva e desproporcional ao que realmente acontece, seja um risco, seja um dano, seja uma ameaça. Essa reação é sempre mais grave, irracional e injustificada do que a situação autêntica retrata, em face de comportamentos de risco ou ameaçadores. Ademais, viver em pânico moral é um paradoxo, pois pânico é algo temporário, que se autolimita e autoconsome.[150]

Tonry faz algumas sugestões para aprimorar o sistema criminal, como viabilizar prêmios, com a soltura mais cedo, conforme critérios previamente estabelecidos, para qualquer sentenciado a mais de dez anos de prisão, que já tenha cumprido pelo menos um terço da pena ou cinco anos; eliminar as leis que sustentam a política de que o cometimento de três crimes graves exige dos juízes sentenças mandatórias, impondo uma pena mínima elevada;[151] se tais leis não forem afastadas, ao menos que se permita ao magistrado impor penas menores, se achar injustificada a mandatória; fixar um teto para o cumprimento de penas privativas de liberdade;[152] revisão da legislação de sentenças para aperfeiçoá-la, permitindo recursos novos e a análise do impacto das penas para mulheres, diversas nacionalidades e grupos étnicos; promover auditorias no sistema criminal para verificar eventuais disparidades nas penas, especialmente quando afetem mulheres e integrantes de grupos minoritários.[153]

Jock Young critica a *tolerância zero*, afirmando ter-se tornado um *chavão* no setor de segurança nos últimos anos, apresentada como uma intolerância à incivilidade, com o fim de retirar das ruas os pedintes agressivos, os lavadores de para-brisas, os vadios e bêbados e as prostitutas. Em estudos de direito penal, essa política é representada pela medida do "três vezes e você está fora", significando que a prática de três crimes pode levar a uma pena muito severa. Tudo isso, juntamente com a guerra contra as drogas, contribuiu para a elevada taxa de encarceramento nos Estados Unidos.[154] Refutando essa política, o autor menciona que a redução da criminalidade entre 1993 e 1996 deveu-se, em verdade, ao declínio geral, ocorrido em 17 das 25 maiores cidades americanas, além do que a *tolerância zero* foi testada apenas em Nova York.

Em acirrada crítica à política da tolerância zero, Loïc Wacquant afirma que Nova York foi elevada ao patamar de *meca da segurança* por conta

---

[150] *Folk devils and moral panics*, p. XXVII, XXXIV.

[151] *Thinking about crime*, p. 216.

[152] Idem, p. 217-218.

[153] Idem, p. 219-225.

[154] *A sociedade excludente*, p. 182.

de uma sistemática campanha publicitária, embora essas medidas rigorosas não tenham atingido os crimes de colarinho-branco, fraudes, desvios de dinheiro, poluição e outras violações semelhantes, configurando-se uma *intolerância seletiva.*[155]

O autor afirma não ser possível prever o que pode acontecer em outros países que adotem essas medidas, pois foi transmitido um remédio, efetivado com dificuldade nos Estados Unidos, embora altamente questionado por várias autoridades do país. Além disso, teria sido uma guerra sem tréguas contra os pobres e marginalizados pela ordem neoliberal, sob a bandeira da *liberdade.*[156]

WACQUANT sugere não ser cabível valer-se do aparato prisional para as sociedades avançadas; o ideal é evitar discursos sobre insegurança, não banalizar o tratamento penal, desprezando a desigualdade social, e impedir a multiplicação de medidas que tenham por finalidade ampliar a rede penal. Aliás, a mais adequada solução é diminuir o papel da prisão e fortalecer e expandir os direitos sociais e econômicos.[157]

O autor aponta quatro problemas principais no tocante ao encarceramento em massa nos Estados Unidos: a expansão vertical (aumento excessivo do número de prisões), a expansão horizontal (dilatação exagerada do *sursis*, do livramento condicional e das bases de dados eletrônicas e genéticas para vigiar pessoas à distância), o denominado *big government* penal (redução de gastos com educação, saúde e bem-estar social para aplicar no sistema penal) e o incremento célere da chamada *indústria carcerária privada.*[158]

O movimento da lei e da ordem representa a adoção da política criminal do *direito penal máximo*, cuja finalidade é ampliar a punição, atingindo os pequenos delitos para que não se tornem grandes crimes e maiores problemas no futuro. Portanto, em que pese haver a simbologia da *tolerância zero*, acolhida nos anos 1990, na cidade de Nova York, buscando *limpar* a cidade de atos de incivilidade e vandalismo, o movimento atuou de maneira ostensiva, com a força policial, contra as pessoas consideradas desrespeitosas aos direitos alheios, além de agir contra criminosos igualmente. Alguns sustentam o

155 *As duas faces do gueto*, p. 97. Há dois pontos nesse contexto: (a) quem conheceu Nova York antes e depois da política da tolerância zero sabe que a cidade melhorou – e muito – em seus índices de segurança e criminalidade; (b) a política da tolerância zero, implantada por Bratton, voltou-se, claramente, àquelas pessoas que incomodavam a tranquilidade das pessoas nas ruas da cidade; em nenhum momento, levantou-se a bandeira do combate a outra espécie de criminalidade, como a de colarinho-branco.

156 Idem, p. 102.

157 Idem, p. 104-105.

158 Idem, p. 123-124.

sucesso da medida de máxima intolerância; outros afirmam que a redução da criminalidade se deveu ao apogeu econômico da época; há quem aponte excessos e abusos policiais inadequados, enfim, existe um intenso conteúdo ideológico nessa movimentação do sistema punitivo americano. Ocorre que, embora se possa criticar a implantação da política da tolerância zero em Nova York, não foi ela a causadora do encarceramento elevado em todo o país. Na realidade, como se mencionou acima, acolheu-se um direito penal máximo, de conteúdo punitivo e mais rigoroso que em outras partes do mundo.

A visibilidade da polícia em qualquer cidade do mundo é situação benéfica à população em geral, inclusive pela sensação de segurança transmitida. Não se pode, simplesmente, generalizar que toda atuação policial é abusiva e sempre voltada aos pobres, até porque muitos estudos sociológicos não se preocupam em explicar, devida e detalhadamente, a razão pela qual a maioria das camadas mais pobres não comete crimes. Sob outro aspecto, quando se enfoca apenas e tão somente a pobreza e a minoria racial ou étnica como objetivo do Estado em matéria de punição, olvida-se o motivo pelo qual pessoas ricas, inclusive as muito ricas, cometem delitos de toda ordem – violentos e não violentos. A mera alegação de que há muita punição para crimes violentos e similares, mas não tanto para os delitos financeiros, econômicos, ambientais e semelhantes não se sustenta, pois significa que o erro está em olvidar os crimes de colarinho-branco. Logo, amenizar a punição de um roubo, por exemplo, porque não se pune um crime financeiro adequadamente não é justificativa válida. O caminho correto é buscar equanimidade no tocante à punição de *todas* as condutas que, realmente, devam ser categorizadas como crimes.

Ludmila Ribeiro ressalta o aspecto positivo do policiamento comunitário, que não deve ser confundido, necessariamente, com a ideia de uma política ligada à denominada *tolerância zero*. Diz a autora que esse modelo tem a sua origem em experimentos conduzidos por Robert Peel, em Londres, em 1829, bem como pela polícia de Nova York, em 1840. O objetivo dessa ação policial é a prevenção de delitos violentos, os maiores responsáveis pela sensação de insegurança da população. Desse modo, é importante que a chamada feita à polícia seja prontamente respondida, além de se posicionarem viaturas em lugares estratégicos.[159] Na década de 1950, em Los Angeles, a polícia começou a visitar escolas, associações comunitárias e outros espaços para se apresentar em missão na região. Havia convites para reuniões com a comunidade, quando os policiais buscavam conscientizar os presentes da

[159] Policiamento comunitário, in: Lima, Ratton e Azevedo (org.), *Crime, polícia e justiça no Brasil*, p. 528.

sua participação na segurança pública.[160] O foco não era apenas a redução do crime, mas a diminuição do sentimento de insegurança. Durante os anos 1980, dois experimentos foram marcantes: o patrulhamento a pé de Flint (Michigan) e o patrulhamento em Newark (Nova Jersey), que terminou conhecido por ter dado origem ao modelo das "janelas quebradas". Entretanto, o policiamento comunitário resulta de várias experiências conduzidas por muitos anos, com a finalidade de elevar a efetividade do trabalho policial na redução do delito violento e da sensação de insegurança.[161] Verifica-se que o modelo já foi testado, igualmente, no Brasil, com o trabalho da UPP (Unidade de Polícia Pacificadora) na cidade do Rio de Janeiro, em época recente, instalado nas favelas. Não nos parece que a proximidade entre a polícia e a comunidade seja algo indesejável; ao contrário, o ideal é que essa integração seja efetiva e positiva, tal como se indica, inclusive, no contexto da teoria da ecologia criminal.

Parece-nos que qualquer excesso é indevido e termina por gerar injustiças, mormente à classe mais pobre da população e às minorias, em especial pelo contato mais direto com a força policial. Entretanto, não se pode simplesmente abominar a ideia de que a população entende cabível e justificada a segurança nas ruas e em suas casas,[162] razão pela qual, enquanto se viver em sociedade imperfeita, o crime será uma realidade e precisará ser enfrentado. Diante disso, a pena privativa de liberdade não será abolida tão cedo, a menos que, em seu lugar, surja uma punição – quiçá mais justa e humanizada – mas eficiente para afastar do convívio social as pessoas violentas e as que cometem crimes sem o menor pudor, além de o fazer de maneira repetida, envolvendo-se em organizações criminosas e tornando o delito algo incontido e irrefreável.

Quanto ao aspecto de se possibilitar a diminuição do encarceramento, elevando-se os investimentos sociais e melhorando as condições de vida da população, para evitar o cometimento de certos tipos de crimes, parece-nos que ninguém seria contrário. O ponto a destacar é: se essas condições não forem melhoradas a curto ou médio prazo, a desigualdade irá persistir e o nível de criminalidade irá se elevar. É preciso encontrar uma fórmula intermediária imediata para se implantar, que não seja tão abstrata quanto mudar todo o sistema político-econômico de um país ou simplesmente criticar o sistema penal vigente sem ofertar qualquer solução viável.

---

160 Idem, p. 529.

161 Idem, p. 531.

162 "Segurança pública, aumento da criminalidade e violência urbana adquirem, tanto na opinião pública quanto na percepção coletiva, uma relevância cada vez mais crescente" (MORAES e FERRACINI NETO, *Criminologia*, p. 402).

9. REALISMO DE ESQUERDA

Um dos expoentes da criminologia realista, Roger Matthews esclarece que uma das principais características apresentadas é a sua relação com o Estado. O desafio é progredir, indo além do simples fato de criticar a política criminal existente, participando de forma construtiva do desenvolvimento das políticas progressistas. É preciso assumir um compromisso nos campos analítico e político, em relação às práticas do Estado, trabalhando com o Estado e contra ele. Enfim, o propósito é integrar as atividades possíveis, desde a elaboração da legislação, passando pela participação em comissões oficiais e, igualmente, em agências estatais para aprimorar novas políticas e práticas, sem deixar de elaborar o enfoque crítico necessário. Seria um trabalho *a favor* e *contra* o Estado, com o fito de implementar mudanças positivas. Em suma, o objetivo não seria somente *propor soluções*, mas buscar participação na reformulação da política vigente.[163]

No prólogo da referida obra de Matthews, Eugenio Raúl Zaffaroni afirma que o *idealismo de esquerda* tem perdido espaço, tendo em vista a escassa capacidade de suas variáveis transformarem-se em uma política criminal efetiva, conferindo a sensação de permanecerem à espera de profundas modificações estruturais nas sociedades. Assim sendo, haveria uma impotência diante de situações urgentes do presente.[164]

Para Sérgio Salomão Shecaira, seria essa corrente o neorrealismo de esquerda, defendendo o regresso ao estudo da etiologia do crime, com prioridade aos estudos vitimológicos, justamente para não prejudicar o debate. Afirma-se não ser a pobreza a única causa de cometimento do delito, devendo-se agregar outros fatores, como o individualismo, a competição desenfreada, a busca por bens materiais, as discriminações de gênero e raça. É preciso voltar-se à vítima, que também pode ser uma pessoa desprovida de recursos, sendo da classe trabalhadora, necessitando do aumento de policiais nas ruas.[165] Sustenta-se a redução do controle penal, buscando alternativas à reclusão, valendo-se da prisão para casos extremos, voltada a pessoas perigosas à sociedade.[166] Cuida-se de um direito penal mínimo, que atuaria como *ultima ratio*. Entre os defensores desse realismo, também se encontram alguns pensadores abolicionistas, cuja finalidade seria a eliminação do direito penal, afirmando que a sociedade já viveria sem esse ramo do direito, na prática,

---

163 *Criminología realista*, p. 68-69 e 77.

164 Idem, p. 14.

165 *Criminologia*, p. 298.

166 Idem, p. 299.

em decorrência da *cifra negra* (pune-se muito pouco dos crimes efetivamente cometidos).[167] Não havendo condições políticas e culturais para um programa abolicionista a curto ou médio prazo, o ideal é operacionalizar a crítica e propor ampla política de descriminalização.[168]

Esse realismo criminológico demonstra, em nosso entendimento, maior sensibilidade e bom senso, tendo em vista apresentar críticas ao modelo penal existente, mas não se perde em aguardar mudanças estruturais distantes ou até impossíveis; opta por propor alternativas, algumas mais radicais, como o abolicionismo do direito penal, outras, mais realistas, como a atuação de um direito penal mínimo; enfim, comentaremos esses sistemas penais propostos em outro capítulo.

10. CULTURALISMO (CRIMINOLOGIA CULTURAL)

A criminologia cultural encaixa-se no cenário do criticismo, como um movimento pós-criminologia crítica, embora sem a afastar do seu modelo. Trata-se de um estudo criminológico voltado às complexidades contemporâneas no cenário das interações sociais calcadas em cultura, incluindo a subcultura daí advinda, associada aos desafios da sociedade multicultural.[169] Busca-se inserir a criminalidade e seu controle social no contexto da cultura.

Para Salo de Carvalho, a criminologia cultural seria uma perspectiva teórica, derivada da criminologia crítica, emergindo nos anos 1990 como resposta à fragmentação do pensamento criminológico; busca resgatar as ferramentas da teoria do etiquetamento e dos estudos culturais, com o fito de propor pesquisas e intervenções no cenário dos estudos sobre violências, a partir da compreensão do desvio e dos mecanismos de controle social, que seriam produtos culturais.[170]

Ferrell, Hayward e Young entendem que a compreensão da subcultura existente em grupos marginalizados pode levar à resolução de problemas causados por comportamentos considerados desviantes. A cultura, num sentido antropológico, abrange a linguagem, a vestimenta, os padrões morais, as ideologias, a arte, a sexualidade, enfim, todos os comportamentos humanos criativos e coletivos. Por vezes, a utilização de certos termos (exemplos: máfia, hiperativo, primitivo, selvagem, irracional, louco) pode conduzir ao

---

167 Idem, p. 304-308.

168 Idem, p. 314.

169 Saulo Ramos Furquim, *A criminologia cultural e a criminalização cultural periférica*, p. 37 e 42.

170 Criminologia cultural, in: Lima, Ratton e Azevedo (org.), *Crime, polícia e justiça no Brasil*, p. 146.

entendimento de que o comportamento é desviante, devendo ser considerado uma subcultura e, com isso, categorizar algumas condutas como aberrações.[171] Valem-se os autores da ilustração do fato de beber álcool, que pode ser atitude reputada desviante ou normal, legal ou ilegal, um problema social ou não, enfim, tudo depende das circunstâncias e da percepção de quem analisa. E mesmo que se trate de alguém que beba muito, pode-se debater se é uma falha moral ou um pecado; se é uma enfermidade ou mesmo um crime.[172] Os criminologistas culturais procuram analisar com critério as diversas situações do cotidiano da vida, visualizando a máquina da cultura de massa, que termina por envolver os momentos mais privados. Desse modo, o significado do delito e do seu controle social está em construção, levando-se em conta o mundo espelhado na mídia e o espetáculo digital.[173] Apresentam indagações interessantes, exemplificando os questionamentos feitos pela criminologia cultural. Três em cada cinco britânicos temem o crime? Para quem diriam isso? Eles temem o delito ou o que a mídia apresenta como crime? O que exatamente esse *medo* representa em suas vidas? Refletir sobre isso e buscar dar respostas novas a perguntas antigas pode ser uma chave para compreender a cultura e a subcultura existentes em sociedade.[174]

Stanley Cohen demonstra haver extensa história de pânicos morais gerados pela mídia popular e outras formas de cultura, como quadros cômicos e desenhos, teatro popular, cinema, rock, vídeos maldosos, jogos de computador, pornografia pela internet etc. Na visão dos conservadores, a mídia torna maior o delito, trivializando a insegurança pública e minando e autoridade moral, enquanto, para os liberais, ela exagera os riscos do delito, agitando o pânico moral para postular um injusto e autoritário controle policial do crime.[175]

Em acirrada crítica, Marcus Alan Gomes aponta a mídia como porta-voz da ideologia política de setores sociais economicamente dominantes. Esses meios de comunicação agiriam como um ópio, desviando a atenção das pessoas do que é realmente importante e fazendo-as mergulhar num oceano de superficialidades fúteis, em particular na via do entretenimento.[176] Tratando-se da criminalidade, a linguagem dos meios de comunicação dramatiza os sentimentos humanos e os identifica com manifestações superficiais

---

171 *Cultural criminology*, p. 37.

172 Idem, p. 40.

173 Idem, p. 87, 151.

174 Idem, p. 241.

175 *Folk devils and moral panics*, p. XIX.

176 *Mídia e sistema penal*, p. 58.

de emotividade. Utiliza como estratégia comum, mormente quando se cuida de delito violento, expor o sofrimento e a dor da vítima, atribuindo-lhe certa pureza e inocência, ao mesmo tempo que a vida, os hábitos e a personalidade do suspeito são colocados como anormais, exóticos ou violentos. O objetivo seria *emocionar para conquistar* o público.[177] Cria-se um sentimento de insegurança, capaz de influenciar a política criminal. A isso se associa o pânico moral, originado da sensação de impotência em face do perigo, por vezes, apenas imaginado, impulsionando à erradicação do crime.[178] Desse modo, atinge-se um estado de *criminalização midiática*, visto que a mídia reforça os traços da decisão política, potencializando o caráter repressivo; enfim, termina-se com uma política criminal igualmente midiática, que se alimenta do espetáculo e é imediatista, irreflexiva e perigosamente divorciada da epistemologia adequada.[179]

PATRÍCIA BANDEIRA DE MELO critica a seletividade da exposição do crime pela mídia. Demonstra que a seleção dos fatos a seguir para a pauta da mídia e a seleção dos enquadramentos para interpretar tais fatos constituem poderes relevantes do jornalismo. Os meios de comunicação impulsionam o conhecimento de certos delitos, a ponto de fomentar os comentários dos indivíduos acerca do que captam na mídia, ignorando o que está próximo a eles, mas não se tornou notícia. O crime pode ser elevado de um problema social a um dilema público; o que sai na mídia conduz as agendas individuais das preocupações, por vezes fazendo as pessoas temerem um conjunto de delitos raros e incomuns.[180]

Por vezes, a enumeração de várias teorias relativas à subcultura pode representar tentativas de explicar os comportamentos desviantes ou associados à delinquência, mormente a juvenil. É relevante registrar que a cultura dominante espelha os valores da classe média, sendo hegemônica na sociedade; por isso, quem atua fora do âmbito desses valores pode ser considerado desviante e vinculado a uma subcultura. Assim, como explica CLARISSA GALVÃO, no cenário das subculturas criminais, a conduta criminosa termina interpretada como o resultado da adesão das pessoas a um código valorativo, que pode ter sido estimulado e recomendado. Noutros termos, ao agir conforme uma subcultura criminosa, a motivação do agente é atender às expectativas de

---

177 Idem, p. 75, 83.

178 Idem, p. 95, 101.

179 Idem, p. 135, 143.

180 Criminologia e teorias da comunicação, in: LIMA, RATTON e AZEVEDO (org.), *Crime, polícia e justiça no Brasil*, p. 172.

outros significantes, que funcionam como grupos de referência para o seu reconhecimento social.[181] A autora sustenta que a subcultura criminosa é uma das respostas coletivas de jovens da classe trabalhadora à frustração experimentada por não alcançar as metas fixadas pelos valores da cultura dominante, que não são harmônicas à sua experiência de vida e à sua posição social.[182]

Saulo Ramos Furquim, visando à demonstração de como a cultura pode levar ao crime, narra a história de Fumiko, cidadã norte-americana, porém, nascida e crescida no Japão e casada com marido japonês. Ela descobriu a traição conjugal do esposo e, em decorrência dessa desonra, decidiu suicidar-se, levando consigo os dois filhos pequenos, um de quatro anos e outro de seis meses. Para tanto, afundou com eles nas águas da praia de Santa Mônica, em Los Angeles, buscando concretizar a prática denominada *oysako-shinju* (suicídio de pais e filhos para redimir a vergonha, demonstrando amor aos filhos). Entretanto, socorristas os retiraram da água e somente as crianças morreram. Afirma o autor que, na cultura japonesa, o vínculo entre pais e filhos é inquebrantável, de modo que, desonrada, a mãe decidiu cometer suicídio, não podendo deixar seus filhos para trás, abandonados. Seria tachada de cruel se o fizesse sozinha. Julgada, o Tribunal de Los Angeles levou em conta todas essas circunstâncias para lhe aplicar uma pena substancialmente menor do que havia sido solicitado.[183] Porém, nem sempre se deve aceitar as culturas minoritárias, porque muitas podem ferir direitos humanos fundamentais, tais como a excisão clitoridiana em meninas, a recusa em dar iguais oportunidades às mulheres, o casamento forçado de meninas, as normas desiguais de divórcio, com prejuízo às mulheres, a poligamia, a recusa de transfusão de sangue em crianças com risco de vida, e determinados sacrifícios rituais, violando normas de tratamento humanitário aos animais.[184] Uma das ideias da criminologia cultural é a adoção da justiça restaurativa, como forma de superar os limites do direito penal, proporcionando maior integração entre os envolvidos no crime, conforme os valores da sociedade local.[185]

Até mesmo o tédio coletivo tem sido capaz de produzir momentos *ilícitos de excitação*; são crimes cometidos para afastar o tédio.[186] A justificativa é a rotina monótona e previsível da vida moderna. Surgem imagens

---

181 Cultura e subcultura, in: Lima, Ratton e Azevedo (org.), *Crime, polícia e justiça no Brasil*, p. 131.

182 Idem, p. 133.

183 *A criminologia cultural e a criminalização cultural periférica*, p. 72-73.

184 Idem, p. 63.

185 Idem, p. 168.

186 Idem, p. 89.

de padrões a serem seguidos, pensamentos sugeridos, profissões a seguir, palavras a dizer, enfim, seria a *institucionalização do indivíduo*.[187] Clama-se para um sentido à vida em decorrência do desconforto do tédio. Assim, escritórios, hospitais, comércios e universidades podem ser considerados centros de treinamento para o tédio. O sucesso, *vendido* pela *indústria cultural* não chega facilmente e as pessoas, exaustas, sucumbem ao tédio, que se espalhou de maneira acelerada.[188] Para combatê-lo, há os que procuram variadas formas de excitação – como um grupo de motociclistas, encontrando o êxtase de correr em alta velocidade, na busca da adrenalina. Outros podem perseguir comportamentos de risco, que variam desde o consumo de álcool e drogas até a prática de um crime.[189]

Segundo consta, o enfermeiro alemão Niels Hogel foi condenado à prisão perpétua, em junho de 2019, pela morte de 85 pacientes entre 2000 e 2005, no maior assassinato em série do país, desde o fim da segunda grande guerra. Ele matou os pacientes por meio de injeção, contendo uma superdose de medicamentos. As vítimas eram escolhidas ao acaso, com idades entre 34 e 96 anos. Ele alegou ter assim agido para impressionar os colegas e *afastar o tédio* ao reanimar os enfermos. Em audiência, o réu disse sentir-se eufórico ao conseguir a reanimação, embora ficasse *arrasado* ao falhar.[190]

Uma das críticas à criminologia cultural ergue-se em torno do seu objetivo, que é identificar a medida da transgressão de um comportamento desviante em relação aos valores e códigos morais da cultura dominante. Realizada essa identificação, pode-se até contribuir para a defesa da referida subcultura e sustentar eventual descriminalização da conduta delituosa que ela possa representar. Entretanto, o mero reconhecimento do nível de transgressão ou subversão dos valores predominantes pode ficar no vazio da teoria, sem qualquer medida prática. Naturalmente, quando a subcultura impulsionar o jovem, por exemplo, ao cometimento de atos infracionais, há de se buscar, pelas medidas socioeducativas, o mais indicado encaminhamento para a sua readaptação; não é simplesmente admissível que se possa reconhecer a sua manifestação frustrada, levando-o a um roubo, somente para ilustrar, e ignorar, sem tomar nenhuma providência.

---

187 Idem, p. 91.

188 Idem, p. 93-95.

189 Idem, p. 99-101.

190 Disponível em: <https://veja.abril.com.br/mundo/enfermeiro-alemao-e-condenado-a-prisao-perpetua-pela-morte-de-85-pacientes/>. Acesso em: 3 fev. 2021.

Segundo Roger Matthews, falta aos estudos dos criminólogos culturais uma real apreciação das vítimas do crime; além disso, falta captar o rol conhecedor da opinião pública e das normas sociais. Eles procuram acolher uma visão seletiva da cultura.[191] A cultura dominante é vista em termos negativos, como poder opressivo da classe dominante, silenciando, mistificando ou cooptando a maioria da população por intermédio da manipulação dos meios de comunicação; a cultura popular ou de rua, por seu turno, é considerada em termos positivos. No tocante aos meios de comunicação, eles amplificariam a delinquência e a desviação por meio de *repetições* e, também, mobilizando *pânicos morais*. No entanto, há pouca discussão em torno dos novos meios de comunicação social e seu impacto na cultura.[192] Na realidade, nota-se o entusiasmo de criminólogos em face do surgimento de novos lemas ou frases de efeito, como, por exemplo, *janelas quebradas*, *pânico moral*, *ampliação da rede*, *populismo punitivo* e, mais recente, *governar por meio do delito*. Essas frases implicam distorções dos processos que deveriam descrever, ingressando no vocabulário da criminologia acadêmica sem receber críticas. Acabam auferindo autonomia e seu repetido uso pode gerar um atalho para explicar algo muito mais complexo. Há uma falta de análise crítica associada à sua implementação.[193]

Sob outro aspecto, embora a diversidade cultural deva ser respeitada, especialmente no tocante às minorias, é preciso que esse apreço tenha relação com práticas humanitárias, consagrando – e não renegando – os direitos humanos fundamentais; além disso, como no exemplo supramencionado da tentativa de suicídio da mãe, levando consigo seus filhos menores, por mais que se possa sustentar um apego à cultura, é conduta criminosa e inadmissível, tanto que houve condenação. Por certo, as circunstâncias do delito foram devidamente levadas em conta para a fixação da pena, em patamar mais brando do que seria aplicada em outra situação.

Sobre a influência da mídia e a geração de pânico moral, parece-nos haver uma certa simplificação de um processo complexo no campo do direito penal, até porque o crime depende de edição de lei e esta é criada pelo

---

191 *Criminología realista*, p. 131.

192 Idem, p. 133.

193 Idem, p. 195. Sobre pânico moral, consultar Jock Young (*A sociedade excludente*, p. 47). Entretanto, essa expressão é frágil em conteúdo e pode ser utilizada para o bem e para o mal, logo, parece-nos indevida. No dia 4 de março de 2021, o Brasil atingiu a triste marca de 1.840 mortos em 24 horas por conta da pandemia de covid-19. Uma alta autoridade da República declarou que "tudo não passa de *pânico moral*, gerado pela mídia" (*Folha de S. Paulo*, 4 mar. 2021).

Parlamento, eleito pelo povo. Enfim, vive-se *essa* democracia e, dentro de tal cenário, deve-se trabalhar, operar e contribuir para a mais adequada formação da legislação criminal. Outro aspecto é o lado positivo dos órgãos de imprensa que, constitucionalmente, devem atuar livremente, noticiando o que consideram relevante à sociedade. Por vezes, o que se está criticando, de maneira indireta, nem é a mídia em si, mas o enfraquecido sistema educacional de um país, inapto a formar mentes pensantes e críticas, capazes de discernir entre o aspecto racional de uma situação e a pura emotividade que ela pode provocar.

Quanto ao tédio, como causa justificadora para o cometimento de crimes, pode-se ponderar apenas o estágio doentio ao qual um determinado grupo de indivíduos pode chegar ao, simplesmente, *viver* a sua vida. Não nos parece existir qualquer fundamento lógico-racional para buscar a excitação do cometimento do delito a fim de espantar o enfado. Por outro lado, se isso puder ser cientificamente acolhido para explicar, culturalmente, a criminalidade, não se vislumbra qualquer razão para a pretensão de afastar investigações etiológicas acerca do crime e do delinquente. Ao menos, são muito mais coerentes e realistas.

11. CULTURALISMO PRECONCEITUOSO

Há diversas maneiras de se exprimir a cultura por meios tortuosos, atingindo o ambiente preconceituoso, racista, homofóbico, machista, entre outras formas de discriminação. Entretanto, há que se dividir, de maneira lógica, a visão a respeito do agente criminoso, como racista, homofóbico ou machista e a da vítima, que integra as minorias étnicas ou de gênero.

Evandro Piza Duarte expõe a lamentável situação pós-abolição da escravatura, quando as elites brancas impediram a ascensão social das populações negras. Uma das atitudes consistiu em atacar o trabalho de rua, incluindo a produção e o comércio realizado por ex-escravos; isso foi feito por meio de regulamentos de higiene e da atuação policial discriminatória, valorizando-se, ao mesmo tempo, os espaços privados de comércio e a construção de mercados públicos. Os comerciantes negros terminaram transformados em trabalhadores de segunda categoria.[194] Muitos erros foram cometidos na pretensão de compreender a intersecção entre raça e criminalidade. Arguiu-se, em certa época, a falsa concepção do conceito de raça e, consequentemente, da hierarquia entre raças, muito mais uma decisão política que científica.

---

[194] Criminologia e racismo, in: Carvalho e Duarte, *Criminologia do preconceito*: racismo e homofobia nas ciências criminais, p. 28.

Invocou-se a hereditariedade para enaltecer a raça *superior* e amaldiçoar a raça *inferior*. A criminologia prestou-se a esse papel e a política criminal e a racial foram desvirtuadas.[195]

Entretanto, não é preciso distanciar-se muito do presente para constatar os flagrantes equívocos cometidos por determinados grupos políticos hegemônicos em certas sociedades, para insuflar a diversidade de raças e sua malfadada hierarquia, com consequências nefastas para a história da humanidade. Pode-se, com certeza, afirmar a prática de crimes em função do preconceito racial, sem qualquer fundamento científico legítimo.

Como bem esclarece Recaséns Siches, "ao examinar de perto este problema, se nota que não é fácil classificar a humanidade em raças rigorosamente diferenciadas, e muitíssimo menos atribuir diferentes capacidades mentais às chamadas raças. A questão da superioridade de uma raça sobre as demais nunca foi examinada cientificamente, nem muito menos provada".[196] O autor bem explica que o vocábulo *raça* não é puro, constituindo a voz de mau nascimento e da má vida. Têm-se confundido os caracteres físicos com o conceito de povo, o que denota uma configuração cultural e não um produto da natureza.[197]

Aliás, em julgamentos recentes, no Brasil, o Supremo Tribunal Federal houve por bem enfrentar questões historicamente atrasadas e nunca recomendadas pela ciência, para afastar e eliminar a ideia de que *racismo* é simplesmente um preconceito de *raça*, visto que esta, cientificamente, é uma só: a raça humana. Não deve haver discriminação de algo singular e único. Logo, o racismo é algo bem diverso da diferenciação artificial entre seres humanos; cuida-se de uma forma de segregação das minorias.

Sobre a ideia de uma criminologia *queer*, esclarece Salo de Carvalho que o objetivo é tensionar os discursos criminológicos ortodoxos e críticos, levando-se em conta o progresso das teorias *queer* e feminista nas ciências sociais. Portanto, pode-se avaliar a proposta de uma criminologia *queer* ou uma abordagem *queer* na criminologia.[198] Diz o autor ter optado por manter o termo *queer*, em inglês, por conta da sua consolidada adoção nas ciências

---

195 Idem, p. 47-48.

196 *Tratado de sociologia*, p. 375. Note-se, nos idos da década de 1960, essas conclusões. Atualmente, com inúmeros estudos científicos mais apurados, ainda existem os "racistas" e "supremacistas raciais", em total dissonância com a realidade.

197 Idem, p. 375.

198 Sobre as possibilidades de uma criminologia *queer*, in: Carvalho e Duarte, *Criminologia do preconceito*: racismo e homofobia nas ciências criminais, p. 201.

sociais de tradição ibero-americana. Poderia ser viável traduzir como *estranho, esquisito, excêntrico* ou *original*.[199]

Continua o autor, expressando ser relevante visualizar a dominância da heterossexualidade (ou heteronormatividade) em variados espectros sociais, estabelecendo privilégios, promovendo desigualdades e legitimando violências.[200] Nesse aspecto, no entanto, é crucial registrar essa dominância como forma de vitimizar qualquer outra identidade de gênero, que não seja a predominante; portanto, se firma a perspectiva vitimológica.

O culturalismo preconceituoso é móvel de geração do crime, inequivocamente, merecendo ser estudado e conhecido, visto ser aspecto da dominância de brancos, heterossexuais, homens, na sociedade, entrando em conflito com as minorias não brancas, não heterossexuais e/ou mulheres.

Destaca, com razão, SALO DE CARVALHO haver a violência heterossexista em variados campos. No âmbito da violência simbólica, como cultura homofóbica, gera discursos de inferiorização da diversidade sexual e da orientação de gênero; no cenário das instituições, como homofobia de Estado, fomenta a criminalização das identidades não heterossexuais; na seara interpessoal, como homofobia individual, há a tentativa de anular a diversidade por meio de atitudes brutas de violência.[201]

Fazendo convergir as teorias feminista e *queer*, expõe o autor ser preciso haver a desconstrução do *falocentrismo* ou *ideal do macho*, um paradigma instituidor da regra dominante da masculinidade heterossexual, provocadora da opressão da mulher (misoginia) e da anulação da diversidade sexual (homofobia).[202] Nesse cenário, o criminoso é a negação do ser humano civilizado e o seu crime é o oposto aos valores morais da civilização contemporânea. É preciso cessar a consideração de que as vítimas são *anormais*, como, por exemplo, os homossexuais.[203] Assim sendo, a homofobia é um dispositivo prático, no cenário da política, e teórico, na senda científica, para a defesa da heteronormatividade, voltando-se contra todas as sexualidades heréticas, fomentando a hierarquia e as desigualdades e concentrando-se em atos e discursos de violência.[204]

---

199 Idem, p. 202. Na realidade, o termo *queer* designa pessoas que não guardam correspondência a um padrão cis-heteronormativo, por conta de variados fatores (sexo biológicos, orientação sexual, identidade de gênero etc.).

200 Idem, p. 202.

201 Idem, p. 206.

202 Idem, p. 208.

203 Idem, p. 218.

204 Idem, p. 212.

No tocante à criminologia feminista, Ana Paula Portella aponta ser o sistema de justiça predominantemente masculino, com posições de poder quase totalmente ocupadas por homens. Esse padrão pode levar, independentemente do critério de oportunidades igualitárias, a expectativas estereotipadas do comportamento feminino apropriado, orientando o julgamento de mulheres que ingressam no sistema penal, como vítimas ou como agressoras. Deve-se estimular a reflexão quanto à lei e a sua interpretação, levantando questões atinentes a quais interesses são realmente servidos e quais não são levados em consideração.[205]

Esse enfoque cultural voltado ao preconceito é muito relevante para que se possa reconhecer o nascedouro do delito, fomentado por uma cultura dominante, levando o agente criminoso a exercer o papel esperado pelo seu grupo social e oprimindo a vítima, integrante de uma minoria extremamente representativa na sociedade.

Não se trata, portanto, apenas de identificar a cultura dominante, mas apontar os elementos criminógenos e, com isso, procurar a mais adequada política criminal para punir convenientemente o delinquente, nesse cenário, conferindo à vítima a mais adequada linha de proteção estatal possível.

---

205 Criminologia feminista, in: Lima, Ratton e Azevedo (org.), *Crime, polícia e justiça no Brasil*, p. 163.

V

Fatores etiológicos da criminologia

1. INTRODUÇÃO

A etiologia busca estudar a causa ou a origem de algo. Enfocando-se o contexto da criminologia, procura-se pela causa do crime, pela origem do criminoso e pela intersecção entre ambas. Há uma tendência, no entanto, de misturar a criminologia positivista (escola positiva) com a etiológica, pretendendo encontrar o berço da criminalidade em aspectos vinculados à herança genética ou biológica, tal como posto por Lombroso, quanto ao *criminoso nato*, fruto do atavismo.

Entretanto, segundo nos parece, o estudo do crime e do criminoso, valendo-se de instrumentos vinculados à antropologia, à psicologia e a fatores biológicos, como a enfermidade mental, para ilustrar, não podem ser suprimidos da avaliação da criminologia. Segundo Hassemer e Muñoz Conde, a criminologia inclui a criminalidade e o que ingressar no conceito de conduta desviada (dependência de droga, doença mental, suicídio, desvios sexuais, por exemplo). Isso não afasta a investigação sociológica das normas, das infrações e das sanções.[1]

---

1 *Introducción a la criminología y al derecho penal*, p. 52.

Nas palavras de GARCÍA-PABLOS DE MOLINA, "a criminologia tradicional, por sua raiz positivista, potencializou ao máximo o protagonismo da pessoa do delinquente, crendo poder encontrar numa suposta diversidade do mesmo, patológica (teoria da diversidade), a explicação científica do comportamento criminal. Pelo contrário, na moderna criminologia - de corte prioritariamente sociológico - o exame e o significado da pessoa do delinquente passam a um segundo plano, deslocando o centro de interesse das investigações sobre a pessoa do infrator para a conduta delitiva mesma, para a vítima e ao controle social".[2]

Como mencionado, embora se confunda a criminologia tradicional com a sua raiz positivista, há que se levar em consideração fatores relevantes da pessoa humana para a avaliação da criminalidade, mesmo que o enfoque sociológico possa predominar. Soa-nos de particular relevo dissociar condutas discriminadas, como a prostituição e o consumo de drogas - considerados crimes em muitos lugares -, por conta de elementos nitidamente culturais, de perfeita avaliação sociológica, das pessoas com personalidades antissociais, uma realidade constatada pela ciência, capazes de cometer crimes violentos e cruéis. Abolindo-se toda e qualquer avaliação etiológica, onde se encaixaria a personalidade antissocial? Não nos parece seja caso de fundo sociológico puro.

Além disso, consideramos o livre-arbítrio do ser humano um importante fator para levar alguém ao crime, mensurando-se o grau de gravidade da conduta desenvolvida. A simplificação de que o livre-arbítrio não tem fundamento científico é olvidar a natureza humana por completo. O que se faz no cotidiano é fruto do determinismo? Todas as opções humanas são condicionadas por fatores sociológicos? Não cremos nessa ideia. Cada uma das teorias sociológicas da criminologia apresenta a sua fundamentação para a criminalidade e nenhuma delas detém a palavra final; ao contrário, são importantes contribuições para o estudo da criminologia, nada mais que isso. Assim, expulsar do cenário criminal a livre vontade do indivíduo de fazer isto ou aquilo é por demais pretensioso. Aliás, foi o que almejou a escola positiva ao rejeitar postulados valiosos da escola clássica. E, depois disso, a própria escola positiva foi escorraçada do contexto criminológico por adeptos das teorias sociológicas da criminologia (ou da maioria delas).

Enfim, esse radicalismo não leva a nada, pois a individualização da pena, para mencionar um exemplo, não prescinde de avaliações relativas à personalidade do agente, algo que consta da lei penal brasileira, não somente no Código Penal, mas em diversos outros estatutos.

---

2 *Tratado de criminología*, p. 79.

As divisões estanques da criminologia não nos convencem do seu acerto. García-Pablos de Molina aponta como criminologia clássica, advinda da escola de mesmo nome, o entendimento que parte do *dogma* do livre-arbítrio, não admitindo que o comportamento humano tivesse outras causas e fatores. Indica a criminologia positivista (escola positiva) como o paradigma etiológico, buscando as causas do delito no próprio indivíduo. Menciona a sociologia criminal como a teoria da reação social ou etiquetamento e, ainda, a moderna criminologia como condutora da explicação do crime com enfoque dinâmico e métodos de acordo com a natureza do processo de consolidação dos padrões de conduta do indivíduo.[3]

Sobre a etiologia criminal, Ernst Seelig aponta a necessidade de se respeitar o crime individual, deparando-se com os fatores biológicos e sociológicos, que se exprimem no desenvolvimento da personalidade humana e, também, no desencadeamento do delito condicionado pelo meio, na medida em que se toma a criminalidade como fenômeno coletivo, procurando-se investigar as circunstâncias que condicionaram um movimento concreto ou uma certa estrutura da criminalidade como causa.[4]

As causas da criminalidade se interpenetram e qualquer radicalismo, nesse cenário, é inconsistente, demonstrativo da adoção de uma postura ideológica qualquer, sem maior apego à essência da criminologia. Ademais, a legislação penal brasileira aponta em inúmeros dispositivos alguns elementos ligados à eclosão do fato delituoso, que pode ser considerado *crime* ou apenas um *injusto penal*; o primeiro, quando cometido por pessoas imputáveis, sujeitas à aplicação da pena; o segundo, quando praticado por pessoas inimputáveis, sujeitas à aplicação de medida de segurança. Há, ainda, o indivíduo conhecido por *limítrofe* ou *fronteiriço*, que é o semi-imputável, podendo ser considerado autor de crime, embora possa receber uma pena, com diminuição, ou mesmo uma medida de segurança.

Nota-se, portanto, haver fundamento legal suficiente para a análise de causas etiológicas do delito e do delinquente. Por certo, segundo nos parece, ao cuidar dos setores relativos à inimputabilidade e à semi-imputabilidade, depende-se de apoio de perícia médica, não cabendo ao magistrado decidir a questão sozinho.

Por outro lado, alguns dados relevantes, ligados à personalidade do agente, devem ser avaliados pelo Judiciário, independentemente da inter-

---

3 *Tratado de criminología*, p. 511-512.

4 *Manual de criminologia*, v. 1, p. 20-21.

venção de profissional da saúde, pois o que se pretende é uma análise vulgar de conhecidos transtornos de personalidade, alguns dos quais, também, impulsionam o agente à prática do crime. Nada a ser ignorado completamente, como alguns pretendem seja feito, até porque há expressa disposição legal para que o julgador avalie tais condições pessoais do delinquente.

2. IMPUTABILIDADE, INIMPUTABILIDADE E SEMI-IMPUTABILIDADE

A imputabilidade é a capacidade de ser culpável e, com isso, ser censurado e responsabilizado pela prática de um crime, recebendo a pena. O imputável é a pessoa mentalmente saudável e amadurecida o suficiente para compreender o caráter ilícito do que realiza.[5] **Há dois fatores indispensáveis para chegar à conclusão de que alguém é imputável:** (a) não padecer de doença mental ou desenvolvimento mental incompleto ou retardado; (b) ter mais de 18 anos. A primeira parte diz respeito à *higidez biopsíquica*, envolvendo a saúde mental associada à capacidade de apreciar o caráter ilícito do que faz; a segunda parte liga-se à *maturidade*, significando ter atingido o desenvolvimento físico-mental suficiente para permitir ao ser humano estabelecer relações sociais bem adaptadas, possuindo aptidão para realizar o julgamento crítico do que realiza, distinguindo o lícito do ilícito.

Quanto à maturidade, adota-se, no Brasil, o critério puramente cronológico, ou seja, ter o indivíduo mais de 18 anos, conforme preceitos estabelecidos na Constituição Federal (art. 228: "são penalmente inimputáveis os menores de dezoito anos, sujeitos às normas da legislação especial") e no Código Penal (art. 27: "os menores de 18 [dezoito] anos são penalmente inimputáveis, ficando sujeitos às normas estabelecidas na legislação especial"). Há uma presunção absoluta de ser imaturo, logo, penalmente inimputável quem tiver menos de 18 anos; no mesmo prisma, presume-se, de forma absoluta, a maturidade de quem já completou 18 anos.

No tocante à higidez biopsíquica, acolhe-se, na lei brasileira, o critério biopsicológico, como se pode verificar pelo disposto no art. 26, *caput*, do Código Penal: "é isento de pena o agente que, por doença mental ou desenvolvimento mental incompleto ou retardado, era, ao tempo da ação ou da omissão, inteiramente incapaz de entender o caráter ilícito do fato ou de determinar-se de acordo com esse entendimento". Associa-se, necessariamente, a constatação de uma enfermidade mental (ou desenvolvimento mental incompleto ou

---

[5] Nosso *Curso de direito penal*, v. 1, p. 466 e seguintes.

retardado) a não ter, ao tempo da ação ou omissão, integralmente, a possibilidade de entender o caráter ilícito do fato ou de se determinar conforme esse entendimento. Reitere-se: doença mental + ausência de entendimento do ilícito à época do fato. Por vezes, alguém pode padecer de certa enfermidade mental, mas estar lúcido no momento em que comete um delito: será considerado imputável. Sob outro aspecto, sem a constatação de doença mental ou retardamento, mesmo que o sujeito esteja psicologicamente abalado no instante do delito, em decorrência de ação em curto-circuito,[6] por exemplo, será considerado imputável.

Levando-se em conta a indispensabilidade da existência de uma doença mental (ou desenvolvimento mental incompleto ou retardado), é preciso realizar perícia médica para atestar essa situação. Adicionando-se a carência de entendimento do ilícito à época do fato, o indivíduo é reputado inimputável, devendo receber medida de segurança, cuja finalidade primordial é a sua cura.

A semi-imputabilidade é descrita pelo art. 26, parágrafo único, do Código Penal: "a pena pode ser reduzida de um a dois terços, se o agente, em virtude de perturbação de saúde mental ou por desenvolvimento mental incompleto ou retardado não era inteiramente capaz de entender o caráter ilícito do fato ou de determinar-se de acordo com esse entendimento". Cuida-se do estado da pessoa limítrofe ou fronteiriça, entre o imputável e o inimputável, que se encontra mentalmente perturbada ou possui desenvolvimento mental incompleto ou retardado, cuja consequência é a parcial inteligência ou vontade, vale dizer, o indivíduo não era *integralmente* capaz de entender o caráter ilícito do fato ou de se comportar conforme esse entendimento. Como o agente tinha parcial compreensão, pode-se considerá-lo culpável (censura-se o que fez), viabilizando-se a aplicação da pena, embora comporte uma diminuição de um a dois terços. Essa diminuição se deve à redução da capacidade de entendimento, merecendo, então, menor censura.

A perturbação da saúde mental ou o desenvolvimento mental incompleto ou retardado, igualmente, deve ser condição verificada por perícia médica, não cabendo ao juiz fazê-lo individualmente. Por óbvio, demanda-se a asso-

---

[6] É a reação primitiva do ser humano, quando há um estímulo externo, brotando à superfície de inopino, gerando ações impulsivas, momentâneas e explosivas. É o que, vulgarmente, se conhece como "Fulano *perdeu a cabeça*"; "me deu os *cinco minutos*", enfim, quem está estressado, sofrendo algum revés, pode *explodir*, tomando atitude que jamais adotaria em estado tranquilo e racional. Entretanto, não se considera enfermidade mental, nem reação justificável, a ponto de não sofrer o agente a responsabilidade penal pelo que causar. Sobre o tema, consultar Edmur de Aguiar Whitaker (*Manual de psicologia e psicopatologia judiciárias*, p. 185-187).

ciação dessa perturbação (ou retardamento) com a sua manifestação à época do fato, resultando na aplicação do critério biopsicológico.

Outro ponto diz respeito à consequência de natureza penal. A leitura do parágrafo único do art. 26 do Código Penal leva à dedução se de tratar da aplicação da pena, com certa diminuição. Entretanto, o art. 98 do mesmo Código preceitua o seguinte: "na hipótese do parágrafo único do art. 26 deste Código e necessitando o condenado de especial tratamento curativo, a pena privativa de liberdade pode ser substituída pela internação, ou tratamento ambulatorial, pelo prazo mínimo de 1 (um) a 3 (três) anos, nos termos do artigo anterior e respectivos §§ 1º a 4º". Portanto, tudo depende do caso concreto a ser individualmente analisado, tanto pelo perito quanto pelo julgador. Há situações de perturbação da saúde mental que podem ser consideradas superadas ou superáveis, sem maiores incursões em tratamentos curativos, porém, pode existir uma particular perturbação mental que tende ao agravamento, em especial se o indivíduo for colocado em presídio comum para cumprir pena. Desse modo, muitas vezes, o próprio perito recomenda ao magistrado a substituição da pena por medida de segurança, significando que o julgador pode condenar e, depois de aplicada a pena, substituí-la por medida de segurança de internação ou tratamento ambulatorial, conforme o caso.

2.1 Uso de álcool e outras substâncias entorpecentes

O alcoolismo e os demais vícios em outras drogas são considerados doenças mentais, razão pela qual se inserem no cenário do art. 26 do Código Penal, como mencionado no item anterior.

Entretanto, fora desse contexto, o uso de qualquer droga pode representar fator criminógeno, levando alguém à prática de um delito. A intoxicação alcoólica tem o potencial de interromper a resposta afetiva e o processamento intencional, levando os intoxicados a ser menos capazes de evitar comportamentos prejudiciais. Se para o sujeito sóbrio, ameaças e outros estímulos emocionais exigem atenção, o mesmo não ocorre com quem está utilizando certas quantidades de drogas. Há evidências significativas a demonstrar que o álcool, em intoxicação leve a moderada, produz menor efeito negativo em contextos sociais, atenuando sensações de tristeza, desprezo ou desgosto. Aumenta a animação e a expressão, diminuindo os momentos de silêncio e proporciona maior interação social. Entretanto, passando do nível moderado, a cada momento há oscilações nas respostas emocionais. Havendo grave intoxicação, pode-se atingir o estado de coma, elevando-se o risco de morte. A partir da ingestão do álcool, começam os sintomas e os sinais da intoxicação, desde a desinibição e excitação comportamental, passando por efeitos sedativos, conforme o nível for aumentando, até atingir lapsos de memória e atenção, mudança de personalidade e comportamento, humor, avaliação, alteração na fala e no equilíbrio, podendo conduzir a atitudes perigosas para a sociedade, como dirigir um veículo, fazer sexo sem proteção e cometer atos criminosos.[7]

A embriaguez é a intoxicação aguda no organismo pelo álcool ou substância de efeito análogo. Há intensidades: (a) *embriaguez incompleta*: significa a ingestão leve ou moderada de álcool em circulação no organismo, não retirando a capacidade de compreensão do indivíduo, mas lhe proporcionando momentos de satisfação, com o aumento da sua descontração, excitação comportamental e desinibição (é o que, vulgarmente, se denomina o *estágio do macaco*), sem causar impactos negativos relevantes; (b) *embriaguez completa*: representa a ingestão elevada e excessiva de álcool, levando a alterações significativas do comportamento, do humor e da atenção, podendo elevar a agressividade e causar transtornos de toda ordem, inclusive chegar a atos criminosos; nessa fase, o indivíduo experimenta lapsos de memória, modificando a fala e o equilíbrio (é a fase vulgarmente chamada de *estágio do leão*), passando a tomar atitudes diferentes das normais, podendo provocar muitos impactos negativos em quem se encontra ao seu redor; (c) *embriaguez letárgica* (ou comatosa): significa atingir níveis elevadíssimos de álcool no organismo, deixando o indivíduo prostrado, quiçá em coma, representativo de um sono profundo e inconsciente (é o chamado vulgarmente de *estágio do porco*). Pode-se configurar, nessa fase, crimes omissivos.

A passagem das fases da embriaguez incompleta para a completa e desta para a letárgica varia de pessoa para pessoa, pois depende muito do organismo individual, com maior ou menor resistência aos efeitos da ingestão do álcool. De qualquer forma, comprova-se a embriaguez por meio de exames toxicológicos, medindo o nível de álcool em circulação no sangue, por exames clínicos, quando se confere o estado pessoal, atrelado ao odor etílico, hálito, equilíbrio corporal, modo de falar e cadência da voz, além de outras percepções sensoriais e controles neurológicos, além de se poder atestá-la por meio de testemunhas, que percebem as diferentes manifestações do embriagado.

Não há dúvida alguma quanto à viabilidade de o uso de álcool e de substâncias de efeitos análogos ser capaz de alterar de tal modo o comportamento individual, de maneira a conduzir alguém ao cometimento de um

---

[7] Ana Cecilia Petta Roselli Marques, Carla Bicca, Carlos Alberto Iglesias Salgado e Alexandrina Maria Augusto da Silva Meleiro, Transtornos de dependência a substâncias psicoativas, in: Alexandrina Meleiro (coord.), *Psiquiatria*: estudos fundamentais, p. 245.

crime. Portanto, deve-se ponderar esse elemento como causa da ocorrência de delitos, além de ter o Código Penal disciplinado os cenários da embriaguez fortuita, voluntária, culposa e preordenada.

Quanto à embriaguez acidental, imprevista ou ocasional, destaca-se o disposto pelo art. 28, §§ 1º e 2º, do Código Penal: "§ 1º É isento de pena o agente que, por embriaguez completa, proveniente de caso fortuito ou força maior, era, ao tempo da ação ou da omissão, inteiramente incapaz de entender o caráter ilícito do fato ou de determinar-se de acordo com esse entendimento. § 2º A pena pode ser reduzida de um a dois terços, se o agente, por embriaguez, proveniente de caso fortuito ou força maior, não possuía, ao tempo da ação ou da omissão, a plena capacidade de entender o caráter ilícito do fato ou de determinar-se de acordo com esse entendimento".

Em primeiro lugar, quanto ao § 1º, indica-se uma hipótese de embriaguez completa, oriunda de caso fortuito ou força maior. Nem seria preciso distinguir as duas hipóteses, que configuram o mesmo cenário: a embriaguez não desejada, imprevista, ocorrida por acidente. Entretanto, costuma-se apontar o *caso fortuito* como uma situação decorrente do engano pessoal ou causado por terceiro (ex.: o agente está tomando certa medicação e não tem noção de seu efeito de potencializar os efeitos do álcool, ingerindo pouca quantidade, mas se embriaga completamente; pode, também, ser ludibriado por alguém, que afirma não ter álcool em certa bebida, quando há e a reação em quem ingere é anormal, levando-o à embriaguez completa). Quanto à *força maior*, descreve-se como sendo a ingestão forçada do álcool (ex.: em trote de calouro, esse é amarrado por outros, que o obrigam a beber álcool em demasia, resultando na completa embriaguez). De todo modo, poder-se-ia padronizar ambas as hipóteses sob o manto da embriaguez acidental, imprevista ou involuntária. Se tal situação se concretizar e, totalmente embriagado, o sujeito cometer um fato delituoso, não será censurado por isso, vale dizer, não sofrerá o juízo de culpabilidade e será absolvido. Poderá até responder pelo crime quem gerou a embriaguez completa no indivíduo, a depender do caso concreto. Lembre-se a necessidade de se constatar a associação dos fatores: embriaguez completa + não possuir, ao tempo da conduta, a inteira capacidade de entender o caráter ilícito do fato ou de se determinar conforme esse entendimento. O destaque do duplo requisito é imprescindível, tendo em vista que o efeito da embriaguez completa é variável de pessoa para pessoa: algumas perdem totalmente a noção do que fazem; outras mantêm a compreensão suficiente do ilícito realizado.

O disposto pelo § 2º aponta para um estado de embriaguez qualquer, não precisando ser completa, mas devendo ter origem em caso fortuito ou força maior e levando à relativa capacidade de entendimento do caráter ilícito do fato ou de se determinar conforme essa compreensão. Por isso, pode o juiz censurar o fato, condenando o réu e aplicando-lhe pena, porém reduzida de um a dois terços em virtude do estado de ebriedade imprevisto do agente no momento do delito (menor culpabilidade).

Quem usa outras drogas, porém ilícitas, pode utilizar o disposto pelo art. 45 da Lei 11.343/2006: "é isento de pena o agente que, em razão da dependência, ou sob o efeito, proveniente de caso fortuito ou força maior, de droga, era, ao tempo da ação ou da omissão, qualquer que tenha sido a infração penal praticada, inteiramente incapaz de entender o caráter ilícito do fato ou de determinar-se de acordo com esse entendimento. Parágrafo único. Quando absolver o agente, reconhecendo, por força pericial, que este apresentava, à época do fato previsto neste artigo, as condições referidas no *caput* deste artigo, poderá determinar o juiz, na sentença, o seu encaminhamento para tratamento médico adequado". Observa-se ter o legislador brasileiro buscado não aplicar pena a quem é dependente (viciado) ou usou o entorpecente em decorrência de caso fortuito ou força maior.

O tratamento a quem se embriaga voluntária ou culposamente é bem diferente. Preceitua o art. 28, II, do Código Penal, o seguinte: "não excluem a imputabilidade penal: [...] II – a embriaguez, voluntária ou culposa, pelo álcool ou substância de efeitos análogos". Portanto, quem se embriaga completamente, de modo voluntário ou culposo, mesmo sem compreender o caráter ilícito do fato praticado, responderá pelo crime cometido, sem qualquer atenuação de pena.[8]

Entende-se por embriaguez *voluntária* (espontânea, livre de qualquer coação) a atitude de quem ingere a bebida alcoólica com o objetivo de se embriagar, por razões variadas, constituindo as mais comuns o desejo de se descontrair com os amigos, perder a inibição numa festa, estimular suas emoções positivas, enfim, atingir o estado de excitação comportamental proporcionado pela droga. Essa pessoa pode até pretender chegar à embriaguez completa (ex.: "tomar um porre com os amigos"), embora não lhe passe pela mente o cometimento de um crime. Quanto à embriaguez *culposa* (imprudente, desatenciosa, negligente), atinge-se o estado de ebriedade por

---

[8] O consumo do álcool pode gerar violência, segundo uma farta quantidade de estudos a respeito. A desinibição provocada pela bebida alcoólica, com a redução do autocontrole, pode ser uma explicação, associando-se ao rebaixamento do funcionamento cognitivo e físico. Além disso, o álcool pode sustentar questões de poder, como o papel do homem em face da mulher, além de gerar efeitos de personalidade, permitindo a explosão da raiva e da violência (Ilana Pinsky, Álcool e violência, in: Lima, Ratton e Azevedo [org.], *Crime, polícia e justiça no Brasil*, p. 352-353).

descuido no trato com o álcool, ou seja, o indivíduo quer beber e até chegar a uma embriaguez incompleta para se divertir; no entanto, por ser imprudente, termina ingerindo mais álcool do que deveria e atinge a embriaguez completa, sem lhe passar pela mente, em momento algum, a prática de um crime. As duas situações são, em seu estágio inicial, inocentes e procuradas por muitas pessoas, visto ser o álcool uma droga lícita. Ocorre que, como já mencionado linhas acima, atingindo o estágio da ebriez completa, é possível haver uma alteração substancial de personalidade e de comportamento, podendo levar o sujeito a tomar atitudes agressivas, violentas, intrometidas e prejudiciais a terceiros. Sabe-se, inclusive, poder configurar o lapso de memória, de modo que algumas pessoas, depois de embriagadas, acabam envolvidas numa briga coletiva e pode haver o homicídio de um dos contendores; no dia seguinte, passada a bebedeira, quem matou nem se recorda do que fez.[9] Qual é o fundamento punitivo nessas hipóteses, sabendo-se que muitos indivíduos se encontravam em estado de embriaguez completa e não tinham compreensão da ilicitude do fato praticado? Como se pode dizer que eles atuaram com dolo (vontade consciente de praticar o tipo penal, por exemplo, *matar alguém*)? Temos sustentado a posição dos penalistas que não pretendem fugir à realidade: o Código Penal adotou, por falta de opção, uma exceção ao princípio da culpabilidade, punindo o indivíduo a título de responsabilidade penal objetiva. Quem bebeu demais, arriscando perder a noção do que fazia, deve responder pelo que causou.[10]

Não desconhecemos que parcela considerável da doutrina penal brasileira pretende afirmar que, nos casos de embriaguez voluntária ou culposa, seria o caso de se aplicar a teoria da *actio libera in causa*, uma corruptela para buscar dolo ou culpa no momento do crime, que, no entanto, não existe nesses casos (veremos em trecho específico abaixo).

A outra espécie de embriaguez, cuidada pelo Código Penal, expressamente, concerne à preordenada, como se vê do art. 61, II, alínea *l*: "são circunstâncias que sempre agravam a pena, quando não constituem ou qualificam o crime: [...] II – ter o agente cometido o crime: [...] *l)* em estado

---

9 Estivemos atuando no tribunal do júri da capital de São Paulo por vários anos e acompanhamos inúmeros casos, tais como o retratado nesse exemplo. Muitos indivíduos de bem, honestos, pais de família, trabalhadores, iam para o botequim para divertir-se com os amigos e bebiam demais. Acabavam no meio de uma briga e terminavam matando alguém. Quando interrogados, vários deles nem se lembravam do que havia ocorrido. Porém, eram condenados por homicídio doloso na maioria das vezes.

10 Sobre o tema, em mais detalhes, consultar o nosso *Curso de direito penal*, v. 1, p. 479-484 (capítulo XXIII, item 3.2.3.1 e seguintes).

de embriaguez preordenada". Nota-se, portanto, a maior punição destinada a quem se embriagou de propósito para cometer o delito. O agente preparou antecipadamente o cenário ideal para a prática da infração penal, fazendo uso do álcool para lhe dar coragem, descontraí-lo e excitar seus impulsos dolosos para tanto. No exemplo do homicídio, o sujeito *ingere o álcool para matar*, já estando armado e esperando a vítima; enquanto isso, vai se enchendo de coragem com o estimulante alcoólico. Para essa situação, se o agente atinge a embriaguez completa, mesmo não tendo perfeita noção do que está fazendo no momento de desferir facadas na vítima, existe uma vontade prévia exatamente nesse sentido, podendo-se aproveitá-la para processar o homicida.

Em nosso entendimento, é nesse contexto que se insere a teoria da *actio libera in causa* (ação livre na origem), consubstanciada na ideia de que a causa da causa também é causa do que foi causado. Se "A" causa "B" e "B" causa "C", pode-se sustentar que "A" causa "C". Note-se o seguinte: (a) Fulano, pretendendo matar Beltrano, para encorajar-se, começa a ingerir bebida alcoólica, já portando a arma a ser utilizada; (b) vai-se embriagando, enquanto aguarda a vítima chegar; (c) mais tarde, já estando completamente embriagado, visualiza o ofendido e o mata. Havia dolo (vontade de matar) no momento inicial: começar a beber para ganhar coragem. Portanto, quando desferiu tiros ou facadas na vítima, mesmo estando completamente embriagado, há um dolo a ser projetado para esse momento: o dolo preexiste no instante em que começou a beber.

No entanto, faz-se contorcionismo jurídico ao buscar exatamente a mesma fórmula para quem ingere bebida alcoólica voluntariamente, com os amigos, para divertir-se, embora queira ficar embriagado completamente. Em sua mente, contudo, não passa nenhuma ideia homicida, nem agressiva, nem mesmo carrega consigo qualquer arma ofensiva. Por puro azar do destino, em estado de ebriedade completa, *naquele dia*, em caráter excepcional, acontece uma briga generalizada no bar e esse indivíduo, que sempre foi um cumpridor de leis, pega um pedaço de pau e bate com força na cabeça da vítima, que morre. Onde se encontra o dolo? Alguns tentam impor o *dolo eventual*: ao beber para se embriagar completamente, ele *assumiu o risco* de estar em estado de inconsciência, perdendo a noção das coisas, *podendo* cometer um crime. Ocorre que o dolo eventual não é uma *metralhadora giratória*, significando que quem assim age assume o risco de cometer qualquer delito previsto pela legislação penal. Seria o mesmo que imaginar o seguinte: o sujeito ingressa no bar, com os amigos, para *tomar um porre* e comemorar alguma coisa; porém, enquanto bebe, diz para si mesmo: "hoje, assumo o risco de cometer algum crime, sabe-se lá qual, mas que se dane". Pode ser que, naquele dia, ele não faça nada; pode ser que mate alguém; pode ser que furte algo; pode até ser que cometa um delito sexual. Enfim, qualquer coisa vale, porque o indivíduo ingeriu álcool, pretendendo embriagar-se, abrindo o foco criminoso em nível eventual para toda sorte de delitos. Nada mais irreal.

Pode-se até admitir a ocorrência do dolo eventual no setor da embriaguez voluntária ou culposa, utilizando-se a teoria da *actio libera in causa*, mas sob outros enfoques, bem mais detalhados e específicos. Imagine-se o sujeito violento, já autor de várias agressões contra pessoas, que insiste em andar armado e, quando ingere álcool em excesso, tem o costume de causar confusão. Esse particular indivíduo tem o perfil de quem começa a beber bastante, como sempre, para, depois, se acontecer algo que considere provocador, partir para a violência. Foram várias vezes que assim agiu: bêbado, termina agredindo terceiros. Um dia, em estado de ebriedade completa, saca a sua faca e mata uma vítima, que o provocou, mas nem se lembra do que ocorreu. Eis o cenário do dolo eventual projetado para o momento do delito.

3. PERSONALIDADE

Em termos genéricos, a *personalidade* é algo inerente a qualquer ser humano, representando as características individuais de cada um, o modo comportamental como a pessoa se mostra em sociedade. Cuida-se do patrimônio genotípico de cada pessoa associado às influências do meio, podendo ser definida como a totalidade dos traços emocionais, de certo modo estável e previsível, caracterizando-a nas relações sociais, sob condições normais.[11]

É um relevante elemento individualizador, sendo impossível que dois seres humanos tenham exatamente a mesma personalidade. Por isso, em direito penal, adquire importância, não apenas pelas várias menções feitas em dispositivos legais, como, acima de tudo, pela consagração de um princípio constitucional que a ela se liga: o princípio da individualização da pena (art. 5º, XLVI, primeira parte, CF).

É relevante frisar, desde logo, constituir a personalidade um estudo concernente à aplicação da pena, como se pode visualizar, de pronto, pela leitura do art. 59 do Código Penal: "o juiz, atendendo à culpabilidade, aos antecedentes, à conduta social, à *personalidade* do agente, aos motivos, às circunstâncias e consequências do crime, bem como ao comportamento da vítima, estabelecerá, conforme seja necessário e suficiente para reprovação e prevenção do crime:

---

[11] ALEXANDRE VALENÇA, VALÉRIA BARRETO NOVAIS e ALEXANDRINA MARIA AUGUSTO DA SILVA MELEIRO, Transtornos de personalidade, in: ALEXANDRINA MELEIRO (coord.), *Psiquiatria*: estudos fundamentais, p. 380.

I – as penas aplicáveis dentre as cominadas; II – a quantidade de pena aplicável, dentro dos limites previstos; III – o regime inicial de cumprimento da pena privativa de liberdade; IV – a substituição da pena privativa da liberdade aplicada, por outra espécie de pena, se cabível" (grifo nosso).

A análise da personalidade não leva a nenhum fator etiológico para justificar o crime ou o criminoso, auxiliando para a individualização da pena. De outro lado, os transtornos de personalidade podem ser causas da criminalidade, independentemente do que julgam os criminólogos adeptos exclusivos das teorias sociológicas, que negam quaisquer estudos etiológicos no âmbito da criminologia.

Personalidade deriva de *persona*, significando máscara, em referência às máscaras usadas pelos atores nos dramas gregos, em que a finalidade era dar um sentido aos papéis representados. Hoje, o termo reflete o papel que cada um desempenha na vida em sociedade. É o conjunto de caracteres exclusivos de uma pessoa, parte herdada, parte adquirida, vale dizer, a interação da hereditariedade com o meio.[12]

Para Mario Fedeli, a personalidade "representa a totalidade completa, a síntese do Eu: constitui o núcleo inconfundível, irrepetível, peculiar de cada indivíduo. [...] A ela devem-se a particular visão dos valores de um indivíduo, os seus centros de interesse e o seu modo de chegar ao valor predominante para o qual tende. 'A personalidade é que vai constituir a originalidade e a nobreza da individualidade, pois ela revela as escolhas e as preferências dadas a um determinado valor'".[13]

São exemplos de elementos da personalidade, que se pode buscar na análise do modo de ser do criminoso, para o fim de individualizar a pena: (a) aspectos positivos: bondade, alegria, persistência, responsabilidade nos afazeres, franqueza, honestidade, coragem, calma, paciência, amabilidade, maturidade, sensibilidade, bom humor, compreensão, simpatia; tolerância, especialmente à liberdade de ação, expressão e opinião alheias; (b) aspectos negativos: agressividade, preguiça, frieza emocional, insensibilidade acentuada, emotividade desequilibrada, passionalidade exacerbada, maldade, irresponsabilidade no cumprimento das obrigações, distração, inquietude, esnobismo, ambição desenfreada, insinceridade, covardia, desonestidade, imaturidade, impaciência, individualismo exagerado, hostilidade no trato, soberba, inveja, intolerância, xenofobia, racismo, homofobia, perversidade.

---

12 Sobre o tema, consultar a nossa obra *Individualização da pena*.

13 *Temperamento, caráter, personalidade*, p. 272.

Nada disso é uma invenção, mas constituem atributos do ser humano, que podem dar margem ao cometimento de delitos. Se isso ocorrer, há de se mensurar na aplicação da pena.

Não se cuida de aproveitar um contexto do denominado *direito penal de autor*, ou seja, ninguém será punido pelo que é, mas pelo que fez. Entretanto, se algum fator da sua personalidade impulsionar à prática do crime, pode-se levar em conta no estabelecimento da sanção penal. Noutros termos, a personalidade do agente não é fundamento da punição; essa base se extrai do fato realizado, considerado criminoso. Porém, evitando-se a padronização da pena, leva-se em consideração a personalidade do agente, quando esse fator tiver impelido ao delito.[14] Exige-se nexo de causalidade entre o elemento negativo da personalidade e o evento criminoso; por outro lado, torna-se relevante visualizar um fator positivo de personalidade do agente, no cenário do delito, visto demonstrar a viabilidade de se tratar de um acontecimento isolado, incomum, merecedor de consideração para uma pena menor.

Ilustrando, se alguém é considerado egoísta (fator negativo de personalidade), cometendo um homicídio por razões totalmente desvinculadas disso, não se leva em conta a personalidade para fixar a pena. Entretanto, o agente egoísta, para preservar seu espaço na habitação, comete uma lesão, em violência doméstica, precisa ter esse ponto levado em conta na individualização da sua pena. É preciso lembrar que a legislação penal elenca diversas partes relativas ao comportamento humano para qualificar ou privilegiar crimes, agravar ou atenuar penas, aumentar ou diminuir sanções, de modo que a previsão genérica feita pelo art. 59, *caput*, do Código Penal, segue exatamente esse parâmetro.

A personalidade não é um aspecto estanque do indivíduo, pois ela se transforma, para o bem ou para o mal, conforme o sujeito vive e de acordo com as condições da sua vivência. Exemplo disso é a transformação intensa da personalidade de alguém, quando submetido ao cumprimento de pena privativa de liberdade, mormente em regime fechado. Tudo isso precisa ser convenientemente analisado pelo magistrado quando for o momento de individualizar uma sanção penal.

É interessante registrar alguns pontos acerca da *agressividade* do ser humano. Ela pode ser analisada sob três enfoques: (a) *agressividade instru-*

---

[14] Aliás, fora desse contexto individualizador, pode-se retornar à época da escola clássica, verificando-se somente o fato, qual a sua gravidade e, com isso, uma pena padronizada pode ser aplicada a qualquer autor (nem é preciso, para fixar a sanção, um juiz, bastando um aplicativo de computador).

mental, que é apenas um mecanismo de obtenção de algo, mas não significa necessariamente fazer o mal a outrem; (b) *agressividade defensiva*, que tem a dimensão de proteger a vida ou seus interesses de ataques ou ameaças, também não constituindo algo ilícito; (c) *agressividade hostil* (também denominada destrutiva), justamente a que tem por meta causar dano a terceiro, representando a violência das atitudes.[15] Esse último aspecto precisa ser levado em consideração, para a fixação da pena, caso seja causa determinante para o cometimento do crime.[16]

O grupo dos criminólogos (ou penalistas), que defende a autonomia da vontade, afirmando o direito de uma pessoa ser maldosa, sem se submeter à imposição de normas de ressocialização do Estado, durante o cumprimento da pena, por exemplo, distingue-se de outra turma, a qual sustenta ser a própria pena uma maldade inadmissível e uma punição indesejável, visto que todos deveríamos lutar por uma sociedade melhor, na qual inexistam sanções privativas de liberdade, e que a dor provocada pelo Estado, ao impor a pena, seja eliminada. Enfim, há um *julgamento* da maldade. A do delinquente, em tese, não importa. A do Estado, ao impor a sanção a quem comete um crime, importa – e muito. Parece-nos existirem dois mundos. O universo da criminalidade precisaria ser tratado com a máxima benevolência, como apontam criminólogos abolicionistas e até mesmo alguns garantistas. O outro universo é relativo ao Estado, considerado um algoz institucionalizado, maldoso por essência, cuja finalidade é oprimir, impondo a pena privativa de liberdade (como pregam os abolicionistas) ou exigir, no cumprimento dessa pena, a reeducação do preso (como alguns prevencionistas).[17]

Observe-se o sadismo como elemento negativo da personalidade de algumas pessoas. Quando (e se) ele ficar contido em suas relações estritamente pessoais, pode ser um sujeito a atormentar sua família e seus conhecidos, sem atingir a esfera do crime. Porém, ultrapassando o cenário individual, o sádico não pode cometer crimes sem que se leve em conta esse aspecto da sua personalidade, ao menos no momento de aplicação da pena. Portanto, o

---

15 Mario Fedeli, Temperamento, caráter, personalidade, p. 96-99.

16 Cremos ser passível de desconsideração a defesa da teoria segundo a qual cada um pode ser como quiser, inclusive uma pessoa má, irresponsável, nefasta, egoísta etc. Cuidar-se-ia de pura autonomia da vontade e de fruto da *democracia*. Sem dúvida, se uma pessoa quiser desenvolver uma personalidade negativa, em qualquer nível, que fique à vontade, desde que não cometa crimes por conta disso. Democracia tem limite e essa fronteira se estabelece justamente em não atingir e prejudicar direito alheio. Valendo-se da sua maldade para praticar crimes, será por isso apenado com a devida individualização.

17 Perde-se o foco da essência da vida e da natureza humana. A maldade, que prejudica direito alheio, deve ser considerada para aplicar uma pena. Não há nada de absurdo nisso.

delito não é *ser sádico*, mas extravasar o seu comportamento antissocial para ferir terceiros, incidindo em tipos penais incriminadores, geralmente graves.

Muitas críticas são, também, dirigidas à avaliação judicial da personalidade pelo juiz, baseadas na falta de preparo técnico do magistrado para analisar esse elemento.[18] Entretanto, em momento algum a lei demanda um diagnóstico preciso, como se fosse destinado a impor ao sujeito um tratamento psicológico; requer-se uma avaliação vulgar, normal, dentro dos mesmos parâmetros usados para se certificar os motivos do crime, por exemplo. Aqueles que são refratários a esse exame, deveriam eximir-se, igualmente, de verificar o elemento subjetivo do crime (dolo ou culpa), bem como todos os demais caracteres ligados à vontade do agente, envolventes do delito, como a especial finalidade para a prática da infração penal ou a motivação do crime, enfim, aspectos sempre vagos e de interpretação individualizada.[19]

O magistrado deve valer-se de seu bom senso e apego à lei para proferir seus julgamentos, inexistindo veredicto perfeito e infalível. Está-se lidando com a *justiça humana* e, dentro desse cenário, é mais que possível avaliar os elementos componentes da tipicidade, incluindo o aspecto subjetivo, além de se poder verificar, por consequência, os fatores ligados à personalidade, à conduta social, aos motivos do crime, entre todas as outras circunstâncias especificadas pelo art. 59 do Código Penal.

Há decisões equivocadas, por certo, mas não se pode desqualificar todo o processo de individualização da pena em razão de determinados erros judiciários. Afirmar ter o réu *personalidade deturpada* ou *voltada ao crime*, de modo simplista, insere-se num contexto inadequado, que poderia ser vinculado à ideia do criminoso *nato*, de estirpe lombrosiana, o que seria um equívoco. Não

---

[18] Para CHOCLÁN MONTALVO "a personalidade do autor poderá constituir motivo de agravação somente e na medida em que a gravidade da culpabilidade assim o permita. Outra visão não seria adequada a um Direito penal baseado na culpabilidade e supõe uma ruptura do sistema de dupla via em virtude do qual a pena vem limitada pela culpabilidade e não pela periculosidade do autor". Assim, a análise da personalidade do autor vincula-se à valoração da culpabilidade pelo fato, portanto, deve ser vista na exata medida em que influa na reprovação do mesmo fato. Outra visão levaria à análise da personalidade como fator de periculosidade (*Individualización judicial de la pena: función de la culpabilidad y la prevención en la determinación de la sanción penal,* p. 177-178, 200 [tradução livre]).

[19] Muitos, em lugar de juízes, precisariam ser técnicos em computação, para utilizar softwares precisos para avaliar o crime e a pena. Se a personalidade é indecifrável por um magistrado, imagine-se todo o restante do cenário criminoso. Como um mero ser humano, intitulado julgador, pode avaliar dolo ou culpa? Seria impossível. JESCHECK demonstra que o direito penal alemão se baseia no *direito penal do fato*, mas sem deixar de levar em conta a personalidade do autor como marco para a delimitação da pena (*Tratado de derecho penal: parte generale*, p. 59).

há réus cuja personalidade (modo comportamental de reagir em sociedade) seja singelamente *deturpada* (desfigurada ou viciada), sem maiores explicações, ou mesmo *voltada ao crime*, visto que o fator de personalidade se liga, por exemplo, a quem é preguiçoso ou cobiçoso, visando à prática de crimes patrimoniais para se sustentar. Logo, corrigir-se a explanação é o caminho, buscando o acertado fator de personalidade.

Um outro dado relevante diz respeito aos montantes de elevação da pena, mesmo quando indicados os parâmetros pela lei: 1/6 a 2/3; 1/3 a metade; 1/3 a 2/3 etc. Fora esse lado, a própria faixa cominada para o estabelecimento da pena (de um a quatro anos, de seis a vinte anos, de três a dez anos etc.) demanda discricionariedade juridicamente vinculada, mas não se trata de um cálculo matemático simplista. Então, todo o processo individualizador da pena clama pelo bom senso do magistrado e por fatores subjetivos para tanto. Demetrio Crespo alerta que não se pode prescindir da análise da personalidade do autor na valoração preventivo-geral do fato, pois a coletividade reage diferentemente na sua inclinação ao cometimento de fatos parecidos ou no fortalecimento de sua confiança jurídica, dependendo de quem seja o agente do crime.[20]

Relembrando a lição de Aníbal Bruno, não se deve "esquecer que o crime nasce do encontro de determinada personalidade com determinada circunstância".[21] Acrescente-se não haver personalidade sem conduta, nem existem condutas sem personalidade.[22] Isso é fundamental no cenário penal.

3.1 Transtornos de personalidade

Cada pessoa tem a sua personalidade, fator que a individualiza em sociedade, embora alguns transtornos comportamentais possam ser causas de crimes. Não se trata de buscar o referido transtorno para indicar um tratamento precoce e anterior à prática de uma infração penal, nos termos propostos pelas linhas escritas por Lombroso; não significa procurar um sentido atávico ou biológico, configurando o perfil de um criminoso *nato*. A ideia é simplesmente compreender a razão pela qual alguns indivíduos cometem delitos, muitos dos quais violentos e cruéis; representa a oportunidade de diferenciar o imputável, embora pareça louco pelo que fez, gerando imenso estrago à sociedade, dos inimputáveis (art. 26, *caput*, CP) e dos semi-imputáveis (art. 26, parágrafo

---

20 *Prevención general e individualización judicial de la pena*, p. 137.

21 *Das penas*, p. 96.

22 José Bleger, *Psicologia da conduta*, p. 194.

único, CP); significa captar determinados motivos para a realização do ato criminoso, podendo, inclusive, repercutir na individualização da pena.

A consideração do transtorno de personalidade como fator criminógeno, situação constatada pela medicina, é um gerador do crime e uma das explicações para o surgimento do criminoso, afinal, há infrações penais cometidas por pessoas sem qualquer antecedente criminal, cuja vida sempre pareceu estável e equilibrada, com fartura econômica, e isso não é explicado satisfatoriamente por nenhuma teoria sociológica da criminologia. Pode-se dizer o mesmo dos indivíduos ricos, que cometem delitos econômico-financeiros (denominados *crimes do colarinho-branco*), sem ter a menor necessidade de aumentar o patrimônio, nem pretendem adquirir drogas ou constituir uma gangue. Por outro lado, ignorar os transtornos de personalidade, que impulsionam comportamentos criminosos, significa a indevida pretensão de certos juristas de afastar de qualquer explicação etiológica a eclosão de infrações penais. Nesse cenário, ainda, pretende-se demonstrar a inviabilidade de se abolir o direito penal e seu sistema punitivo, pregando soluções milagrosas ou até palpáveis (como a justiça restaurativa), mas que não têm nenhum efeito sobre determinadas pessoas, cujo transtorno de personalidade as impede de nutrir qualquer empatia ou remorso, inviabilizando uma proposta singela de reconciliação com a vítima ou com a comunidade onde vive. Alguns podem sustentar que esses criminosos constituem a minoria, razão pela qual conhecer e estudar os transtornos de personalidade seria inócuo; ao contrário, são muitos delinquentes com esses perfis, bastando conhecer o universo das condenações criminais existentes e, mesmo não significando a maior parte dos infratores, representam um número mais que suficiente para justificar a existência do direito penal e do sistema punitivo.

Como se narrou anteriormente, a personalidade de uma pessoa constitui o seu retrato como indivíduo e cada qual a desenvolve de um modo diverso, não se pretendendo avaliar ou pré-julgar o ser humano, caso seja, por exemplo, um sujeito bondoso ou maldoso. Respeitando as leis e o direito alheio, cada um pode ser como quiser na sua intimidade e no tocante ao seu comportamento.

Entretanto, há transtornos de personalidade aptos a impulsionar o indivíduo ao crime. O termo *transtorno* simboliza um desconforto, um incômodo, um desarranjo, enfim, uma perturbação de ordem física, mental ou apenas psicológica. Associando-o à personalidade, tem-se um problema comportamental grave, que envolve várias áreas de atuação da pessoa – cognição, afeto, estilo interpessoal –, apto a gerar rupturas sociais. Podem ser conceituados como "padrões de traços inflexíveis e mal-adaptativos de personalidade que causam prejuízo significativo no funcionamento social ou profissional, ansiedade subjetiva ou ambos".[23] Não são enfermidades mentais, geradoras da inimputabilidade; quando muito, produzem estados de semi-imputabilidade.

Os transtornos de personalidade mais conhecidos na esfera criminal ligam-se aos seguintes: antissocial, *borderline*, histriônico, narcisista e paranoide. Estudos indicam a sua aptidão para produzir crimes, inclusive com tendência à recidiva, particularmente os delitos mais violentos.[24] De todos, o mais complexo e comum na órbita criminal é o transtorno de personalidade antissocial, que alguns ainda denominam de *doença da vontade*. Frise-se o seguinte: *nem toda pessoa considerada antissocial é ou será criminosa*. Pode passar a vida inteira com problemas individuais, familiares, profissionais ou sociais, sem que invada a seara do delito. Entretanto, esse transtorno evidencia uma incapacidade de adequação às regras sociais e uma propensão a violar os direitos das outras pessoas, pois são indivíduos egocêntricos, valorizando muito o que podem ganhar, com impulsos para a crueldade, o sadismo e a violência, sem consideração alguma pelos efeitos causados a terceiros

Esse transtorno de antissociabilidade também é caracterizado pela impulsividade, levando a atos como dirigir sem cuidado ou sob efeitos de álcool ou outra droga, ter relação sexual promíscua, além de serem pessoas altamente manipuladoras, capazes de convencer outras a participar de esquemas criminosos, e uma particular nota comportamental muito relevante: ausência de remorso ou culpa pelo que fazem, vale dizer, são desprovidas de consciência moral. Emergem sujeitos de comportamento enganoso, manipulador, explorador, mesquinho, fisicamente agressivo, insensível em resposta ao sofrimento alheio e cruel na busca de seus objetivos.[25] Basta conhecer os tipos penais incriminadores da legislação brasileira e ter uma experiência nos casos concretos da justiça criminal para ser possível apontar vários réus com transtorno de personalidade antissocial, podendo ser autores de infrações penais gravíssimas como homicídio, estupro, roubo, extorsão, mas, igualmente, as não violentas, como estelionato, furto, apropriação indébita, crimes de colarinho-branco, alcançando delitos de trânsito, tráfico ilegal de

---

[23] Alexandre Valença, Valéria Barreto Novais e Alexandrina Maria Augusto da Silva Meleiro, Transtornos de personalidade, in: Alexandrina Meleiro (coord.), *Psiquiatria*: estudos fundamentais, p. 380.

[24] Lisieux E. de Borba Telles, Alcina Juliana Soares Barros, Gabriela de Moraes Costa e Helena Dias de Castro Bins, Psiquiatria forense, in: Alexandrina Meleiro (coord.), *Psiquiatria*: estudos fundamentais, p. 784.

[25] Alexandre Valença, Valéria Barreto Novais e Alexandrina Maria Augusto da Silva Meleiro, Transtornos de personalidade, in: Alexandrina Meleiro (coord.), *Psiquiatria*: estudos fundamentais, p. 390-391.

drogas, porte e comércio ilegal de armas, inúmeros delitos sexuais, que serão analisados em tópico à parte, enfim, uma gama imensa de crimes.

Novamente, *voltamos a reiterar: nem todos os acusados pelos crimes exemplificados no parágrafo anterior possuem transtornos de personalidade antissocial*, já evitando críticas no sentido de ter sido feita uma generalização. Há pessoas sem qualquer transtorno de personalidade capazes de cometer crimes por vários outros fatores, muitos dos quais podem ser explicados por algumas teorias sociológicas da criminologia.

E vale ressaltar igualmente: *muitos indivíduos criminosos possuem transtornos de personalidade antissocial e, por isso, cometem delitos graves e chocantes para a coletividade*. Não adianta buscar apenas justificativas sociológicas para certos atos. E mais: o índice de reincidência dos antissociais é elevado – algo atestado pela psiquiatria forense – não se ligando às condições carcerárias, consideradas como elementos da *escola do crime*, imputada a qualquer estabelecimento penal, por mais organizado que ele possa ser. Noutros termos: a *reincidência também se conecta ao transtorno de personalidade*.[26]

A tendência à recidiva e à versatilidade criminal é típica das pessoas com transtorno de personalidade antissocial para o qual a medicina *não encontrou nenhum tratamento eficiente, logo, inexiste cura*, até porque, como já se deixou claro, não são consideradas doentes mentais e muitas nem mesmo têm a saúde mental perturbada.[27]

O transtorno de personalidade *borderline* caracteriza-se por gerar instabilidade nas relações interpessoais, na autoimagem e no afeto, produzindo impulsividade acentuada. A pessoa tende a agir precipitadamente em estados de alto impacto negativo, levando a comportamentos potencialmente autodestrutivos, episódios de autoagressão, flutuações de humor, sentimentos crônicos de vazio, raiva intensa e dificuldade de controlá-la, além de alta

---

[26] Poderíamos enumerar vários exemplos de *matadores de aluguel* ou *justiceiros* que praticaram inúmeros homicídios, sem qualquer remorso, dizendo claramente em seus interrogatórios que voltariam a matar assim que lhes fosse possível. Isso sem contar os estelionatários, que passam a vida inteira enganando pessoas, por vezes indo e voltando ao cárcere, assim como os pedófilos, muitos dos quais declaram, nos autos, ser impossível deixar essa atração por crianças e reincidem independentemente das condições carcerárias. A opção para tais pessoas antissociais é, quando encontradas, serem punidas e segregadas. Não nos parece convincente a elas ser destinada, por exemplo, a justiça restaurativa, ou, nem isso, deixando-as livres, pois abolido teria sido o sistema penal. Aliás, sustentar o direito penal mínimo não significa pretender eliminar esse perfil de criminalidade.

[27] Lisieux E. de Borba Telles, Alcina Juliana Soares Barros, Gabriela de Moraes Costa e Helena Dias de Castro Bins, Psiquiatria forense, in: Alexandrina Meleiro (coord.), *Psiquiatria*: estudos fundamentais, p. 784.

excitação afetiva. Pode, ainda, gerar comportamento agressivo e a prática de atos violentos.[28]

O transtorno de personalidade histriônico caracteriza-se pela inadequação comportamental, voltado à dramaticidade, sugestionabilidade, sedução, manipulação, tudo manifestado em excesso. O transtorno de personalidade narcisista gera sentimento de grandiosidade, falta de empatia, ego inflado, senso de merecimento exagerado e constante necessidade de validação. Está muito ligado ao denominado crime passional.[29] O transtorno de personalidade paranoide demonstra aspectos de ciúme excessivo, desconfiança, rancor e introspecção, podendo levar a atitudes violentas (*vide*, por exemplo, os crimes passionais e os decorrentes de violência doméstica).[30] Todos esses transtornos podem justificar a prática de inúmeros delitos, não possuindo nenhuma conexão com explicações sociológicas da criminalidade. No entanto, convém *sempre* deixar bem claro: *nem todos os histriônicos, narcisistas e paranoides cometem infrações penais*; porém, há vários casos de autores de crimes que são histriônicos, narcisistas ou paranoides.

Outro ponto relevante, que é fato gerador de certos tipos de delitos, encontra-se no cenário de alguns transtornos do controle de impulsos, como a piromania, a cleptomania, o jogo patológico e o transtorno explosivo intermitente.[31] Eles partilham as seguintes características comportamentais: sensação crescente de tensão antes da conduta, prazer, gratificação ou alívio durante ou logo depois da ação. O piromaníaco tem o impulso de atear fogo

---

28 Alexandre Valença, Valéria Barreto Novais e Alexandrina Maria Augusto da Silva Meleiro, Transtornos de personalidade, in: Alexandrina Meleiro (coord.), *Psiquiatria*: estudos fundamentais, p. 391.

29 "O passional, a nosso ver, é um imaturo que ignorou as forças arcaicas, de natureza inconsciente, motor de sua futura delinquência. Nessas condições, o indivíduo torna-se criminoso por não ter tido liberdade de escolha, isto é, ele já estava condicionado ao crime mesmo antes de conhecer a vítima. A eleição da amante ou da esposa já leva em si o germe do futuro drama, porque o próximo é uma abstração para o narcisista e só lhe pode trazer intransponíveis dificuldades. A maioria das vítimas ousou ter personalidade e determinação de livrar-se da tirania possessiva de um homem obcecado por si mesmo. Pretenderam a liberdade e encontraram a morte" (Luiz Ângelo Dourado, Psicologia criminal: o crime passional e suas relações com o narcisismo, p. 93)

30 Lisieux E. de Borba Telles, Alcina Juliana Soares Barros, Gabriela de Moraes Costa e Helena Dias de Castro Bins, Psiquiatria forense, in: Alexandrina Meleiro (coord.), *Psiquiatria*: estudos fundamentais, p. 784.

31 Os atos impulsivos podem se desenvolver em todas as alterações e enfermidade mentais e sua dinâmica é variada, segundo seja a natureza da doença ou enfermidade mental da qual dependem. As características mais comuns são os impulsos dos estados emotivos intensos, de estados de ansiedade, de estados obsessivos, esquizofrênicos etc. Particularmente frequentes nos criminosos são os estados obsessivos impulsivos: roubo (cleptomania); incêndio (piromania); bebida (dipsomania); infringir danos (clastomania) etc. (Benigno Di Tullio, *Principios de criminología clínica y psiquiatría forense*, p. 381).

às coisas, gerando incêndios, sem qualquer ganho monetário, pois o faz para a própria satisfação. O cleptomaníaco não resiste à compulsão para furtar coisas desnecessárias, por vezes banais. O jogador patológico sente-se compelido a jogar sem parar, podendo praticar ilícitos para conseguir dinheiro, alimentar o vício e não pagar as dívidas. O transtorno explosivo intermitente é origem de muitos crimes, pois representa a perda de controle, com a eclosão de reações explosivas, geralmente violentas e delituosas, mesmo que por poucos minutos (como as ações em curto-circuito). Esses transtornos de controle de impulsos, conforme supraexposto, podem gerar os delitos de incêndio (art. 250, CP), furto (art. 155, CP), estelionato ou apropriação indébita (arts. 171 e 168, CP) e vários crimes lesivos à integridade física ou patrimonial, conforme o caso.[32]

3.1.1 Depressão carcerária e outros transtornos

É preciso registrar, inclusive, os vários casos de depressão carcerária, gerando enfermidades mentais a quem se encontra preso por muito tempo. Por vezes, isso pode acontecer não somente pela situação deprimente da superlotação existente no local, mas, também, pelo uso de substâncias entorpecentes associado àquelas condições.

Nota-se que também os presos padecem dos males dos transtornos variados, tanto de personalidade quanto os de ordem mental. Em algumas situações, havendo a constatação de depressão profunda, pode-se caracterizar uma enfermidade mental e, com isso, a substituição da pena por medida de segurança, nos termos do art. 183 da Lei de Execução Penal ("quando, no curso da execução da pena privativa de liberdade, sobrevier doença mental ou perturbação da saúde mental, o Juiz, de ofício, a requerimento do Ministério Público, da Defensoria Pública ou da autoridade administrativa, poderá determinar a substituição da pena por medida de segurança").

Por outro lado, quando se verifica uma personalidade antissocial no presídio, termina-se por constatar alguém apto a gerar sofrimento a outros detentos, organizando motins, rebeliões e praticando crimes. Logo, nem tudo o que ocorre nos estabelecimentos penais é exclusivamente uma decorrência das más condições carcerárias.[33] Nem todos os delitos são explicados pela sociologia criminal.

---

32 Lisieux E. de Borba Telles, Alcina Juliana Soares Barros, Gabriela de Moraes Costa e Helena Dias de Castro Bins, Psiquiatria forense, in: Alexandrina Meleiro (coord.), *Psiquiatria*: estudos fundamentais, p. 783.

33 Idem, p. 785.

3.2 Transtornos parafílicos

Em primeiro lugar, é preciso distinguir o comportamento sexual humano, a parafilia e o transtorno parafílico. O primeiro deles é algo natural, abrangente, diverso e bem maior que a mera reprodução, constituindo uma necessidade fisiológica, além de gerar prazer físico-psicológico. A parafilia representa um comportamento sexual variante e divergente, vale dizer, diferente do comum, não significando necessariamente uma patologia. Cuida-se de uma fantasia sexual, que pode configurar algo inocente e lícito ou chegar à esfera do transtorno. O transtorno parafílico é o comportamento sexual divergente, que causa problemas a terceiros, pois representa interesse erótico atípico, podendo ser patológico ou não, mas gerador de impulsos incontroláveis, perturbadores do direito alheio.[34]

No cenário da parafilia, torna-se relevante evitar qualquer moralismo, visto que, no passado, até mesmo a masturbação era considerada um desvio sexual, devendo-se considerar atitudes representativas de condutas realmente anômalas, como pedofilia, exibicionismo, sadismo sexual, *frotteurismo*, necrofilia, entre outros. Entretanto, esses comportamentos sexuais divergentes, não atingindo terceiros, sem que o agente possa se controlar, não configuram o transtorno. Note-se o fetichismo, cujo foco sexual se volta a objetos inanimados, como sapatos, botas, calcinhas, bem como partes do corpo humano, como os pés, tudo para sentir prazer sexual, embora, como regra, não tenha nenhuma repercussão penal.

Sob o âmbito do transtorno parafilítico, há condutas impulsivas geradoras de crimes, pois atingem outras pessoas, que são as vítimas. É o caso da pedofilia, constitutiva da excitação sexual ou a prática de atos sexuais com crianças e adolescentes em início da puberdade.[35] Além disso, pode-se apontar o exibicionista, que não se controla e insiste em expor os seus órgãos genitais a um estranho, sem o seu consentimento, podendo produzir conduta criminosa.[36] Indica-se o *voyeurismo*, como a compulsão para observar pessoas nuas ou em ato sexual na sua intimidade, sem o consentimento de quem é visualizado.[37]

---

34 Daniel Augusto Mori Gagliotti, Saulo Vito Ciasca, Desirèe Monteiro Cordeiro e Alexandre Saadeh, Transtornos parafílicos e disforia de gênero, in: Alexandrina Meleiro (coord.), *Psiquiatria*: estudos fundamentais, p. 322-323.

35 A pedofilia pode levar a estupro de vulnerável (art. 217-A, CP), corrupção de menores (art. 218, CP), satisfação de lascívia mediante presença de criança ou adolescente (art. 218-A, CP) e crimes previstos no Estatuto da Criança e do Adolescente (arts. 240 a 241-D). Conferir, ainda: García-Pablos de Molina, *Tratado de criminología*, p. 645.

36 Nesse campo, insere-se o ato obsceno (art. 233, CP) ou a importunação sexual (art. 215-A, CP).

37 Pode produzir o crime do art. 216-B do Código Penal.

Inclui-se o sadomasoquismo, passível de originar condutas violentas, por vezes incontroláveis e ilimitadas, com graves lesões às vítimas, até atingindo o homicídio sexual.[38] Aponta-se, também, o *frotteurismo*, o comportamento sexual consistente em se esfregar em outra pessoa, particularmente as partes genitais, buscando obter prazer.[39] Há, igualmente, a necrofilia, que é o contato sexual com cadáveres, para a obtenção de satisfação sexual.[40]

3.3 Transtornos mentais no período do parto ou pós-parto

Há que se ponderar a viabilidade de se constatar situações de transtornos mentais no momento do parto ou no período pós-parto, podendo gerar um crime específico, previsto no art. 123 do Código Penal, intitulado *infanticídio*: "matar, sob a influência do estado puerperal, o próprio filho, durante o parto ou logo após: Pena – detenção, de dois a seis anos". Logo, nem tudo, no cenário do surgimento da infração penal, pode ser plenamente explicado por uma teoria sociológica da criminologia.

Indica a psiquiatria forense a existência de transtornos mentais no período perinatal ou no pós-parto. Em primeiro plano, destaca-se a *disforia puerperal* (também denominada *baby blues*), como uma forma mais leve no contexto dos quadros depressivos puerperais, podendo atingir 50 a 85% das puérperas. É um transtorno passageiro de humor, tristeza, confusão subjetiva e choro. Há vários distúrbios hormonais, junto do estresse de dar à luz e à consciência da responsabilidade inerente à maternidade. Em princípio, basta apoio material e emocional à nova mãe, sem necessidade de intervenção médica, pois estado passageiro, sem maiores consequências.[41]

Pode-se apontar a *depressão pós-parto*, abrangendo 15 a 30% das mulheres, passível de emergir até um ano depois do parto. Há um humor deprimido, associado à ansiedade excessiva, insônia e mudanças de peso. Acaba gerando uma falta de interesse da mãe por tudo o que está ao seu redor. Pode produzir o pensamento de machucar o bebê. Para avaliar corretamente a situação, torna-se necessário verificar a história da mulher, como a ausência

---

[38] No cenário sadomasoquista, pode-se ter condutas adultas consensualmente aceitas (consentimento do ofendido), como pode configurar estupro (art. 213, CP) e até chegar ao homicídio (art. 121, CP).

[39] Essas condutas, geralmente praticadas em locais públicos com aglomeração, como em transportes públicos, podem caracterizar a importunação sexual (art. 215-A, CP).

[40] Configura-se crime, nos termos do art. 212 do Código Penal (vilipêndio a cadáver).

[41] Gislene Cristina Valadares, Raquel de Santana Príncipe, Priscila de Almeida Costa, Joel Rennó Júnior e Alexandrina Maria Augusto da Silva Meleiro, Saúde mental da mulher, in: Alexandrina Meleiro (coord.), *Psiquiatria*: estudos fundamentais, p. 522.

de parceiro, dificuldades conjugais, falta de apoio social, pobreza, violência familiar, estresse no dia a dia e até uso abusivo de substâncias entorpecentes.[42] A depressão pós-parto pode ser inserida, quando for o caso, no contexto do art. 26, *caput*, do Código Penal, se houver algum dano efetivo à criança ou a outra pessoa.

Outro lado da questão liga-se à denominada *psicose pós-parto* (ou psicose puerperal), produtora de quadros psicóticos – orgânicos ou psicogênicos – tendo início no puerpério. Há uma incidência rara, de cerca de um a dois a cada mil partos. Caracteriza-se por depressão e delírios da mãe, com pensamentos de causar danos a si mesma ou ao bebê. Há, portanto, risco de suicídio ou infanticídio, sendo imperioso analisar os antecedentes pessoais e familiares da mãe. Essa pode negar o nascimento, expressando pensamentos delirantes de ser solteira, virgem, perseguida ou má. É possível haver alucinações, com recomendações para matar a criança ou a si mesma. Nesse cenário, torna-se importante o apoio médico.[43]

A psicose puerperal se mostra por meio de sintomas intensos, com pensamentos delirantes em relação ao bebê, com riscos efetivos de danos em relação a este. A mãe entra num estágio de delírio, com desvarios de possessão envolvendo a criança.[44]

Observa-se que o disposto pelo art. 123 do Código Penal é vago e impreciso, pois a mera menção a *estado puerperal* poderia, em princípio, configurar tanto uma simples disforia puerperal, uma depressão pós-parto ou uma psicose pós-parto. Ainda em tese, a disforia puerperal não gera nenhum impulso infanticida; a depressão pós-parto é capaz de produzir um estado de inimputabilidade; a psicose pós-parto é o mais adequado cenário para o chamado *estado puerperal*, descrito pelo art. 123 do Código Penal, gerador, na realidade, de uma hipótese de semi-imputabilidade. De toda forma, indica-se a perícia médica para atestar esse estado, como capaz de produzir a morte do infante, como resultado de uma delirante situação emocional da mãe, durante ou após o parto.

Parece-nos ter sido o legislador exagerado ao prever, como delito à parte, o infanticídio, tendo em vista que o *estado puerperal*, envolvendo a mãe, é raríssimo e depende de avaliação médico-psiquiátrica. Não se trata de uma simples disforia puerperal – inócua para produzir qualquer efeito em matéria

---

42 Idem, p. 524.

43 Idem, p. 524-525.

44 Schmidt, Piccoloto e Müller, Depressão pós-parto: fatores de risco e repercussões no desenvolvimento infantil, p. 62.

penal – nem configura a depressão pós-parto. Diante disso, inexiste cabimento para a construção de um tipo incriminador autônomo somente para abranger pouquíssimos casos concretos. Além disso, quando houver uma real situação de psicose puerperal (estado puerperal, segundo o art. 123 do CP), isso pode ser solucionado pelo disposto no art. 26, parágrafo único, do Código Penal.

Entretanto, para a visualização do infanticídio, em lugar do homicídio, quando a mãe mata o filho recém-nascido (ou durante o parto), há a dependência de perícia médica, justamente para evitar qualquer confusão com a denominada disforia puerperal, que é inócua para dar origem a uma atitude tão drástica como a agressão ao infante nascido. Além disso, caso a criança seja assassinada pela mãe, tempos depois do nascimento, igualmente, necessita-se de perícia médica para analisar se a mãe se encontra em depressão pós-parto.

VI

Crime

1. INTRODUÇÃO

Ao tratar do tema em obra voltada exclusivamente ao direito penal, cumpre-nos descrever o conceito de crime sob, pelo menos, três prismas: material, formal e analítico. Significa apontar a definição de delito, em diferentes aspectos, iniciando pelo prisma material, que é a forma como a sociedade o visualiza, cuidando-se de uma conduta ilícita, particularmente grave, merecedora de pena, a mais severa sanção imposta pelo direito vigente. Depois, alcança-se o conceito formal, harmônico ao princípio da legalidade, constitucionalmente previsto (art. 5º, XXXIX, CF), apresentando o crime como a conduta descrita em lei, acompanhada de uma pena, igualmente cominada por lei.

O comportamento criminoso é uma violação da lei criminal. Não importa qual o grau de imoralidade, repreensibilidade ou indecência de um ato, pois não é crime a menos que seja proibido pela lei criminal. Esta lei, por outro lado, é definida convencionalmente como um corpo de regras específicas concernente à conduta humana que tenha sido editada pela autoridade política, que a aplica de modo uniforme a todos os membros das classes às quais as normas se referem, cuja punição é administrada pelo Estado.[1]

---

1 Sutherland e Cressey, *Principles of criminology*, p. 4.

Talvez, a parte mais relevante para o estudioso da dogmática penal seja o conceito analítico, implicando a visão da ciência a respeito dos elementos componentes do crime, para facilitar o seu estudo, decompondo-o em partes, que poderão ser estudadas cada qual em seu apropriado contexto. Então, tende-se a debater ser o delito um fato típico, ilícito e culpável (como teoria majoritária), sem perder de vista os outros perfis de um fato típico e ilícito, um fato típico e culpável, um fato típico, ilícito, culpável e punível, enfim, particularidades dos meandros inerentes à sua composição como um objeto passível de estudo decomposto por elementos. Por certo, como adverte GARCÍA-PABLOS DE MOLINA, as fórmulas clássicas para definir o crime, como uma "lesão do bem jurídico" ou uma "conduta típica, antijurídica e culpável" não podem esclarecer, por seu caráter normativo, a profunda realidade do crime, nem aportam um diagnóstico válido sobre tão doloroso fenômeno humano e social.[2]

No entanto, em obra de conteúdo criminológico, observa-se a inutilidade de se debaterem os conceitos formal e analítico, visto que o relevante é, realmente, a sua definição em nível material, vale dizer, a sua essência. O que é o crime? O que a sociedade entende por delito? O que deve ser assim considerado? Invade-se o seu *espírito* para dar conta da sua corporificação ideal. Diante disso, apresentaremos apenas o conceito material do crime.

2. CONCEITO MATERIAL

O crime não é um objeto concreto e visível, mas uma conduta, desenvolvida por um ser humano, que provoca uma lesão a direito alheio, seja este direito individualizado e determinado, seja ele pertencente à sociedade. O importante é dar origem a um fato, composto por conduta + resultado, unidas por um nexo causal. Portanto, é perfeitamente viável verificar-se a ocorrência do fato delituoso e, para a sua prova em juízo, demanda-se a prova da sua existência ou a sua materialidade. Associando-se a prova da autoria, chega-se à demonstração de ter ocorrido a infração penal e quem é seu autor, logo, a pessoa a ser condenada e receber a pena.

Naturalmente, a questão de fundo é apurar se esse fato, considerado crime, tem uma natureza ontológica, ou seja, se existe alguma conduta, produtora de determinado resultado, que pode ser universalmente considerada

---

[2] *Tratado de criminología*, p. 100.

como tal.[3] A essa indagação, pode-se responder o seguinte: a infração penal é a conduta tipificada em lei, portanto, ela não tem uma existência por si só. Cria-se o crime por força de lei, em países, como o Brasil, seguidores do direito codificado (sistema da *civil law*).[4] Justamente por isso, uma parcela dos criminólogos afirma que o delito não existe, cuidando-se apenas de uma atribuição feita por norma. Não está errada essa afirmação, embora se perceba um tom de crítica nessa constatação, como se o *artificialismo* do delito o deslegitimasse, perdendo a razão de ser a punição a ele cominada, também por lei. Como bem esclarece HANS VON HENTIG, o crime é apenas uma abstração conveniente. São condutas humanas às quais a sociedade organizada opôs uma severa e específica interdição. "Sempre que acontece algo repulsivo, ouve-se o grito: 'isto é um crime'".[5]

Por isso, torna-se natural buscar o conhecimento do conceito *material* de crime, significando aquilo que a sociedade considera como uma infração a normas postas, grave o suficiente para merecer a aplicação da pena, que é a sanção mais severa prevista pelo ordenamento jurídico, visto ser capaz de atingir até a privação da liberdade. Se o legislador sempre se pautasse por esse conceito material para elaborar a lei penal e gerar o corpo de tipos incriminadores, por certo, o direito penal seria mais adequado aos reclamos sociais, mais legítimo na sua perspectiva sancionatória e poderia até mesmo ser composto por um menor número de infrações.

O conceito material de crime deve orientar o legislador e o criminólogo, mas não pode compor a lei penal, por se tratar de uma definição muito vaga para a finalidade de conferir garantia à aplicação do princípio da legalidade. Em crítica acertada ao Código Penal soviético de 1922, HELENO FRAGOSO destaca o disposto pelo art. 6º: "como delito deve ser considerada toda ação ou omissão socialmente perigosa, que ameaça os princípios básicos da

---

3 Tanto a corrente abolicionista como a de direito penal mínimo negam ao delito realidade ontológica: o que é chamado delito existe não por natureza, mas por definição, por intervenção do sistema penal (MAURICIO MARTÍNEZ SÁNCHEZ, *El problema social* [...], p. 45). Não se trata de simplificar ou subestimar o conceito de crime, mas apenas frisar que o crime existe como tal porque a lei assim o define, o que, aliás, é uma garantia do princípio da legalidade. Pode-se (e deve-se) estudar o delito na sua essência material (de onde surge e a razão pela qual isso ocorre).

4 Em todas as sociedades conhecidas existem e existiram uma série de condutas que foram proibidas ou foram de cumprimento obrigatório, sob a ameaça de um mal. Atualmente, quando ocorrem certas condições, denominamos a essas condutas delitos. Essas infrações de normas sociais consagradas nas leis penais são perseguidas quando oficialmente descoberta. Não é o único, mas o principal motivo de despertamento da reação da comunidade (ALFONSO SERRANO MAÍLLO, *Curso de criminologia*, p. 59, 79).

5 *Criminología*, p. 13, 16.

constituição soviética e a ordem jurídica criada pelo governo dos operários e camponeses, para o período de transição ao Estado Comunista". Assim fazendo, a referida definição, "ao lado do emprego da analogia, transformava a Parte Especial numa simples enumeração de exemplos. A antijuridicidade do fato passa a um plano secundário, surgindo como prevalente sua periculosidade social".[6]

Há algumas condutas vedadas por quase todas (senão por todas) as nações do globo, como o homicídio doloso,[7] o estupro e o roubo, para mencionar as três mais conhecidas e, como regra, rejeitadas pelos povos civilizados. No entanto, tomando-se o consumo de drogas, incluindo-se nesse cenário o álcool, há uma diversidade de pontos de vista: em alguns locais, constitui crime grave; noutros, um crime, mas não dos mais sérios; em outros lugares, pode não ser crime, mas conduta lícita; em diversos pontos, pode ser crime conforme a quantidade ou a qualidade da droga; em suma, torna-se impossível fixar um conceito único a respeito.

Bem colocam SUTHERLAND e CRESSEY ao afirmar que não haveria crime se não tivéssemos leis criminais e que poderíamos eliminar todos os delitos apenas abolindo todas as leis penais, mas isso representa somente um cenário de palavras em vão. Se as leis *contra furtar* forem eliminadas, o furto não mais seria crime, mas continuaria a ser ofensivo e o público reagiria por meio de linchamento ou pública desgraça.[8]

Um fator relevante para se analisar o conceito material de delito vincula-se tanto à história da humanidade quanto aos costumes e tradições de um povo. Conforme os anos caminham, determinadas condutas, antes criminosas para a maioria das nações, tornam-se lícitas igualmente para a parte majoritária do mundo. Costuma-se mencionar a relação homossexual, que já foi crime em vários países, deixou de ser em outros tantos, passando-se, inclusive, a uma posição totalmente oposta, constituindo crime discriminar essa relação. Mas, não se pode perder de vista continuar a ser delito, passível até de punição com a pena capital, em alguns locais do mundo contemporâneo. Essa flutuação impressionante em relação a uma conduta expõe a dificuldade de se conceituar crime conforme a *essência* de uma prática qualquer, pois tudo depende do lugar e da comunidade onde se encontra o avaliador, até porque

---

6 Apontamentos sobre o conceito de crime no direito soviético, p. 67-68.

7 Embora o exemplo se refira a um cenário diverso do direito penal comum, ROBERTO LYRA demonstra que, por vezes, pode ser crime não matar (covardia militar na guerra), como pode ser heroísmo matar mais e melhor, quando em guerra (*Criminologia*, p. 72). Tudo depende do momento histórico, do contexto e do lugar onde se está inserido.

8 *Principles of criminology*, p. 14.

influenciam – e muito – os elementos relativos a costumes, a tradições e à religião adotada.[9]

Entretanto, nada mais coerente com o aprendizado da humanidade acerca de tudo, envolvendo descobertas em todas as ciências e áreas de conhecimento, entre as quais estão as ciências jurídicas, com o objetivo de escolher o mais adequado direito penal e o sistema punitivo para cada época. Os erros do passado foram muitos, mas é inegável a alteração do quadro das punições para formas mais civilizadas, embora não se tenha atingido um sistema perfeito – e possivelmente nunca se chegará a 100% de acerto. Parece-nos acertada a visão de HERMANN MANNHEIM ao apontar que crime é, sem dúvida, um conceito legal, mas conceituá-lo demanda mais que uma simples noção formal, sendo preciso complementá-la pela ajuda de outras ciências não jurídicas, do controle social do comportamento humano. Seria insatisfatório afirmar ser crime o que é punível pelo direito penal; é preciso indagar por que esse comportamento e não aquele. Para tanto, torna-se preciso observar as normas religiosas, consuetudinárias e morais, para se descobrir que, embora o delito não seja coincidente com a conduta violadora das normas religiosas ou dos costumes, ambas as realidades estão conectadas às normas jurídicas, quer inspirando o legislador, quer sendo por ele influenciadas.[10]

Além disso, o crime, como uma infração grave a um interesse protegido, merecedor de uma sanção severa, nunca deixará de existir e é por isso que se pode dizer constituir o delito algo natural, parte dos conflitos emergentes em sociedade.[11] Somente em uma comunidade de entes angelicais, logo seres perfeitos, poder-se-ia afirmar não mais haver crime de espécie alguma, visto que todos respeitariam os outros e ninguém lesaria qualquer interesse alheio.

2.1 Repercussão social e os meios de comunicação

Vive-se, atualmente, a época da globalização, com um mundo cada vez mais sem fronteiras, ao menos econômicas e comunicativas, colhendo-se os

---

9 O direito penal é uma formação sociológica natural em cada momento da sua evolução e tende a refletir o critério ético predominante na sociedade. Nele se coordenam, sob o amparo político do Estado, as funções defensivas contra os indivíduos antissociais, cuja conduta compromete a vida ou os meios de vida de seus semelhantes. Constitui uma garantia recíproca para o livre desenvolvimento da atividade individual (JOSÉ INGENIEROS, *Criminología*, p. 43)

10 *Criminologia comparada*, p. 109.

11 "Em primeiro lugar, o crime é normal porque seria inteiramente impossível uma sociedade que se mostrasse isenta dele. Como mostramos noutra parte, consiste o crime num ato que ofende certos sentimentos coletivos dotados de energia e nitidez particulares" (DURKHEIM, *As regras do método sociológico* p. 58).

pontos positivos e negativos dessa situação. É inquestionável que os órgãos de comunicação, antes limitados a jornais e revistas, ampliaram a sua linha de ação por meio do rádio e da televisão e deram um salto imenso com o advento da internet, por meio das inúmeras redes sociais, trazendo a facilidade de comunicação praticamente instantânea entre pessoas situadas nas mais diversas localidades do planeta.

Critica-se a mídia, porque muitos de seus gestores atuam de maneira considerada *parcial*, divulgando apenas notícias relativas a fatos que lhes interessam de algum modo, entretanto, não é crível que todos os meios de comunicação atuem exatamente da mesma maneira e irmanados num só ideal, seja ele qual for. Portanto, existem inúmeros caminhos para a notícia transitar e os fatos serem comunicados à sociedade em todo o mundo, devendo o espectador, o leitor ou o ouvinte desenvolverem o seu espírito crítico, filtrando o conteúdo do que lhe chega ao conhecimento. Assim sempre ocorreu e continuará acontecendo.

Por certo, afora os grandes veículos de comunicação, que se manifestam por rádio e televisão, atingiu-se o estágio reservado à rede mundial de computadores, em que, igualmente, essas empresas estão presentes, mas, atuando com muita intensidade, encontram-se redes sociais e a comunicação entre os internautas. Torna-se um mecanismo de controle mais eficiente da informação e da constatação de sua eventual manipulação, porém, criou-se o fenômeno denominado *fake news*, consistindo no disparo de notícias falsas sobre variados temas, envolvendo desde a ocorrência de um fato, passando pela cura de uma enfermidade até atingir comentários variados sobre qualquer assunto. Em suma, a divulgação de notícias autênticas convive, atualmente, com as inverdades lançadas por meio da internet, aptas a atingir inúmeros destinatários ao mesmo tempo.

Esse universo de *fake news* tem gerado preocupação por parte de governos, associações, veículos de grande imprensa, empresas, universidades, enfim, entes que procuram trabalhar com a transmissão de notícias verdadeiras, embora possam ser interpretadas e valoradas pelos seus divulgadores. Pende-se entre a censura e a assimilação das inverdades lançadas na rede mundial de computadores, tendo por mecanismos de controle, por vezes, o Judiciário de cada país, para efeito de punir um crime ou gerar uma indenização por danos à imagem de alguma pessoa física ou jurídica. Não se chegou a um consenso e se está longe de atingir o ponto ideal. Porém, não se interromperá a comunicação e as notícias acerca de fatos em geral continuarão a ser veiculadas.

Objetivamos apontar o relevo da mídia para divulgar o que acontece mundo afora, cabendo a filtragem das notícias e o senso crítico de quem as recebe. De nada adianta simplesmente depreciar, degradar e desacreditar fatos relativos à divulgação de crimes acontecidos no Brasil e no resto do mundo, como se fosse a manipulação midiática a causadora direta da construção de um sistema punitivo injusto de poder, massacrando a pobreza e as minorias e gerando a constituição de uma infinidade de infrações penais artificiais, inúteis e até mesmo desprezíveis.

Não há como dissociar a divulgação da ocorrência de um ou mais delitos da valoração dessa notícia por quem a veicula; afinal, verdades e mentiras convivem com opiniões e pareceres, cabendo a cada um submeter o conteúdo recebido a um controle pessoal. Esse cenário não se dá apenas no âmbito de transmissão à sociedade das infrações penais, mas, igualmente, no tocante a diversos outros temas.[12]

Nem tudo é falso, nem tudo é autêntico, mas os fatos precisam ser do conhecimento público. Ademais, uma das relevantes fontes, de onde o Parlamento (não somente o brasileiro) extrai dados para constatar a gravidade de certa conduta e a *repercussão social* por ela experimentada, é justamente a das notícias veiculadas pela mídia, considerada esta como o conjunto de todos os meios de comunicação. Não se trata, pois, de *gostar* ou *desgostar* da informação passada sobre determinado acontecimento; cuida-se de uma notícia e precisa ser transmitida. Pode-se, isto sim, apreciar ou criticar o modo como certos operadores da mídia interpretam ou valoram a referida informação. Mas contra a notícia divulgada de maneira *tendenciosa* para qualquer lado, há sempre a viabilidade de existir a contrariedade, advinda de pessoas ou instituições, de modo a apontar os outros lados da mesma questão.

O crime, em sua essência, muitas vezes, nasce da informação acerca da ocorrência de um fato, apto a gerar comoção social e provocar temor pela sua reiteração, se o Estado não tomar alguma providência para a criminalização daquela conduta. Por certo, imagina-se que, tornando-se delito algum chocante acontecimento, ele não torne a ocorrer; ao menos não aconteça novamente em curto espaço de tempo; talvez, deixe de ocorrer com frequência, enfim, a existência da figura criminosa *pode* ser um fator inibitório para a recidiva. Ainda que não seja, na prática, torna-se quase impossível delimitar

---

[12] Registre-se o que tem ocorrido nos anos de 2020 e 2021 quanto à pandemia de covid-19, com a divulgação de incontáveis notícias acerca do número de infectados, das maneiras de transmissão da enfermidade e em relação às formas de prevenção. Além disso, as opiniões variadas quanto à eficácia de certos medicamentos e, também, quanto às vacinas surgidas na época. De maneira similar ocorre quando crimes graves acontecem: emergem opiniões e valorações diversas quanto às punições merecidas, se há impunidade ou não, bem como se o direito penal tem atendido à sociedade.

com acerto se a criação da figura criminosa seria capaz, ou não, de impedir novas ocorrências ou, pelo menos, diminuir a sua frequência.

Algumas vozes criticam a edição de determinada lei, afirmando que foi rigorosa e, nem por isso, o crime nela previsto desapareceu; por vezes, apontam que continuam a existir casos; noutras, indicam que até houve a elevação do seu índice de ocorrência. Ocorre que inexistem dados concretos de que, ausente aquela lei, o número de acontecimentos *daquele* crime não teria disparado e subido muito mais do que se poderia imaginar. Ademais, o aumento da criminalidade não está estreitamente vinculado à edição de lei penal incriminadora, pois existem inúmeros fatores para isso. Por vezes, o crescimento da população, o alargamento das cidades, a elevada concentração de pessoas, o incremento da desigualdade econômico-social e diversos outros elementos levam ao aumento da prática de certo delito e, por vezes, pode-se argumentar, sem a lei incriminadora os níveis de crescimento da infração penal seriam ainda maiores.

A mídia tem o dever de informar a população e, conforme as notícias e todas as consequências valorativas daí advindas, pode-se levar o Parlamento a criar uma nova lei penal. É o conceito material de delito: a voz captada da sociedade levando à criminalização de alguma conduta, ou, alterando-se a punição para alguma conduta já existente como delito.

Na visão de ENRICO FERRI, a consciência pública é ferida pelo cometimento de um crime, gerando *alarme*, quando se constata a falta de vigilância e proteção onde a infração foi praticada, por vezes com audácia, podendo provocar, pelo contágio do exemplo, a ação de outros bandidos ou pessoas mal-intencionadas, encorajando-os a praticar ações criminosas similares.[13] Poderia ser um pensamento a justificar, mais adiante, a teoria sociológica da associação diferencial, apontando o aprendizado do delito de uma pessoa para outra. De toda forma, tal processo desperta o temor da sociedade e esse *alarme social* pode acarretar um recado ao legislador, seja para criminalizar certa conduta, seja para alterar a punição do que já existe. O cometimento de práticas consideradas indesejadas e audaciosas, para ferir interesse próprio ou da comunidade, pode despertar a tipificação do delito.

Em suma, a maneira pela qual a sociedade toma conhecimento do que acontece ao seu redor, no mundo, decorre da atuação da mídia, por todos os atuais meios de comunicação, e qualquer tentativa de a controlar – mesmo

---

[13] *Princípios de direito criminal*, p. 1.

no caso da disseminação de *fake news*[14] – torna-se um grave problema, pois pode ensejar o advento da censura, tão indesejada em países democráticos. Portanto, deve-se conviver com a divulgação da ocorrência de crimes, como qualquer outra notícia, acompanhada, por certo, dos comentários e opiniões.

2.2 Os fatos e a sua transformação em figuras delitivas

Os fatos podem levar à criminalização de condutas, representando o nascimento da figura delitiva em decorrência do que a sociedade considera assim devido. Por certo, quem capta e interpreta esse desejo é o Congresso Nacional, pelos representantes eleitos, nos termos de organização da democracia brasileira, mas, igualmente, como ocorre em várias outras partes do mundo.

O objetivo de criminalização de uma conduta tem variadas fontes. Pode resultar de um fato concreto, gerador de prejuízo a alguém, causando comoção social, amplamente divulgada pela mídia, situação apta a repercutir no Parlamento; pode advir de interesses de empresas, quanto a certos tipos de delitos, como ocorre com várias figuras incriminadoras buscando preservar o patrimônio; tem como surgir de interesses defendidos e suscitados, em palestras, debates e eventos, produzidos por ONGs, em prol do meio ambiente, dos animais, dos idosos, dos deficientes, do combate à corrupção, do consumidor, entre outros; pode resultar de *lobbies* de grupos específicos, como a defesa do sigilo bancário ou da renda, a preservação de determinada área terrestre, marítima ou fluvial, o direito de ter arma de fogo e/ou porte dessa arma; pode obter a sua fonte direta em texto constitucional, determinando a tipificação de crimes de discriminação racial (art. 5º, XLII, CF), da tortura, do tráfico ilícito de drogas, do terrorismo e de delitos hediondos (art. 5º, XLIII, CF), da ação de grupos armados, civis ou militares, contra a ordem constitucional e o Estado Democrático (art. 5º, XLIV, CF); pode resultar de fonte indireta em texto constitucional, como a necessidade de preservar a inviolabilidade de domicílio (art. 5º, XI, CF), criminalizando a invasão de domicílio e o abuso de autoridade para o mesmo fim, garantir a inviolabilidade de correspondência e outras formas de comunicação (art. 5º, XII, CF), tornando crimes a

---

[14] Sobre as *fake news*, tem-se debatido várias formas para controlar a disseminação de notícias falsas que podem, inclusive, gerar consequências graves em diversos setores, como, por exemplo, nos cenários da segurança e da saúde públicas. Porém, ainda não se descobriu a fórmula ideal de equilíbrio entre a liberdade de expressão e a censura. Quanto à divulgação de delitos, nem sempre se dá no contexto de qualquer notícia falsa; o que incomoda parcela dos criminólogos é o alegado sensacionalismo, que geraria o denominado *pânico moral*. Mesmo assim, cabe à fonte criadora do crime – o Legislativo –, ao menos, filtrar o que realmente importa à sociedade.

interceptação telefônica, a violação de correspondência e de equipamento de computação, assegurar a inviolabilidade da intimidade, da vida privada, da honra e da imagem das pessoas (art. 5º, X, CF), tipificando os delitos contra a honra e outras formas invasivas da privacidade. Em suma, independentemente de juízo de valor, quanto ao surgimento de um tipo penal incriminador, na maioria das vezes, ele emerge de um fato ou evento, norteando os projetos de lei no Congresso Nacional. Ocasionalmente, há os delitos desapegados de fatos concretos, surgindo da vontade de parlamentares, cuja inspiração nasce de legislação estrangeira ou de alguma situação peculiar, sem amplo assentimento popular. Geralmente, esses crimes são ignorados pela sociedade e aplicados, na prática, de forma rara.

Há situações peculiares advindas de casos concretos, submetidos a julgamento pelo Judiciário, que terminam em condenação por adequação típica a certo crime, aparentando ter sido excessiva a punição; noutras vezes, a inserção em tipo penal diverso termina representando uma punição extremamente branda. É daí que o Parlamento pode retirar dados para criar um tipo penal intermediário, contendo uma punição considerada o meio-termo entre o que antes ocorria.[15]

Nos subitens abaixo, pretendemos mencionar alguns exemplos – e não esgotar o tema – demonstrativos da captação da *voz da sociedade* pelo Parlamento, provocando inúmeras modificações no ordenamento jurídico penal. Algumas alterações são importantes e úteis; outras, infelizmente, provocam incongruências e danos colaterais. Há, também, a descriminalização de situações, antes consideradas delituosas, que, no entanto, perdem a sua legitimidade e a razão de ser, merecendo a sua supressão no campo penal. Por vezes, o Parlamento promove correções nos tipos, alterações na sanção, enfim, busca adequar o direito penal à necessidade presente da sociedade. Todos esses movimentos são as fontes justificadoras do surgimento de crimes, algo que não pode ser simplesmente ignorado pela criminologia. Fazê-lo, invocando apenas teorias políticas, invocando temas ideológicos extremados, como o abolicionismo busca operar, não auxilia a política criminal do país. Bem maior faz o movimento realista,[16] que indica a participação dos criminólogos em comissões e agências governamentais para incentivar a produção de leis penais e processuais penais mais adequadas e coerentes com a realidade brasileira.

---

15 Essa situação ocorreu no contexto de crimes contra a dignidade sexual, como será exposto no próximo subitem.

16 *Vide* o trabalho de Roger Matthews (*Criminología realista*, item 9 do Capítulo IV).

2.2.1 Fatos geradores de delitos contra a dignidade sexual e outras alterações

Recordemos, de início, o exemplo do beijo lascivo[17] conseguido à força da vítima. Surgiam as vozes para tipificar essa conduta como estupro, conforme disposto pelo art. 213 do Código Penal ("constranger alguém, mediante violência ou grave ameaça, a ter conjunção carnal ou a praticar ou permitir que com ele se pratique outro ato libidinoso: Pena – reclusão, de 6 [seis] a 10 [dez] anos") e outras tantas alegando ser excessiva a punição, de modo que mais adequado seria adequar ao art. 61 da Lei das Contravenções Penais ("importunar alguém, em lugar público ou acessível ao público, de modo ofensivo ao pudor: Pena – multa"). Muito tempo se debateu o tema, variando os julgamentos entre uma reclusão de seis anos e uma singela multa. Arrastou-se a discussão jurídica, até o momento em que um sujeito ingressou num ônibus em São Paulo e ejaculou numa mulher, em setembro de 2017. Solto, dias depois esfregou o pênis em outra mulher, também num coletivo.[18] Retornou-se à tipificação adequada: delito hediondo de estupro ou mera contravenção de importunação do pudor? Não se pretende ingressar nessa controvérsia. Porém, a ampla divulgação dos fatos gerou comoção social e causada, naturalmente, pela mídia, pois é o instrumento responsável por fazer a notícia chegar a vários cantos do Brasil (e do mundo). O legislador captou o fato, dessa vez, modificando o Código Penal para incluir o art. 215-A ("praticar contra alguém e sem a sua anuência ato libidinoso com o objetivo de satisfazer a própria lascívia ou a de terceiro: Pena – reclusão, de 1 [um] a 5 [cinco] anos, se o ato não constitui crime mais grave") por meio da Lei 13.718, de 24 de setembro de 2018. É uma boa ilustração de como *nasce* uma figura delituosa, espelhando o conceito material de crime. Àqueles que supõem ser ato isolado, que

---

17 Acompanhando o beijo lascivo havia outras situações recorrentes, como o toque libidinoso nos seios da mulher ou em órgãos genitais da vítima, com violência, mesmo que física e passageira; havia a situação denominada *frotteurismo*, significando a excitação sexual resultando do ato de esfregar o órgão genital no corpo alheio, geralmente de pessoa desconhecida e sem retirar a roupa, o que acontecia (e acontece) nos transportes públicos lotados, havendo uma coação física na atitude, sem que a vítima consiga se livrar de imediato da conduta atrevida.

18 Disponível em: <https://g1.globo.com/sao-paulo/noticia/homem-e-preso-suspeito-de-ato-obsceno-contra-mulher-em-onibus-3-caso-em-sp.ghtml>. Acesso em: 14 fev. 2021. E também (sobre o debate acerca da tipificação): <https://www.bbc.com/portuguese/brasil-41115869>. Acesso em: 14 fev. 2021.

não torna a ocorrer, podem verificar em pesquisas na internet tratar-se de crime recorrente, por conta de transtorno parafílico.[19]

Duas considerações nos parecem ser relevantes: (a) não é a tipificação de uma conduta como crime, prevendo esta ou aquela pena, que elimina a prática da face da Terra; nunca foi assim e jamais será; (b) para quem considera que os transtornos de personalidade nunca devem ser analisados como causas do crime, podem rever seus posicionamentos, ao menos em parte.[20]

Lembremos que a correção legal feita, ao criar o tipo penal do art. 215-A do Código Penal, teve o propósito de sanar um debate jurídico de tipificação entre estupro e importunação ao pudor (esta contravenção, inclusive, foi revogada pela mesma lei criadora do referido art. 215-A).

Os eventos da vida são capazes de passar desapercebidos como podem gerar comoção à sociedade, pouco importando se essa agitação popular advém de divulgação da mídia ou foi produzida em certa comunidade, expandindo-se de boca em boca ou, atualmente, pelas redes sociais. A emoção agigantada produzida pode ser em virtude de um caso sensível, espelhando a boa ação de alguém e simbolizando um fato considerado positivo, como pode originar-se de ocorrência destrutiva, prejudicial aos interesses de várias pessoas e geradora de raiva e ódio – sentimentos humanos, que podem não ser os ideais, mas são reais. Essas hipóteses destrutivas, se não figurarem como crimes, podem levar o Legislativo a criar essa infração penal. Caso já constitua delito, pode conduzir os parlamentares a revisar a pena, por vezes, elevando-a. Critica-se o denominado *direito penal midiático* ou até mesmo o *direito penal simbólico*, embora seja ele legítimo, pois é oriundo do Parlamento, pelo processo democrático, constitucionalmente previsto. De nossa parte, não concordamos com muitas leis penais editadas no Brasil e, para isso, promovemos as devidas críticas e sugestões de aperfeiçoamento do sistema punitivo, mas não nos soa correto deslegitimar todo o direito penal e as punições existentes, pregando

---

[19] Voltou a acontecer em 2019 e em 2020 (possivelmente mais vezes em outros lugares e épocas): Disponível em: <https://g1.globo.com/ba/bahia/noticia/2020/01/27/homem-e-preso-em-flagrante-apos-ejacular-em-mulher-dentro-de-onibus-coletivo-de-salvador.ghtml>. Acesso em: 14 fev. 2021. Ver também: <https://jornaldebrasilia.com.br/nahorah/militar-e-preso-apos-ejacular-em-mulher-no-onibus/>. Acesso em: 14 fev. 2021. Igualmente: <https://catracalivre.com.br/cidadania/homem-ejacula-em-mulher-dentro-de-onibus-no-rio-e-e-preso/>. Acesso em: 14 fev. 2021.

[20] Há condutas sexualmente indignas em todos os setores da sociedade, inclusive dentro do Parlamento, como ocorreu em caso concreto no Estado de São Paulo, ainda objeto de apreciação e julgamento. O debate se concentra em torno de toques de um deputado em partes íntimas de uma deputada, durante uma sessão, situação filmada e transmitida por vários meios de comunicação e redes sociais. Em tese, estaria configurado o crime do art. 215-A do Código Penal.

soluções fictícias, pois não existentes em lugar algum do mundo, ou oferecer respostas sem a menor chance de realização.

Levando em conta, ainda, a Lei 13.718/2018, nasceu o tipo penal previsto no art. 218-C do Código Penal, depois que houve um estupro coletivo de uma jovem, divulgado pela internet.[21] Certamente, o crime de estupro já existia, mas a divulgação do acontecimento necessitava de uma figura específica, assim como o legislador aproveitou a oportunidade para criar mais uma causa de aumento, justamente ligada ao estupro coletivo.

Por isso, dispõe o referido art. 218-C (divulgação de cena de estupro ou de cena de estupro de vulnerável, de cena de sexo ou de pornografia) o seguinte: "oferecer, trocar, disponibilizar, transmitir, vender ou expor à venda, distribuir, publicar ou divulgar, por qualquer meio – inclusive por meio de comunicação de massa ou sistema de informática ou telemática –, fotografia, vídeo ou outro registro audiovisual que contenha cena de estupro ou de estupro de vulnerável ou que faça apologia ou induza a sua prática, ou, sem o consentimento da vítima, cena de sexo, nudez ou pornografia: Pena – reclusão, de 1 (um) a 5 (cinco) anos, se o fato não constitui crime mais grave". Segundo consta, fazia parte de quem divulgou o vídeo a pessoa com a qual a vítima mantinha relação afetiva. Criou-se, então, a causa de aumento do § 1º: "a pena é aumentada de 1/3 (um terço) a 2/3 (dois terços) se o crime é praticado por agente que mantém ou tenha mantido relação íntima de afeto com a vítima ou com o fim de vingança ou humilhação". Finalmente, houve divulgação do vídeo, por diversos meios de comunicação, para mostrar a gravidade do fato e editou-se uma causa de exclusão da ilicitude: "§ 2º Não há crime quando o agente pratica as condutas descritas no *caput* deste artigo em publicação de natureza jornalística, científica, cultural ou acadêmica com a adoção de recurso que impossibilite a identificação da vítima, ressalvada sua prévia autorização, caso seja maior de 18 (dezoito) anos".

Observando-se ter havido um estupro coletivo divulgado – chocando a opinião pública – acrescentou-se uma causa de aumento especial, constante do art. 226, IV, *a*, do Código Penal: "de 1/3 (um terço) a 2/3 (dois terços), se o crime é praticado: [...] mediante concurso de 2 (dois) ou mais agentes".

Além disso, houve, ainda, ocorrências, noticiadas pela mídia, acerca de estupros, denominados *corretivos*, ocorridos contra mulheres lésbicas, praticados por homens, com a pretensa finalidade de lhes mostrar o *caminho*

---

[21] Disponível em: <http://g1.globo.com/rio-de-janeiro/noticia/2016/05/vitima-de-estupro-coletivo-no-rio-conta-que-acordou-dopada-e-nua.html>. Acesso em: 14 fev. 2021.

adequado para uma relação sexual.[22] Estipulou-se uma causa de aumento específica no art. 226, IV, *b*: "de 1/3 (um terço) a 2/3 (dois terços), se o crime é praticado: [...] para controlar o comportamento social ou sexual da vítima."

Outros fatos reais, registrados e divulgados pela mídia, relacionaram-se à exposição da intimidade sexual de pessoas. Tais situações começaram a ocorrer pela facilidade de filmagem proporcionada pelos aparelhos celulares, associada à desonestidade de pessoas integrantes de cenas sexuais ou pelo prazer de se vangloriar de ter mantido qualquer ato libidinoso com alguém. Criou-se, então, o delito de *registro não autorizado da intimidade sexual*, constante do art. 216-B do Código Penal: "produzir, fotografar, filmar ou registrar, por qualquer meio, conteúdo com cena de nudez ou ato sexual ou libidinoso de caráter íntimo e privado sem autorização dos participantes: Pena – detenção, de 6 (seis) meses a 1 (um) ano, e multa. Parágrafo único. Na mesma pena incorre quem realiza montagem em fotografia, vídeo, áudio ou qualquer outro registro com o fim de incluir pessoa em cena de nudez ou ato sexual ou libidinoso de caráter íntimo" (incluído pela Lei 13.772/2018).

Novamente, aprecie-se ou não a criação de uma inédita figura típica incriminadora, ela pode ter-se originado de *fatos verídicos* e não de um ambiente fictício ou da invenção de alguma mente. Não descartamos os chamados *crimes importados*, representativos de tipificações advindas de exemplos de delitos existentes em algum outro país, que não guardam exata correspondência com as necessidades brasileiras. Pode-se, por certo, criticar, embora, pelo princípio da legalidade, deve-se respeitar.

2.2.2 Fatos geradores de delitos contra o patrimônio e outras alterações

O crime nasce, também, por interesses de alguns grupos empresariais, por haver a credulidade de que a lei penal, por vezes elevando a sanção, possa frear a elevação da criminalidade em determinado setor. É a busca da finalidade preventiva geral negativa (fator intimidativo), que se encontra entranhada na mente de muitas pessoas leigas. Isso aconteceu, por exemplo, em 1996, quando muitos furtadores levaram veículos para fora do país, particularmente para o Paraguai, onde eram vendidos e regularizados. Daí despontou o *lobby* das companhias de seguro, surgindo uma das qualificadoras do furto: "§ 5º A pena é de reclusão de três a oito anos, se a subtração for de veículo automotor que venha a ser transportado para outro Estado ou para o exterior" (incluído pela Lei 9.426/1996).

---

22 Como exemplo de estupro corretivo, *vide* texto disponível em: <https://g1.globo.com/sp/piracicaba-regiao/noticia/2021/01/26/homem-e-preso-suspeito-de-dopar-e-cometer-estupro-corretivo-contra-amiga-homossexual-em-mombuca.ghtml>. Acesso em: 14 fev. 2021.

Não há dados oficiais indicativos da subtração de veículos no Brasil, sendo levados para outro país, como o Paraguai, entre os anos 1996 e a presente data, a fim de se checar o grau de eficiência – ou não – da inserção dessa qualificadora. Porém, parece-nos ser desnecessária, bastando que o julgador valorasse esse relevante aspecto das *consequências do crime* (art. 59, CP) para aplicar a pena-base mais elevada, tendo em vista a maior dificuldade da vítima de localizar e ter a oportunidade de reaver o bem subtraído (mesmo se for a seguradora, que arcou com o prêmio em relação ao segurado). De qualquer modo, a situação fática existe e gera prejuízos consideráveis a quem tem o seu automóvel levado para outro país (ou outro Estado).[23]

Em 2016, por meio da Lei 13.330, criou-se outra qualificadora para o furto, no art. 155, § 6º: "a pena é de reclusão de 2 (dois) a 5 (cinco) anos se a subtração for de semovente domesticável de produção, ainda que abatido ou dividido em partes no local da subtração". Denominada de "Lei do Abigeato", cujo significado é a subtração de gado, termina por envolver bovinos, ovinos, suínos, caprinos etc. As reclamações de fazendeiros, no tocante à maior incidência de furtos (e alguns roubos) de gado, por todo o Brasil, repercutiram no Congresso Nacional e a qualificadora foi incluída no cenário do crime de furto.[24] Várias reportagens e julgados espelham o volume dessa espécie de furto, afirmando-se que, no contexto do Rio Grande do Sul, as operações policiais conseguiram em dois anos de vigência da nova lei encontrar 34 associações criminosas e efetuar mais de duzentas prisões.[25] Aproveitando-se o ensejo, surgiu, igualmente, a receptação de animais, afinal, quem subtrai o gado precisa passá-lo, como regra, adiante, para o abate e a distribuição. Trata-se do art. 180-A: "adquirir, receber, transportar, conduzir, ocultar, ter em depósito ou vender, com a finalidade de produção ou de comercialização, semovente domesticável de produção, ainda que abatido ou dividido em partes, que deve saber ser produto de crime: Pena – reclusão, de 2 (dois) a 5 (cinco) anos, e multa".

---

23 Disponível em: <http://g1.globo.com/bom-dia-brasil/noticia/2010/12/roubo-de-carros--alimenta-trafico-de-drogas-e-armas-no-paraguai.html>. Acesso em: 15 fev. 2021.

24 Furto de gado ocorrido em dezembro de 2020. Disponível em: <https://www.canalrural.com.br/noticias/pecuaria/boi/funcionarios-fazenda-presos-flagrante-furto-de-gado/>. Acesso em: 15 fev. 2021. Ocorrência de subtração de gado de janeiro de 2021. Disponível em: <https://www.canalrural.com.br/noticias/policia-recupera-100-cabecas-de-gado-furtadas--em-fazendas-de-minas-gerais/>. Acesso em: 15 fev. 2021. Furto de porcos em novembro de 2020. Disponível em: <http://rdplanalto.com/noticias/48286/oito-pessoas-sao-presas--por-furtar-porcos-vivos-de-caminhao-estragado-em-cruz-alta>. Acesso em: 15 fev. 2021.

25 Sobre a chamada Lei do Abigeato, *vide* texto disponível em: <https://www.jornaldocomercio.com/_conteudo/opiniao/2018/10/651695-dois-anos-da-lei-do-abigeato.html>. Acesso em: 15 fev. 2021.

Entretanto, a edição de um novo tipo penal termina por atingir subtrações de menor importância, como o furto de galinhas, antes considerado, por muitos, conforme o caso, um crime de bagatela, logo, até mesmo fato atípico. Mas, atualmente, cuida-se de furto qualificado e muitos julgados não admitem a aplicação do princípio da insignificância para as formas qualificadas do delito. Então, o furto de um porco ou de uma galinha já é suficiente para qualificar o furto, pois a qualificadora não especifica o número de animais. A mesma situação bizarra pode ocorrer no quadro da receptação de um só animal. Desse modo, a receptação de uma joia de elevado valor pode incidir na figura do *caput* do art. 180, cuja pena é de reclusão de um a quatro anos, e multa. Levando-se em conta a pena mínima, adquirir um porco furtado gera uma penalidade de dois anos de reclusão, ao passo que a receptação da joia pode provocar a pena de um ano de reclusão, precisamente a metade.

Para remediar fatos concretos, que podem ser graves - como o furto de muitas cabeças de gado - gerando um prejuízo elevado à vítima, cria-se uma nova qualificadora, cuja taxatividade leva a abranger várias outras situações muito mais simples e de parca lesividade. Nota-se, portanto, que o conceito material do delito tem suas bases, como já mencionado linhas acima, em grupos de pessoas ou empresas e não necessariamente em larga extensão da sociedade. Além disso, havendo uma detalhada individualização da pena, poderia ser simplesmente desnecessária essa novidade, pois o julgador avaliaria o caso concreto e elevaria a penalidade de quem subtraísse um volume considerável de semoventes. Enfim, para isso existem fatores individualizadores no art. 59 do Código Penal, sem haver a indispensabilidade de figuras qualificadoras, generalizando os casos.

Há vários anos, iniciou-se um novo formato para o furto em bancos: explodir caixas eletrônicos, levando o dinheiro. Para tanto, associações criminosas bloquearam ruas em pequenas cidades, fecharam estradas, incendiaram carros, bloquearam a entrada de quartéis da Polícia Militar, trocaram tiros, agiram fortemente armados, enfim, geraram várias situações de perigo comum, causaram a morte de policiais e de pessoas inocentes, além de provocarem mortes dos próprios agentes criminosos. Esses fatos se tornaram de conhecimento nacional, por informações transmitidas pela mídia e por redes sociais e são situações concretas, nada criado ou valorado negativamente por alguém.[26] Nesse cenário, realmente, aguardava-se ação do Parlamento, que veio pela edição da Lei 13.654/2018.

---

[26] São exemplos: Explosão em vários bancos e fechamento de estradas em Campos do Jordão-SP. Disponível em: <https://g1.globo.com/sp/vale-do-paraiba-regiao/noticia/2018/12/24/

Foram incluídas duas qualificadoras no crime de furto: "§ 4º-A A pena é de reclusão de 4 (quatro) a 10 (dez) anos e multa, se houver emprego de explosivo ou de artefato análogo que cause perigo comum"; "§ 7º A pena é de reclusão de 4 (quatro) a 10 (dez) anos e multa, se a subtração for de substâncias explosivas ou de acessórios que, conjunta ou isoladamente, possibilitem sua fabricação, montagem ou emprego".

A mesma lei incluiu, no contexto do roubo, o inciso VI no § 2º do art. 157 (mais uma causa de aumento): "se a subtração for de substâncias explosivas ou de acessórios que, conjunta ou isoladamente, possibilitem sua fabricação, montagem ou emprego". Além disso, criou-se, também, a causa de aumento de 2/3, no § 2º-A, inciso II, "se há destruição ou rompimento de obstáculo mediante o emprego de explosivo ou de artefato análogo que cause perigo comum".

A conjuntura dos graves ataques a caixas eletrônicos, com o uso de explosivos, levou à modificação, também, da Lei 7.102/1983 (que dispõe sobre segurança para estabelecimentos financeiros), incluindo o art. 2º-A, nos seguintes termos: "as instituições financeiras e demais instituições autorizadas a funcionar pelo Banco Central do Brasil, que colocarem à disposição do público caixas eletrônicos, são obrigadas a instalar equipamentos que inutilizem as cédulas de moeda corrente depositadas no interior das máquinas em caso de arrombamento, movimento brusco ou alta temperatura. § 1º Para cumprimento do disposto no *caput* deste artigo, as instituições financeiras poderão utilizar-se de qualquer tipo de tecnologia existente para inutilizar as cédulas de moeda corrente depositadas no interior dos seus caixas eletrônicos, tais como: I – tinta especial colorida; II – pó químico; III – ácidos insolventes; IV – pirotecnia, desde que não coloque em perigo os usuários e funcionários que utilizam os caixas eletrônicos; V – qualquer outra substância, desde que não coloque em perigo os usuários dos caixas eletrônicos. § 2º Será obrigatória a instalação de placa de alerta, que deverá ser afixada de forma visível no caixa

---

criminosos-explodem-agencias-bancarias-em-campos-do-jordao.ghtml>. Acesso em: 15 fev. 2021. Reportagem Reuters (abril de 2019). Disponível em: <https://epocanegocios.globo.com/Empresa/noticia/2019/04/explosao-de-caixas-eletronicos-vira-rotina-no-brasil-e-desafia-bancos.html>. Acesso em: 15 fev. 2021. Explosão de caixas em Salvador (dezembro de 2020). Disponível em: <https://g1.globo.com/ba/bahia/noticia/2020/12/24/caixa-eletronico-e-explodido-em-frente-a-mercado-no-bairro-de-valeria-em-salvador.ghtml>. Acesso em: 15.02.2021. Explosão em caixas e carros incendiados no Rio de Janeiro (dezembro de 2020). Disponível em: <https://www.cnnbrasil.com.br/nacional/2020/12/04/rj-tem-madrugada-de-explosao-de-caixas-eletronicos-e-carros>. Acesso em: 15 fev. 2021. Várias explosões no Paraná. Disponível em: <https://cbncuritiba.com/parana-e-o-quarto-estado-com-o-maior-numero-de-explosoes-e-arrombamentos-de-caixas-eletronicos-diz-sindicato/>. Acesso em: 15 fev. 2021.

eletrônico, bem como na entrada da instituição bancária que possua caixa eletrônico em seu interior, informando a existência do referido dispositivo e seu funcionamento. § 3º O descumprimento do disposto acima sujeitará as instituições financeiras infratoras às penalidades previstas no art. 7º desta Lei. § 4º As exigências previstas neste artigo poderão ser implantadas pelas instituições financeiras de maneira gradativa, atingindo-se, no mínimo, os seguintes percentuais, a partir da entrada em vigor desta Lei: I – nos municípios com até 50.000 (cinquenta mil) habitantes, 50% (cinquenta por cento) em nove meses e os outros 50% (cinquenta por cento) em dezoito meses; II – nos municípios com mais de 50.000 (cinquenta mil) até 500.000 (quinhentos mil) habitantes, 100% (cem por cento) em até vinte e quatro meses; III – nos municípios com mais de 500.000 (quinhentos mil) habitantes, 100% (cem por cento) em até trinta e seis meses."

Observa-se a tomada de atitude pelo Parlamento não apenas no campo criminal, mas, igualmente, no setor preventivo e da segurança, para contribuir com a tipificação de novas medidas penais. Cuida-se da promoção de ações da sociedade, pelos seus representantes, para sanar problemas detectados no cotidiano das cidades brasileiras.

As ocorrências da vida real provocam comoção social e incitam o legislador a agir, criando tipos penais ou inéditas qualificadoras (ou causas de aumentos de pena) para infrações penais já conhecidas. Eis o nascimento de um crime ou de uma modificação na estrutura típica advinda dos reclamos sociais.

2.2.3 Fatos geradores e falhas legislativas

A Constituição Federal determinou que o legislador promovesse a definição dos delitos classificados como hediondos (o que se denomina de *mandado de criminalização*), apontando como consequências a inafiançabilidade e a inviabilidade de graça ou anistia. Não fixou outras limitações, restrições ou consequências, mas o legislador ordinário ficou livre para idealizar alguma outra forma de tratamento mais rigoroso.

Havia uma base constitucional para que houvesse uma lei centrada em delitos hediondos, classificando-os e especificando como deveriam ser tratados pela justiça criminal. Entretanto, a primeira edição da Lei 8.072/1990 não apresentou a coerência devida, prevendo crimes incabíveis à nomenclatura de *hediondos*, ao mesmo tempo que olvidou figuras incriminadoras relevantes. Na primeira versão, incluiu-se o crime de envenenamento de água potável (art. 270, CP), que é um delito raríssimo e jamais deveria ter constado nessa lista, tanto que agora foi excluído. Por outro lado, não se inseriu o homicídio, em qualquer de suas formas, um autêntico contrassenso. Não se respeitou o conceito material de crime para formar a listagem dos crimes hediondos; alguns estudiosos do tema indicam que a lista foi formada aleatoriamente, com o objetivo maior de incluir a extorsão mediante sequestro, um delito cometido com certa frequência no início dos anos 1990. Com o passar do tempo, a lista dos crimes hediondos foi revista e, muitos tipos, acrescentados. Quanto à inclusão do homicídio, especialmente na sua forma qualificada, decorreu de comoção social. Em final de 1992, uma atriz foi assassinada por um colega de novela.[27] A mãe da vítima, escritora da referida novela, ficou inconsolável e, ao longo do julgamento, soube que o homicídio, mesmo qualificado, não era crime hediondo, o que lhe pareceu – com razão – um absurdo. O delito mais grave (ou um dos mais) do Código Penal ficou fora da lista de delitos hediondos, vale dizer, o conceito material de crime foi completamente ignorado pelo legislador de 1990. Entretanto, após a divulgação do fato na mídia – eis o valor positivo dos órgãos de imprensa – verificou-se o erro. Editou-se, então, a Lei 8.930/1994, que inseriu, como delito hediondo, o homicídio simples, quando praticado em atividade típica de grupo de extermínio, mesmo quando cometido por um só agente, e o homicídio qualificado.[28]

Um outro aspecto de *conserto* legislativo, embora se possa considerar positivo, diz respeito à antiga redação do crime de estupro e sua forma para atingir os vulneráveis. Antes da Lei 12.015/2009, a tipificação do delito de estupro de pessoa menor de 14 anos, enfermo mental ou alguém incapaz de consentir, ligava-se ao art. 224 do Código Penal, no formato de *presunção de violência*. Portanto, quem tivesse, por exemplo, relação sexual com menor de 14 anos, poderia ser acusado de estupro, dentro da ideia de que haveria presunção de violência. Assim, a denúncia seria formada pelo tipo do art. 213, combinado com o art. 224, *a*, do Código Penal. Buscando-se evitar qualquer espécie de *presunção* contra o réu, a mencionada Lei 12.015/2009 eliminou o art. 224 e criou, em seu lugar, o art. 217-A: "ter conjunção carnal ou praticar outro ato libidinoso com menor de 14 (catorze) anos: Pena – reclusão, de 8 (oito) a 15 (quinze) anos. § 1º Incorre na mesma pena quem pratica as ações descritas no *caput* com alguém que, por enfermidade ou deficiência mental,

---

[27] Disponível em: <https://canalcienciascriminais.jusbrasil.com.br/artigos/559022479/o-assassinato-de-daniella-perez>. Acesso em: 15 fev. 2021.

[28] Temos criticado essa inclusão, quanto ao homicídio simples praticado em atividade de grupo de extermínio, porque essa prática delituosa *nunca* foi considerada simples pela jurisprudência. O legislador manifestou seu desconhecimento, visto que a matança por justiceiros sempre foi tipificada como homicídio qualificado (motivo torpe). Até hoje, nunca tivemos conhecimento de homicídio simples cometido por grupo de extermínio em julgados dos tribunais pelo Brasil.

não tem o necessário discernimento para a prática do ato, ou que, por qualquer outra causa, não pode oferecer resistência".

A modificação legislativa não eliminou, completamente, o debate acerca da vulnerabilidade da pessoa menor de 14 anos. Seria relativa ou absoluta? Antes do advento da Lei 12.015/2009, muitos julgados consideravam que essa presunção era relativa, vale dizer, dependia de prova efetiva da incapacidade da vítima de consentir na relação sexual. Com o passar do tempo, formou-se corrente majoritária na jurisprudência nacional, indicando ser absoluta essa vulnerabilidade, provavelmente com o bom propósito de coibir, de vez, a prostituição infantojuvenil. No entanto, alguns casos de formação de família, com filhos, entre homens com mais de 18 anos e mulheres com menos de 14, trouxeram certas perplexidades ao contexto. Como condenar o pai de família a, pelo menos, oito anos de reclusão, porque formou um núcleo familiar com a pretensa vítima, somente porque tinha ela menos de 14 anos à época do início do relacionamento? Ademais, enquanto o art. 226 da Constituição Federal tutela a família (*vide* o *caput*: "a família, base da sociedade, tem especial proteção do Estado"), o art. 227 protege, em grau prioritário, a criança e o adolescente, assegurando a sua convivência com a família. Dessa maneira, prender o pai e privar a criança de seu convívio, lesando os laços familiares, pode não ser o caminho viável, de modo que a lei penal precisa adequar-se à Carta Magna. Portanto, nem toda modificação no texto legislativo produz frutos positivos; é indispensável analisar caso a caso. De todo modo, a busca de correção na falha da lei resultou em uma situação mais segura, embora não se possa dizer que, integralmente, justa.

Outro ponto interessante liga-se à necessidade, auferida dos inúmeros debates e opiniões emanadas da sociedade, de transformar *todos* os crimes ligados à liberdade sexual e aos vulneráveis como sendo de ação pública incondicionada (art. 225, CP). Antes, a previsão era de crimes de ação privada. Surgiu a Súmula 608 do STF, colocando como de ação pública incondicionada os delitos que fossem praticados com violência. Depois, a lei foi alterada para o meio-termo, indicando alguns crimes de ação pública e outros condicionados à representação da vítima. E, terminou indicando serem todos os delitos de ação pública incondicionada. Essa modificação diz respeito, indiscutivelmente, a *fatos concretos*, captados e analisados, advindos de informes prestados pela mídia, até se chegar à conclusão de que esses delitos precisam ser apurados e punidos, quisessem as vítimas ou não. Superou-se o aspecto da privacidade e da intimidade e adotou-se o interesse público.

Aliás, essa situação jurídica desencadeou, igualmente, a viabilidade de ação pública incondicionada para lesões corporais, embora simples, no cenário da violência doméstica e familiar contra a mulher e, nessa hipótese, não por meio legislativo, mas por decisão do Supremo Tribunal Federal.

Em suma, fatos da vida real informam não somente o Parlamento, mas também os tribunais brasileiros.

2.2.4 Fatos geradores de descriminalização

Nem tudo o que ocorre no cenário criminal, considerando-se o universo dos fatos captados da sociedade, representa fruto de criminalização. Pode indicar, igualmente, a relevante hipótese de descriminalização, como ocorreu, por exemplo, com o crime de sedução (art. 217, CP). Preceituava o referido art. 217: "seduzir mulher virgem, menor de dezoito anos e maior de quatorze, e ter com ela conjunção carnal, aproveitando-se de sua inexperiência ou justificável confiança: Pena – reclusão, de dois a quatro anos". Esse tipo foi revogado pela Lei 11.106/2005, assim como o rapto consensual e o adultério. Era momento de se desconectar essa conduta do ambiente do direito penal (talvez, de outros setores do ordenamento jurídico), pois a ideia de seduzir (induzir em erro) uma pessoa com mais de 14 (não configura estupro) e menor de 18 (figura uma adolescente), tendo com ela uma conjunção carnal (cópula pênis-vagina), aproveitando-se de justificável confiança ou inexperiência, cedeu com o passar do tempo à evolução dos costumes sexuais e à liberdade das pessoas nesse campo.

Eliminou-se, ainda, o crime do art. 220 (rapto consensual), porque o bem jurídico tutelado era o poder familiar, algo bem diverso da dignidade sexual. O tipo dizia: "se a raptada é maior de catorze anos e menor de vinte e um, e o rapto se dá com seu consentimento: Pena – detenção, de um a três anos". Ora, se a fuga do casal se dava com o consentimento de ambos, sendo a moça maior de 14 anos, inexiste bem jurídico relativo à liberdade sexual. Concentra-se o tema no tocante ao poder do pai (à época, prevalecia o pátrio poder, com ênfase à figura masculina) de autorizar o relacionamento sexual, algo que os hábitos contemporâneos extinguiram.

Suprimiu-se o tipo penal do crime de adultério: "Art. 240. Cometer adultério: Pena – detenção, de quinze dias a seis meses. § 1º Incorre na mesma pena o corréu. § 2º A ação penal somente pode ser intentada pelo cônjuge ofendido, e dentro de um mês após o conhecimento do fato. § 3º A ação penal não pode ser intentada: I – pelo cônjuge desquitado; II – pelo cônjuge que consentiu no adultério ou o perdoou, expressa ou tacitamente. § 4º O juiz pode deixar de aplicar a pena: I – se havia cessado a vida em comum dos cônjuges; II – se o querelante havia praticado qualquer dos atos previstos no art. 317 do Código

Civil". De qualquer forma, cumpre registrar a sua ineficácia, na prática, pois há muito não se tinha notícia de qualquer ação penal de adultério. O delito caiu em desuso bastante tempo antes da sua revogação, pois o casal, quando envolvido em infidelidade, preferia resolver seu problema na esfera civil, precisamente na Vara de Família.

Essas são ilustrações de descriminalizações, embora outras mais existam, mas *nunca* em número suficiente para atingir o ideal, que seria o *direito penal mínimo*, ocupado apenas com as infrações penais realmente graves.

2.3 Bens jurídicos relevantes, merecedores de lei penal incriminadora

Há bens jurídicos necessitados de proteção penal, como a paz e a segurança públicas, no tocante à organização criminosa. Essa forma de atividade criminal pode desestabilizar um país, como, aliás, já aconteceu em outros lugares, precisando ser detida enquanto é tempo, na medida viável da atuação do poder público. Como ilustração, confira-se o enorme julgamento em trâmite na Itália (Calábria), esperando desarticular a organização criminosa conhecida por *Ndrangheta*, a máfia local, dominando a entrada de drogas na Europa e movimentando bilhões de dólares. São 325 réus e 900 testemunhas, tudo com o aparato tecnológico da videoconferência. Improvisou-se um tribunal num galpão de três mil metros quadrados, onde funcionava uma central de *telemarketing* na cidade de Lamezia Terme. Entre os acusados, 58 teriam concordado em participar de delação premiada. A lista de crimes da organização é extensa, abrangendo homicídios, sequestros, extorsões, agiotagem, tráfico ilícito de drogas, lavagem de dinheiro, corrupção e a formação de organização criminosa. O combate à máfia na Itália já deixou vários mortos, entre os quais os juízes Giovane Falcone e Paolo Borsellino. O promotor-chefe do caso, Nicola Gratteri, vive com escolta policial há trinta anos.[29]

Sobre o crime organizado, GUARACY MINGARDI demonstra a situação atual, no Brasil, com a criação de organizações criminosas dentro do sistema carcerário. Aponta que o caso mais antigo registrado no mundo é o da Camorra, nascida nos presídios de Nápoles no final de século XIX. Criada por um padre, como associação de presos pleiteando melhor tratamento, após o afastamento do sacerdote, ela começou a controlar os presídios, organizando-se fora da cadeia. A partir dos anos 1970, essas organizações começaram a controlar os estabelecimentos penais brasileiros. Houve a Falange Vermelha (depois, Comando Vermelho), no Rio de Janeiro, com os rivais Terceiro Co-

---

[29] *Revista Veja*, 27 jan. 2021, p. 52-53.

mando e Amigos dos Amigos. Atuavam, basicamente, no tráfico ilícito de drogas. Hoje, a maior organização criminosa desse tipo é o PCC (Primeiro Comando da Capital), atuando no Estado de São Paulo e no resto do país. É preciso relembrar que, em 2001, comandou rebeliões em 28 presídios, atacando bases policiais; depois, em 2006, matou dezenas de policiais, guardas e agentes penitenciários, gerando rebeliões em 78 presídios. No ano de 2012, manteve uma guerra com a Polícia Militar, provocando a morte tanto de policiais como de pessoas inocentes.[30]

A Lei 12.850/2013, finalmente, definiu o crime organizado e tipificou o crime a ele pertinente. Além disso, trouxe outros elementos para esse embate, como a colaboração premiada e a infiltração de agentes.

Nada é perfeito, mas a iniciativa do Parlamento nesse cenário merece mais aplausos do que críticas. Ao longo dos anos, constataram-se, no entanto, abusos originados da utilização da redação original da referida Lei 12.850/2013, que continha lacunas procedimentais, aproveitadas por certas operações especiais, para *criar* situações jurídicas inéditas, geradoras de institutos estranhos ao conjunto das leis penais e processuais penais brasileiras.

De toda forma, após os constatados excessos, a Lei 13.964/2019 corrigiu vários equívocos constantes naquela Lei 12.850/2013, tornando mais específicos vários procedimentos, prevendo nulidades e estabelecendo vedações.

O direito penal, indiscutivelmente, não é perfeito, mas também não é inútil e muito menos descartável na sociedade atual. Por isso, parece-nos trabalho de todos os penalistas e criminólogos o auxílio para identificar o que deva ser crime, em certa época, assegurando o aperfeiçoamento da lei.[31]

2.4 Leis penais advindas de outras, que não auferem efetividade

Após a edição da Lei Complementar 101, de 4 de maio de 2000, de grande relevância para o setor público, buscando regular as finanças públicas voltadas à responsabilidade na gestão fiscal, evidenciou-se o seu propósito no art. 1º, § 1º: "a responsabilidade na gestão fiscal pressupõe a ação planejada e transparente, em que se previnem riscos e corrigem desvios capazes de afetar o equilíbrio das contas públicas, mediante o cumprimento de metas de resultados entre receitas e despesas e a obediência a limites e condições no que tange a

---

[30] Crime organizado, in: Lima, Ratton e Azevedo (org.), *Crime, polícia e justiça no Brasil*, p. 323.

[31] "O crime é, pois, necessário; ele se liga às condições fundamentais de toda a vida social e, por isso mesmo, tem sua utilidade; pois estas condições de que é solidário são, elas próprias, indispensáveis à evolução normal da moral e do direito" (Durkheim, *As regras do método sociológico*, p. 61).

renúncia de receita, geração de despesas com pessoal, da seguridade social e outras, dívidas consolidada e mobiliária, operações de crédito, inclusive por antecipação de receita, concessão de garantia e inscrição em Restos a Pagar".

Em decorrência disso, o Parlamento resolveu criar os crimes contra as finanças públicas (arts. 359-A a 359-H do Código Penal). Contudo, eles não tiveram a eficiência aguardada, pois todos esses tipos penais incriminadores dependem de questões políticas, até para reunir provas suficientes a fim de se constatar a materialidade de qualquer desses delitos. Não se encontra na jurisprudência o paralelo necessário para demonstrar que há agentes políticos processados e punidos por esses crimes. Torna-se uma missão quase impossível para o operador do direito penal encontrar elementos probatórios suficientes para detectar uma contratação de operação de crédito indevida, a ordenação de inscrição em restos a pagar de despesa sem supedâneo legal, a autorização de obrigação cuja despesa não possa ser paga no mesmo exercício financeiro, a ordenação de despesa não autorizada em lei, a prestação de garantia em operação de crédito sem uma contragarantia na forma da lei, o não cancelamento do montante de restos a pagar superior ao estabelecido em lei, a ordenação ou execução de ato que provoque aumento de despesa com pessoal nos 180 dias antes do final do mandato ou da legislatura, a ordenação de oferta pública ou a colocação no mercado financeiro de títulos da dívida pública sem respaldo legal.

Esses crimes foram criados por força da lei de responsabilidade fiscal, mas não encontram respaldo fático e probatório para serem localizados, provada a sua materialidade e encontrada a sua autoria. Basta verificar a jurisprudência pátria para se constatar que determinadas questões estão muito atreladas ao sistema político, cujos meandros são complexos e flexíveis, algo incompatível com a responsabilização criminal.

Nunca é demais ressaltar que o contexto dos crimes contra as finanças públicas, de pífios resultados punitivos, faz parte do cenário maior dos delitos do colarinho-branco, que pretendemos analisar no capítulo referente ao criminoso.

VII
Criminoso

1. INTRODUÇÃO

O criminoso é um ser humano como outro qualquer, capaz de assumir condutas infringentes a direitos ou interesses alheios, inclusive os relativos à sociedade em que está inserido; entretanto, essas particulares condutas, por serem consideradas graves, para a época e a localidade, merecedoras da sanção mais severa, consistente na pena, cuja intensidade é variável de tempos em tempos e de lugar para lugar, são compreendidas como *crimes*. O delinquente não é anormal, louco ou um ser monstruoso. É uma pessoa normal, dotada de livre-arbítrio, mentalmente sã e amadurecida, ao atingir os 18 anos, no direito penal brasileiro, como regra, pronta para desenvolver a conduta que considere válida ao seu objetivo e interesse. Da mesma forma que não se pode tachar o criminoso de anômalo, parece-nos, igualmente, não se deva considerá-lo uma *vítima* do destino, do entorno social onde vive, das companhias com as quais convive, enfim, um ser inocente e ingênuo. Torna-se importante dar o devido valor à sua vontade de agir num ou noutro sentido, assumindo a responsabilidade pelo que faz de certo e de errado.[1]

---

[1] Esse homem, que cumpre as leis ou as infringe, não é o pecador, dos clássicos, irreal e insondável; nem o animal selvagem e perigoso, do positivismo, que inspira temor; nem o

As generalizações nesse cenário podem ser muito injustas, não necessariamente com o criminoso, mas com todas as demais pessoas que, como ele, vivem em situação similar e não delinquem. Apontar, por exemplo, a pobreza, a desagregação familiar ou as más companhias como contextos aflitivos, dos quais o indivíduo não tem outra escapatória senão o cometimento de uma infração penal (ou várias), pode ser medida de extremada simplificação.[2] Afinal, a imensa maioria das pessoas, que vive miseravelmente, não comete nenhum crime; ao menos, nenhuma infração penal grave. Isso é uma realidade inconteste. Nem a chamada *cifra negra* é capaz de desmentir a absoluta verdade do mundo; aliás, se o número de delitos fosse tão *imenso* quanto querem fazer crer os defensores da tal *cifra negra*, a sociedade sucumbiria em conflitos incessantes, com explosões incontroláveis de violência e represálias de toda a ordem. Afinal, o que se pretende apontar é que o volume de delitos investigados, apurados e punidos é muito inferior ao que realmente acontece. Muito embora isso seja verdadeiro, ninguém tem a *estatística* da real quantidade de infrações penais cometidas, a ponto de indicar ser o sistema punitivo dispensável. Cuida-se de um singelo *chute*, em termos vulgares.[3]

Sob outro prisma, indivíduos economicamente abonados, nascidos em famílias estáveis e bem-educados, em bons colégios, com formação exemplar, cometem delitos de variadas ordens, embora se possa apontar, em particular, os chamados *crimes do colarinho-branco*. Não há fundamento sociológico suficientemente sólido a justificar essa espécie de delinquência, que, sem dúvida, pode ser mais lesiva à sociedade do que muitos furtadores ou roubadores, que agem individualmente. Nas palavras de HERMANN MANNHEIM, o criminoso do colarinho-branco não é um delinquente político nem um revoltado. Ele explora as fraquezas da sociedade. O seu interesse pela reforma do sistema legal, político e social não vai além de alterações que lhe permitam ganhar

---

desvalido, da filosofia correcional, necessitado de tutela e assistência; nem a pobre vítima da sociedade, coagida a reclamar da radical reforma das estruturas (GARCÍA-PABLOS DE MOLINA, *Tratado de criminología*, p. 105).

[2] Conforme bem esclarece LUÍZ ANGELO DOURADO, não é a pobreza, o analfabetismo, as más companhias que transformam alguém em criminoso. A situação presente não é o fator determinante, pois existem outras razões atuantes no período formativo do ser humano, passíveis de determinar a futura conduta social ou antissocial. Quanto pior for estruturada a personalidade, mais débeis os traumatismos para desajustar a conduta (*Ensaio de psicologia criminal*, p. 22).

[3] Não é preciso ser penalista ou criminólogo para *andar pelo mundo afora* e verificar que a maioria das pessoas é honesta ou, no mínimo, vive dentro de padrões mínimos de civilidade, respeitando os membros da sua comunidade. Se alguns cometem crimes, especialmente os graves, são os que destoam e, por isso, o sistema punitivo precisa existir (como, aliás, existe no mundo inteiro).

cada vez mais dinheiro e adquirir mais influência para realizar seus objetivos egoístas. Muitos líderes do mundo dos negócios são capazes, emotivamente equilibrados e não há fundo patológico.[4]

A par da contextualização *dramática*, formulada por algumas vozes, buscando apontar o sistema político-econômico como o único vilão da formação de inúmeros criminosos, há os que pretendem apagar da criminologia o estudo e a avaliação de escritos da lavra de psiquiatras forenses, muitos deles nomeados peritos por magistrados para promover laudos acerca do comportamento de pessoas autoras de fatos típicos graves e violentos. Seria isso pura etiologia do crime e do criminoso, algo reputado *ultrapassado*; ocorre que existem indivíduos inimputáveis e semi-imputáveis, autores de coações, lesões e atos brutos e cruéis, gerando vítimas e precisando da correta avaliação médica para receber o julgamento adequado da justiça criminal. Mas não é só. Existem as pessoas com transtornos de personalidade, não considerados como enfermidades mentais, nem retardamento mental, dispostas a cometer crimes e, algumas delas, de modo compulsivo e insistente.

Temos procurado abrir todos os leques e opções para não afastar por completo nenhuma teoria acerca do crime e do criminoso, mas somos levados a afirmar ser inviável adotar posturas radicais, que consideramos inadequadas para o mais detalhado estudo possível sobre as pessoas e suas tendências a infringir, intencionalmente, a lei penal. Ninguém nasce criminoso, mas se torna ao longo da vida, não devendo significar um estigma eterno. Os motivos desse acontecimento serão sempre complexos e difíceis de explicar, especialmente quando se acolhe um só ponto de vista. A natureza humana, desde os primórdios, tem-se mostrado rica em detalhes e posicionamentos, variando a época, mudando o lugar, mas sendo capaz de produzir atos selvagens e atrozes, incompatíveis com a sua racionalidade e inteligência. Atos lesivos e destruidores voltados a outras pessoas, valores, interesses e instituições continuam acontecendo em qualquer país do mundo, de modo que conhecê-los é mais adequado do que, simplesmente, ignorá-los, colocando a *culpa* em fatores externos e diversos da vontade humana, como também sustentar que o criminoso precisa ser muito bem tratado e cuidado, por ser uma vítima do injusto *sistema penal*. A seguir por certas trilhas, poder-se-ia chegar à conclusão de que o criminoso não existe; o crime seria produzido pela sociedade e a vítima nem mesmo faria parte desse cenário, por ser uma mera coadjuvante. Assim não pensamos e buscaremos apontar os elementos importantes para a consideração do crime e do criminoso.

---

[4] *Criminologia comparada*, v. 2, p. 722, 734.

2. FORMAÇÃO DA PERSONALIDADE E INSERÇÃO SOCIAL

O ser humano nasce e experimenta a sua vivência no mundo desde o berço, primeiramente manifestando o seu temperamento, que traz o conteúdo herdado de seus pais, passando a interagir com a família ou com as pessoas que tiverem a responsabilidade de zelar pela sua sobrevivência. Conforme cresce e desenvolve a sua parte física, amadurece a sua mente, captando e entendendo o que se passa ao seu redor, sendo ideal ter família equilibrada e amorosa para lhe transmitir amor, carinho e as primeiras orientações. Ingressa na escola e desenvolve de modo mais acentuado a sua parte interpessoal, assimilando mais conhecimento e despertando seus gostos, vontades e desejos. Por óbvio, tudo isso se encontra inserido no cenário da sociedade onde vive, devendo-se avaliar desde o país e seu desenvolvimento, bem como em que comunidade o ser humano se encontra, se economicamente abonada ou deficiente nesse aspecto. Enfim, todos os elementos disponíveis ao redor do indivíduo permitem que ele forme a sua personalidade até atingir a idade adulta.[5]

Como já tivemos a oportunidade de expor, a personalidade é o patrimônio genotípico de cada pessoa, associado às influências do meio, definindo como os traços emocionais se expressam nas relações sociais, sob condições normais. Pressupõe-se, no campo penal, estar o ser humano integralmente apto a compreender o caráter lícito ou ilícito do que faz, desde que seja mentalmente são e tenha completado 18 anos. Portanto, a partir desses dois pressupostos, alguém é penalmente responsável.

A personalidade de uma pessoa não é diretamente fato gerador de crime, mas certos transtornos de personalidade podem ser causa do delito. Além disso, o meio onde vive o indivíduo e as suas companhias, desde a infância, abrangendo família, amigos e outros membros da comunidade, contribuirão para inseri-lo no cenário da infração penal - ou não. A avaliação conjunta das teorias sociológicas e dos fatores etiológicos pode explicar muita coisa a respeito do criminoso, inclusive o porquê da delinquência de uns e da mais absoluta honestidade de outros. Nesse campo, no entanto, não há fórmulas matemáticas de 100% de exatidão; por mais que se estude o comportamento humano, sempre haverá algo específico a verificar, não abrangido por *uma* singela teoria. Por isso, o objetivo do criminólogo é ser um pesquisador eterno,

---

5 Personalidade é a realização máxima da índole inata e específica de um ser vivo em particular; a coragem de viver permite atingir essa obra máxima na sua formação como pessoa humana, com a absoluta afirmação do ser individual; a isso tudo alia-se a plena liberdade de decisão própria (C. G. JUNG, *O desenvolvimento da personalidade*, p. 182).

nunca desistindo de *conhecer* e *aprender*, sem se fixar em um só cenário, pois isso só engessará a efetiva modificação da política criminal do país.

Como explica Recaséns Siches, "a personalidade concreta de cada indivíduo humano constitui o resultado da íntima combinação de múltiplos e variados componentes, entre os quais figuram os mencionados a seguir: (a) *fatores biológicos 'constitucionais'* como: os fatores genéticos (genes, cromossomos etc.); os componentes químicos determinados pelas glândulas de secreção interna [...], estatura, pigmentação, tipos somáticos etc.; (b) *grau de desenvolvimento biológico*, por ex., idade; (c) *fatores biológicos adquiridos*, como, por ex., os efeitos da alimentação [...]; os efeitos de determinados intoxicantes; os efeitos de certas drogas etc.; (d) *fatores psíquicos 'constitucionais'*, como, por ex., o caráter frio ou apaixonado, nervoso ou tranquilo; extroversão ou introversão etc.; (e) *fatores psíquicos adquiridos*, como, por ex., os hábitos, formas mecanizadas ou automatizadas de conduta que se constituíram sob a influência de fatores diversos, por decisão voluntária inicial, sob a pressão do ambiente social, pela educação etc.; (f) *fatores sociais e culturais*, por ex., tudo o que o sujeito aprende dos demais seres humanos, tanto dos indivíduos com quem está em contato direto [...], além de convicções coletivas vigentes, costumes, usos [...] profissão ou ofício [...], a fé religiosa [...], as convicções políticas [...], o fato de ter como língua materna um idioma meramente vernáculo, ou um idioma que é veículo de comunicação universal no mundo da cultura etc.".[6] E, também, esclarece Alvaro Mayrink da Costa: "a concepção dinâmica da personalidade, observada não como algo imutável, mas sim como algo plástico que se vai modelando sobre o material biopsíquico herdado, ao influxo de múltiplos fatores que recaem sobre o homem, torna perfeitamente compreensível a necessidade de considerá-la em seu desenvolvimento, ou melhor, no curso dinâmico através de etapas distintas que se vão escalonando ao largo da vida do próprio homem".[7]

Nas palavras de Nélson Hungria, "a personalidade não é simples conjugação de tendências inatas e influências ambientais, pois entre tais fatores sempre evolui a vontade, com sua atividade própria a fundamentar a responsabilidade humana. A sua relativa estabilidade ou constância não significa exclusão de autodeterminação, ou determinismo cego, mas um relativo *modo de ser*, dando ensejo a previsões, que nada têm, entretanto, de fatalísticas".[8]

---

6 *Tratado de sociologia*, p. 144-145.

7 *Criminologia*, p. 170.

8 Direito penal e criminologia, p. 16.

2.1 Os diversos ângulos acerca do criminoso

2.1.1 Natureza egoísta e condicionamento social

Há os que, como VITORINO PRATA CASTELO BRANCO, definam o ser humano como selvagem e egoísta, potencialmente um criminoso, encontrando-se em permanente embate com o meio ambiente e com seus semelhantes, buscando controlar os seus maus sentimentos, como a soberba, a ira, a luxúria, a preguiça, a inveja, a avareza, a gula, a ganância, a ânsia de poder, entre outros. Estaria pronto a prejudicar quem se interpusesse no seu caminho rumo às suas ambições. É o ser humano desvestido do verniz da civilização, como sempre foi e ainda é, mas termina se comportando de modo pacífico, no meio social, porque é condicionado pela educação recebida dos pais, dos professores e dos parentes e amigos. Os criminosos, especialmente os autores de atos violentos, são os que foram educados de maneira insuficiente ou deficiente. Houve falha na sua formação moral. Por isso, a importância de investir em programas escolares e sociais, a fim de controlar a violência urbana. Nesse cenário, um fator impulsionador à criminalidade é a injustiça social, gerando guetos, como há nos Estados Unidos, inclusive fomentando a luta racial.[9]

O autor acrescenta a transmissão de elementos atinentes ao temperamento dos pais, como a agressividade, dando ao indivíduo uma tendência à violência, o que não significa considerar alguém como criminoso nato. Afinal, a boa educação pode controlar a referida tendência.[10]

Esse é um dos enfoques possíveis para se identificar um dos impulsos ao cometimento do crime, pois há várias teorias psicológicas apontando nesse sentido. A característica básica do ser humano, em geral, é o cultivo do egoísmo, voltando-se a si mesmo, em primeiro lugar, para depois aprender, com o tempo e sob o processo educacional, tornar-se mais solidário, respeitando o direito alheio.

Não se trata de uma padronização comportamental, com vistas a um fundamento etiológico para o surgimento do delito. Cuida-se de *um dos elementos* a considerar no contexto da criminalidade.

2.1.2 Enfermidade mental, desenvolvimento mental incompleto ou retardado e perturbação da saúde mental

Há o autor de fato criminoso considerado possuidor de doença mental ou com desenvolvimento mental incompleto ou retardado, alterando, de maneira

---

9 *Curso completo de criminologia da sociedade brasileira de direito criminal*, p. 2-7.

10 Idem, p. 85.

integral, a sua capacidade de entender o caráter ilícito do que pratica ou, caso entenda, não consiga se comportar conforme essa compreensão. Portanto, quando a enfermidade ou o retardamento mental afeta a inteligência ou a vontade, o direito penal não considera o sujeito criminoso, mas inimputável, sofrendo o juízo de periculosidade, para que lhe seja aplicada medida de segurança, em lugar da pena.[11]

Constatando-se a perturbação da saúde mental ou o desenvolvimento mental incompleto ou retardado, capaz de alterar o comportamento do indivíduo, mas sem lhe retirar totalmente o entendimento do caráter ilícito do que faz ou a vontade de se comportar conforme essa compreensão, pode-se considerá-lo criminoso, embora semi-imputável, recebendo pena, porém, diminuída. Em casos particulares, pode o julgador substituir a pena aplicada por medida de segurança, com a finalidade de submetê-lo a tratamento médico.[12]

Nesse cenário, Castelo Branco explica que, sob o domínio de alienação mental, a pessoa não sabe o que faz, age mecanicamente, atacando sem motivo aparente e extraindo raciocínios insensatos, com conclusões erradas.[13]

2.1.3 Transtornos de personalidade, transtornos parafílicos e transtornos mentais no período puerperal

Os transtornos de personalidade (antissocial, *borderline*, histriônico, narcisista e paranoide), os transtornos parafílicos (comportamento sexual divergente, causador de problemas a terceiros, apto a gerar impulsos incontroláveis) e os transtornos mentais no momento do parto ou logo após, como já desenvolvido, podem gerar o crime. O autor não é considerado inimputável e, como regra, nem mesmo semi-imputável, responde pelo que faz e recebe a sanção penal.[14]

Esses transtornos também podem ser denominados por psicopatias, envolvendo tanto as anomalias do temperamento quanto os fronteiriços (semi-imputáveis). De qualquer forma, depende do caso concreto.

As neuroses não configuram doenças mentais, mas enfermidades nervosas, atingindo os sentimentos morais dos pacientes, que podem viver angustiados, histéricos ou deprimidos. Algumas neuroses podem levar ao desencadeamento de atitudes violentas, passíveis de configuração de um delito.

---

[11] *Vide* o item 2 do Capítulo V.

[12] *Vide* item 2 do Capítulo V.

[13] *Curso completo de criminologia da sociedade brasileira de direito criminal*, p. 98.

[14] *Vide* os subitens 3.1, 3.2 e 3.3 do Capítulo V.

Aponta-se o crime passional nesse cenário, quando o indivíduo nutre ciúme excessivo ou é extremamente melindrado em tudo o que a ele se refere, não conseguindo controlar as emoções.[15]

Quanto aos denominados *criminosos por tendência*, tachados de perigosos, em decorrência de sua malvadez, parece-nos, na realidade, cuidar-se de pessoas com transtornos de personalidade não tratados, que se perpetuam e podem gerar a prática de outros delitos. Não é uma questão de pura periculosidade, mas de um comportamento antissocial ou de um transtorno parafílico sem qualquer acompanhamento, capaz de gerar impulsos incontroláveis, levando ao cometimento do crime, como ocorre no caso dos pedófilos.

Em termos objetivos, DAVID T. LYKKEN indica as características fundamentais do transtorno de personalidade antissocial: (a) manifestação de um padrão geral de desprezo e violação do direito alheio, desde a adolescência; (b) inadaptação às normas sociais no tocante ao comportamento conforme a lei; (c) expressa desonestidade, mentindo repetidamente, por vezes se valendo de um nome falso, com facilidade para a trapaça, obtendo vantagem pessoal ou por prazer; (d) incapacidade para planejar o futuro, agindo por impulsos; (e) irritabilidade e agressividade frequentes, dando origem a repetidas agressões, inclusive físicas; (f) imprudência em relação à sua segurança e de quem está ao seu redor; (g) ausência de remorso, com indiferença ao sentimento da vítima. Não significam esses elementos da personalidade um reflexo fiel e estanque de cada indivíduo, podendo apresentar variações.[16] De qualquer forma, essas pessoas têm uma forte tendência à criminalidade, o que não significa, necessariamente, terem uma origem em lar desestruturado, em situação de miserabilidade, ou andarem com más companhias. Tampouco são indivíduos, necessariamente, discriminados ou socialmente desprezados. Podem ser encontrados em qualquer classe socioeconômica, aliás, é uma das explicações para o criminoso de colarinho-branco.

SUTHERLAND aponta que as estatísticas criminais mostram ter o delito alta incidência em classes economicamente desfavorecidas e, como regra, baixa incidência nas mais elevadas. Entretanto, considera-se o universo das infrações penais mais comuns, muitas delas com emprego de violência, como roubo, homicídio, violações sexuais, entre outros. Pode-se incluir, igualmente, o furto, o estelionato, as infrações de trânsito etc. Os acusados nessa faixa de crimes terminam submetidos à polícia, à justiça criminal e a outras instituições. Por isso, muitas estatísticas criminais terminam concentradas

---

15 CASTELO BRANCO, *Curso completo de criminologia da sociedade brasileira de direito criminal*, p. 100.

16 *Las personalidades antisociales*, p. 18-19.

nessa faixa de pessoas empobrecidas, como se a miserabilidade fosse a causa do delito. É um equívoco.[17] Há situações verídicas quanto à criminalidade de colarinho-branco, como o fato de esses agentes serem mais poderosos política e financeiramente, escapando da prisão e da condenação em maior escala porque têm condições de contratar ótimos advogados e influenciar na administração da justiça.[18] Isso demonstra que pessoas ricas e bem posicionadas socialmente também podem ser antissociais.

As pessoas com transtorno de personalidade antissocial podem ser denominadas de *psicopatas* ou *sociopatas*. Como regra, são indivíduos antissociais, embora se diga que o *psicopata* tende a ter distúrbios mais graves, podendo atingir estados de semi-imputabilidade. Por outro lado, há quem prefira utilizar o termo *sociopata* para se referir àqueles cuja falta de socialização se deve, basicamente, às falhas dos pais em maior proporção do que em decorrência de características temperamentais.[19]

Apenas para ilustrar, aproveitando o talento de Enrico Ferri, perscrutando os criminosos transtornados na arte e na literatura, o autor aponta que a descrição psicológica mais genial e perfeita de três tipos criminais nos foi dada por Shakespeare nos seus dramas *Macbeth* – o criminoso nato –, *Hamlet* – o criminoso louco – e *Othello* – o criminoso passional. Macbeth, aventureiro escocês, matou, em 1040, o rei Duncan, para se apoderar do trono da Escócia e, em 1057, foi assassinado pelo filho da vítima. Seria ele o tipo acabado do delinquente nato, porque sujeito, desde o nascimento, à epilepsia psíquica, daí advindo uma neurose criminosa. Hamlet possui uma loucura lúcida, daquelas que escapam dos observadores superficiais, sem delírios furiosos ou incoerentes, mas bem exposta pelo dramaturgo inglês. Othello nutre um ego e uma consciência doentios, inserindo-se no cenário da psicologia criminal. Tudo confirmado pelo seu ciúme excessivo e ratificado pelo suicídio ao final. Nota-se a intuição de Shakespeare ao mostrar o homicida passional, envolto por uma reação imediata, logo após seu acesso de violência, sintoma específico do criminoso por paixão.[20]

2.1.4 Uso de drogas

É comprovado, cientificamente, que o usuário de álcool e de outras substâncias entorpecentes, lícitas ou ilícitas, pode cometer crimes. Como regra,

---

[17] *Crime de colarinho branco*, p. 27-30.

[18] Idem, p. 32.

[19] David T. Lykken, *Las personalidades antisociales*, p. 23.

[20] *Os criminosos na arte e na literatura*, p. 62, 71 e 74.

se a intoxicação aguda no organismo pela droga for causada voluntária ou culposamente, o agente responde pelo que faz. Se for atestado ser ele viciado, será considerado inimputável ou semi-imputável. Finalmente, se a intoxicação ocorrer de maneira acidental, terá em seu favor a excludente de culpabilidade.[21]

2.1.5 Criminalidade do colarinho-branco

O autor de crimes econômicos, financeiros, tributários e similares foge ao perfil do delinquente cuja educação foi insuficiente, teve um lar desestruturado, deixou de frequentar uma boa escola, não teve companhias honestas, viveu em guetos, foi discriminado na infância ou na adolescência, apresenta comportamento antissocial ou outro transtorno de personalidade visível, enfim, um jeito considerado problemático. Por vezes, ao contrário de tudo isso, é uma pessoa de boa formação, tem família exemplar, uma personalidade afável e gentil, educado no trato, atencioso e, acima disso, rico, nunca tendo passado qualquer necessidade material na vida. Mas é delinquente. E dos piores, visto que seus golpes são bem engendrados, cuidadosamente preparados, valendo-se de sua peculiar inteligência, além de ser capaz de corromper outras pessoas, em particular, servidores públicos e, ainda mais terrível, autoridades dos Poderes da República. É um especialista em crime, no qual não há violência, nem sangue, podendo existir organização criminosa, porém, todos engravatados e de fino trato. Quem explica esse fenômeno de maneira satisfatória? Qual teoria sociológica? Nenhuma delas pode fazê-lo sem a integração de variados dados, advindos de outras teorias tanto sociológicas quanto etiológicas.

Castelo Branco, há várias décadas, já dizia que esse criminoso é um empresário bem-sucedido, protegido por altas organizações, com atraente fachada, visando ao lucro e prejudicando inúmeras vítimas incautas.[22]

Quem estudou mais profundamente o tema, como Edwin H. Sutherland, aponta que o criminoso de colarinho-branco pode ser mais suave e menos direto que o barão do roubo do passado, mas não é menos delinquente. Encontra-se essa espécie de criminalidade em variados locais, como em investigações de cartórios de registros públicos, seguradoras, indústria de armas, transações bancárias, serviços de utilidade pública, bolsa de valores, indústrias do petróleo, setor imobiliário, falências e política. Aliás, até mesmo na profissão médica, a que parece menos criminosa do que outras, nota-se a

---

21 Consultar o subitem 2.1 do Capítulo V.

22 *Curso completo de criminologia da sociedade brasileira de direito criminal*, p. 11.

venda ilegal de drogas, prática de abortos, serviços ilegais para delinquentes do submundo, receitas fraudulentas, atestados de acidente, casos de tratamento ou operação cirúrgica desnecessários, falsos especialistas, cartéis e negociatas de comissão.[23]

Sutherland indica, com razão, que o custo financeiro do delito de colarinho-branco é muito superior àquele gerado pelos crimes comumente considerados o grande problema da criminalidade, com capacidade para criar desconfiança nos setores em que atua, causando desorganização em larga escala, atingindo instituições e organizações sociais. Quanto ao estigma gerado pelo crime, embora possa ser uma ótima política eliminá-lo de todos os delitos, envolvendo classes altas e baixas, a realidade demonstra que o crime do colarinho-branco é semelhante à delinquência juvenil. Em ambos os casos, o procedimento clássico da lei criminal é alterado para que o estigma do delito não recaia sobre os apenados.[24]

Um aspecto peculiar da criminalidade do colarinho-branco é a homogeneidade cultural dos legisladores, magistrados e agentes do executivo, de forma que muitos admiram os empresários e não podem concebê-los como delinquentes. O homem de negócios não ingressa no estereótipo popular de *criminoso*. Afinal, em teoria, pessoas respeitáveis vão agir sempre dentro da lei.[25]

Aos crimes de colarinho-branco falta comoção da sociedade, pois as infrações são complexas e seus efeitos, difusos, pouco compreendidos pelas pessoas comuns, não especializadas na área em que ocorre o delito. As agências de comunicação não expressam os sentimentos morais estruturados da comunidade com relação aos delitos de colarinho-branco, por serem complicados de explicar no noticiário e, também, pelo fato de que as redes são controladas por empresários; por vezes, essas agências estão envolvidas na violação da lei.[26]

O autor expõe uma face dissimulada do empresário criminoso, que não se enxerga como tal; ele acredita ser um cidadão respeitável, e desse modo é visto pela comunidade. E menciona que alguns criminólogos nem mesmo veem o criminoso de colarinho-branco como *realmente* um delinquente. Por outro lado, o delinquente comum se vê como tal e assim é considerado pelo público em geral, visto não ter a pretensão de ter uma reputação ilibada. O homem de negócios é falso; preserva a sua imagem pública de respeito à lei, mas a política da sua empresa é de cometer ilicitudes secretas. Ele não quer

---

[23] *Crime de colarinho branco*, p. 35-36.
[24] Idem, p. 38, 97-98.
[25] Idem, p. 100.
[26] Idem, p. 103-104.

ser preso pela polícia, levado à justiça criminal e condenado pelos crimes. Por isso, as organizações empresariais trabalham para proteger as reputações e modificar as leis que aos empresários se apliquem.[27]

Umas das realidades apontadas por SUTHERLAND é que as vítimas de delitos de colarinho-branco pouco conseguem lutar contra as políticas empresariais. Os consumidores estão dispersos, desorganizados e lhes faltam informes suficientes para detectar os males dos quais são vítimas. Até mesmo os acionistas de empresas recebem poucas informações e não conhecem os procedimentos complexos das empresas que possuem. Se suspeitam de atitudes ilegais dos gestores, não conseguem organização suficiente para bloquear o crime.[28]

Outro ponto interessante é demonstrar que os detratores da atividade criminosa empresarial são tachados como comunistas ou socialistas, avessos ao capitalismo, logo, pessoas de pouca credibilidade.[29] Sob o guarda-chuva político-ideológico, muitos delinquentes de colarinho-branco deleitam-se em seus afazeres ilícitos.

Em suma, as pessoas de classes socioeconômicas superiores cometem vários delitos e essas infrações precisam ser consideradas no âmbito geral do comportamento criminoso. Grandes empresas violam as leis com muita frequência. Nem por isso se pode chegar à conclusão de que a classe alta é mais delinquente que a baixa. As evidências não permitem extrair uma síntese a respeito. Talvez, as explicações mais acertadas, para a criminalidade de colarinho-branco, digam respeito às teorias da associação diferencial e da desorganização social.[30]

É preciso lembrar um postulado essencial de quem analisa o criminoso de colarinho-branco. Esse perfil de criminoso é um criador de *teorias secundárias*, cuja finalidade é justificar tudo o que fizer de ilícito, sob diversos prismas, aparentemente convincentes, como *sonegar tributos porque o governo aplica mal a arrecadação*, *cometer desvios financeiros de toda ordem* porque é assim que sobrevivem no mercado selvagem do empresariado; *dar atenção à ética* nos negócios é um pensamento atrasado e incabível nas atividades empresariais, pois o mais esperto deve triunfar; quem não comete *desvios no comércio* deixa de atingir lucro e sucesso, pois *toda a concorrência assim faz*. Enfim, os empresários criminosos possuem um discurso pronto e preparado para justificar as barbaridades cometidas, sempre no intuito de convencer os incautos de suas atividades infracionais.

---

27 Idem, p. 338-342.

28 Idem, p. 348.

29 Idem, p. 366.

30 Idem, p. 386.

A criminalidade de colarinho-branco ainda conta com o auxílio de todos os criminólogos, considerados liberais, afirmando preferir igualar os pobres aos ricos e não prever prisão para nenhum deles; alegam, ainda, que uma multa ao empresário é suficiente, mas se esquecem que o pobre não tem dinheiro, logo, deve *pagar* o seu crime com a prisão; a delinquência de *fino trato* lida com as esferas elevadas de poder (Legislativo, Judiciário e Executivo), razão pela qual a pena privativa de liberdade, para eles, é quase uma ficção.

Infelizmente, quando se consegue criar uma força especial de combate à corrupção no país, ela mesma se corrompe, abusa do poder, faz escolhas políticas que não lhe cabem, viola direitos fundamentais e chega à mesma posição dos criminosos aos quais pretende combater.

Na realidade, é fundamental adotar uma política criminal igualitária. Se o ladrão de galinhas (hoje, furto qualificado) pode ir para a prisão, o mínimo que se espera é que o empresário autor de delito econômico, financeiro ou tributário de larga extensão possa cumprir a mesma pena. Enquanto não se equiparar o furtador ao empresário-delinquente, inexistirá justiça igualitária.

A política criminal do Estado necessita refletir os anseios reais da sociedade quanto à criminalidade, inclusive a organizada, não se limitando a visualizar apenas os delitos violentos, mas os de colarinho-branco, cuja abrangência lesiva chega a ser impressionante.

Das duas, uma: ou a prisão é *inadequada* para ladrões de toda ordem e também para empresários criminosos ou é *adequada* a todos os que cometem crimes graves. No presídio de um Estado Democrático de Direito há de se encontrar criminosos perigosos de todos os matizes: violentos e fraudadores ardilosos.

Muitos empresários passam-se por *santos*, praticamente vítimas do sistema político-tributário-econômico, reputado injusto, adotado pelo país. Quem já não ouviu o homem de negócios dizer que *dança conforme a música*? Isso seria um atestado de imunidade para as suas lesivas e criminosas práticas.

2.1.6 Reincidência e criminalidade profissional

A recidiva tem inúmeras explicações, embora a mais comum seja relativa à falha estrutural do sistema carcerário, quando o condenado é aprisionado; quando não, respondendo em regime aberto ou por meio de penas restritivas de direitos ou multa, as críticas se voltam à inutilidade do sistema punitivo. De qualquer forma, são justificativas muitos simplistas, pois há condenados que *não tornam a delinquir*, em qualquer situação, vale dizer, cumprindo pena encarcerado ou fora do sistema fechado.

Sobre a reincidência, CASTELO BRANCO aponta o cárcere como fator criminógeno, em virtude da má companhia e do desamparo em que se deixa o egresso da prisão, sem encontrar emprego, com as portas fechadas. A sociedade termina transformando o delinquente ocasional em habitual.[31] Essa assertiva é parcialmente verdadeira, porque não se pode generalizar para abranger a totalidade dos egressos. Afinal, o índice de reincidência não é de 100%; há os que, cumprida a pena, não mais retornam ao crime. Entretanto, há os presos que se deixam levar por outros condenados, envolvem-se ativamente no crime organizado dentro dos estabelecimentos prisionais, aprendem novas técnicas para o cometimento *aperfeiçoado* de certas infrações penais e já saem do estabelecimento penal prontos para reincidir. Nessa hipótese, o encarceramento funciona como a autêntica *escola do crime*. Por outro lado, há os que não se envolvem dessa forma com grupos criminosos dentro do presídio, mas, quando deixam o sistema penal, não recebem apoio algum dos órgãos estatais e alguns terminam voltando a cometer delitos, em atitudes desesperadas.

Outro ponto a ser considerado diz respeito ao chamado *criminoso profissional*, cuja atividade para o seu sustento é a prática do crime. Aliás, muitas organizações criminosas são formadas justamente para manter o desenvolvimento contínuo da atividade delituosa, fornecendo recursos suficientes para os seus integrantes.[32] Cuida-se de uma reincidência programada e objetivada pelo delinquente.

A reincidência é considerada uma circunstância agravante pelo Código Penal (art. 61, I), podendo gerar variados efeitos, como o impedimento de benefícios (substituição de penas privativas de liberdade por restritivas de direito ou multa; aplicação de suspensão condicional da pena); aumento do prazo para obter o livramento condicional; inviabilidade de suspensão condicional do processo, entre outros, além de possibilitar medidas cautelares, como a decretação de prisão preventiva (art. 313, II, CPP).

Parece-nos ser a reincidência um elemento viável para elevar a punição, impedir benefícios e até mesmo propiciar a decretação de medidas cautelares preventivas. Não nos convencem as teses justificadoras da recidiva do delinquente, no sentido de ser ele, sempre, uma *vítima do sistema punitivo*, que não prestaria para nada, razão pela qual teria sido *forçado* à reincidência. Como regra, ninguém é *obrigado* a reincidir na atividade criminosa, em especial

---

[31] *Curso completo de criminologia da sociedade brasileira de direito criminal*, p. 144.

[32] O criminoso profissional seria aquele que, com o fim de lucro, faz do crime doloso a sua profissão (CASTELO BRANCO, *Curso completo de criminologia da sociedade brasileira de direito criminal*, p. 146).

quando se enfoca o cenário dos delitos violentos contra a pessoa ou de cunho sexual, por exemplo, desligados do intuito de lucro.[33]

Há alguns pontos a considerar, além do acima mencionado: (a) encontra-se a reincidência de quem nunca foi inserido no sistema prisional (cumpriu pena restritiva de direitos ou pagou multa em crime anterior); (b) ocorre a recidiva de quem saiu do sistema penitenciário, amaldiçoando ter estado nesse lugar, mas retoma a prática de infração penal porque lhe parece mais fácil do que se sustentar honestamente, confiando na impunidade; (c) existem criminosos de colarinho-branco, cuja reincidência é uma atitude escolhida e intencional, visto que a punição anterior, como regra, foi branda; (d) deve-se considerar, ainda, a *recidiva informal*, significando a prática de vários delitos pela mesma pessoa, antes de haver qualquer condenação definitiva, apta a produzir a reincidência formal, nos termos do art. 63 do Código Penal. Nessa última hipótese, o delinquente comete inúmeras infrações penais e, quando é descoberto, ainda é primário e possui *bons antecedentes*, de modo que a reiteração criminosa não é causada pela inclusão no sistema carcerário; aliás, nem mesmo é fonte disso qualquer punição, pois nunca antes aplicada.

A reincidência possui inúmeras causas, não se podendo minimizar a sua relevância, tampouco simplificar o seu contexto, pretendendo atribuir a *responsabilidade* pela recidiva no crime doloso (em especial) ao Estado e seu *injusto* sistema punitivo. Há de se considerar, de modo efetivo, a vontade livre do agente em cometer crimes e crimes, reincidindo porque assim quer e, por isso, devendo ser punido mais severamente.

Outro ponto que nos soa insensato é ligar a reincidência, como agravante para elevar a pena do acusado, ao cenário da *dupla punição* pelo mesmo fato (o indevido *bis in idem*). A tese simplesmente ignora ou despreza o princípio constitucional da individualização da pena, pois o réu reincidente sofre uma pena mais elevada não porque esteja sendo punido, novamente, pelo mesmo fato já cometido. Ele está sendo mais severamente apenado porque cometeu um crime, foi devidamente apenado e, depois, voltou a delinquir. São fatos distintos e a punição, no tocante ao segundo, somente foi mais elevada por demonstrar que o indivíduo pouco ligou em relação à sua primeira condenação. Ele ignorou a primeira punição e tornou a delinquir; isso o levou à segunda condenação, por fato diverso, mas recebendo penalidade mais elevada.

---

[33] É possível até compreender que a reincidência em alguns delitos patrimoniais pode ligar-se à sobrevivência do agente ou de sua família; a recidiva em crimes relativos a consumo de drogas ilícitas pode indicar o vício e a ausência de tratamento adequado. Há alguns cenários esclarecedores da reiteração da prática de crimes, mas não se deve generalizar, especialmente quando se transfere a responsabilidade disso à sociedade.

Ser reincidente significa desprezar o primeiro crime e sua consequente punição, retornando à senda da criminalidade, merecendo uma sanção penal diferenciada. Isso tudo pode ser acrescido ao fato de haver delinquentes cuja reincidência é múltipla, não se podendo, mais uma vez, impor a responsabilidade por isso à sociedade ou ao Estado, como se o criminoso fosse a parte inocente, jogada em cenário injusto. A hipótese de recidiva plural, especialmente em delitos dolosos, como se fosse uma consequência determinista do universo em redor do criminoso é simplória e irreal.

2.1.7 A questão do livre-arbítrio

Inferioriza-se o livre-arbítrio, com base na ideia de que se trata de um fator de cunho religioso, baseada na fé cristã, como se, no mundo real, não existisse. Significaria uma construção ligada à moralidade cristã, para falsear a realidade e jogar com fatores imaginários, impossíveis de comprovação no campo científico. Alguns criminólogos atiram o livre-arbítrio para a esfera metafísica, sem comprovação *científica* e, por isso, desprezível. Essa visão significa uma deturpação da realidade, porque a vontade humana é algo absolutamente real, sem que seja necessário se provar em qualquer experimento científico, bastando viver e sentir o que se faz e como se faz.

O livre-arbítrio é a possibilidade de o ser humano tomar decisões por vontade própria, pautando-se pelo seu discernimento e pela sua vontade. Não visualizamos absolutamente nada que fuja à realidade. O ser humano tem ou não tem vontade para agir como quiser? Negar essa livre vontade é simplesmente negar a liberdade de agir de cada pessoa, o que não nos parece nem lógico nem razoável. O outro lado da questão, negando-se o livre-arbítrio, significa acolher o determinismo, uma teoria condizente com a premissa de que tudo, na vida, está determinado por fatores alheios à vontade de alguém; as pessoas agem da maneira como atuam porque fatores exógenos levam a isso. Pode-se chegar ao contrassenso de se dizer que uma pessoa matou outra, dolosamente, por influências externas, incontroláveis, vale dizer, o homicídio iria acontecer de qualquer forma, quisesse o agente ou não. Essa ideia fere gravemente o próprio conceito de dolo, pois a intencionalidade estaria prejudicada pelo determinismo. Não se poderia prejudicar alguém por ter matado outrem, afinal, o homicídio seria inafastável; se assim fosse, não haveria justificativa alguma para punir o assassino.[34]

---

[34] A vontade pode ser caracterizada como o ato ou a experiência de querer, como o processo consciente total envolvido ao efetuar-se uma decisão, o poder de escolher e também de

Por certo, o livre-arbítrio do ser humano conecta-se a fatores exteriores à sua vontade, elementos que o cercam de maneiras variadas, mas isso não significa abolir a livre vontade e, praticamente, adotar o determinismo como padrão. Se assim fosse, todos os crimes seriam obra de tudo e de todos, menos do criminoso. O absurdo se coloca na exata medida em que, mesmo a pessoa desejando ou não alguma coisa, provocaria a indiferença a essa vontade, pois não seria livre, ao contrário, seria impulsionada por terceiros. Assim, ninguém teria que assumir a responsabilidade pelo que fizesse, visto consistir em culpa da sociedade ou de qualquer outra fonte.

O livre-arbítrio, segundo nos parece, não se liga exclusivamente à moralidade cristã, pois é atributo do ser humano, bastando viver para disso se ter certeza. A vontade é inerente à pessoa, tanto assim que o elemento subjetivo do crime se lastreia nisso: dolo e culpa. Ninguém mata outra pessoa dolosamente *por determinismo*; isso, sim, seria surreal.

Clóvis Beviláqua afirma ser o livre-arbítrio uma incongruência, apoiando a escola positiva, pois o mais importante é apurar o grau de *temibilidade* do sujeito perturbador da harmonia social, verificando-se até que ponto esse indivíduo é adaptável ou não às condições de coexistência humana.[35] Note-se que desconsiderar o livre-arbítrio permite ilações desse naipe, sugerindo que as pessoas agem, no cenário do crime, por perturbação mental inata e incontrolável. Assim, por determinismo, pessoas cometeriam crimes; logo, justificar-se-ia a aplicação de medidas preventivas e, antes do cometimento do fato criminoso, alguém poderia ser encarcerado para *tratamento*. Esse, sim, em nosso pensamento, é o retrato do contrassenso.

Conforme esclarece Recaséns Siches, o livre-arbítrio não é uma coisa, uma faculdade ou uma energia, mas consiste no tipo peculiar de inserção do eu em sua circunstância, permitindo escolhas entre vários caminhos, fazendo-o por sua conta e risco e sob sua responsabilidade. O indivíduo não está predeterminado a seguir qualquer caminho, deixando os demais; ao contrário, deve eleger entre as possibilidades, afinal, viver é se encontrar sempre, efetiva ou potencialmente, numa encruzilhada, devendo escolher um dos caminhos. Por isso, o homem é livre-arbítrio.[36]

---

escolher e agir de acordo com essa escolha (Edmur de Aguiar Whitaker, *Manual de psicologia e psicopatologia judiciárias*, p. 82).

[35] *Criminologia do direito*, p. 30-33.

[36] *Tratado de sociologia*, p. 157-158. "Com a capacidade de resposta aos estímulos aumentam os graus de liberdade deixados ao organismo na escolha das respostas. No homem, o número de respostas possíveis torna-se tão elevado que se pode falar do 'livre-arbítrio' caro aos filósofos" (François Jacob, *A lógica da vida*, p. 315).

Não se deve simplesmente ignorar o livre-arbítrio no contexto do cometimento do crime, pois ele é o fio condutor da vontade humana, embora esteja permeado de fatores externos, que podem influenciar a decisão. Enquanto a escola clássica sustentava o livre-arbítrio, a escola positiva o desconsiderava, mas essa posição tinha uma finalidade precípua, consistente em desafiar a pena padronizada e instituir, em estudos mais avançados, a individualização da pena, lastreada em características individuais de cada pessoa. Em outras palavras, negar o livre-arbítrio, àquela época, significava a oposição à pena--padrão, calcada somente na proporcionalidade entre o crime e a sua punição. Por isso, autores partidários da escola positiva afirmavam ser o livre-arbítrio uma ficção, pois o ser humano cometeria o crime impulsionado por elementos inerentes à sua personalidade e à sua natureza, basicamente condicionantes de seus atos. Observe-se a defesa formulada por RAYMOND SALEILLES, afirmando que o delito tem um valor sintomático, revelador da criminalidade e dos seus graus em relação ao agente. Assim, a pena não é a sanção ao crime, mas uma das medidas de prevenção contra a criminalidade individual. A individualização da sanção penal se faz não segundo o delito, mas conforme a criminalidade orgânica latente do indivíduo.[37]

A visão equilibrada da vontade humana para o cometimento do delito e a questão do livre-arbítrio precisam ser consideradas, assim como, para a aplicação da pena, há de se levar em conta os fatores individuais ligados a cada pessoa, como a personalidade e outros atributos. Portanto, a dicotomia das escolas clássica e positiva serve de baliza ao estudo da liberdade de ação do ser humano, não se devendo acolher nem uma nem outra na sua totalidade, pois cada uma delas trouxe argumentos relevantes para a compreensão dos fundamentos para delinquir, da necessidade de haver proporcionalidade quanto à punição e de que a individualização da pena se faz justa, pois os seres humanos são diferentes e cada crime assume um perfil particular, conforme o agente que o comete.

2.1.8 Periculosidade: ficção ou realidade?

O perigo é um fenômeno tratado pelo direito penal, como a potencialidade de haver um dano efetivo a um bem jurídico, razão pela qual existem os *crimes de perigo* individual e coletivo. Faz parte da realidade e não se trata de uma ficção. Por certo, está-se tratando de fatos. No entanto, nada impede que

---

[37] *A individualização da pena*, p. 123.

uma pessoa apresente um estado de antissociabilidade duradouro, tornando-se, igualmente, um potencial risco de dano a quem está ao seu redor.

Em primeiro lugar, a periculosidade é o juízo que se faz, no lugar da culpabilidade, quando se trata das pessoas inimputáveis ou semi-imputáveis, autoras de um injusto penal (um fato típico e ilícito ou, simplesmente, um fato criminoso). A eles, aplica-se a medida de segurança, com a finalidade precípua de lhes assegurar tratamento e cura, motivo pelo qual essa espécie de sanção penal não possui prazo de vigência determinado.[38] O juiz deve fixar o prazo mínimo de um a três anos; conforme o grau de periculosidade, determina a internação ou o tratamento ambulatorial.

Em segundo lugar, é certo que o transtorno de personalidade, conforme as condições pessoais de cada um, pode gerar um perdurável estado de antissociabilidade, algo que, também, pode colocar outros indivíduos em risco de sofrer lesão. Ilustrando, muitos agressores sexuais, com transtornos parafílicos, como a pedofilia, têm uma compulsão para molestar fisicamente crianças; por vezes, são julgados, recebem longas penas privativas de liberdade e, quando soltos, tornam a praticar o mesmo crime, manifestando a sua periculosidade. Outra situação recorrente é a do *matador de aluguel* ou *justiceiro*, que atinge um número elevado de vítimas, cometendo os homicídios sem apresentar qualquer remorso; por vezes, inseridos em regime carcerário, continuam a praticar homicídios dentro do estabelecimento penal, o que demonstra a sua periculosidade.

Como demonstra Ilana Casoy, o matador serial (*serial killer*) é uma realidade; cuida-se de um indivíduo que comete uma série de homicídios, durante certo período de tempo, com algum intervalo entre eles. Difere do homicida não só pela quantidade, mas pelo motivo do crime, especificamente pela falta de motivação; o assassino em série exercita seu poder e seu controle sobre a vítima. É sádico por natureza.[39] Nota-se que o *serial killer* aparenta ser uma pessoa normal, desenvolvendo uma personalidade para contato com outros indivíduos totalmente dissociada de seu comportamento violento e

---

[38] Debate-se, na doutrina e na jurisprudência, se a medida de segurança também não deveria se submeter a um limite. Há os que sustentam afirmativamente, ora apontando como teto o máximo cominado à pena para o fato criminoso cometido, ora indicando o teto do art. 75 do Código Penal (40 anos). De qualquer forma, todos defendem que, mesmo cessada a medida de segurança, o Estado deve continuar tratando do indivíduo, mesmo que internado compulsoriamente, se mantiver o estado de periculosidade, embora por força de decisão civil de interdição.

[39] *Serial killer*: louco ou cruel, p. 16-17.

criminoso. Muitos têm esposa e filhos, além de empregos normais; não fosse assim, não conseguiriam viver em sociedade sem ser imediatamente presos.[40]

Em suma, não somente os inimputáveis ou semi-imputáveis são perigosos, pois pessoas imputáveis podem apresentar transtornos de personalidade, aptos a gerar o estado de antissociabilidade duradouro, de difícil cura ou superação. Não se impõe, conforme as leis penais, uma pena indeterminada a esses criminosos, pois somente a medida de segurança pode ter, em princípio, esse caráter. Cuida-se, na realidade, de uma situação peculiar, abrangendo um certo contingente de condenados, devendo-se, apenas, considerar com maior cuidado a liberdade antecipada, como a progressão de regime ou a liberdade condicional, elaborando-se o exame criminológico. Entretanto, finda a pena, são colocados em liberdade, com elevado potencial de reincidência.

Registre-se o disposto pelo art. 83, parágrafo único, do Código Penal, que cuida do livramento condicional: "para o condenado por crime doloso, cometido com violência ou grave ameaça à pessoa, a concessão do livramento ficará também subordinada à constatação de *condições pessoais que façam presumir que o liberado não voltará a delinquir*" (grifos nossos). Cuida-se da elaboração de um prognóstico, vale dizer, uma avaliação baseada no presente (condições apresentadas pelo sentenciado), com vistas a acontecimento futuro, de elevada probabilidade. A viabilidade de realização de exame criminológico é autorizada por Súmula Vinculante n. 26 do Supremo Tribunal Federal (súmula com força de lei): "*para efeito de progressão de regime no cumprimento de pena por crime hediondo, ou equiparado, o juízo da execução observará a inconstitucionalidade do art. 2º da Lei nº 8.072, de 25 de julho de 1990, sem prejuízo de avaliar se o condenado preenche, ou não, os requisitos objetivos e subjetivos do benefício, podendo determinar, para tal fim, de modo fundamentado, a realização de exame criminológico" (grifos nossos). No mesmo sentido, a Súmula 439 do Superior Tribunal de Justiça: "admite-se o exame criminológico pelas peculiaridades do caso, desde que em decisão motivada".*[41]

Como esclarece ALVINO AUGUSTO DE SÁ, "o exame criminológico, em sua prática de rotina para fins de concessão dos benefícios, consiste na realização de um diagnóstico e de um prognóstico criminológicos, aos quais se segue uma conclusão sobre a concessão ou não do benefício, tudo dentro de uma

[40] Idem, p. 20.

[41] "Mas o juiz das execuções deve poder esperar da informação criminológica da personalidade que esta lhe diga se o delinquente é perigoso, por que o é, e aquilo que se pode tentar para que não o seja mais. O delinquente deve poder esperar desta informação que não será julgado por um ato, ou por um momento do mesmo, mas em função de todas as possibilidades que estão nele" (ALVARO MAYRINK DA COSTA, *Criminologia*, p. 283).

abordagem interdisciplinar. A interdisciplinaridade do exame criminológico diz respeito à interlocução entre os estudos e exames jurídico, psiquiátrico, psicológico e social". E acrescenta: "pelo *diagnóstico*, a natureza do exame criminológico, tecnicamente falando, consiste em avaliar todo o contexto complexo do preso, a saber, suas condições pessoais, orgânicas, psicológicas, familiares, sociais e ambientais em geral, que estariam associadas à sua conduta criminosa e nos dariam subsídios para compreender tal conduta". Quanto ao prognóstico criminológico, "é a parte que se segue ao diagnóstico e dele se deduz, na qual os técnicos expõem sua pressuposição sobre os possíveis desdobramentos futuros da conduta do examinando. Induvidosamente, é a parte mais frágil e menos defensável do exame. [...] O prognóstico é parte que naturalmente se segue a um diagnóstico, seja na Medicina em geral, seja na Psiquiatria, seja na Psicologia, seja, por certo, no próprio Serviço Social, em seus estudos de caso. [...] O problema oferecido pelo prognóstico criminológico, como parte integrante do exame criminológico, é que, pela expectativa e exigência do Judiciário e da própria lei (quando previsto em lei), ele deve se fazer em termos bastante específicos e oferecer boa dose de certeza sobre a probabilidade do comportamento criminoso se repetir ou não, no futuro".[42]

Outro fator relativo à periculosidade pode ter um ângulo diverso de avaliação, quando vinculado à prisão preventiva. Vários tribunais brasileiros, inclusive os superiores (STF e STJ), valem-se desse aspecto para decretar ou validar uma prisão provisória, quando constatam a gravidade do crime, associada à reincidência e, por vezes, também, à integração ao crime organizado. Demonstra o acusado a sua potencialidade lesiva, caso permaneça em liberdade.

2.1.9 Vingança: normal ou anormal?

A vingança significa a desforra, o desagravo, a retaliação contra alguém que teria produzido um mal qualquer; representa uma forma de compensação íntima por quem se considera prejudicado, quando consegue revidar desfechando um mal similar ou até maior. Pode-se até mesmo buscar na conhecida lei de talião ("olho por olho, dente por dente") um dos fundamentos da vingança, embora essa nem sempre corresponda à proporcionalidade espelhada no referido talionato. Seria a vingança sinônimo de castigo? Parece-nos que nem sempre é assim, visto consistir o castigo em uma punição, podendo ser a aplicação de uma reprimenda para ensinar alguém a não tornar a fazer o que

---

42 *Criminologia clínica e psicologia criminal*, p. 204-205.

realizou. Por outro lado, a vingança simboliza o retorno de um mal sofrido com outro mal, logo, não há nenhum fundamento moral ou positivo a justificá-la. Cuida-se de uma satisfação interior de quem se vinga; não há um propósito regenerador embutido no ato vingativo e, justamente por isso, é criticável.

No entanto, a natureza humana, imperfeita que é, tende à vingança pelos mais diversos propósitos e sob as mais variadas justificativas. Projetando-se o ideal de fraternidade, a vingança não poderia ser tolerada, embora o direito não possa controlar a moralidade alheia, nem instituir a bondade como regra, punindo-se a maldade, quando esta não ferir diretamente interesse juridicamente tutelado.

Sobre o sentimento de vingança, BENIGNO DI TULLIO esclarece que ele existe no ser humano como uma manifestação fundamental e primitiva do instinto de conservação, derivando daí o instinto de defesa. As causas da vingança advêm de sentimentos primários, como a cólera, o orgulho, o rancor, entre outros. Há diversas maneiras de a vingança realizar-se, na prática, assumindo formas violentas e não violentas, bem como diretas e indiretas. Esse sentimento pode configurar um ato violento improvisado, inesperado, não preparado, como o homicídio passional, por traição conjugal descoberta de improviso; há situações nas quais a vingança se explica por meio de atos violentos, mas preparados anteriormente, cultivando-se ódio e rancor; existem, ainda, os casos nos quais a vingança é executada de maneira fria e calculada, depois de longo período de espera, com ódio e hostilidade camuflados, mas persistentes.[43] O autor demonstra que o desenvolvimento do sentimento de vingança liga-se ao grau de evolução alcançado pela pessoa e, por consequência, de sua personalidade. Desde os primórdios da civilização, ela esteve presente e, por vezes, em certas épocas, chegou a ser considerada um dever e um direito.[44]

Observa-se que o sentimento de vingança se encaixa no cenário dos sentimentos negativos, ainda nutridos pelo ser humano, em época presente, tais como o orgulho, o egoísmo, a extremada suscetibilidade e a incontrolada emotividade. É uma falha de personalidade ou uma característica humana normal? Se considerarmos o ideal, há de se raciocinar em termos de evolução interior, cultivando apenas bons sentimentos, vinculados à fraternidade, à tolerância, à humildade, à solidariedade, à mansuetude, enfim, manifestações pacíficas e resignadas. Porém, o direito penal não pode ser posto para educar ou moralizar as pessoas.

---

43 *Tratado de antropologia criminal*, p. 261-262.

44 Idem, p. 262.

Por vezes, observa-se a tendência de se considerar a vingança um motivo torpe, buscando-se até mesmo assim classificar o delito, seja na forma de agravante, seja no formato de qualificadora (neste último caso, cuidando-se de homicídio). Porém, tachar de torpeza (sordidez, indecência, repugnância) um sentimento humano recorrente, para fins jurídico-penais, pode representar a tentativa de impor um ato moralmente elevado a outrem. Se o autor do homicídio assim o faz porque pretende vingar a anterior morte de parente seu, provocada pela vítima, pode-se classificar a sua atitude como *torpe*, visto que vingativa? Afinal, automatizar toda vingança como motivo torpe seria a imposição de uma atitude moralmente elevada a terceiros; noutros termos, todos os que buscassem a vingança assim fariam por motivação repugnante e passível de maior punição, o que nos parece uma visão ilógica.

Note-se o disposto pelo art. 121, § 1º, do Código Penal, representando causa de diminuição da pena: "se o agente comete o crime impelido por motivo de relevante *valor social* ou *moral*, ou sob o *domínio de violenta emoção, logo em seguida a injusta provocação da vítima*, o juiz pode reduzir a pena de um sexto a um terço" (grifos nossos). Há exemplos, dados em vários compêndios de direito penal, apontando como situações passíveis de encaixe, como motivo de relevante valor social, o homicídio cometido pelo pai de família em relação ao traficante de drogas, que cede entorpecentes às crianças da escola onde seu filho estuda; como motivo de relevante valor moral, o filho que mata o estuprador da sua mãe. A valoração desses motivos tanto pode ser conduzida para o lado de um relevante valor, como pode ser fruto da vingança.

Noutro prisma, a injusta provocação de uma pessoa pode desencadear uma violenta emoção, que pode ser justamente o instinto vingativo. Porém, essa vindita seria causa de diminuição de pena, sendo incompatível com a qualificadora da motivação torpe.

Não se pode simplesmente excluir do cenário da torpeza, por completo, o motivo vingativo, pois depende do caso concreto. Imagine-se o traficante de drogas ilícitas que mata seu oponente, pretendendo vingar-se de quem tomou seu ponto de venda de entorpecentes; emerge a torpeza desse cenário, no qual já incide a criminalidade e, portanto, a desforra toma cores de pura repugnância.

Temos procurado demonstrar em nossos escritos de direito penal que nem toda vingança pode ser caracterizada como motivo torpe, até pelo fato de ser possível visualizá-la nos contextos das causas de redução de pena, como supramencionado.

Ao lado desse debate, o ponto maior é que o Estado, como ente perfeito e ideal, não deve promover a vingança, pois, como se disse anteriormente, ela não possui um propósito reparador e regenerador - pode servir apenas para acalentar o íntimo da pessoa humana que tira a desforra. Eis o motivo pelo qual não se deve analisar a pena como um ato vingativo do poder estatal; ao contrário disso, a aplicação da pena ao criminoso deve-se a finalidades idealmente positivas. Para isso, pode-se considerá-la um castigo, uma lição, uma repreensão (não pode ser um prêmio, por óbvio) a quem infringiu a lei penal, justamente para não tornar a fazer a mesma coisa.

O Estado intervém nos conflitos para impedir a vingança individual; caso não o fizesse, a natureza humana, muito mais imperfeita que o ideal, poderia buscar a satisfação íntima de retribuir o mal do crime com outra maldade, por vezes desproporcional, cruel ou torturante.[45] Em sociedade, nada impede que a vítima tenha raiva do criminoso e queira *vingar-se*, pois cada pessoa nutre os sentimentos - positivos ou negativos - que desejar, mas o Estado deve preservar a paz social, monopolizando o uso da força e dela valendo-se dentro de critérios estabelecidos nos textos da Constituição Federal e da lei penal.

Se a imposição de pena pode gerar, no espírito da vítima, o sentimento vingativo, essa *satisfação interior* não concerne ao direito penal. Aliás, do mesmo modo, se o ofendido quiser mais do que consta em lei, a título de pena destinada ao delinquente, para se sentir *vingado*, também não é situação atinente à atuação firme do Estado, cumprindo a lei. Como bem esclarece CARRARA, a pena nasceu, entre os homens primitivos, do sentimento de vingança, passando pela *vingança privada*, direito considerado, por muito tempo, como exclusivo do ofendido e de sua família. Quando ingressa na concepção religiosa, passa-se a considerar a pena como uma *vingança divina*. Depois, inicia-se a ideia da *vingança da sociedade ofendida*. Porém, o postulado correto da pena é o restabelecimento da ordem externa da sociedade.[46]

Cometido o delito, impõe-se a pena justa, cominada em norma legal. Isso nada tem a ver com vingança, embora a vítima possa sentir-se *vingada* ou não. Deve-se compreender, então, que a pessoa ofendida busque *justiça*, a denominação dada a quem exige do Estado a ação devida em face do criminoso, pouco interessando se essa sanção represente, *para a vítima*, uma vingança ou simplesmente a sensação de cumprimento de um dever estatal. O que nos parece injustificável é tachar a pena de pura vingança, como se essa

---

[45] Se na sociedade primitiva o indivíduo buscava vingança, respondendo à ofensa sofrida com outra ofensa similar, a autoridade acredita realizar o princípio da igualdade com a sua forma de punição. Noutros termos, o Estado não imita o criminoso, preservando a proporcionalidade quando aplica a sanção (ENRICO PESSINA, *Teoria do delito e da pena*, p. 174).

[46] *Programa do curso de direito criminal*: parte geral, v. II, p. 41, 47-48 e 74.

punição tivesse o objetivo de satisfazer, intimamente, o operador do direito que com ela lida no seu cotidiano, seja o delegado, seja o promotor, o juiz ou mesmo o advogado, cuja missão é defender o delinquente, por pior que tenha sido o seu ato.

Da mesma forma que não se deve considerar o criminoso uma pessoa *anormal* porque infringiu a lei e lesou interesse juridicamente protegido, também não se deve imputar ao Estado a execução de medida vingativa, ao aplicar a pena. No mesmo prisma, não se deve *julgar* a vítima pelo que ela sente, após ter sofrido com a prática do delito, nem a apontar como pessoa vingativa, porque busca a condenação do réu, por vezes, contratando advogado para atuar como assistente de acusação. Cada pessoa é livre para nutrir o sentimento que bem entender e, nesse aspecto, não há e não deve haver julgamento por terceiros, tampouco pelo criminólogo.[47]

Classificar a sanção penal como *pura vingança* significa uma valoração individual de quem a promove, pois julgar o semelhante, no cenário do cometimento de crimes, representa apenas a aplicação do princípio da legalidade e nada mais que isso. O ponto de equilíbrio, nesse contexto, refere-se à igualdade: se ninguém deve ser reputado anormal porque comete um crime, também a vítima pode ter a liberdade de se sentir vingada quando a pena é imposta. É preciso muita cautela ao analisar a *vingança*, como sentimento humano, visto que muitas pessoas a consideram legítima. O contrário disso implicaria um juízo de moralidade, algo incompatível com o direito penal.

Noutros termos, se ninguém deve ser acoimado de anormal porque pratica um crime, igualmente, ninguém deve ser apontado como anormal porque busca a reparação por meio da aplicação da pena. E, aplicada essa, dentro dos estritos termos legais, caso a vítima se sinta *vingada*, também não pode ser apontada como anormal.

Visualiza-se, em certas posições no cenário da criminologia, um *julgamento moral* no âmbito do direito penal e de quem o aplica exatamente como preceituam a Constituição Federal e as demais leis. Parece-nos excessivo apontar o dedo na direção de todos os que procuram, pelos meios democráticos, um direito penal mais rigoroso, porque assim acham *justo*. O correto é contrapor-se à busca de maior severidade, se for o caso, por meio de ideias

---

[47] Até porque vários criminólogos defendem a autonomia da vontade do criminoso. Se esse quer ser maldoso, problema seu. Se quer ser egoísta, idem. Ninguém seria obrigado a seguir um padrão de moralidade imposto pelo Estado. O ponto, entretanto, é que as manifestações negativas do ser humano não podem redundar em lesões a direitos alheios, especialmente quando isso configurar um crime.

e sugestões, apontando o caminho mais proporcional ou adequado e não simplesmente desconsiderar o debate, relativo à pena, tachando-a de puro espírito coletivo de vingança.

Sobre o cenário específico do criminoso, tem-se um discurso disparatado, em que se encontram algumas concepções de que o delinquente é uma vítima da sociedade (ou da classe dominante ou ainda do poder público), enquanto, de outra banda, emergem opiniões no sentido de ser o criminoso um terrível algoz, merecedor das mais rigorosas sanções. Torna-se cada vez mais raro encontrar, no âmbito da criminologia (e também do direito penal), as posições equilibradas, privilegiando o bom senso e procurando acertar, por meios legais, os caminhos adequados ao sistema punitivo.

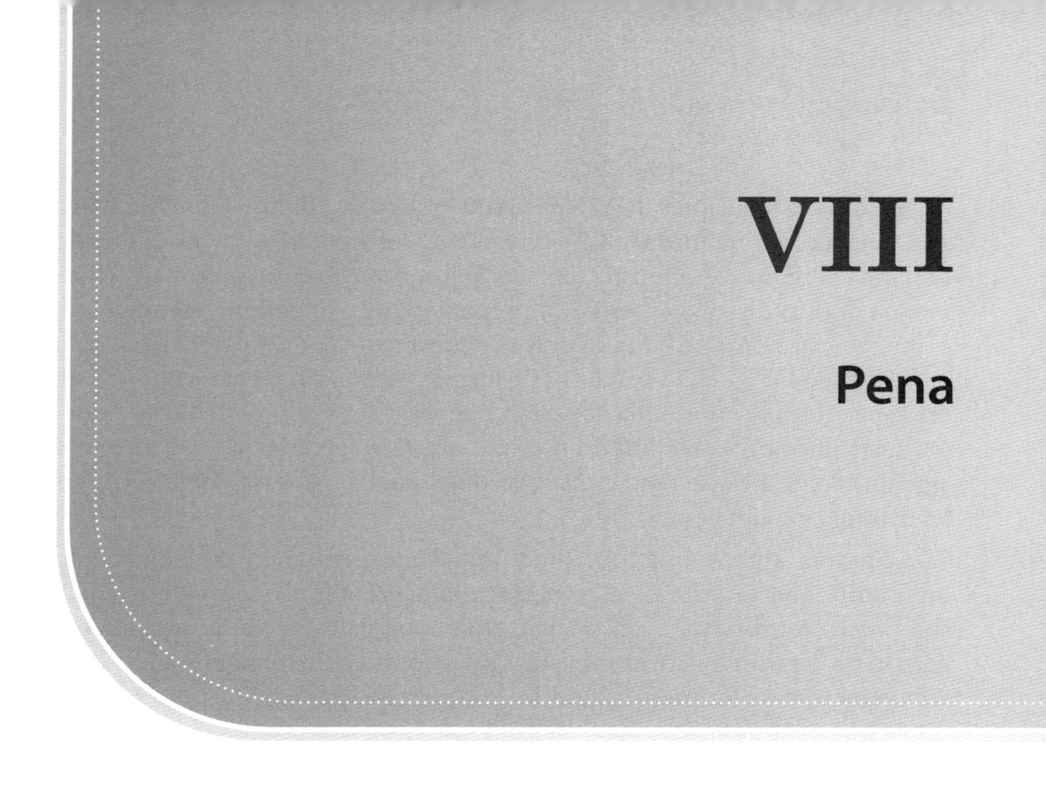

VIII

Pena

1. INTRODUÇÃO

Castigar significa punir e punir significa castigar, não se tratando de um mero jogo de palavras, mas de uma realidade. Pode-se conceituar a pena de qualquer forma, assim como desenhar a ela um número infinito de finalidades, funções e objetivos; no entanto, cuidando-se de pena, logo, punição, trata-se da imposição de um sofrimento, um padecimento, uma angústia, uma dor. Se é uma penalidade, há que gerar, infelizmente, um amargor. A pena é o oposto do prêmio, que significa uma recompensa, um benefício, uma homenagem, um bônus, uma honra, em suma, algo passível de produzir alegria, felicidade, prazer, satisfação.

Por mais que se queira *parecer* bondoso, justo, imparcial, benevolente e até caridoso, jamais se conseguirá transformar o conteúdo da punição em algo alegre e feliz. Se isso acontecesse, no plano da realidade, não mais se cuidaria de uma penalização, mas de uma premiação, refutando a qualquer bom senso que se concedesse uma honraria a quem lesou, feriu ou danificou interesse alheio, causando dor e tristeza. Subverte-se toda a racionalidade pensar em premiar o erro alheio.

2. CONCEITO DE PENA

Trata-se da punição, prevista em lei, aplicável a quem cometeu uma infração penal, expressando um contorno aflitivo, após o devido processo legal, respeitados os princípios do Estado Democrático de Direito. É preciso frisar que a pena é, por natureza, uma expressão de sofrimento, uma produtora de dor, uma geradora de angústia, pois seria um contrassenso aplicar ao criminoso o oposto disso, que seria um prêmio, expressão de uma recompensa, compensação, honra ou bônus. Por isso, é considerada um *mal*, a manifestação opositora ao bem – algo produtor de alegria, satisfação e bem-estar – visto ser capaz de gerar dor, uma sensação penosa, causadora de tristeza. Pode-se sustentar que, constituindo o crime um mal (gerador de sofrimento a alguém), logo, a ele se deve contrapor outro mal, pois seria ilógico atribuir ao delinquente um bem.[1]

Embora a pena constitua uma punição, expressando um sofrimento ou aflição, não se trata de algo necessariamente negativo. Ao contrário, a sua *função* retributiva é um castigo promissor, calcado no despertamento gerado no espírito do criminoso, para seu próprio bem, possibilitando-lhe a recuperação e, se for preso, o retorno, em paz, à sociedade.

Os termos *castigo* e *retribuição* são utilizados por algumas vozes da criminologia para indicar algo inadequado ao Estado Democrático de Direito, podendo representar um *sentimento vingativo* – algo que seria fruto do capricho de alguém ou uma retaliação egoísta.[2] Cuida-se, apenas, de terminologia desgastada pelo tempo, mas não se pode transformar a essência da punição, aplicável ao autor do crime, em algo positivo e benemérito. Deve-se enfocar o significado de *castigo* como uma simples punição, mas, como tal, expressa aflição pela própria natureza. Quanto à função retributiva, igualmente, alguns pretendem apontar um aspecto vingativo, nos mesmos termos da crítica tecida ao termo *castigo*, merecendo as mesmas ponderações. A retribuição é uma função de alerta para que o sentenciado renove o seu interior, compreenda o seu erro e conviva socialmente dentro dos parâmetros legais e justos.

---

1 Não se trata de debater a espécie de pena, pois qualquer uma deve causar aflição, seja ela privativa de liberdade, seja restritiva de direitos, seja pecuniária. Mesmo se fosse uma simples reparação de dano, retiraria patrimônio do autor do delito, e isso não deixa de ser penoso.

2 Para Gustav Radbruch, castigar significa impor intencionalmente um mal. Quem almejar castigar, nesse prisma, deve estar consciente de uma missão superior. Afinal, somente quando o direito penal era exercido em nome de leis divinas ou morais, podia-se castigar de consciência tranquila (*Introdução à ciência do direito*, p. 107). Eis o equívoco desse e de outros autores, ao buscarem tachar o *castigo* sempre como um *mal*, olvidando que a imposição de uma aflição pode representar um *bem* para quem o recebe, alterando o curso da sua vida errante. Logo, não tem a pena nenhuma função ou finalidade divina ou moral, não havendo necessidade de se invadir o cenário religioso e muito menos o campo moralista, nos dias atuais.

Poder-se-ia mencionar a pena privativa de liberdade, a pena restritiva de direitos e a pena pecuniária, mas estaríamos cuidando das espécies de pena – e não de seu conceito.

Para Enrico Pessina, a pena pode ser definida como um ato da sociedade, em nome do direito violado, para submeter o delinquente a um sofrimento como meio indispensável à reafirmação do direito. A pena expressa uma dor, um sofrimento, que recai sobre o autor do delito, por obra da sociedade.[3] Na ótica de Carrara, a pena deve ser aflitiva ao acusado e exemplar à sociedade, mas não deve ser ilegal, aberrante, excessiva e desigual. Precisa ser passível de individualização e comportar reparação, caso ocorra erro judiciário.[4]

O conceito de pena não é a parcela mais polêmica do tema, embora já traga, em sua definição, alguns aspectos vinculados às suas funções ou finalidades, estas, sim, controversas e objetos de intenso debate.

3. FUNÇÕES E FINALIDADES DA PENA

Há que se diferenciar a *função* e a *finalidade* da pena. A função da pena é a razão pela qual ela existe e como ela é prevista e aplicada no âmbito do direito penal. Pode-se cuidar, concomitantemente, da sua operabilidade retributiva e preventiva. A sanção pode tanto representar um castigo ou aflição, como, também, pode ser um instrumento colocado à disposição do condenado para a sua reeducação ou ressocialização. Por outro lado, a sua finalidade cinge-se ao objetivo estatal a ser alcançado quando a pena é aplicada e esse aspecto se destina a contornos preventivos, voltados à sociedade.

A função e a finalidade da pena são multifatoriais ou multifacetadas, parecendo-nos inviável operar com um único aspecto, seja em nível funcional, seja como meta a atingir.

Quando se menciona a função de alguma coisa, está-se apontando ao instrumento adequado para permitir o seu funcionamento preciso, a fim de atingir uma finalidade – o objetivo para o qual aquela coisa foi idealizada e criada.[5] Portanto, cumprindo corretamente a função programada, pode-se atingir os fins desejados.

---

3 *Teoria do delito e da pena*, p. 70, 172.

4 *Programa do curso de direito criminal*: parte geral, v. II, p. 88-89, 93-97.

5 A função do relógio é marcar as horas e os minutos; a sua finalidade é permitir que as atividades das pessoas possam ser organizadas e cumpridas dentro de um tempo preciso, aproveitando de modo útil as 24 horas do dia. Por isso, as funções da pena consistem em dar o devido alerta ao criminoso (retribuição útil), dando-lhe oportunidade de reeducação para atingir a finalidade legitimadora do direito penal, evitando-se novos delitos.

Ao indicar que a pena possui funções aflitivas e reeducativas, igualando--se ao encargo dos pais no tocante aos filhos, quando é imposto um castigo de fundo educativo, a meta é prevenir novas falhas, prejudiciais à sociedade.

Porém, nem sempre a função do instrumento, mesmo se operacionalizado corretamente, permite que se alcance o objetivo para o qual aquela função foi concebida. No cenário da pena, a função retributiva associa-se à proposta de reeducação, porém, é evidente não se poder assegurar que a sanção aplicada ao criminoso, embora se imagine seja aflitiva para o ser humano, dentro da normalidade, realmente *funcione* como um castigo para quem o vivencia, gerando a sua ressocialização e a compreensão do caráter ilícito e errado daquilo que fez. Se as funções não tiverem resultado positivo, a finalidade preventiva da pena não será atingida: o delinquente pode reincidir, por vezes, de maneira mais grave; a sociedade desacredita do direito penal e sua efetividade e as pessoas se sentem ameaçadas, podendo, realmente, ficar desprotegidas.

Assim, a pena, mesmo operando como uma sanção educativa, pode não garantir a finalidade preventiva à prática de novos delitos. Entretanto, há muitos sentenciados, que, como qualquer outra pessoa, em qualquer outra área do direito, ao receberem a sanção, captam o castigo como o alerta de que estavam equivocados e que precisam cumprir as normas postas para viver, em paz, em sociedade, regenerando-se. Se isso ocorrer, o direito penal reafirma a sua efetividade, assegurando a sua legitimidade social; outras pessoas, então, sentem-se temerosas de cometer crime similar, justamente para não viver aquela aflição, prevenindo-se a prática de delitos. Sob outro prisma, se estiver preso, o condenado cessa o cometimento de outras infrações. Caso cumpra restrição de direito ou esteja em suspensão condicional da pena, deixa de delinquir para não perder o benefício.

3.1 Funções da pena

3.1.1 Função retributiva

A pena tem função retributiva, como uma lição adequada a quem comete um crime, buscando ofertar oportunidades para a remodelação da conduta, não tornando a lesar direito alheio. Associa-se essa função à possibilidade de reeducação, caso o sentenciado assim resolva fazer.

Deve-se destacar dois enfoques primordiais: (a) muitos consideram a *retribuição* um elemento *atrasado*, ligado ao estado primitivo da pena, voltando até mesmo a reproduzir a filosofia do talião, vale dizer, devolver o mal do crime com o mal da pena. Outros acrescentam ser a retribuição um sintoma da *vingança*, logo, algo que precisa ser extirpado do mundo democrático; (b) alguns apontam a pena como uma retribuição natural e lógica, indicando que não há outra *finalidade* senão a contraposição da pena à prática do delito.

Atualmente, parece-nos que a pena é importante para o cenário do crime, embora não se possa visualizá-la exclusivamente como uma finalidade a ser atingida; ela tem funções que, se bem instrumentalizadas, podem levar o Estado a alcançar as suas metas preventivas.

É preciso evitar a mescla do conceito de retribuição, como uma função necessária da pena, com a ideia de justiça absoluta de Kant, sob a ótica de ser um imperativo categórico, vale dizer, se um delito fosse cometido à véspera do último dia do mundo, mesmo assim o delinquente precisaria ser condenado.[6] Seria a pura expiação do delito pela pena. Ora, somente para argumentar, se o crime fosse cometido no dia anterior ao fim do mundo, por certo, a pena perderia completamente a sua função retributiva, com vistas ao alcance das suas finalidades.

A função retributiva da pena vem expressa em lei, como se vê no disposto no art. 59 do Código Penal: "O juiz, atendendo à culpabilidade, aos antecedentes, à conduta social, à personalidade do agente, aos motivos, às circunstâncias e consequências do crime, bem como ao comportamento da vítima, estabelecerá, conforme seja *necessário* e *suficiente* para *reprovação* e prevenção do crime: I – as penas aplicáveis dentre as cominadas; II – a quantidade de pena aplicável, dentro dos limites previstos; III – o regime inicial de cumprimento da pena privativa de liberdade; IV – a substituição da pena privativa da liberdade aplicada, por outra espécie de pena, se cabível" (grifos nossos). Além disso, não é demais citar o disposto no art. 121, § 5º, do Código Penal, salientando ser possível ao juiz aplicar o perdão judicial, quando as consequências da infração atingirem o próprio agente de maneira *tão grave* que a sanção penal se torne *desnecessária*, evidenciando o caráter retributivo da pena. É relevante interpretar esses dispositivos como a *função* da pena.

Expõe Santiago Mir Puig que a concepção retributiva da pena apresenta um aspecto positivo, consistente na limitação que a sanção impõe, preservando-se a proporcionalidade e impedindo-se a aplicação de aflição maior do que a gravidade do fato cometido. Constitui esse limite um progresso que não se pode abandonar. Afirma ainda haver coerência em se proporem penas mais severas para fatos mais graves, novamente com o fito de assegurar a proporcionalidade entre delito e pena, mesmo que se possa cuidar, no caso

---

6 Cf. Bernaldo de Quirós, *Criminología*, p. 358.

concreto, de alguma atenuação ou até mesmo da renúncia de imposição da pena. Sob outro aspecto, assevera ser a pena um *castigo* e não adianta utilizar eufemismos para justificá-la, algo que a teoria preventiva deveria reconhecer. Embora o autor se incline pela concepção preventiva, afirma que o Estado Democrático de Direito somente pode privar o cidadão de seus direitos fundamentais quando for absolutamente necessário para proteger a sociedade. Ratifica a ideia de que a retribuição não oferece legitimação válida da pena, mas a prevenção a legitimará quando aplicada de maneira adequada.[7]

Quanto ao aspecto retributivo da pena, ARMIDA BERGAMINI MIOTTO aponta a sua correspondência com o fato criminoso, de acordo com a sua natureza e gravidade. Relaciona-se com o juízo de reprovação do delito.[8]

A função retributiva da pena, realmente, tem evidente aspecto positivo no que tange à proporcionalidade entre crime e sanção, pois a finalidade de prevenção ao cometimento de novas infrações não tem o condão de fixar qualquer proporção entre o fato e a aflição imposta pelo Estado. Inexiste medida capaz de calibrar a qualidade e a quantidade da pena *apenas e tão somente* voltando-se os olhos ao futuro, buscando-se um prognóstico de cessação da criminalidade. Justamente por conta disso é que a retribuição é perfeitamente legítima para justificar a imposição da pena; o alerta feito pelo Estado há de ser eficiente, sob pena de ser completamente desnecessário. A dose do remédio precisa acompanhar a gravidade da enfermidade, como se faz no campo da medicina, somente para promover uma ilustração.[9]

Nota-se a conveniência de se afastar o caráter retributivo da pena para evitar qualquer censura no sentido de se estar defendendo uma *vingança estatal*, o que seria, no mínimo, moralmente inadequado. Entretanto, não se escapa do cenário retributivo, caindo-se até mesmo em contradição ao asseverar ser a pena um castigo – sem eufemismos – mas não poder ser a teoria da retribuição um fundamento legítimo para a pena. Por outro lado, há mais dois ângulos a considerar. O primeiro diz respeito à adoção da teoria absoluta da punição, sem qualquer finalidade preventiva, o que nos soa inadequado, pois a função retributiva deve *proporcionar* ao sentenciado a oportunidade de,

---

7 *El derecho penal en el estado social y democrático de derecho*, p. 118-119.

8 Breves considerações sobre a pena, p. 66.

9 A garantia da retribuição permite a proporcionalidade, mas também os modelos não liberais de direito penal máximo (FERRAJOLI, *Direito e razão*, p. 239-240). Não vemos relação necessária entre a garantia da retribuição, conforme a gravidade do delito, e o direito penal máximo. Esse sistema rigoroso advém de política criminal voltada à ideia punitiva severa para o controle da criminalidade: pode ter raiz de qualquer espécie, seja retributiva, seja preventiva.

querendo, alterar o seu comportamento, voltando-se ao seu próprio futuro e evitar a reiteração criminosa.[10] O segundo se refere a tantos males cometidos no passado, pelo direito penal, em matéria de punição – abusiva, excessiva e desumana – chegando-se, então, à conclusão de que apontar, na atualidade, a concepção retributiva da pena parece uma volta ao passado, algo atentatório aos direitos humanos fundamentais. Ao mencionar a concepção retributiva, tem-se por padrão citar o direito penal da Antiguidade (trabalhos forçados até a morte, correntes pelo corpo, torturas, masmorras, esquartejamentos, açoites, castigos físicos e humilhantes etc.), como se hoje a retribuição fosse a mesma.[11]

Nas palavras de Raymond Saleilles, a finalidade da pena não é punir alguém por algo feito no passado, como se fosse a singela satisfação de um sentimento de vingança individual ou coletiva, mas possui o significado de alcançar um resultado no futuro. Por isso, a pena deve ser individualizada, sem padronização, não cabendo fixá-la de antemão, com critérios estritos e rígidos.[12] Embora o autor não concorde com alguns pressupostos da escola clássica, como a ausência de individualização da pena ou a afirmação do livre-arbítrio, entende que o mais urgente àquela época era suprimir a arbitrariedade judicial, atenuando a atrocidade das penas. Portanto, do ponto de vista prático, a proposta era reformar o sistema das penas. Ultrapassada essa fase, é inadequada uma responsabilidade penal idêntica a todos os criminosos, devendo-se considerar as individualidades de cada um, justamente por considerar a *finalidade* preventiva da pena.[13]

Essa é a ideia que nutriu a adoção do princípio constitucional da individualização da pena, previsto no art. 5º, XLVI, da Constituição Federal.

---

[10] Essa concepção absoluta *pura* aponta para a pena como um fim em si mesma, somente como um castigo ou retribuição. A inspiração dessa teoria teria caráter religioso: vingança, expiação e reequilíbrio. Aponta-se a origem kantiana de ser a pena uma retribuição ética indispensável (Ferrajoli, *Direito e razão*, p. 236-237). Eis o ponto *fora da curva*. Se no passado concebia-se a pena de maneira *absoluta*, como um castigo indispensável para regular o eixo do mundo ou da existência humana, hoje, pode-se dar por superada essa fase e compreender que a pena tem algumas funções e variadas finalidades. Não há mais espaço para correntes absolutas de qualquer matiz.

[11] Para Orlando Soares, a teoria da retribuição, partindo do princípio de que a pena é sempre merecida pelo delinquente, representa uma fundamentação autoritarista do direito penal (*Criminologia*, p. 286). Eis o temor de vários penalistas e criminólogos: negar a realidade para não ser acoimado de autoritário. *A contrario sensu*, sustentar que pena não tem nada a ver com retribuição simboliza ser uma pessoa melhor que outras, com sentimentos superiores, logo, não autoritária.

[12] *A individualização da pena*, p. 30-31.

[13] Idem, p. 64-66.

Registre-se, entretanto, que a individualização da sanção obedece a critérios vinculados tanto ao agente quanto ao fato praticado, unindo o critério da proporcionalidade, bem sustentado pela escola clássica, ao da aplicação individualizada da reprimenda, nos termos observados pela escola positiva, mas sem os excessos. A leitura do art. 59 do Código Penal, como foi mencionado linhas acima, deixa isso bem nítido. Cada figura típica incriminadora tem uma proporção entre a gravidade do fato e a pena cominada, mas oferece uma faixa entre o mínimo e o máximo para que o julgador possa estabelecer exatamente o *quantum* cabível a cada réu, sem haver a pena-padrão.

Um homicídio simples possui um mínimo de seis anos de reclusão (retribuição mínima para quem tira a vida de outrem dolosamente), mas pode atingir vinte anos de reclusão (retribuição máxima para esse fato). Dentro desses parâmetros, cada réu, incurso no art. 121, *caput*, do Código Penal, receberá a *sua* pena, devidamente individualizada. Não houvesse o caráter retributivo inserido no sistema penal brasileiro, seria desnecessária a previsão de pena mínima. Bastaria cominar o máximo, afinal, considerando-se unicamente a finalidade preventiva da sanção, o julgador poderia chegar à conclusão de que *aquele* acusado, após o homicídio cometido, já tendo respondido ao processo, não teria o perfil de quem tornaria a cometer fato similar no futuro, abstendo-se, então, de aplicar qualquer pena.[14] A obrigatoriedade de estabelecer uma pena mínima não se liga ao caráter puramente preventivo – em qualquer de seus ângulos – mas à concepção retributiva.

Em visão mais realista, PESSINA evita considerar a pena como um mal para o indivíduo. Afirma que a retribuição não significa o mal pelo mal, tampouco deve ser o *mal do criminoso*. A retribuição significa que ao falso prazer gerado pelo crime deve seguir uma dor. Do prisma subjetivo, o criminoso deve sentir aquela dor como um mal, mas, objetivamente, a privação sofrida não deve ser um mal para ele, mas uma justa dor em consequência ao ilegítimo e injusto gozo do delito.[15]

Visualizando o contexto dos crimes cometidos pelos nazistas, durante a segunda grande guerra, torna-se impossível desvencilhar-se do caráter retributivo que a pena possui. Muitos deles foram processados e punidos, após o término da guerra, e condenados à morte ou à pena de prisão perpétua, não se

---

[14] A bem da verdade, excetuando-se os matadores profissionais ou seriais, o homicida tende a ser uma pessoa fadada ao cometimento de um único delito. Eliminada a vítima, a quem odeia ou que o traiu de alguma forma, tende a não mais delinquir. Se fosse enfocado o caráter exclusivamente preventivo, nem seria preciso aplicar pena ao assassino ocasional. Porém, seria justo?

[15] *Teoria do delito e da pena*, p. 172.

podendo retirar disso nenhum aspecto ressocializador ou preventivo. Cuidou-se de retribuição pelo mal cometido. Um dos caçadores de nazistas, Efraim Zuroff, declarou ser importante levar a julgamento os nazistas, em qualquer época, porque a passagem do tempo não diminui a culpa de cada um deles, que são assassinos. A idade avançada também não pode servir de proteção a pessoas que cometeram delitos horríveis. Completar 90 anos de idade, por exemplo, não apaga o fato de uma pessoa ter sido homicida. Ao visualizar idosos frágeis, deve-se lembrar dos crimes cometidos, quando estavam no auge da forma física, dedicando a sua energia para matar pessoas inocentes de todas as idades. Os julgamentos dessas pessoas passam uma mensagem importante no sentido de que o cometimento de delitos similares provocará a responsabilização mesmo décadas depois. Punir, com penas severas, idosos com 80 ou 90 anos não se liga a qualquer caráter preventivo, mas, basicamente, ao formato retributivo da sanção.[16]

Esta é a função retributiva da pena: gerar um alerta, que, por certo, não pode consistir em um prêmio, mas em algo aflitivo, dentro do respeito aos direitos humanos, operacionalizando a mudança comportamental apenas para evitar o cometimento de outras infrações penais. Isso nada tem a ver com a indispensabilidade de *reeducar* o condenado; tem o propósito de prevenir a prática de crimes, protegendo a sociedade.

3.1.2 Função reeducativa

A pena não tem a finalidade reeducativa, mas operacionaliza a possibilidade de ressocialização. Por isso, de fato, parece-nos inadequado colocar como objetivo da sanção penal a transformação interior de uma pessoa, a sua conversão do mal para o bem.[17] Não se trata de sustentar que o Estado deve eximir-se de exigir dos indivíduos em geral o cumprimento fiel às leis; assim deve fazer, respeitado o princípio da legalidade e a base jurídica do Estado Democrático de Direito. Porém, esse seguimento do conjunto de regras do ordenamento jurídico volta-se, como obrigação, a todos os membros da sociedade – e não apenas aos condenados. Por isso, ao impor a aflição retributiva, com função de alerta para a falha cometida, proporciona ao sentenciado a oportunidade de se redimir, querendo. Pode aprender uma nova profissão, por

---

[16] *Folha de S. Paulo*, 28 jan. 2021, p. A11.

[17] "O homem é livre para fazer o bem, mas também é livre de orientar-se para o mal e de persistir no mal, sofrendo as consequências do mal perpetrado. Ninguém pode obrigar o homem ao bem porque neste caso a ação perderia o seu mais precioso significado moral" (Giuseppe Bettiol, O mito da reeducação, p. 11).

conta do trabalho instituído como dever para quem cumpre pena nos regimes fechado, semiaberto e aberto; pode, ainda, estudar e galgar novos patamares na sua vida socioeconômica, algo também incentivado pela lei penal. Tanto o trabalho quanto o estudo rendem a remição – o desconto dos dias de labor e conhecimento no montante da pena.

ALIMENA considera a ideia da finalidade correcional da pena uma tese platônica, pois a sanção seria uma forma de tornar o condenado uma pessoa melhor, despojada da sua maldade; logo, a pena seria remédio para a maldade. E menciona que a experiência demonstra ser muito rara a correção do sentenciado, não sendo viável atribuir à pena uma finalidade só alcançada excepcionalmente.[18]

Tivemos a oportunidade de sustentar, em escritos anteriores, a obrigação de que o condenado se *reformasse* interiormente, a fim de conviver, em paz, na sociedade onde vive e para onde retorna, após cumprir pena em regime penitenciário. Porém, convencemo-nos de que ser bondoso ou maldoso é um problema pessoal; se por conta de um transtorno de personalidade antissocial, por exemplo, atuar maldosamente, praticando um delito com crueldade, deverá ter essa condição avaliada no momento de individualização da pena, mas, ao longo da execução, se continuar a pensar que agiu corretamente, sem apresentar remorso, ou acreditar em preceitos imorais ou antiéticos, cuida-se de uma particularidade sua. Deixará o cumprimento da pena, quando completar o seu tempo, estando melhor – ou até mesmo pior do que ingressou. E, como todo cidadão, deverá cumprir as leis vigentes em sociedade; caso cometa novamente um crime, será considerado reincidente, sofrerá um aumento da sua pena e tornará a cumpri-la, sem que o Estado possa ser acoimado de *causador* desse infortúnio. Eis por que não é finalidade da pena reeducar ninguém, mas proporcionar meios para que isso ocorra, se for da vontade (note-se o relevo do respeito ao livre-arbítrio também nesse campo) do condenado. É preciso considerar que a recusa em se adaptar à vida em comunidade pode levá-lo a novas condenações, já que não vive numa ilha isolado, *devendo* respeitar os direitos alheios. A função reeducativa da pena é um instrumento colocado à disposição do sentenciado para que possa evitar no futuro novos deslizes. Quando alguém procura uma terapia, por exemplo, buscando alterar o seu comportamento negativo, prejudicial a pessoas ao seu redor, a entes familiares aos quais dedica amor, quer melhorar, pretende adaptar-se ao meio onde vive. Mas o tratamento psicológico (ou psiquiátrico)

---

18 *Introdução ao direito penal*, p. 88-89.

pode não dar certo e essa pessoa é capaz de ferir novamente os sentimentos de familiares, amigos e conhecidos.

Observe-se o que ocorre no tocante ao homem violento, que agride a companheira, ao ser condenado, recebe a pena como retribuição para o alertar do prejuízo causado e, ao cumpri-la, terá a oportunidade de administrar seus sentimentos e optar por desenvolver condutas completamente diferentes em seus relacionamentos amorosos futuros. Se nada aprender, refutando o aviso transmitido pela sanção estatal imposta, será lamentável, visto tornar a delinquir e, com isso, experimentar uma pena ainda mais elevada. Enfim, tantas vezes quantas desejar agredir mulheres, é livre para tanto, mas arcará com a sanção penal no mesmo patamar de vezes que infringir a lei. Se não aprender (reeducar-se por conta própria) a deixar de ser covarde e continuar a nutrir uma personalidade agressiva e impulsiva, a aplicação de qualquer pena não fará nenhum milagre, nem se pode esperar isso do poder público.

É preciso destacar a previsão feita pela Lei de Execução Penal no sentido de se buscar a ressocialização do preso: "a assistência ao preso e ao internado é dever do Estado, objetivando *prevenir* o crime e *orientar o retorno à convivência* em sociedade" (art. 10, *caput,* com grifos nossos); "assistência social tem por finalidade amparar o preso e o internado e *prepará-los para o retorno à liberdade*" (art. 22, com grifos nossos). Havíamos defendido, anteriormente, constituírem tais dispositivos fundamentos para demonstrar a finalidade reeducativa e ressocializadora da pena, preparando-se o condenado para uma nova vida, respeitando as regras impostas pelo ordenamento jurídico. É momento de, em mais apurada reflexão, rever alguns pontos. Em primeiro lugar, torna-se imperioso diferenciar *reeducar* e *ressocializar.* Se *educar* significa ensinar algo, transmitir conhecimento, proporcionar estrutura para uma pessoa desenvolver a sua personalidade, por certo, *reeducar* representa fazer tudo isso novamente, o que pode ser assimilado ou não pelo sentenciado. Afinal, quanto ao desenvolvimento da personalidade, como regra, passando dos 18 anos, quanto atinge a imputabilidade penal, já possui discernimento suficiente para compreender o caráter ilícito do que realiza; logo, ao ser aplicada a pena em decorrência do cometimento de um crime, pode ser que não seja suficiente para uma real mutação de sua personalidade, embora reconheçamos que a personalidade não é estática, mas dinâmica, podendo sofrer transformações no curso da vida. Portanto, colocar como objetivo da execução da pena a reeducação de alguém é impor uma meta imponderável e incerta, não sendo atribuição estatal dar novos ensinamentos a um adulto de maneira compulsória. Isso, por óbvio, não elimina a *função* reeducativa da pena, que, tal como a função retributiva, permite operacionalizar uma mudança comportamental favorável ao próprio condenado. Se aceitar o seu erro e alterar o seu modo de agir, procurando cumprir, como qualquer cidadão, as leis vigentes em sociedade, terá o Estado atingido as finalidades preventivas da sanção penal: legitimar o direito penal, intimidar quem pensa em cometer um crime e proteger a sociedade.

Sob outro aspecto, *ressocializar*, meta inserida na Lei de Execução Penal, significa proporcionar ao preso o retorno ao convívio social da melhor maneira possível. É um bom propósito, mas que, também, não deixa de constituir uma das *funções* da pena, paralelamente à correta atuação dos órgãos estatais de controle dos estabelecimentos penais. Diante disso, de modo acertado, o texto legal menciona o dever estatal de orientar o retorno ao convívio social, vale dizer, mostrar uma direção ou um caminho, que pode ser seguido ou não. Diz, ainda, a referida lei, ser objetivo da assistência social, existente no presídio, preparar o preso para o retorno à liberdade, ou seja, aparelhar o indivíduo a compreender como se encontra a sociedade naquele estágio, quais as mudanças ocorridas e como lidar com elas. Afinal, há quem cumpra muitos anos de pena em regime fechado e perca o contato com as rápidas mudanças sociais; o preparo para voltar à liberdade é essencial. Constitui mais um auxílio ao preso do que propriamente um instrumento puro de prevenção a novos delitos, embora se possa admitir que, quanto mais adaptado ele estiver ao ser solto, menor a chance de tornar a delinquir.

Nesse cenário, GLOECKNER e AMARAL criticam o objetivo de *reforma do indivíduo*, pois seria um pseudodiscurso humanista, calcado na idealização moralizante do conteúdo aflitivo da pena. A pessoa não deveria servir de meio para atingir qualquer fim, pois o Estado não deveria intervir na esfera de intimidade de quem está submetido ao cumprimento da pena; não haveria legitimidade para modificar a personalidade do sentenciado. Seria um germe do totalitarismo incrustrado no ideal humanista, podendo esfacelar a personalidade do indivíduo, que deve sujeitar-se a atividades com o fito de moldar seu comportamento.[19] Guardadas as devidas proporções e contidos os exageros, se a pena tivesse mesmo a finalidade corretiva e reeducativa obrigatória, valendo dizer que o condenado somente deixaria o cárcere se fosse considerado pelos órgãos estatais um *novo indivíduo*, de fato, estar-se-ia querendo demais da sanção penal, invadindo seara da intimidade e da personalidade do ser humano. Talvez, esse prisma fosse adequado àquela ideia da escola positiva de que o delinquente precisa de um tratamento indefinido, até quando seja considerado curado, tenha ele sido considerado, no momento do

---

19 *Criminologia e(m) crítica*, p. 103-104.

crime, imputável ou inimputável, visto que o foco seria a sua periculosidade. Abstraída essa postura, considerando-se ter a pena um prazo determinado, não há como se dizer que o Estado *obriga* o condenado a se reeducar.

Na realidade, deve-se mesmo evitar, como finalidade da pena, a reeducação, pois essa é uma *função* da sanção: proporcionar meios para o condenado adquirir novos conhecimentos, pelo estudo, além de aprender trabalhos especializados, que poderão ajudá-lo a se sustentar honestamente ao sair da prisão. Não visualizamos no oferecimento de trabalho e estudo ao preso, inclusive com o benefício da remição (desconto da pena pelos dias trabalhados ou em estudo), uma proposta totalitária e desumana. Ao contrário disso, ficar preso em regime fechado em plena ociosidade, sem absolutamente nada para fazer, proporciona males de toda ordem, como, por exemplo, viabilizar, para alguns, a transformação do estabelecimento em *escola do crime*.

Nesse campo, Enrico Pessina demonstra que o fim único da pena não pode ser buscar a regeneração do delinquente, mas é sua função – elemento integrante e condição essencial da própria pena – que alcance, na medida do possível, o fim para onde se direciona: a reafirmação do direito negado pelo delito.[20] Concordamos com a *função* reeducativa da pena, embora tenhamos em vista mais finalidades da sanção penal, como será exposto nos próximos itens, além da reafirmação do direito penal.

Há quem sustente a ideia de que as prisões devem ser *terapêuticas*, ou seja, núcleos sociais aptos a transformar a criminalidade, para que dali emerjam cidadãos de fibra moral, deixando de ser centros de detenção ou instrumentos cruéis de punição. Para tanto, seria preciso modificar a sua organização, com mandatos aos dirigentes, claros objetivos compartilhados entre os administradores e os funcionários, além de um código de ética documentado. Haveria a melhoria de nível do pessoal que trata diretamente com o preso, cuidando-se do processo de seleção, buscando-se candidatos com perfil adequado (entusiasmo, calor humano, respeito, flexibilidade, bom humor, autoconfiança, empatia etc.).[21] Considerando-se que, na atualidade, o estabelecimento penal, para os regimes fechado e semiaberto, é indispensável, as ideias propostas para a sua reorganização parecem-nos positivas e deveriam ser implementadas.

Opiniões existem, ainda, apontando o relevante trabalho realizado por religiosos e seus programas desenvolvidos nos espaços prisionais. Cuida-se

---

[20] *Teoria do delito e da pena*, p. 177.

[21] Paula Smith e Myrinda Schweitzer, The therapeutic prison, in: Cullen, Stohr e Jonson (ed.), *The american prison*: imagining a different future, p. 4, 8, 11.

de uma noção há muito desenvolvida de que o crime é um problema moral e espiritual, razão pela qual muitos religiosos têm a convicção de que a vida do pior criminoso pode ser transformada e a fé em Deus é um importante ingrediente para se ter esperança na reeducação dos prisioneiros. A fé pode auxiliar o contato com a família, estabelecer dormitórios pacíficos e aprimorar as áreas de conflito.[22] Embora BYRON JOHNSON esteja se referindo aos presídios americanos, é indiscutível que o apoio de religiosos em qualquer estabelecimento penal é fator positivo, além do que o amparo da religião e a fé são elementos muito importantes para a renovação interior de muitos seres humanos. Mesmo em presídios brasileiros, onde imperam a desorganização e a superlotação, pode-se constatar que o trabalho missionário de pessoas religiosas tem auxiliado vários detentos a ter uma vida melhor e nutrir esperança na sua regeneração, adquirindo novos valores, mais éticos e moralmente elevados. Dispõe o art. 41, VII, da Lei de Execução Penal, constituir direito do preso a "assistência material, à saúde, jurídica, educacional, social e *religiosa*" (grifos nossos). É bem nítido tratar-se de *direito* do detento – e não um dever ou uma obrigação dedicar-se a atividades religiosas.

Como *função* reeducativa, oportunizando ao preso todo o instrumental necessário para que ele possa, querendo, regenerar-se e alterar o seu comportamento, um dos relevantes aspectos que tivemos a oportunidade de acompanhar, ao longo das várias décadas no exercício jurisdicional, é a importância da religião nesse processo penoso, que é o cumprimento da pena. Aliás, não somente nesse contexto, houve casos de criminosos que, convertidos pela religião, surgiram em delegacias de polícia e confessaram a prática de delitos graves, porque tinham a finalidade de regenerar o espírito. Num desses, que acompanhamos, o inquérito de homicídio qualificado, cuja materialidade estava certa, mas a autoria, incerta, seguia para o arquivamento, quando o executor surgiu no departamento policial encarregado da investigação e pediu para confessar. Forneceu todos os detalhes e apontou o mandante do crime. Voltou a confessar em juízo de formação da culpa e, depois, pronunciado, também o fez em plenário do tribunal do júri, aceitando a punição como a maneira apropriada de expiar a sua culpa ou, para ele, o seu pecado. Enfim, apenas um exemplo de que oferecer a oportunidade de reeducação, em qualquer nível, é válido, jamais devendo se converter em obrigação para o preso.

Bem esclarece CEZAR ROBERTO BITTENCOURT que a ressocialização é uma finalidade a ser perseguida na medida do possível. Não se deve aceitar

---

22 BYRON R. JOHNSON, The faith-based prison, in: CULLEN, STOHR e JONSON (ed.), *The american prison*: imagining a different future, p. 36, 58.

o repúdio, puro e simples, do objetivo ressocializador; porém, não há como pretender que a readaptação em sociedade seja uma responsabilidade exclusiva das disciplinas penais, pois seria o mesmo que ignorar o sentido da vida e a real função dessas disciplinas. Afinal, há vários outros programas e meios de controle social a serem utilizados pelo Estado e pela sociedade para a ressocialização, como a família, a escola, a igreja etc. Atualmente, o esforço *ressocializador* é uma *faculdade* ofertada ao criminoso para que ele, espontaneamente, se ajude a, no futuro, levar uma vida sem a prática de crimes.[23]

Em suma, a reeducação (ou a ressocialização) é uma das *funções* da pena, oportunizando e instrumentalizando ao condenado a possibilidade de alterar seu comportamento, sua profissão, seu modo de vida, enfim, adaptando-se ao meio social onde vive, com a finalidade de não tornar a cometer delitos.

3.2 Finalidades da pena

3.2.1 Finalidade legitimadora do direito penal

Um dos objetivos da pena é provocar, na sociedade, a crença de que o direito penal não somente existe, mas, sobretudo, que suas normas são efetivas e relevantes, merecendo ser respeitadas. Noutros termos, o crime praticado gera uma insatisfação e um sofrimento imediato em relação à vítima, quando determinada; porém, sempre provoca, também, uma inquietação mediata, no âmbito da sociedade, que se sente ameaçada e ansiosa. Outro cenário diz respeito aos delitos, cuja vítima é, por natureza jurídica, indeterminada, visto que o bem tutelado interessa diretamente à sociedade – e não a alguém especificamente – como ocorre com os crimes ambientais, financeiros, econômicos etc.

Deve-se compreender a *legitimação* do direito penal por meio do entendimento de que a aplicação da pena foi devida, necessária, de conformidade com a lei e, acima de tudo, justa, adequada à razão e à equidade. Tem-se apontado essa finalidade da pena como a *prevenção geral positiva*.

Não se pode deixar de acolher essa finalidade, pois a punição tem o objetivo de demonstrar à sociedade não somente a vigência das normas penais, mas sobretudo a sua eficácia. No entanto, elegê-la como exclusiva, afastando-se as demais, significaria utilizar alguns condenados como bodes expiatórios da sociedade; noutros termos, eles serviriam de exemplo para mostrar a todos que o direito penal funciona.

---

23 Criminologia crítica e o mito da função ressocializadora da pena, in: Bittar, W. B. (coord.), *A criminologia do século XXI*, p. 107.

Esclarecem GLOECKNER e AMARAL que a prevenção geral positiva tem origem no pensamento de Kant e Hegel, atribuindo à pena a função de restabelecimento da validade da norma, que teria sido quebrada pela prática do crime. Por isso, o delito não se desenvolveria no plano real, mas no plano simbólico. Essa concepção seria apta a restaurar configurações totalitaristas de controle social.[24]

Na mesma trilha, quanto à finalidade preventiva geral positiva da pena, GARCÍA-PABLOS DE MOLINA demonstra que, para o funcionalismo, o delito é uma expressão simbólica de infidelidade ao Direito. A pena é uma reação necessária da sociedade, assegurando a vigência efetiva de suas normas e restabelecendo a confiança institucional no sistema. Por isso, a ideia clássica de culpabilidade se normativiza às últimas consequências, retirando-se do cenário a capacidade do indivíduo de haver atuado de outro modo, no juízo de reprovação. Assim fazendo, em termos de política criminal, visualiza-se a crise de delicados axiomas, como a natureza subsidiária do direito penal e a limitação do direito de punir. O funcionalismo é uma teoria apta a justificar qualquer sistema punitivo.[25]

Como mencionamos, a imposição da pena tem por finalidade, *também*, demonstrar a eficiência e a vigência do direito penal, mas jamais pode ser considerada como o único objetivo, pois, se assim fosse, toda punição seria simbólica, valendo-se de condenados como bodes expiatórios de toda a comunidade.

3.2.2 Finalidade intimidante do direito penal

Um objetivo a ser alcançado pela aplicação da pena, caso as suas funções sejam bem cumpridas, é apresentar à sociedade o panorama real e efetivo de quem comete o crime. O condenado experimenta a retribuição aflitiva, servindo de exemplo aos destinatários da norma penal e indicando as consequências negativas para quem pratica a infração penal. Mas não somente a pena concretamente aplicada tem essa finalidade, visto que a pena *cominada em abstrato*, também, tem a meta de servir de ilustração à sociedade acerca da consequência aplicável a quem comete crime. Essa finalidade tem sido considerada como o fator preventivo geral negativo.

Isso não significa que a simples existência da pena – ou de uma sanção muito drástica – gere esse fator intimidante à comunidade, pois os seres hu-

---

24 Nesse prisma, igualmente, GLOECKNER e AMARAL, *Criminologia e(m) crítica*, p. 99, 100, 107.

25 *Tratado de criminología*, p. 804-805.

manos são diferentes e cada um assimila o conteúdo das normas, mormente as penais, de um modo particular. Pensamos não haver dúvida de que muitos indivíduos podem deixar de cometer crimes porque temem a pena. Não há estatísticas confiáveis e concretas a respeito, embora seja uma consequência natural das inúmeras normas de todo o ordenamento jurídico – não somente no campo penal. As leis existem, impõem sanções e várias pessoas deixam de cometer infrações (penais e extrapenais) por conta disso. Nada mais lógico, bastando constatar o cenário das infrações de trânsito: por conta das elevadas multas e pontuação na carteira, muitos motoristas passaram a cumprir rigorosamente as normas de circulação de veículos.

Gloeckner e Amaral expõem que a utilização da pena como coação psicológica genérica, consideraria o indivíduo como meio e não como fim, nos termos do imperativo categórico kantiano. Além disso, poderia representar a falibilidade do sistema, valendo-se do discurso de segurança jurídica para fundamentar a eliminação de alguns indivíduos considerados irrecuperáveis ou inimigos. Enfim, seria um pensamento utilitarista da pena, pois a pessoa elaboraria um cálculo custo-benefício no momento do delito; a certeza da punição é que influenciaria no comportamento delitivo, como um estímulo contrário à ação do sujeito.[26] Se essa fosse a única finalidade da pena poderia ter seus pontos negativos, mas, no conjunto com as demais, apresenta-se como perfeitamente legítima. Não nos parece haver qualquer ligação com o imperativo categórico kantiano, de cunho retributivo, além do que a aplicação da pena precisa ter um fundamento social relevante, consistente em desestimular a prática de crimes pelos destinatários da norma penal. Aliás, essa finalidade de desencorajamento no tocante ao descumprimento de qualquer norma, por meio da ameaça de sanção, não é exclusividade do direito penal; assim funciona em todos os ramos jurídicos.

Segundo García-Pablos de Molina, essa eficácia preventiva intimidante depende da pronta aplicação da pena, logo após o delito, do grau de probabilidade de que essa pena seja realmente cumprida e da gravidade e conteúdo do castigo. Tudo isso não elimina outras ações preventivas, como a melhoria das condições de vida dos estratos sociais mais oprimidos, programas ecológicos e urbanísticos, assistência a grupos com maior risco de vitimização e eficiente reinserção social de ex-apenados, com o fim de evitar a reincidência.[27] Essas colocações nos soam corretas, acrescendo-se que a

---

26 *Criminologia e(m) crítica*, p. 98-99 e 107.

27 *Tratado de criminología*, p. 256.

finalidade intimidante da pena não deve ser exclusiva, mas precisa fazer par com outros objetivos.

A teoria da prevenção geral, denominada *negativa*, logo, da intimidação, tem o mérito de ser a única que não confunde o direito com a moral ou com a natureza, mas espelha um *terrorismo penal*.[28] Cremos que não há uma finalidade de espalhar o pavor pela sociedade, pois, repita-se, todos os ramos do direito lidam com a cominação de sanções para evitar a prática de condutas ilícitas. O direito penal apenas cuida de infrações mais graves, razão pela qual possui as punições mais severas. Nada mais que isso.

3.2.3 Finalidade protetora do direito penal

Um dos objetivos da pena se liga à proteção direta da sociedade, vinculando-se aos crimes mais graves, cujo autor precisa ser preso e, com isso, ficar segregado. Enquanto estiver detido, por óbvio, não causará outras lesões à sociedade onde vive. Por mais que se atribuam à sanção penal as funções retributiva e reeducativa, com a finalidade de prevenir o crime, legitimando o direito penal aos olhos da sociedade e intimidando os destinatários da norma para que não cometam o delito, evitando enfrentar a punição, há, inequivocamente, de maneira intrínseca à pena, o seu aspecto protetivo.

Os formatos existentes para isso, nas leis penais e processuais penais, indicam, com clareza, o caráter protetor de certas medidas de força, tomadas pelo poder público, quando necessário. O direito penal não teria nenhum valor se um criminoso serial pudesse praticar vários delitos na sequência, sem que pudesse ser parado pela atuação estatal.

Por isso, inicia-se o critério de defesa social pela implementação das prisões cautelares, que podem ser a temporária (Lei 7.960/1989) e a preventiva (art. 312 do Código de Processo Penal). Detectada a periculosidade do agente criminoso, pela observância de vários elementos demonstrativos da sua antissociabilidade, como a gravidade concreta do delito cometido, a sua reincidência ou os seus maus antecedentes em infrações penais igualmente graves, o seu envolvimento com o crime organizado, entre outros aspectos, não se aguarda a aplicação definitiva da sanção penal para se colocar um ponto de parada no trajeto delinquencial assumido. Para tanto, impõe-se a prisão provisória. Embora se diga e defenda, com razão, não constituir a prisão cautelar uma antecipação da pena, possuindo um caráter especial de tutela emergencial da sociedade e, também, do processo e da efetividade da

---

[28] FERRAJOLI, *Direito e razão*, p. 258.

lei penal, a realidade demonstra que, por ser executada em estabelecimento fechado, termina por adquirir contornos de uma sanção posta de antemão pela conduta do próprio acusado, ao reiterar o crime ou buscar destruir provas ou ainda fugir do local. Tanto é verdade que o tempo de prisão provisória será, posteriormente, descontado na pena efetivamente aplicada, conforme prevê o instituto da detração (art. 42 do Código Penal).

O ponto crucial ao se sustentar não constituir a prisão provisória uma pura antecipação de pena tem um substrato: impedir que o juiz a decrete única e tão somente porque o crime cometido possui uma cominação de pena elevada, razão pela qual, imposta por conta disso, estar-se-ia antecipando esse cumprimento, mas desprovido de outros elementos alicerçados na cautelaridade. Registre-se o disposto no art. 313, § 2º, recém-introduzido no CPP pela Lei 13.964/2019: "não será admitida a decretação da prisão preventiva com a finalidade de antecipação de cumprimento de pena ou como decorrência imediata de investigação criminal ou da apresentação ou recebimento de denúncia". Inexiste qualquer dúvida de que a maioria da doutrina processual penal – e igualmente a jurisprudência – já defendia exatamente o que consta atualmente no referido § 2º. A atual previsão, feita de modo *expresso*, teve o fim de deixar isso bem nítido: a prisão preventiva não deve ser automaticamente decretada, sob bases fora do seu âmbito cautelar. Por isso, quem responde por um crime ao qual é cominada pena elevada não comporta prisão provisória de modo automático. Diga-se o mesmo porque foi instaurada uma investigação criminal ou recebida uma denúncia, vale dizer, não se impõe a prisão preventiva de pronto.

A par do contexto da prisão provisória, que significa, em muitas hipóteses, uma medida de proteção à sociedade, há, quando efetivada a condenação, os regimes iniciais de cumprimento da pena, podendo ser o fechado, o semiaberto e o aberto. Por certo, conforme a pena e as condições pessoais do acusado, até mesmo a pena privativa de liberdade pode ser substituída por penas restritivas de direitos ou multa. No entanto, considerando-se uma das finalidades da pena, que é a proteção à sociedade, avaliando-se a qualidade e a quantidade da pena privativa de liberdade, cabe ao julgador determinar o inicial cumprimento em regime fechado, em presídio de segurança máxima. Essa medida representa uma previsão puramente preventiva individual, em nível segregatório – o que se denomina de prevenção especial ou individual negativa.

Visualize-se o disposto pelo art. 32, § 2º, do Código Penal: "as penas privativas de liberdade deverão ser executadas em forma progressiva, segundo o mérito do condenado, observados os seguintes critérios e ressalvadas as hipóteses de transferência a regime mais rigoroso: a) o condenado a pena superior a 8 (oito) anos *deverá começar a cumpri-la em regime fechado*; b) o condenado *não reincidente*, cuja pena seja superior a 4 (quatro) anos e não exceda a 8 (oito), poderá, desde o princípio, cumpri-la em regime semiaberto; c) o condenado *não reincidente*, cuja pena seja igual ou inferior a 4 (quatro) anos, poderá, desde o início, cumpri-la em regime aberto". Seguindo-se, fielmente, o texto legal vigente, observa-se que todos os acusados reincidentes devem começar a cumprir a pena em regime fechado (critério da periculosidade estabelecido pela recidiva em prática de crime). A jurisprudência brasileira atenuou o disposto na alínea *c*, por meio da Súmula 269 do Superior Tribunal de Justiça ("é admissível a adoção do regime prisional semiaberto aos reincidentes condenados a pena igual ou inferior a quatro anos se favoráveis as circunstâncias judiciais"), permitindo ao reincidente, condenado a pena igual ou inferior a quatro anos, se as circunstâncias previstas pelo art. 59 do Código Penal forem favoráveis, iniciar no semiaberto. No mais, quem for reincidente, condenado a pena superior a quatro anos, deve iniciar no regime fechado; primário ou reincidente, condenado a pena superior a oito anos, igualmente, deve começar no regime fechado.

Essa previsão é, visivelmente, protetiva da sociedade, sob o critério de que o condenado a pena superior a oito anos é, presumidamente, perigoso, assim como o condenado reincidente a pena superior a quatro anos também é, presumidamente, perigoso.

Temos sustentado, nesse cenário, que o ideal seria seguir o princípio constitucional da individualização da pena (art. 5º, XLVI, CF) e, considerando-se a escolha do regime inicial de cumprimento, também, como aplicação da sanção, o indicado seria seguir o art. 59 do Código Penal para qualquer montante da pena, sem qualquer presunção de periculosidade. Aliás, o STF já decidiu que, cuidando-se de condenação por tráfico ilícito de drogas, particularmente, quando se tratar de tráfico *privilegiado* (art. 33, § 4º, Lei 11.343/2006), cuja pena pode variar de um ano e oito meses até quatro anos e dois meses, não há necessidade de se impor o regime fechado inicial, somente porque é crime equiparado a hediondo – com isso, proclamou a inconstitucionalidade do art. 2º, § 1º, da Lei 8.072/1990. Ora, se assim é, parece-nos aplicável o mesmo critério para escolher o regime inicial destinado a qualquer condenado, pouco importando o montante da pena. De todo modo, por ora, tem-se cumprido à risca o disposto pelo art. 32, § 2º., do Código Penal, apenas com a variante autorizada pela Súmula 269 do STJ.

Vislumbra-se, com nitidez, o propósito segregatório da pena, retirando o condenado do convívio social, incluindo-o em regime fechado, conforme a qualidade e a quantidade da sanção penal.

4. EPÍTOME DO CAPÍTULO

Em reavaliação ao contexto da pena, parece-nos ser indispensável separar a sua *função* – o que permite a instrumentalização ou operacionalização de algo – da sua *finalidade* – o objetivo que se pretende alcançar ao impor a sanção.

Por isso, a pena tem *dupla função*: retribuição e reeducação. Possui *três finalidades*: legitimação, intimidação e proteção da sociedade.

Quando se menciona constituir a pena um mal, deve-se considerar esse termo no sentido de uma lição, ou seja, alguma coisa aflitiva para servir de alerta, afinal, não se pode contrapor ao crime um prêmio ou bônus. A advertência imposta pelo Estado há de ser de algum modo dolorosa para que, como qualquer outra sanção proveniente de áreas extrapenais, sirva para impedir o cometimento de infrações futuras.[29]

O monopólio estatal para aplicar a pena, quando ocorre um crime, justifica-se para evitar o retorno ao passado e à vingança privada, quando a vítima ou seu familiar podia desforrar o prejuízo sofrido da maneira que lhe fosse mais apropriada, mesmo quando o desforço fosse muito superior à agressão vivenciada. Essa punição aplicada pelo poder público é fruto do progresso da civilização, embora algumas vozes insistam em salientar justamente o oposto, como se a vítima do delito tivesse que ser *pacífica* e de temperamento *santificado* para assimilar o prejuízo sofrido, em qualquer grau, obrigando-se a se reconciliar com seu ofensor. Se o Estado não pode impor a reeducação e a beatificação do criminoso, da mesma forma não lhe cabe exigir do ofendido a santificação de suas atitudes, como, por exemplo, ser obrigado a tomar parte de um procedimento de reconciliação ou acolher uma reparação material por um dano considerado de valor inestimável.

A pacificação social, como um todo, precisa da atuação de inúmeros órgãos estatais, implementando políticas que vão além da singela política criminal, abrangendo melhores condições de vida para as populações carentes, ofertando saúde, educação e condições dignas de trabalho para que o desnivelamento entre classes deixe de existir. Essa missão estatal não concerne ao direito penal averiguar, acompanhar e fiscalizar. A esse ramo do direito cabe avaliar o que a sociedade considera uma infração grave, transformando-a em crime e estabelecendo a punição proporcional, civilizada e dentro do devido processo legal.

---

[29] Militello, *Prevenzione generale e commisurazione della pena*, p. 43.

Inexistem milagres no campo da pena, portanto, há que se ponderar, racionalmente, o que é possível fazer e o que é ideal sugerir ao Parlamento para criação ou modificação das leis penais. A sanção penal é uma decorrência do crime; enquanto houver delito, haverá pena. Então, dentro de um prisma realístico, deve-se analisar as suas funções e finalidades conforme a previsão feita pela legislação penal.

Por certo, muito do que se sustenta em relação aos aspectos negativos da pena esbarra na realidade lamentável do tratamento dispensado pelo poder público aos diversos estabelecimentos penais, destinados ao cumprimento das sanções nos regimes fechado, semiaberto e aberto. Isso significa haver um abismo, por vezes, entre a previsão constante em lei e a realidade, fomentando debates abolicionistas e similares, enquanto o ideal seria *retificar o sistema* para, depois, se for o caso, demonstrar a sua inadaptação a um rigoroso critério civilizado de cumprimento da pena.

Constata-se que certas prisões se apresentam como as antigas masmorras, superlotadas e sem o mínimo de resguardo aos direitos humanos fundamentais, justificando discursos alternativos, que podem ser irreais para a concretização, mas são interessantes no plano teórico. Cremos até que são discursos convincentes porque repletos de mensagens de esperança voltadas a um mundo melhor.[30]

Quando se observa a inoperância de um presídio em regime fechado, porque está fraudando o conjunto de requisitos para a sua existência, conforme previsão legal, pode-se apontar para a função retributiva da pena como se fosse um retorno ao passado e extrair dessa caótica situação ser a retribuição um conceito indevido. Se um preso sofre agruras não previstas em lei, mas impostas no plano da realidade, muitos indicam esse fato como um elemento suficiente para alterar todo o sistema punitivo, inclusive, para alguns, eliminando-o, sem qualquer intenção de reforma da organização vigente. O risco dessa posição é permanecer no limbo, vale dizer, nem se promove a indispensável reformulação do que se tem, conforme a lei em vigor, nem se consegue atingir o patamar do idealismo romântico de extinguir todo o sistema punitivo penal.

---

[30] Tomando conhecimento de propostas abolicionistas, quem não se sente incentivado a acreditar num mundo melhor? Nesse universo, por certo, imperaria a fraternidade e a solidariedade, sem necessidade de haver o direito penal. Torcemos por isso, mas nos parece imperioso cultivar o critério do realismo e da concretude do cenário que nos envolve. Assim, ainda precisamos do sistema punitivo tal como posto hoje.

Ainda sob o aspecto da retribuição da pena, há quem evite essa designação para não ser tachado de *vingativo*, o que seria moralmente inadequado. Com isso, aponta-se para outras funções e finalidades como se isso apagasse o plano da realidade, ou seja, que a pena é uma aflição proporcional ao delito cometido e, por isso, *tem e terá sempre*, ínsita a ela, a *função retributiva*.

Ensina Jescheck que a linha da retribuição possui três pressupostos fundamentais: (a) o Estado pode justificar a imposição da pena ao criminoso porque se pode reconhecer a superioridade moral da comunidade frente ao delinquente; (b) existe sempre uma culpabilidade que é graduável conforme a gravidade do crime; (c) é possível harmonizar o grau de culpabilidade com a extensão da pena promovendo, aos olhos da comunidade, a concretização da justiça.[31]

Ademais, um aspecto relevante é debater, em sociedade, qual é o papel do direito penal, qual deve ser a função da pena e qual a sua finalidade, pois o acadêmico, por si só, não representa ninguém e nem mesmo parlamentar é, razão pela qual a sua proposta precisa ter respaldo, não somente na comunidade científica, mas também na comunidade como um todo. A sociedade, em geral, não afasta o caráter retributivo da sanção penal, bastando analisar os diversos depoimentos e declarações de vítimas, dentro e fora do processo criminal.[32]

José Antonio Choclán Montalvo aponta o caráter retributivo da pena, ainda na atualidade, devendo essa retribuição ser equivalente ao injusto culpável, funcionando a culpabilidade como limite e fundamento de sua aplicação.[33] Germano Marques da Silva afirma o seguinte: "ainda que a doutrina penal se empenhe em considerar superada a retribuição como finalidade da pena que possa na atualidade prevalecer sobre outras orientações, certo é que a busca da compensação pelo crime mediante a segregação social

---

[31] *Tratado de derecho penal*: parte generale, p. 72.

[32] Diz José Antonio Paganella Boschi: "O Estado precisa utilitariamente aplicar a pena para que o ofendido e as outras pessoas da comunidade (eis aqui a finalidade!) não tenham que fazê-lo e, satisfeitos, sintam-se confiantes na ação de direito e das instituições de controle social que têm por função fazê-lo incidir nas situações concretas". E continua: "Essa é a proposta do garantismo penal, para cuja corrente de pensamento a pena tem natureza *retributiva*, sem esgotar-se no castigo pelo castigo. Ela não se resume ao conteúdo da frase do mal da pena em oposição ao mal do crime, já que atua defendendo o autor do fato da reação da vítima e dos demais membros da coletividade, pois, se o Estado negligenciasse o seu dever de agir, se reabriria a porta à barbárie explícita" (*Das penas e seus critérios de aplicação*, p. 107-109).

[33] *Individualización judicial de la pena*: función de la culpabilidad y la prevención en la determinación de la sanción penal, p. 58-59. Em igual sentido, citando ainda a posição de Cerezo Mir, conferir Lamo Rubio (*Penas y medidas de seguridad en el nuevo Código*, p. 29).

do criminoso e o sentimento de vingança continuam enraizados na sociedade atual, sem que a maioria das forças políticas se esforce para evitar tal tipo de discurso, muito antes pelo contrário. [...] A pena criminal é na sua natureza retribuição ou repressão, constitui a reação jurídica ao crime. Ao mal do crime corresponde a pena, traduz a reação à culpabilidade do delinquente pelo mal do crime. Mas, em sendo repressão ou retribuição, pela sua própria natureza, ela há de servir para realizar as finalidades que a lei lhe assinala: proteção aos bens jurídicos e reintegração do agente na sociedade. Estas finalidades são as chamadas finalidades de prevenção, geral e especial".[34]

Paulo José da Costa Jr. assevera: "a pena encontra sua razão de ser na retribuição. [...] Nada tem a ver com a primitiva *vindicta*, que era instintiva e não correspondia à natureza racional do homem. Por outro lado, a reação pública ao crime, mediante a aplicação de uma pena retributiva, não se faz para atender exigências individuais ou familiares de vingança, olho por olho, dente por dente, mas para satisfazer reivindicações coletivas e, portanto, estatais. [...] Isto porque, como o delito nega o direito, a pena, enquanto nega o delito, reafirma o direito".[35] E acresce Miguel Reale Jr.: "a pena é reconhecida como aflição e castigo, antes de tudo, como decorrência da própria *realidade*, pois desde a persecução penal, recaindo sobre o indiciado o aparato estatal para apuração do fato, até a execução, a pena é vista e sofrida pelo agente como um castigo e assim entendida pela sociedade, até mesmo depois de cumprida, quando permanece atuando na forma de rejeição do condenado".[36]

Quanto à perspectiva vingativa da pena, há de se compreender que isso não concerne ao Estado, mas ao sentimento da vítima. Se esta entender que, aplicada a sanção, se sente desafrontada, cuida-se de um lado moral incabível à avaliação do poder público. Outras pessoas ofendidas podem sentir que a aplicação da pena foi somente justa. Talvez, algumas sintam ter sido desnecessário o ato coercitivo estatal; outras, até, podem ter perdoado o agente criminoso. Enfim, tudo isso é parte da idiossincrasia de cada um, não concernente à meta estatal de punição pela prática do crime.

Insistimos em demonstrar a *função* retributiva da pena não como algo exclusivo, mas significando apenas *um dos ângulos relevantes* para compreender o significado multifacetado da sanção penal. Somos contrários à adoção de uma função ou de uma finalidade única para a punição aplicada

---

34 *Direito penal português*: parte geral, III, p. 43-45.

35 Prefácio da obra de Ricardo Dip e Volney Corrêa Leite de Moraes Júnior, *Crime e castigo*, p. XVII.

36 *Instituições de direito penal*, v. II, p. 88.

pelo Estado em razão do crime. No campo punitivo, nada se fundamenta, de maneira minimamente sólida, de maneira exclusiva.

Na sequência, como mencionado anteriormente, passamos a defender a *função* reeducativa da pena – e não mais a sua *finalidade* como tal – mas muito autores ainda mencionam a reeducação (ou a ressocialização) como o objetivo preventivo especial positivo.

A busca da reeducação e da ressocialização do condenado encontra-se expressamente disposta na Convenção Americana sobre Direitos Humanos: "As penas privativas de liberdade devem ter por finalidade essencial a reforma e a readaptação social dos condenados" (art. 5º, 6).[37]

Há quem, por outro lado, divirja do objetivo de reeducação da pena, afirmando não ter o Estado o direito de impor determinada conduta a alguém, *reeducando-o* para que possa viver em sociedade, visto ser essa pluralista e democrática. Para Anabela Miranda Rodrigues, "seria totalmente incompatível com o direito penal de um Estado de direito democrático [...] a imposição coativa aos cidadãos de um sistema de valores a que, por vezes, se é alheio. O perigo que envolve uma atuação coativa quando ela se dirige à personalidade moral do delinquente generalizar-se-ia aqui a toda a comunidade. O que já se disse em relação à socialização individual – que o Estado não tem qualquer legitimidade para impor, pela força, crenças ou convicções internas – reafirma-se agora para a prevenção geral positiva. Se esta se entendesse como autorização para promover, por meio da pena, coativamente portanto, a adesão interna dos cidadãos ao direito, seria totalmente de recusar".[38]

Realmente, parece-nos válida a observação de que a finalidade da pena não pode ser coagir o condenado a alterar seus valores e impor determinados comportamentos, incompatíveis com o seu desejo interior. Para tanto, Heiko H. Lesch responde não ser a ressocialização um fim da pena, mas somente uma oferta do Estado ao sentenciado, durante a execução da pena, respeitada a sua livre vontade.[39]

---

[37] A despeito de inúmeras críticas que a proposta de reeducação e ressocialização do condenado sofre, Choclán Montalvo esclarece que, ainda que o tratamento penitenciário funcione somente para alguns delinquentes, isso já justifica a sua existência. E acrescenta que a reinserção não significa manipulação do indivíduo com base em uma escala de valores autoritariamente imposta, mas, sim, reorganização social do mesmo ambiente onde se produziu o conflito (*Individualización judicial de la pena*: función de la culpabilidad y la prevención en la determinación de la sanción penal, p. 98-99).

[38] *A determinação da medida da pena privativa de liberdade*, p. 376.

[39] *La función de la pena*, p. 39.

Em prisma similar, mas sem afastar a possibilidade de adotar a pena o caráter preventivo especial positivo (reeducação), salientam CADOPPI e VENEZIANI que referido aspecto (aliás, constando como meta da pena no texto constitucional italiano) deve ser apenas uma *oferta* do Estado ao condenado. Esse, calcado em sua vontade livre (princípio da autodeterminação), *pode* aceitar o que o sistema tem a lhe oferecer para a sua reinserção social.[40]

Essa posição é o meio-termo adequado para se compreender o seguinte: a sanção penal apresenta, pela lição fornecida, a oportunidade do refazimento de valores do condenado, para que, extinta a sua punibilidade, possa conviver em harmonia no núcleo social onde se estabelecer. Não há que se *impor* comportamentos específicos, profissões ou concepções pessoais acerca da sua vida; tem o condenado a plena liberdade de agir como quiser. Entretanto, por estar inserido em sociedade, deve respeitar as leis vigentes, como qualquer outra pessoa, que nunca tenha sido condenada criminalmente. Assim agindo, por certo, não cometerá outro delito e jamais tornará a ser sancionado. O regime democrático permite a qualquer indivíduo ser e agir como quiser, desde que respeite o ser humano que o cerca e os direitos e deveres impostos legalmente.

OSWALDO HENRIQUE DUEK MARQUES adota ponto de vista similar, mas registra que, em toda espécie de educação, jamais há neutralidade. Portanto, o mais relevante é estabelecer uma educação benéfica a quem a recebe, nos aspectos "biológico, ético e social, segundo os parâmetros axiológicos, traçados pela comunidade científico-filosófica". Afirma, ainda, ser uma das finalidades da pena a reafirmação dos valores ético-jurídicos da comunidade, contidos nas normas jurídicas, demonstrando o repúdio da sociedade internacional diante de crimes contra a humanidade.[41]

Sobre o tema, MERCEDES GARCÍA ARÁN indica a meta estatal de reeducação e ressocialização do sentenciado como um objetivo ligado à garantia de que ele, no futuro, possa ter uma conduta respeitosa à lei e aos direitos de terceiros, sem pretender lhe alterar a personalidade.[42]

---

40 *Elementi di diritto penale*: parte generale, p. 428.

41 *Fundamentos da pena*, p. 83 e 85. Preconizando a possibilidade de coexistência do caráter preventivo da pena, nos enfoques geral e especial positivos, conferir em DAVID TEIXEIRA DE AZEVEDO: "a sanção penal há de perseguir a finalidade de prevenir os delitos já pela infusão aos demais membros da comunhão social e ao próprio agente da fé no Direito, na validade e coercitividade de valores positivos do ordenamento jurídico, já pela segregação do criminoso e concomitante oportunidade de diálogo, visando à proposição de escala e pauta valorativa social e estatalmente aceita, numa verdadeira prevenção socializadora" (*Dosimetria da pena*: causas de aumento e diminuição, p. 69).

42 *Fundamentos y aplicación de penas y medidas de seguridad*, p. 37.

Ultrapassadas as funções da pena, a primeira das suas finalidades é o fator de legitimação do direito penal, demonstrando a sua efetividade e, por certo, a sua existência à sociedade. Aliás, não nos parece exclusividade desse ramo do ordenamento jurídico, pois toda vez que uma sanção é aplicada, nos cenários extrapenais (administrativo, tributário, trabalhista, processual, ambiental etc.), está-se reafirmando os valores constantes em lei e evidenciando aos cidadãos, destinatários das normas, a força do direito.

Para Eduardo Demetrio Crespo, "a meta preventivo-geral do Direito Penal não é a intimidação, mas a afirmação e o asseguramento das normas básicas; porque as normas não se estabilizam nas pessoas e grupos pela intimidação, senão mediante a persuasão. [...] A prevenção geral positiva não se baseia, por conseguinte, assinala Hassemer, no terror e no cálculo dos cidadãos inclinados a delinquir, mas no conhecimento por todos da irrenunciabilidade das normas penais e da seriedade de sua proteção".[43] Esse enfoque não pode ser considerado como o único propósito da sanção penal, afinal, a persuasão gerada em sociedade é somente uma hipótese; para muitos, pode não significar muito, ao passo que o caráter intimidante tem um impacto maior e, quiçá, mais eficiente a muitas pessoas. Embora não se tenha nenhuma pesquisa confiável, espelhada em estatísticas, o senso comum indica que a aplicação da pena ao criminoso desperta a curiosidade, fomenta o alerta, o chamamento às leis, enfim, serve de atenção a quem vive na comunidade onde foi divulgada a sanção criminal, seja pelo lado do convencimento, seja pelo aspecto intimidante.

Aliás, no tocante à finalidade intimidante – denominada de prevenção geral negativa – esclarece Aníbal Bruno que a indivíduos ajustados "às normas da vida social, de constituição genética equilibrada, com uma personalidade sem problemas, a ação preventiva da ameaça penal é desnecessária. Basta-lhes a consciência do dever e o respeito à estima pública para desviá-los de fatos contrários às normas do Direito. Mas há aqueles a quem realmente só a ameaça da punição pode afastar da delinquência. Ou ainda os desajustados e impulsivos, naturalmente inclinados a graves desvios de comportamento, que mesmo a ameaça penal dificilmente será capaz de deter diante do crime".[44]

É importante ressaltar que a meta intimidante da pena não tem por finalidade evitar toda e qualquer prática de infração penal, pois é mais que sabida a divergência de sentimentos e sensações existentes entre os seres humanos, de modo que alguns podem se atemorizar porque tiveram conhecimento de

---

[43] *Prevención general e individualización judicial de la pena*, p. 125 [tradução livre].

[44] *Das penas*, p. 24.

que um homicida foi condenado a rigorosa pena, procurando jamais cometer o mesmo ato; outros, acreditando na impunidade, podem contar com a sorte e praticar um ou mais crimes; há, ainda, os que têm vários outros motivos e impulsos para o cometimento de delitos, graves ou não. Enfim, a existência do direito penal, com todo o seu arcabouço de penalidades, pode intimidar muitas pessoas, mas nunca atingirá todas. Aliás, se as penas severas aplicadas aos nazistas tivessem o efeito intimidatório absoluto, nunca mais o mundo teria visto qualquer genocídio e, infelizmente, não é uma realidade. Há genocidas espalhados pelo planeta após os anos trágicos da Segunda Guerra Mundial.

Uma das críticas formuladas a essa finalidade da pena é que ela seria apta a gerar o *terror* na sociedade. Soa-nos inverossímil esse argumento, pois o crime provoca muito mais temor a quem vive honestamente, além de se constatar, no mesmo prisma, que os indivíduos seguidores das leis não temem o direito penal. Logo, nem mesmo se consegue identificar quem seria o destinatário desse pretenso *terrorismo* de Estado. Afinal, quem realmente comete crimes, especialmente os graves, nem liga para a lei penal, de modo que esse *terror* inexiste no campo da criminalidade persistente ou profissional.

Finalmente, a finalidade da pena, consistente na proteção à sociedade, vincula-se, diretamente, a retirar o autor do crime de circulação, o que se faz até mesmo durante a investigação criminal ou o processo judicial, por meio da decretação da prisão provisória. A par disso, pode-se impor o regime fechado inicial para o cumprimento da pena, e a meta é evitar a prática de outras infrações penais pelo condenado. Essa meta da sanção penal é inequívoca.

Cuidar de uma função – retribuição ou reeducação – como exclusiva, bem como de uma finalidade qualquer – legitimadora, intimidante ou protetora – como única, soa-nos ilógico, além do que todas comportam críticas. Entretanto, avaliadas em conjunto, podem expressar o que, realmente, a sanção penal representa à sociedade.

A teoria da pena é, em nosso entender, multifacetada ou multifatorial.[45]

---

[45] No mesmo sentido, MARIA CONCEPCIÓN MOLINA BLÁZQUEZ (*La aplicación de la pena*, p. 24-25).

IX

Vítima do crime

1. INTRODUÇÃO

Conceituar *vítima* é complexo, porque pode indicar alguém que sofre algo muito mal – físico ou mental –, mas, ainda, quem é o sujeito passivo do crime, independentemente de avaliar o grau do eventual sofrimento. A vítima pode até mesmo ser colocada como sinônimo de *mártir*, quem se submete a torturas e atos extremamente maléficos ou quem se sacrificou por uma causa qualquer.

Cumpre à criminologia delimitar esse entendimento, inserindo as fronteiras necessárias e situando a vítima como uma pessoa cujo direito foi lesado pelo autor de um crime.

De qualquer modo, o indivíduo ofendido pela prática da infração penal precisa ser incluído nos estudos criminológicos, não podendo ser considerado um ser invisível, alguém cujo interesse ou objetivo seja desprezado ou ignorado.

Portanto, quando se considera o fato *punição*, há de se observar o ponto de vista da vítima e não apenas o que pode interessar (ou não) ao criminoso. Não se trata de assegurar qualquer resquício de *vingança* pessoal, aliás, já tivemos a oportunidade de expor que esse sentimento é individual, interior, e o Estado nada tem a ver com isso. Se a punição de um criminoso provocar o sentimento vingativo na vítima, cuida-se de situação estranha ao objetivo do direito penal. Muitos ofendidos podem, simplesmente, encarar a aplicação da pena ao delinquente como a concretização da justiça, sem qualquer ranço de vindita. No entanto, não cabe ao poder público analisar a pena e seus reflexos sob o prisma interior da vítima, vale dizer, se a punição a satisfaz ou não.

Afastada a ideia de vingança – sentimento do ofendido que pode existir ou inexistir –, cabe ao Estado ter *respeito* pela vítima, pois o delito, como fato, possui um sujeito ativo e um sujeito passivo, ambos merecedores dos bons estudos na seara da criminologia e do direito penal. Ora, se o sujeito ativo, mesmo quando condenado, possui direitos inafastáveis a serem preservados, o sujeito passivo, igualmente, precisa ser focalizado e devidamente considerado.

Cumpre-nos recordar que a posição da vítima, no processo penal, em época pretérita, sempre foi colocada de maneira secundária, ou seja, somente poderia participar do processo-crime se tivesse por objetivo garantir a sentença condenatória como título executivo para solicitar uma indenização civil pelo delito cometido. Tem-se ultrapassado esse enfoque com o passar do tempo e das reformas, mas ainda não se atingiu o ideal, permitindo-se ao ofendido requerer *tudo* o que achar justo em relação a si mesmo e a quem o agrediu de algum modo, passando pela pena adequada e, também, pela aplicação de medidas cautelares preventivas.

Por vezes, o sujeito passivo do crime é uma pessoa jurídica, podendo, inclusive, ser a sociedade como um todo. Mas, cuidando-se de ser humano, é preciso considerar ter ele seus sentimentos, que merecem respeito, ao mesmo tempo que não se deve *santificar* a vítima somente porque sofreu o dano causado pelo delito. Afinal, como pessoa, tem suas falhas e defeitos de personalidade, tanto quanto o agressor, e não são raras as vezes nas quais ela mesma provoca a ocorrência do fato delituoso.

O direito penal, como o ramo punitivo mais severo do ordenamento, deve enfocar todos os lados do conflito que lhe surge; por isso, parece-nos essencial que a criminologia também estude, com o mesmo rigor científico, o papel da vítima no cenário da infração penal.

Quanto se trata da *vitimologia*, aponta-se uma subdivisão da criminologia que trata da vítima, da sua personalidade e dos seus interesses.

Nas palavras de ARMINDA BERGAMINI MIOTTO, "a Vitimologia [considerada uma nova ciência] propõe-se, pois, estudar não a vítima de delito, mas a vítima em geral, isto é, a pessoa que de qualquer modo sofreu um prejuízo, um dano, uma lesão, mesmo a destruição de um bem seu".[1]

---

1 Considerações a respeito da denominada "vitimologia", p. 129.

2. GRAUS DE CULPABILIDADE DA VÍTIMA

Sobre a culpabilidade da vítima, na ótica de CASTELO BRANCO, pode ser que o fato tenha sido provocado pelo próprio ofendido, sendo ele tão culpado quanto o delinquente. Geralmente, no direito penal tradicional, visualiza-se, apenas, a figura do criminoso. Este, antes mesmo de ser julgado, torna-se objeto de repulsa, surgindo, em torno dele, folha de antecedentes, exames, prontuários etc., mas nada se capta em relação à vítima e sua culpabilidade.[2] O autor apresenta como vítimas potenciais as personalidades insuportáveis, que levam ao desespero as pessoas com quem convivem. São indivíduos sarcásticos e irritantes, capazes de gerar atitudes agressivas em outros, figurando como vítimas de homicídios ou lesões corporais dolosas.[3] Embora haja *muito* preconceito em relação a esse aspecto no cenário dos julgamentos do Judiciário brasileiro, é importante não olvidar as vítimas *realmente* vítimas, ou seja, as pessoas que não contribuíram de forma alguma para a prática do crime, mas sofreram as consequências nefastas do delito. Ilustrando, cuida-se do cidadão honesto, assaltado sem ter feito nada para gerar o fato.[4]

Tem-se observado, em inúmeros julgados, a posição de magistrados apontando para o seguinte enfoque: a vítima completamente inocente não importa, vale dizer, não se pode considerar qualquer elevação da pena do acusado levando em conta o ofendido que nada fez para gerar o delito. Em realidade, somente se poderia tomar em consideração a postura da vítima quando disser respeito a fatores benéficos ao réu (por exemplo, a injusta provocação do ofendido, gerando violenta emoção no acusado). Absolutamente *nada* justifica essa postura. A lei penal brasileira é cristalina, indicando o *comportamento da vítima* no contexto do art. 59 do Código Penal e, em momento algum, apontando o comportamento *negativo* do ofendido que possa *favorecer* o réu. Cuida-se de posição *paternalista* em relação ao autor do crime, sem base penal ou criminológica. Aliás, ignoram-se todos os estudos de vitimologia para se chegar a essa conclusão.

Em ilustração propositalmente exagerada, visualize-se o estupro da freira e da prostituta. Uma mulher foi atingida no seu absoluto recato e estuprada. A outra mulher, comercializando seu corpo (nada de ilícito nisso, a propósito), expõe-se muito mais e, em discussão com o cliente, termina estuprada. Há de se ignorar o comportamento de ambas as vítimas para o fim de fixar a pena? Uma das ofendidas está completamente distante do sexo e foi violada. A outra,

---

2 *Curso completo de criminologia da sociedade brasileira de direito criminal*, p. 198.

3 Idem, p. 202.

4 Idem, 204.

independentemente de qualquer questionamento legal ou moral, comercializa o sexo e ingressou em contenda com seu cliente, razão pela qual foi violada. Se as penas forem idênticas, não tem sentido mencionar o *comportamento da vítima* no art. 59 do Código Penal. Haveria de ser inserido, com clareza, o *mau comportamento da vítima*, com o fim de beneficiar o acusado. Se isso não foi realizado pelo legislador, parece-nos indevido que o Judiciário afaste o *bom* comportamento da pessoa ofendida para efeito de agravar a pena do acusado, no cenário das circunstâncias judiciais do art. 59 do Código Penal.

Sob outro aspecto, há quem, simplesmente, despreze a vítima no contexto do crime, acreditando que a prática da infração penal deve concentrar a sua análise apenas no agente, pouco interessando o sujeito passivo. Para ÉRIKA FIGUEIREDO REIS, muitos crimes proporcionam uma máquina midiática, influenciando o Judiciário, exaltando o lado da vítima, transformando-a em *atriz do próprio drama*, num circo da mídia, significativo da dor como um espetáculo.[5] A autora chega a mencionar que a compaixão despertada pela vítima do crime pode servir de artifício para os mais diversos usos, como a instrumentalização pelo governo para justificar uma política criminal mais repressiva.[6]

Pode ser que, em algumas infrações penais, a mídia exagere e *santifique* a vítima em detrimento do acusado, mas o ponto que se observa, atualmente, é a inadequada *generalização*: o desprezo pela vítima. Desse modo, alegar que o sofrimento da pessoa ofendida serve, *somente*, ao poder público para aumentar o rigorismo penal é, novamente, ignorar o papel da vítima no cenário do delito.

Se o criminoso não pode ser peça de política criminal pura, a vítima, igualmente, não deve preencher esse perfil. O respeito é algo inerente tanto ao delinquente quanto ao ofendido. A mídia pode manipular ambas as figuras e isso deve ser considerado *irrelevante* para os verdadeiros fins de política criminal e para os estudos criminológicos. Espera-se equilíbrio dos operadores do direito penal para avaliar réu e ofendido no processo criminal.

O modo de agir da vítima pode contribuir para levar o agente à prática do crime. Conforme narram REALE JÚNIOR, DOTTI, ANDREUCCI e PITOMBO, "o comportamento da vítima constitui inovação com vistas a atender aos estudos de vitimologia, pois algumas vezes o ofendido, sem incorrer em *injusta* provocação, nem por isso deixa de acirrar ânimos; outras vezes estimula a prática do delito, devendo-se atentar, como ressalta a Exposição de Motivos,

---

5 *Justiça e espírito de vingança*: o que se quer quando se pede por justiça e o ressentimento do homem atual, p. 143.

6 Idem, p. 145.

para o comportamento da vítima nos crimes contra os costumes [hoje, crimes contra a dignidade sexual] e em especial a exploração do lenocínio, em que há por vezes uma interação e dependência da mulher para com aquele que a explora".[7]

Há vítimas provocadoras, que terminam por impulsionar outrem à prática do crime, como o sujeito agressivo, que pode ser alvo de homicídio ou lesões corporais, o indivíduo exibicionista, que pode atrair crimes patrimoniais, a pessoa de hábitos mundanos ou devassos, apta a ser vítima de crimes sexuais, enfim, pessoas com condutas perniciosas, provocativas e incentivadoras a conduzir outras a atitudes hostis, que podem ser consideradas criminosas.

Para José Antonio Paganella Boschi, "estudos psiquiátricos demonstram que, em certas situações, a vítima se expõe tão deliberada e intensamente ao perigo, que seu gesto pode ser interpretado como desejo de superar as ansiedades que só o próprio suicídio pode aliviar. O comportamento da vítima, desse modo, quando analisado, não pode ser separado do momento em que o juiz apreciará a própria culpabilidade, pois ao instigar, provocar ou desafiar o agente, a vítima, direta ou indiretamente, intencionalmente ou não, termina por enfraquecer a determinação do agente em manter-se obediente ao ordenamento jurídico".[8]

Antonio Beristain fornece um quadro de culpabilidade voltado à vítima do crime: 1. Vítima completamente inculpável: é o tipo de vítima *ideal*, pois não tem participação alguma na atividade delituosa. Exemplo: pessoa que é ferida pela explosão de uma bomba ao passar por um estacionamento; 2. Vítima parcialmente culpável: subdivide-se em: (a) vítima por ignorância ou imprudência: confere maior ou menor contribuição para o delito, conforme o caso. Exemplo: mulher que morre ao permitir que nela se pratique um aborto; (b) vítima com escassa culpabilidade: fornece maior ou menor contribuição para o crime, conforme o caso. Exemplo: mulher que entrega ao falso noivo a sua caderneta de poupança; (c) vítima voluntária: confere maior ou menor contribuição ao delito, conforme o caso. Exemplo: morte do enfermo incurável por seu próprio desejo; 3. Vítima completamente culpável: subdivide-se em: (a) vítima provocadora: sua contribuição é fundamental e exclusiva para a ocorrência do crime, não havendo punição ao agente. Exemplo: agressor que morre quando a vítima reage em legítima defesa; (b) vítima que propicia a concretização do delito: tem contribuição predominante no cometimento do crime. Exemplo: aquele que tenta enganar e é vítima de estelionato; (c) falsa

[7] *Penas e medidas de segurança no novo Código*, p. 162-163.

[8] *Das penas e seus critérios de aplicação*, p. 213.

vítima (delito simulado): é a ocorrência de denúncia falsa. Exemplo: mulher que, desejando vingar-se de um homem, acusa-o de estupro.[9]

Ao avaliar todo o fato criminoso, deve o magistrado ponderar, com lógica e bom senso, os dois ângulos do conflito: o autor e a pessoa ofendida. Cabe-lhe analisar, com cautela e zelo, o que cada um representou no cenário da ocorrência infracional. É preciso notar que nem mesmo o legislador deixou de lado essa avaliação ao indicar o *comportamento da vítima* no contexto das circunstâncias judiciais do art. 59 do Código Penal. Registre-se ser essa uma circunstância genérica, passível de aplicação a qualquer crime, sem nenhuma anotação legal para ser usada somente em benefício do acusado. Fosse assim, todas as indicações feitas pela lei penal, no sentido de se elevar a punição por conta da fragilidade exibida, *de qualquer forma*, pela vítima, seria, então, indevida. Ocorre que, ao contrário disso, o princípio constitucional da individualização da pena indica ser exatamente essa a postura a ser adotada pelo Judiciário.

Pode-se, inclusive, debater a questão da vítima indeterminada, na situação classificada como *crime vago*, cujo sujeito passivo é a sociedade, titular do bem jurídico afetado. No delito ambiental, por exemplo, inexiste um comportamento visível da vítima, pois esta é a sociedade – o meio ambiente é de interesse de todas as pessoas e de ninguém em particular; aliás, nem mesmo se cuida de um bem jurídico pertencente ao Estado. Este (União, Estados ou Municípios) pode ter o controle de determinada área de proteção ambiental, o que não o torna *titular do meio ambiente*. Enfim, nos casos de delitos vagos, parece-nos deva o magistrado ponderar, como *comportamento da vítima*, o que a comunidade, como um todo, fez ou faz, quanto ao bem jurídico protegido, de modo a degradar certo rio – a título de ilustração (art. 54, Lei 9.605/1998) – de forma que, quando o réu contribuiu para a poluição, torna-se indicado considerar o maltrato já existente naquele objeto material do delito para mensurar a pena. É diferente atirar lixo em um límpido rio e fazer o mesmo num curso de água sujo, cuja população ribeirinha cuida mal e contribuiu para mantê-lo poluído.

Além disso, a lei penal, em outros pontos específicos, destaca circunstâncias de diminuição e de elevação da pena do acusado voltando-se, diretamente, à vítima do crime.

Eis alguns exemplos de aumento de pena porque a pessoa ofendida é frágil, indefesa ou tem sido perseguida ou discriminada de algum modo.

---

9 *Victimología: nueve palabras clave*, p. 461.

Na parte geral do Código Penal, pode-se apontar as seguintes agravantes de crime cometido: (a) "à traição, de emboscada, ou mediante dissimulação, ou outro recurso que dificultou ou tornou impossível a defesa do ofendido" (art. 61, II, *c*, CP); (b) "contra criança, maior de 60 (sessenta) anos, enfermo ou mulher grávida" (art. 61, II, *h*, CP); (c) "em ocasião de incêndio, naufrágio, inundação ou qualquer calamidade pública, ou de desgraça particular do ofendido" (art. 61, II, *j*, CP). São três agravações genéricas da pena, levando-se em conta *a vítima* e a sua situação real no mundo. A primeira considera ter sido o ofendido *surpreendido* pela conduta delitiva, sem ter oportunidade de se defender. Pode-se dizer que isso concerne à postura do criminoso, mas não se trata de um quadro de avaliação unilateral, pois, do mesmo modo que se observa a ação do delinquente, nota-se o estado em que se encontra a vítima. A segunda se relaciona à pessoa da vítima, possuindo a *presunção legal* de ser humano mais fraco que o autor do delito. A terceira se vincula a uma situação excepcional em que se encontra a vítima, da qual se aproveita o agressor. São inequívocos focos voltados à vítima, que permitem agravar a pena do autor do crime. Quem é e como age o ofendido, na vida real, é fonte de individualização da pena, nos casos apresentados *supra*, para aumentar a punição.

Ainda na parte geral, como situação genérica, válida para todos os delitos, a pena será atenuada se o agente atuar "sob a influência de violenta emoção, *provocada por ato injusto* da vítima" (grifos nossos) (art. 65, II, *c*, CP). Observa-se o comportamento do ofendido para mensurar, nessa hipótese em favor do acusado, a sua pena.

Na parte especial, ilustrando, inseriu-se o feminicídio, como qualificadora, justamente para conferir à mulher, considerada fisicamente mais fraca que o agressor-homem, como regra, maior tutela penal, levando-se em consideração a pessoa da vítima para elevar a pena do acusado (art. 121, § 2º, VI, CP). Fez-se a inclusão da qualificadora de homicídio contra autoridade ou agente policial, levando-se em conta a condição pessoal da vítima (art. 121, § 2º, VII, CP). No contexto do incentivo a suicídio, a pena é duplicada, logo, mais severa, quando a vítima é menor ou tem diminuída a sua capacidade de resistência (art. 122, § 3º, II, CP). O crime de tráfico de pessoas (art. 149-A, § 1º, II, CP) prevê causa de aumento de pena, levando-se em conta ser a vítima criança, adolescente ou pessoa idosa ou com deficiência.

No contexto da conduta da vítima, provocando o agressor, há previsões feitas na parte especial, como a disposta pelo art. 121, § 1º, do Código Penal: "se o agente comete o crime impelido por motivo de relevante valor social ou moral, ou sob o domínio de violenta emoção, logo em seguida a *injusta provocação da vítima*, o juiz pode reduzir a pena de um sexto a um terço" (grifos nossos). Igual preceito existe no crime de lesões corporais (art. 129, § 4º, CP). No campo do crime de injúria, o juiz pode deixar de aplicar a pena se o ofendido, de modo reprovável, provocou diretamente a injúria (art. 140, § 1º, I, CP).

Em suma, conhecer a vitimologia faz parte do indispensável estudo da criminologia, pois a pessoa ofendida, em muitos cenários criminosos, tem participação direta e ativa, não se podendo *santificá-la* somente porque é o sujeito passivo do crime, *demonizando* o réu somente por ser ele o sujeito ativo da infração penal. Reitere-se: o comportamento da vítima é motivo de análise para todo e qualquer crime quando há elementos fáticos colhidos ao longo da instrução e constantes das provas dos autos. Pode ser utilizado para graduar a pena-base em qualquer direção, permitindo-se a sua elevação ou a sua diminuição. Pretender o uso da atitude da vítima exclusivamente para beneficiar o réu é inserir na letra da lei o que não existe, além de desconsiderar, totalmente, a utilização, pelo legislador, da condição da vítima ou do seu comportamento gerador do crime, ao longo do restante da legislação penal, inseridos em tipos penais específicos. A contradição se torna evidente: quando se trata de circunstância judicial, logo genérica, só pode beneficiar o acusado; porém, quando se cuida de circunstância legal, genérica ou específica, pode beneficiar ou prejudicar o réu. Inexiste base sólida para essa ilogicidade.

3. A VÍTIMA NO PROCESSO CRIMINAL

3.1 Dispositivos legais

No cenário do Código Penal, inclui-se a vítima no campo da aplicação da pena, como se vê no art. 59: "O juiz, atendendo à culpabilidade, aos antecedentes, à conduta social, à personalidade do agente, aos motivos, às circunstâncias e consequências do crime, bem como ao *comportamento da vítima*, estabelecerá, conforme seja necessário e suficiente para reprovação e prevenção do crime: [...]". Como já esclarecido no item anterior, serve para o juiz mensurar a pena-base.

No art. 91, I, do Código Penal, prevê-se como efeito da condenação: "tornar certa a obrigação de indenizar o dano causado pelo crime". O objetivo é facilitar a reparação do dano provocado pelo delito, transformando a sentença penal condenatória em título executivo para ser diretamente levado ao juízo cível, no qual não mais se discutirá se a indenização é devida, mas apenas *quanto* é devido.

Na seara processual penal, prevê-se a ação civil para a reparação do dano provocado pelo crime: "Art. 63. Transitada em julgado a sentença condenatória, poderão promover-lhe a execução, no juízo cível, para o efeito da reparação do dano, o ofendido, seu representante legal ou seus herdeiros. Parágrafo único. Transitada em julgado a sentença condenatória, a execução poderá ser efetuada pelo valor fixado nos termos do inciso IV do *caput* do art. 387 deste Código sem prejuízo da liquidação para a apuração do dano efetivamente sofrido. Art. 64. Sem prejuízo do disposto no artigo anterior, a ação para ressarcimento do dano poderá ser proposta no juízo cível, contra o autor do crime e, se for caso, contra o responsável civil. Parágrafo único. Intentada a ação penal, o juiz da ação civil poderá suspender o curso desta, até o julgamento definitivo daquela. Art. 65. Faz coisa julgada no cível a sentença penal que reconhecer ter sido o ato praticado em estado de necessidade, em legítima defesa, em estrito cumprimento de dever legal ou no exercício regular de direito. Art. 66. Não obstante a sentença absolutória no juízo criminal, a ação civil poderá ser proposta quando não tiver sido, categoricamente, reconhecida a inexistência material do fato. Art. 67. Não impedirão igualmente a propositura da ação civil: I – o despacho de arquivamento do inquérito ou das peças de informação; II – a decisão que julgar extinta a punibilidade; III – a sentença absolutória que decidir que o fato imputado não constitui crime. Art. 68. Quando o titular do direito à reparação do dano for pobre (art. 32, §§ 1º e 2º), a execução da sentença condenatória (art. 63) ou a ação civil (art. 64) será promovida, a seu requerimento, pelo Ministério Público". Esses dispositivos complementam a previsão formulada pelo art. 91, I, do Código Penal, fornecendo os instrumentos para tanto.

Ainda no Código de Processo Penal, dispõe-se no Capítulo V (Do ofendido) o seguinte: "Art. 201. Sempre que possível, o ofendido será qualificado e perguntado sobre as circunstâncias da infração, quem seja ou presuma ser o seu autor, as provas que possa indicar, tomando-se por termo as suas declarações. § 1º Se, intimado para esse fim, deixar de comparecer sem motivo justo, o ofendido poderá ser conduzido à presença da autoridade. § 2º O ofendido será comunicado dos atos processuais relativos ao ingresso e à saída do acusado da prisão, à designação de data para audiência e à sentença e respectivos acórdãos que a mantenham ou modifiquem. § 3º As comunicações ao ofendido deverão ser feitas no endereço por ele indicado, admitindo-se, por opção do ofendido, o uso de meio eletrônico. § 4º Antes do início da audiência e durante a sua realização, será reservado espaço separado para o ofendido. § 5º Se o juiz entender necessário, poderá encaminhar o ofendido para atendimento multidisciplinar, especialmente nas áreas psicossocial, de assistência jurídica e de saúde, a expensas do ofensor ou do Estado. § 6º O juiz tomará as providências necessárias à preservação da intimidade, vida privada, honra e imagem do ofendido, podendo, inclusive, determinar o segredo de justiça em relação aos dados, depoimentos e outras informações constantes dos autos a seu respeito para evitar sua exposição aos meios de comunicação".

Esse campo de proteção à vítima foi ampliado pela Lei 11.690/2008, embora, na prática, o Estado não tenha implementado todos os benefícios legalmente previstos. Observa-se, em primeiro plano, o objetivo de *sempre* ouvir o ofendido a respeito das circunstâncias do delito, de quem possa ser o autor e se pode indicar provas. Insere-se a vítima como participante do processo criminal: ela fornece a sua versão dos fatos, aponta o agressor e ainda pode indicar provas testemunhais, documentais e até periciais contra ele. Além disso, deve ser avisada quanto à entrada e à saída do réu da prisão – para tomar os cuidados devidos – bem como será cientificada das decisões proferidas nos autos. Terá um espaço adequado no fórum, podendo evitar qualquer contato com o criminoso. O juiz pode encaminhá-la para atendimento multidisciplinar (psicologia, assistência jurídica e assistência de saúde) às custas do réu ou, se esse não puder arcar com os gastos, sob responsabilidade do Estado. Outra cautela judicial é garantir a preservação da intimidade, da vida privada, da honra e da imagem da vítima, podendo, inclusive, determinar o segredo de justiça quanto aos autos do processo.

Na área referente à assistência à acusação, tem-se o seguinte no Código de Processo Penal: "Art. 268. Em todos os termos da ação pública, poderá intervir, como assistente do Ministério Público, o ofendido ou seu representante legal, ou, na falta, qualquer das pessoas mencionadas no art. 31. Art. 269. O assistente será admitido enquanto não passar em julgado a sentença e receberá a causa no estado em que se achar. Art. 270. O corréu no mesmo processo não poderá intervir como assistente do Ministério Público. Art. 271. Ao assistente será permitido propor meios de prova, requerer perguntas às testemunhas, aditar o libelo e os articulados, participar do debate oral e arrazoar os recursos interpostos pelo Ministério Público, ou por ele próprio, nos casos dos arts. 584, § 1º, e 598. § 1º O juiz, ouvido o Ministério Público, decidirá acerca da realização das provas propostas pelo assistente. § 2º O processo prosseguirá independentemente de nova intimação do assistente, quando este, intimado, deixar de comparecer a qualquer dos atos da instrução ou do julgamento, sem motivo de força maior devidamente comprovado. Art. 272. O Ministério Público será ouvido previamente sobre a admissão do assistente. Art. 273. Do despacho que admitir, ou não, o assistente, não caberá recurso, devendo, entretanto, constar dos autos o pedido e a decisão".

Essa parte do Código de Processo Penal carece de modernização, prevendo-se mais direitos para a vítima, por meio do assistente de acusação, devendo-se igualar ao órgão acusatório todas as suas oportunidades de manifestação e de requerimentos. Além disso, é preciso prever, claramente, o *direito* ao ingresso como assistente, sem a necessidade de consultar o Ministério Público e cabendo recurso específico e célere contra eventual indeferimento, pelo juiz, de seu acesso ao processo.

Na prolação da sentença condenatória, após a reforma introduzida pela Lei 11.719/2008, incluiu-se o inciso IV no art. 387 do CPP: "o juiz, ao proferir sentença condenatória: [...] IV – fixará valor mínimo para reparação dos danos causados pela infração, considerando os prejuízos sofridos pelo ofendido". A proposta foi positiva, mas ficou no meio do caminho, pois não houve previsão quanto ao procedimento a ser adotado para que esse pedido indenizatório seja formulado juntamente com o pleito condenatório criminal. Portanto, os tribunais pacificaram o entendimento de que a fixação de uma indenização mínima pelo juiz, na sentença criminal, não pode ser feita de ofício, sem requerimento expresso da vítima, proporcionando-se ao réu a ampla defesa e o contraditório sobre os valores pleiteados. Infelizmente, poucas vítimas se valem desse direito de garantir a reparação do dano no mesmo processo-crime.

García-Pablos de Molina explica que, até a consolidação da vitimologia como disciplina científica, a vítima padeceu o mais absoluto desprezo por parte do sistema penal, pela política criminal e pela criminologia.[10] Na mesma linha, Shecaira ratifica o esquecimento do ofendido pelo direito penal nos últimos dois séculos, enquanto parentes da vítima de homicídio passaram a ser instrumentalizados pelo sistema punitivo para desencadear campanhas com objetivos revanchistas, em que a vingança surge como elemento principal.[11]

3.2 A devida inserção da vítima[12]

Esclarece Antonio Beristain que a atual vitimologia surgiu como uma reação à macrovitimização da segunda guerra mundial, em particular como resposta dos judeus ao holocausto, auxiliados pela reparação positiva do povo

---

10 *Tratado de criminología*, p. 107.

11 *Criminologia*, p. 51, 55.

12 A palavra "vítima" vem de *vincire*: "animais que são sacrificados aos deuses". Em holandês, *shlachofer*, e em alemão, *opfer*, faz-se referência à origem religiosa. Nas línguas românicas (*victime*, *vittima* e *víctima* – em francês, italiano e espanhol, respectivamente), afirma-se a referência à palavra latina *vincire*, a qual está relacionada ao animal ou à pessoa sacrificada aos deuses (Lola Aniyar de Castro e Rodrigo Codino, *Manual de criminologia sociopolítica*, p. 500).

alemão a partir de 1945. Oficialmente, nasceu, no âmbito científico e mundial, em 1979, no Terceiro Simpósio Internacional de Vitimologia na Alemanha.[13]

Para EDGARD DE MOURA BITTENCOURT, a vitimologia deve estudar a personalidade da pessoa ofendida, com o fim de verificar se foi realmente vítima do criminoso ou de outros fatores, como consequências de suas próprias inclinações subconscientes; cumpre descobrir os elementos psíquicos do complexo criminógeno existente na dupla criminoso-vítima; analisar quem é vítima em potencial, vale dizer, indivíduo com tendência a se tornar ofendido; e descobrir meios para contornar a reincidência da vítima.[14]

GUARACY MOREIRA FILHO aponta a vitimologia como um ramo da criminologia, a estudar cientificamente as vítimas, com o fim de adverti-las, orientá-las, protegê-las e repará-las contra o crime. A vitimologia precisa ofertar à sociedade os meios aptos a identificar a ação dos delinquentes habituais e erradicar do convívio o chamado criminoso ocasional, tornando a vida das pessoas, especialmente nas grandes cidades, mais segura, sempre atingindo a dupla vítima-criminoso.[15]

Há quem aponte o empobrecimento da vítima no sistema penal com o nascimento do Estado como guardião do monopólio de distribuição da justiça criminal. Neutralizar o ofendido seria uma decorrência natural do temor de que ele pudesse responder ao crime com outro crime. Depois, o ressurgimento da vítima resulta de variados fatores, entre os quais a equidade de tratamento, os estudos psicológicos em torno do comportamento de seu apoio ou abandono e as pesquisas quanto à vitimização. O ponto fundamental concentra-se na dicotomia entre a posição primitiva da vítima, como senhora do conflito, incluindo a vingança, até alcançar a mediação do Estado, neutralizando-a.[16]

Uma relevante abordagem de BERISTAIN aponta três situações envolvendo a vítima. A primeira seria a viabilidade de uma mesma pessoa ser criminosa, conforme as circunstâncias, mas também assumir o papel de ofendido, como ocorre com jovens viciados que, para conseguir dinheiro, cometem delitos contra o patrimônio. Outro ponto de vista indica as vítimas

---

13 *Nova criminologia à luz do direito penal e da vitimologia*, p. 83. Igualmente, GUARACY MOREIRA FILHO (*Vitimologia*: o papel da vítima na gênese do delito, p. 21).

14 Vitimologia como ciência, p. 145. A criminologia seria incompleta sem o verdadeiro estudo da vítima. Além disso, embora tenha sido frequentemente feita de uma maneira não sistemática, a investigação criminológica já conseguiu clarificar muito do papel da vítima (HERMAN MANNHEIM, *Criminologia comparada*, v. 2, p. 998).

15 *Vitimologia: o papel da vítima na gênese do delito, p.* 25.

16 GARCÍA-PABLOS DE MOLINA, *Tratado de criminología*, p. 110-112, 120.

ocultas ou reprimidas, mas sempre visadas, como as mulheres, os idosos e as crianças. O terceiro aspecto é a relação direta entre criminoso e vítima.[17]

Sob esse cenário, pode ser que a mediação e a reconciliação possam produzir algum resultado positivo entre delinquente e ofendido, mas isso não é suficiente para desenvolver a denominada justiça restaurativa de modo impositivo e sem limitações. Note-se que, no conceito de vítimas, deve-se enfocar os delitos de grandes proporções, como o terrorismo, quando se pode encontrar centenas (ou mais) de pessoas ofendidas.[18] Nesse contexto, torna-se inviável qualquer proposta de resolver o caso criminal com uma reconciliação ou reparação de danos.

Além disso, é preciso identificar outros aspectos, que seguem além da vitimização primária (sofrer o delito diretamente). Secundariamente, o ofendido é submetido à investigação e ao processo criminal, obrigando-se a relembrar e narrar muitas vezes a mesma cena. Uma terceira fase se atinge com o comportamento da vítima depois de tudo isso, lidando com o trauma e outras consequências.[19] Menciona-se muito a estigmatização dos delinquentes, mas se esquece, por vezes, do mesmo estigma suportado pelas vítimas, bastando enfocar os delitos sexuais para se ter noção disso. A pessoa ofendida sofre repetidos vexames, seja na polícia, seja em juízo. Há, ainda, em alguns casos, a avaliação pericial.[20] Num outro estágio, a vítima ganha fama nos meios de comunicação, para bem ou para mal, recebe aplausos e críticas de grupos de redes sociais, sofrendo uma nova etapa da vida, com a qual tem que aprender a lidar.[21] Tudo isso deve ser considerado pelos estudos de vitimologia, uma decorrência natural da criminologia.

Convém mencionar o decálogo vitimológico, advindo de Günther Kaiser: (a) os operadores do direito devem ocupar-se mais das vítimas, respeitando os seus direitos humanos; (b) vítimas não são somente os sujeitos passivos dos crimes, mas todos os que sofrem as consequências do delito, devendo receber assistência em vários âmbitos; (c) as vítimas devem ter o direito de tomar parte eficaz no processo criminal; (d) os meios de comunicação devem cooperar na prevenção da vitimização; (e) os cidadãos devem engajar-se na denúncia da vitimização, colaborando com a construção social da criminalidade; (f) as vítimas podem e devem intervir na seleção e na execução das penas privativas

---

17 *Nova criminologia à luz do direito penal e da vitimologia*, p. 84.

18 Idem, p. 91, 97.

19 Idem, p. 103.

20 Idem, p. 106.

21 Idem, p. 109.

de liberdade e nas suas alternativas, como reconciliação, provação, trabalho em comunidade etc.; (g) as vítimas não devem assumir a justiça pelas próprias mãos; (h) deve-se evitar a vitimização secundária (investigação e processo criminal); (i) deve o Estado dar especial atenção à macrovitimização (terrorismo, narcotráfico, desemprego etc.); (j) deve-se conscientizar a sociedade de que é melhor ser vítima que criminoso.[22]

Algo muito relevante é enfocar a vítima como *vítima*, pois muitas teorias criminológicas olvidam completamente o ofendido, enaltecendo em demasia o *padecimento* do infrator e buscando para ele todas as alternativas possíveis para um tratamento mais humanizado, brando e tranquilo.[23]

Aliás, o ideal seria não ser ofendido por crime algum; no entanto, havendo infrações penais, no mundo real, não se pode ofertar *glamour* ao criminoso em detrimento da consideração respeitosa à vítima. Esse desvio de foco é muito comum em vários escritos criminológicos. Uma explicação para isso pode ser no sentido de que, talvez, muitos tenham mais identificação com o criminoso do que com a vítima. O delinquente pode fazer aquilo que alguns gostariam de fazer, mas não se atrevem. A vítima é perdedora, suporta os efeitos do delito e ninguém gosta de ser lesado.

4. VÍTIMA É VÍTIMA

É preciso cessar a defesa de teses absolutas, ora inserindo a pessoa ofendida pelo crime como um ser invisível, absolutamente esquecido ou desprezado, ora como um indivíduo absolutamente santificado, que nada fez para ser ofendido e, portanto, todas as cargas devem voltar-se ao criminoso.

Em primeiro lugar, conduzir a vítima para fora do cenário do crime, como muitos insistem em fazer, significa olvidar um ponto essencial à própria punição, visto que esta não existe gratuitamente, mas porque alguém foi ferido em seus direitos penalmente tutelados.

Em segundo, o criminoso não é a vítima – outro engano lastimável – mas o causador do dano. Pode-se construir um milhão de teorias a justificar o porquê da delinquência, várias delas com argumentos ponderáveis e sensatos, mas não se pode transformar uma coisa em outra, quando não guardem nenhuma similitude. *O criminoso não é vítima; o ofendido não é delinquente.*

---

[22] Cf. BERISTAIN, *Victimología*: nueve palabras clave, p. 195-196.

[23] A proteção da vítima deve ir mais além da satisfação de seus interesses materiais e morais; é preciso restituir à vítima a situação na qual se encontrava antes de padecer o dano do delito (FAUSTINO GUDÍN RODRÍGUEZ MAGARIÑOS e JAVIER NISTAL BURÓN, *La historia de las penas*: de Hammurabi a la cárcel electrónica, p. 352).

Em terceiro, infelizmente, não se vive num mundo ideal. Aliás, se vivêssemos, nem mesmo delitos ocorreriam; logo, propor como solução para o sistema punitivo presente a ideia de uma justiça restaurativa *obrigatória* é fugir da realidade e não apresentar nada produtivo.[24] Pode-se conviver com a proposta de que algumas vítimas se sentiriam muito bem num processo de conciliação, conduzido imparcialmente por órgãos estatais, para que veja ou reveja o criminoso e dele obtenha o pedido de perdão, além de uma indenização (as duas coisas ou somente o perdão), resolvendo *tudo*, sem necessidade de aplicação de uma pena. O cenário restaurativo é promissor, belo e agradável quando se pensa na evolução espiritual da humanidade, rumo a um mundo melhor, onde as pessoas respeitem os direitos alheios, como regra básica, e quem não o fizer, por absoluta exceção, pode escusar-se e indenizar o ofendido. Pode-se investir nesse sistema, sem dúvida, mas não há possibilidade de torná-lo *compulsório*, pois há *vítimas* e *vítimas* – muitas delas indispostas à reconciliação – da mesma forma que existem *criminosos* e *criminosos* – muitos deles totalmente avessos à conciliação, ao remorso ou ao pleito de perdão. Então, em princípio, nos soa um modelo bastante limitado.

Nesse quadro, resta a vítima protagonista no processo criminal, autorizada por lei a ser assistente de acusação, além de acionar o réu para lhe conceder indenização pelo dano provocado pela infração penal. Não há campo para restringir essa atuação; ao contrário, deve-se ampliar essa participação. Entretanto, para isso, torna-se preciso informar a pessoa ofendida dos seus direitos, o que muitas desconhecem.

Algumas atitudes da pretensa vítima de um delito podem demonstrar ter havido um ato legítimo do réu, como ocorre nos processos em que se apura, por exemplo, a legítima defesa, resultando em absolvição do acusado. Por outro lado, o magistrado deve avaliar o comportamento da vítima para checar se não cabe uma diminuição considerável na pena do acusado, como a injusta provocação do ofendido, gerando violenta emoção no agressor. Em suma, ser vítima não significa ser *correta*; porém, jamais pode ser esquecida ou transformada em verdugo.

O ofendido merece respeito do direito penal e de seus operadores. Ao mesmo tempo, exige-se dos operadores a leal avaliação da conduta da vítima no cenário do crime, a fim de verificar se, realmente, houve um delito e, se

---

[24] Repita-se: muitos defensores da justiça restaurativa afirmam não ser ela obrigatória; porém, se for uma simples faculdade exposta às partes envolvidas no crime, como regra, não terá nenhuma chance de substituir a justiça retributiva. Logo, o seu âmbito de atuação seria extremamente limitado.

isso se concretizou, qual será a pena justa, dentro do princípio constitucional da individualização da pena.

O radicalismo indica, em nosso entender, posturas inexatas e indevidas. Enaltecer o *pobre-coitado* do criminoso é um equívoco. Tornar a vítima invisível, igualmente. Reconhecer o evento criminoso tal como ocorreu é o caminho e, a par disso, verificar qual foi realmente a conduta da pessoa reputada ofendida. Tudo para fixar de maneira correta a pena do infrator.

X

Política criminal e sistemas punitivos

1. POLÍTICA CRIMINAL

Trata-se da direção assumida pelo Estado para o enfrentamento à criminalidade, prevenindo e reprimindo a prática da infração penal, adotando mecanismos de orientação específicos para tanto, nos campos dos Poderes Legislativo, Executivo e Judiciário.[1] Não se cuida de ciência, mas de um método de observação e análise crítica do direito penal, com a finalidade de aprimoramento do sistema punitivo.

Há, por certo, diversas maneiras de se organizar a legislação penal e as formas de punição de um país, transitando por instrumentos rigorosos ou lenientes, com o propósito de intervir nos conflitos internos, valendo-se da força do direito penal, de modo mais incisivo e abrangente ou de maneira mais restrita e tolerante.

A expressão *política criminal* deve-se a um movimento doutrinário, conduzido por Von Liszt, que teve influência como "tendência técnica, em face

---

1 Nessa ótica, Bergalli e Bustos Ramírez (*O pensamento criminológico*, p. 46).

da luta de escolas penais, que havia no princípio deste século [século XX] na Itália e na Alemanha. Essa corrente doutrinária apresentava soluções legislativas que acolhiam as exigências de mais eficiente repressão à criminalidade, mantendo as linhas básicas do Direito Penal clássico". O termo passou a ser utilizado pela ONU para denominar o "critério orientador da legislação, bem como os projetos e programas tendentes à mais ampla prevenção do crime e controle da criminalidade".[2]

Como bem colocado por García-Pablos de Molina, a criminologia, a política criminal e o direito penal são três pilares do sistema das ciências criminais, em relação de interdependência. A política criminal serve para transformar a experiência criminológica em opções e estratégias concretas a serem assumidas pelo legislador e pelos poderes públicos.[3]

Há variadas críticas à política criminal do Brasil, porém, em verdade, não existe nenhum critério orientador da legislação penal em nosso país. Ora se está seguindo uma política criminal rigorosa, *v.g.*, com a edição da Lei dos Crimes Hediondos, ora se opta por um critério leniente, *v.g.*, com a Lei dos Juizados Especiais Criminais, categorizando as infrações de menor potencial ofensivo. Existem inúmeros outros exemplos, por meio dos quais se pode verificar a carência de uma política criminal brasileira. Por conta dessa falta de rumo, termina-se por legislar ao acaso, em matéria penal, sem cuidar de aspectos fundamentais, como a execução da sanção penal e todos os seus relevantes desdobramentos. Vive-se uma lamentável época, que já se estende há longo tempo, podendo-se constar a superlotação dos presídios para o cumprimento da pena em regime fechado, a falta de vagas suficientes no regime semiaberto e a total ausência de casas do albergado para a execução da pena no regime aberto. Não bastasse, o processo penal brasileiro, que necessitaria, igualmente, seguir a mesma política criminal utilizada para o direito penal, experimenta alterações legislativas em variados rumos, ora rigoroso, ora tolerante. A par disso, críticas não faltam quanto à escassez de decisões coerentes cuidando da decretação de medidas cautelares relativas à prisão preventiva, resultando num sistema, também, superlotado de pessoas detidas provisoriamente. Enfim, as censuras ao sistema punitivo do Brasil vêm de todos os lados, mas é importante destacar o fato de que muitas delas emergem desacompanhadas de soluções e propostas concretas para auxiliar os Poderes da República a encontrar o caminho correto nesse campo tão sensível à sociedade.

---

[2] Heleno Fragoso, *Lições de direito penal*, p. 18.

[3] *Tratado de criminologia*, p. 242.

No cenário das críticas, Callegari e Wermuth expõem o seguinte: "torna-se possível afirmar que, por meio do modelo de Direito Penal que se verifica no Brasil, assegura-se não a proteção dos cidadãos e dos seus direitos fundamentais em face da atuação punitiva estatal, tampouco se busca a prevenção à prática de crimes – conforme preconizam os discursos clássicos de legitimação do *jus puniendi* do Estado – mas sim a dominação e a opressão exercidas precipuamente contra as camadas economicamente desfavorecidas da sociedade, inclusive por meio de medidas de inocuização daqueles que são escolhidos para representarem a 'personificação do mal', reforçando, assim , estereótipos tão presentes na sociedade brasileira e revelando, consequentemente, a confiança das classes detentoras do poder econômico infundindo terror aos setores populares, em clara afronta ao princípio constitucional da dignidade da pessoa humana".[4]

2. SISTEMAS PUNITIVOS

2.1 Abolicionismo penal

Trata-se de um movimento oriundo da criminologia, no âmbito das teorias sociológicas, cuja finalidade é apresentar uma proposta para contribuir com o aprimoramento do direito penal, sustentando, paradoxalmente, a sua eliminação. Há diversas justificativas para esse desiderato, que partiram de conhecidos criminólogos e sociólogos da Noruega (Thomas Mathiesen e Nils Christie), da Holanda (Louk Hulsman) e da Alemanha (Sebastian Scheerer), principalmente, todas voltadas a demonstrar a inutilidade do sistema punitivo da esfera criminal. Desde logo, convém mencionar a estabilidade político-econômica e baixos índices de criminalidade dos seus países de origem, simbolizando a oportunidade de idealizar algo dentro de um cenário bem mais favorável do que acontece em lugares onde os níveis de delinquência são muito superiores, por vezes, alarmantes. Entretanto, emergiram abolicionistas em várias outras partes do mundo, inclusive em países onde o nível de criminalidade é bastante elevado, além de haver um desnível econômico-social igualmente extenso, tornando-se mais difícil compreender o grau de confiabilidade nas propostas de eliminação do sistema penal vigente. Aliás, alguns dos abolicionistas originais apresentam propostas mais lógicas e concretas do que os que vieram na sequência, que ofertam sugestões muito mais vagas e irreais.

---

4 *Sistema penal e política criminal*, p. 41.

Vivêssemos em uma sociedade perfeita, composta por pessoas igualmente evoluídas e respeitadoras dos direitos alheios, com propósitos irmanados pelo bem comum, agindo em benefício do próximo antes de pensar em si mesmas, enfim, onde imperasse a absoluta igualdade entre todos, sem qualquer carência ou necessidade, contando com espíritos superiores, possivelmente, inexistiria o crime – a mais grave infração a direito alheio, merecedora de rigorosa sanção. Assim, onde não houvesse o delito, deixaria de haver a pena e, com isso, perderia a legitimidade qualquer proposta representativa de um castigo. Por certo, na sucessão de eliminações, o direito penal desapareceria da face do planeta e se, porventura, alguma criatura humana menos sensível deslizasse em seu correto prumo, causando alguma lesão a terceiro, poderia reparar de inúmeras maneiras, sem qualquer necessidade de intervenção firme do Estado, até porque o seu espírito cairia em profundo remordimento pelo mal desencadeado, jamais sossegando enquanto não o reparasse por completo, deixando outra vez feliz a sua vítima ocasional. Eis o ideal a ser buscado pela humanidade, quiçá a ser, um dia, atingido.

O direito penal somente existe porque há o crime, mesmo sendo ele uma mera atribuição feita pela lei em relação a determinada conduta, mas regido pela legalidade, um sistema adotado, como regra, pelas democracias políticas. Ainda assim, a proposta abolicionista sugere a sua supressão.

Sintetizando, para principiar, Zaffaroni expõe as ideias de Hulsman, Mathiesen e Christie, ao menos nos anos iniciais da apresentação do abolicionismo penal. O primeiro defende basicamente três motivos para eliminar o sistema punitivo: cuida-se de um sistema socialmente injusto, que provoca sofrimentos desnecessários; não há efeito positivo em relação às pessoas envolvidas nos conflitos; trata-se de um sistema difícil de ser mantido sob controle. O segundo afirma a necessidade de um movimento abolicionista para manter a permanente relação de oposição e a relação de competição com o sistema existente. O terceiro expressa a destrutividade das relações comunitárias do sistema penal. Portanto, o abolicionismo propõe um novo modelo de sociedade, em que os problemas podem ser resolvidos sem a aplicação de penas e de uma formal instância punitiva.[5]

HULSMAN sustenta não existir uma realidade ontológica do crime, embora reconheça haver, em sociedade, a punição como forma de interação humana. Existe no contexto da família, da escola, do trabalho, do esporte. Muitos fatos considerados delitos graves pelo sistema penal terminam sendo resolvidos no âmbito social onde ocorrem, podendo ser a família, o bairro, a

---

[5] *Em busca das penas perdidas*, p. 98, 100-101 e 104.

associação, o sindicato, da mesma maneira que são resolvidos outros conflitos *não criminais*.[6] Prosseguindo, o autor ventila a tese da *cifra negra* – a ser comentada em tópico à parte – demonstrando que muitos crimes, condutas legalmente previstas como tal, deixam de ser punidos todos os dias, consistindo a efetiva criminalização em fato raro e excepcional. Os motivos para isso são variados (a vítima não comunicou a polícia; esta não se ocupou do delito; mesmo ocupando-se, não achou o culpado etc.). Sob outro aspecto, a criminalização não é necessariamente uma resposta específica aos eventos, mas somente uma das formas de visualizá-los. Portanto, ao cuidar de alternativa à justiça criminal, não se trata apenas de sanções alternativas, mas de um outro sistema para resolver o problema.[7]

Ainda no tocante à cifra negra, HULSMAN afirma não ser normal um sistema que só intervém na vida social de maneira marginal e de forma estatisticamente desprezível. Se há igualdade entre todos os cidadãos, nota-se que apenas alguns são punidos, em número ínfimo, razão pela qual a perspectiva abolicionista se revela uma necessidade lógica, algo realista, em nível de equidade.[8]

O autor narra, ainda, ter conhecimento de um caso de homicídio, ocorrido na Holanda, em que os pais da moça assassinada e os pais do autor do homicídio se encontraram e estabeleceram uma importante relação, tanto para eles quanto para o homicida. Além disso, há situações de mulheres importunadas ou ameaçadas por ex-parceiros e até vítimas de violência ou estupro que resolveram o caso com uma ordem de restrição, conseguida num tribunal, impedindo o homem de se aproximar da moradia da mulher. Em seu estudo empírico, HULSMAN constatou ser essa solução, dada por tribunal civil, uma resposta decisivamente melhor às exigências das mulheres vitimizadas do que a fornecida pelo sistema criminal. Como terceiro fator, encontra-se a publicidade, que pode chamar mais a atenção ao problema da violência sexual do que as medidas tomadas por tribunal civil. Em suma, do ponto de vista acadêmico, almejando progresso, é preciso abandonar a organização cultural

---

6 Alternativas à justiça criminal, in: PASSETTI (coord.), *Curso livre de abolicionismo penal*, p. 35 e 44.

7 Idem, p. 48, 49, 52.

8 *Penas perdidas*, p. 83. Lembremos que nenhum sistema punitivo, inclusive extrapenal, consegue sancionar todas as pessoas autoras de infrações; cuida-se de uma *roleta da vida*, pois alguns são descobertos e punidos e outros escapam. Nem por isso a punição deve deixar de existir.

e social da justiça criminal, adotando-se práticas alternativas e desfazendo-se de medidas legitimadas como punições, sempre injustas.[9]

Na perspectiva de Lola Aniyar de Castro, as contestações ao sistema penal estendem-se no campo da teoria e, nessa esfera, embora Mathiesen, Christie e Hulsman tenham indicado vários caminhos alternativos para o controle social, Hulsman realizou a primeira tentativa de sistematização de um modelo. Afirmou que o sistema penal subtrai o conflito das pessoas e termina produzindo sofrimento. Segundo o autor, esse sistema é culpado de distribuir o sofrimento de maneira desigual. Por isso, o ideal seria abolir o sistema penal.[10] Modificando-se e adequando-se o sistema civil, seria suficiente para resolver os conflitos.[11]

Nils Christie, cuidando das limitações à dor, provocada pela punição, narra, inicialmente, as condições da prisão na Noruega, onde os presos são chamados *internos* e não *prisioneiros*; ficam num *quarto* e não em *cela*. Não se comportando, podem ir para um *quarto individual*. São palavras mais gentis para criar um universo igualmente mais gentil.[12] Diz, ainda, que muitas prisões parecem hotéis ou até escolas, hoje em dia, com comida decente, trabalho ou educação, tudo parecendo férias às custas do contribuinte.[13] Valendo-se da justiça participativa, o autor busca demonstrar que os conflitos existem em sociedade e não são abundantes. Portanto, quando ocorrem, nota-se a indispensabilidade de se proporcionar alguma compensação à vítima, aliás, uma solução adotada em muitas situações.[14] Entretanto, é preciso considerar que o ofensor deve ser capaz de dar alguma coisa ao ofendido; considerando-se que a maioria dos criminosos é constituída por pessoas pobres, o sistema punitivo permite o pagamento com a única moeda distribuída igualitariamente na sociedade: o tempo. Toma-se o tempo do criminoso para gerar dor.[15] E a meta deve ser, sempre, a redução da dor,[16] razão pela qual uma teoria absoluta de punição é dissociada dos modernos pensadores penais. Não se deve pensar na punição como um luto.[17] Sob vários aspectos, há que se impor limites, evitando-se a consideração da pena como medida de vingança; aliás,

---

9 Idem, p. 62, 64, 65, 68.

10 *Criminologia da libertação*, p. 141-142.

11 Idem, p. 142.

12 *Limits to pain*, p. 13.

13 Idem, p. 15.

14 Idem, p. 93-94.

15 Idem, p. 95.

16 Idem, p. 98.

17 Idem, p. 100-101.

se o sistema privilegiasse a vindita, o correto seria dar à vítima o direito de retaliação.[18] No complexo universo das emoções, envolvendo agressor, ofendido e sociedade que vive ao redor, pode-se argumentar com vários fatores, entre os quais a possibilidade de a vítima perdoar o agente, embora outras pessoas, que vivam no mesmo ambiente, não o façam. Por vezes, conforme o delito, a própria comunidade cobrará a punição, advinda da dor. Enfim, para controlar a crueldade, pode-se contar com a força estatal, mas o ideal é o menor Estado possível, com o menor sistema punitivo possível e o mais igualitário quanto for viável.[19]

Em outra de suas obras, Nils Christie se autoproclama *minimalista*, notando-se a sua transição do abolicionismo para o direito penal mínimo.[20] Mantém a sua ideia de que o crime é um conceito livre para manobras, mas o importante é entender o seu uso nos vários sistemas penais para ser apto a avaliar essa utilização.[21] O autor narra que a guerra às drogas chegou à Suécia e surgiram demandas por penas severas, embora houvesse posição contrária, apontando à solidariedade para com os fracos e que os jovens necessitariam de proteção. Porém, houve ativação no combate contra as drogas, incluindo a Noruega.[22] Assim, metade dos presos da Noruega e da Suécia está detida por conta do uso ou venda de substâncias entorpecentes ilícitas. Situações muitos similares aos pobres sempre encontrados nas prisões.[23] Ele diz não poder mais acompanhar os abolicionistas até o final, pois o mais radical quer eliminar a lei penal e toda a punição formal. Mas, levada ao extremo, essa posição traz problemas graves. Primeiro, há os que não desejam participar do processo de reconciliação ou procurar qualquer espécie de acordo. Outro ponto diz respeito à completa abolição da punição e, a partir disso, haver a deterioração do processo de reconciliação.[24] Demonstra que o sistema oficial da Noruega está atolado de pequenos furtos, casos incompatíveis com a mediação. Há, também, o caso do crime sem vítima, como a ação no cenário das drogas.[25]

Questiona-se o autor a respeito do assassinato de Benjamim, com 15 anos, de pele negra, esfaqueado por três jovens com inclinações nazistas. O Estado financia ativistas para demover jovens a participar de grupos nazistas. Os

---

18 Idem, p. 113.

19 Idem, p. 114-115.

20 *Uma razoável quantidade de crime*, p. 10.

21 Idem, p. 16.

22 Idem, p. 68.

23 Idem, p. 69.

24 Idem, p. 124-125.

25 Idem, p. 127.

pais são ativos e as escolas também. Como sustentar uma justiça restaurativa nesse caso?[26] Duas garotas foram violentadas e assassinadas na Noruega. Dois jovens foram condenados a penas elevadas. Um deles parecia sorrir ao deixar o tribunal e a população estava indignada. Parece perfeitamente aceitável que os parentes das vítimas optem pela punição dos ofensores. Quando crianças são sexualmente abusadas de forma bizarra e, em seguida, assassinadas, seria certo deixar os culpados se safarem com palavras?[27] Para preservar a humanidade, a pena não pode ser pura retribuição. Mas as vítimas e as associações de vítimas reclamam das autoridades a falta de punição em moldes talionais. Como lidar com isso? Esclarecer, explicar, argumentar. A política criminal é uma questão cultural, repleta de questionamentos morais profundos. Em suma, não é possível abolir totalmente o sistema penal; o mais indicado é buscar o minimalismo.[28]

Sobre um caso real, Christie expõe a situação de prisioneiros de um campo de concentração que, ao final da guerra, enforcaram o comandante do referido campo. Eles teriam enforcado não somente o comandante, mas todo o sistema. A ideologia nazista pendia na forca. As sociedades precisam de respostas claras e rápidas quando valores fundamentais são agredidos. Como não concordar com isso?[29] Por vezes, a urgência por vingança precisa ser respeitada; porém, depois, contida e canalizada para o aparato da lei penal, a ser tratada pelo Estado. No entanto, se a impunidade reinar, a paz não se restabelece.[30]

A solução é minimizar a população prisional, humanizar as condições carcerárias, eliminar a pena de morte e a tortura. Com isso, protege-se melhor os grupos vulneráveis e minoritários, sob o ponto de vista político e também ético-social.[31]

Na ótica de THOMAS MATHIESEN, analisando-se a finalidade da punição como prevenção geral, emite-se uma mensagem do Estado à sociedade, no sentido de que o crime não vale a pena, devendo-se evitar certas condutas. Serviria como dissuasão, educação moral e formação de hábitos pessoais.[32] Sob o prisma da reabilitação individual, cuida-se de uma ilusão, pois os efeitos da

---

[26] Idem, p. 127.

[27] Idem, p. 128-129.

[28] Idem, p. 130-131.

[29] Idem, p. 136.

[30] Idem, p. 139.

[31] Idem, p. 171.

[32] *Prison on trial*, p. 55, 65.

prisão vão muito além da prevenção geral.[33] Nenhuma dessas teorias constitui a visão da justiça. A prisão não tem defesa alguma; é sempre um fiasco em termos de propostas. Ela só persiste porque existe a persistente ideologia de ser ela necessária em nossa sociedade.[34] O ideal seria a sua abolição, mas, sob o aspecto prático, a questão não é tão simples.[35] É preciso preparar a sociedade para a mudança, combatendo-se a ideologia da prisão e construindo-se uma ideologia socialista.[36] Em seu lugar, deve-se implementar um novo ritual de compensações como desculpas e luto, para compensar o que foi feito, enfim, novos caminhos para atingir o *status* de compensação em relação à perda da dignidade.[37]

Em relação à posição de Mathiesen, Shecaira ressalta as funções por ele enumeradas no tocante ao cárcere. Teria este a finalidade depurativa, permitindo que a sociedade se livrasse de indivíduos improdutivos. A outra função seria a redução da impotência. Além disso, o cárcere apresenta finalidade diversiva e simbólica, redundando em estigmatização. Finalmente, o encarceramento oferta uma ação visível ao público.[38]

No extenso campo das opiniões abolicionistas, encontram-se várias que propõem medidas vagas e de concretização duvidosa. Arthur Waskow, por exemplo, afirma estar na hora de se abolir cadeias e prisões na sociedade americana. Mesmo sem ter alternativa em relação a um lugar para colocar os prisioneiros, argumenta que *não ter alternativa* geraria menos criminalidade do que os atuais *centros de treinamento criminal*. Além disso, a única solução é construir um tipo de sociedade que não precise de prisões, havendo uma redistribuição digna de poder e renda, apagando-se a *chama oculta da inveja*, que arde em crimes de propriedade (roubos cometidos por pobres ou desvios de fundos praticados por ricos). Deve-se estabelecer um senso decente de comunidade para apoiar, reintegrar e reabilitar, de verdade, os que, de repente, forem tomados pela fúria ou pelo desespero, sem serem encarados como

---

[33] Idem, p. 83.

[34] Idem, p. 141.

[35] Idem, p. 145.

[36] Idem, p. 165.

[37] Idem, p. 167.

[38] *Criminologia*, p. 312-314. Apesar disso, Shecaira argumenta não ser possível adotar o abolicionismo a curto e médio prazos, portanto, o ideal é aproveitar as suas críticas para se ter uma ampla política de descriminalização, com alternativas para a justiça criminal (Ob. cit., p. 317).

objetos – criminosos – mas como pessoas que possam cometer atos ilegais, como quase todos nós já fizemos.[39]

Para ANGELA DAVIS, o primeiro passo é deixar de lado o desejo de encontrar um sistema alternativo de punição, ocupando o mesmo raio de ação do sistema penal.[40] O foco é o desencarceramento, com alternativas como a desmilitarização das escolas, a revitalização da educação em todos os níveis, um sistema de saúde gratuito para todos e um sistema de justiça lastreado na reparação e na reconciliação em lugar de punição e retaliação. Para encontrar essas formas alternativas ao cárcere, necessariamente, é preciso combater o racismo, o machismo, a homofobia, o preconceito de classe e outras estruturas de dominação.[41] Um passo a ser dado é a descriminalização do uso de drogas e do trabalho sexual, como foi feito com a legalização do consumo de álcool. A violência contra a mulher precisa ser um foco de preocupação, mas com um amplo leque de estratégias para minimizar essa violência, ao que tudo indica, sem prisão.[42] O castigo não é uma decorrência do crime, na sequência lógica dos que defendem o aprisionamento; a punição, particularmente por meio da prisão, é um projeto político, um desejo de lucro de corporações e uma representação midiática do crime. Há que se desenvolver um trabalho ideológico para compreender que criminosos são seres humanos merecedores dos direitos civis e humanos concedidos aos outros; ademais, criminologistas radicais já demonstraram que os transgressores da lei são uma categoria muito abrangente, apontando que praticamente todos nós já infringimos a lei em algum momento.[43] Por derradeiro, aponta a autora o caso de Amy Biehl, estudante branca, morta por quatro jovens sul-africanos na cidade do Cabo, África do Sul, em 1993. Os assassinos foram condenados a 18 anos de prisão. Entretanto, em 1997, Linda e Peter Biehl (pais da vítima) apoiaram uma petição de anistia para os condenados. Os quatro pediram perdão e foram soltos em 1998. Após, dois deles se encontraram com os pais da ofendida e um disse que gostaria que o aceitassem como seu filho. Houve aceitação do perdão e tudo terminou bem.[44]

O sociólogo EDSON PASSETTI sustenta que o abolicionismo penal está próximo da criminologia crítica e não se limita ao campo penal, pois cuida da

---

39 *Apud* ANGELA DAVIS, *Estarão as prisões obsoletas?*, p. 113.

40 *Estarão as prisões obsoletas?*, p. 115.

41 Idem, p. 116-117.

42 Idem, p. 119-120.

43 Idem, p. 121.

44 Idem, p. 123-124.

demolição de costumes autoritários difundidos na cultura ocidental.[45] Afirma não se tratar de uma utopia, que constata exclusões e discriminações, mas uma prática de liberdade que não desconhece o poder das autoridades constituídas, bem como de pais, educadores, administradores e até carcereiros.[46] Busca demonstrar haver uma sociedade sem penas, regrada pela conciliação para resolver problemas, citando, como exemplo, os motoristas de veículos a acertar uma indenização após colisão, prescindindo de polícia e do direito penal. Portanto, conforme o direito civil, situações-problema [seriam crimes?] podem ser equacionadas, conforme suas particularidades, dispensando-se o sistema penal. Afirma que a sociedade sem penas vive dentro da sociedade punitiva.[47] Repisando argumentos já conhecidos, retrata o crime como a simples qualificação de repulsa a determinados costumes em defesa social, num específico momento da história. Reputa corriqueiro encontrar condutas lícitas transformadas em crimes e vice-versa. Reitera-se o batido exemplo das drogas, em que haveria um duplo jogo da moral e dos efeitos das éticas correlatas. Aponta para a existência da sociedade sem castigos, visto ser impossível ao sistema penal punir todos os que cometem infrações penais; logo, funcionaria de maneira seletiva, endereçado aos que infringiram o direito de propriedade. Sob o regime democrático, o alvo preferencial da seletividade recai sobre o pobre que rouba, furta, estupra e mata.[48] Misturando conceitos e generalizando, afirma que a prevenção é seletiva e os perigosos são considerados anormais, subversivos, assaltantes, pobres, etnias diversas, pessoas, grupos ou classes intoleráveis.[49] Ingressa na avaliação dos *pequenos fascismos* praticados por justiceiros e comandos policiais, incluindo o temor sentido dos considerados inferiores e superado pela máquina repressiva do Estado, que conjugaria mais que punição, prisão perpétua [?] e pena de morte, com adesão explícita de esquadrões de justiceiros.[50] Insiste, então, no fracasso da prisão para reeducar e reintegrar o infrator depois de passar um tempo cumprindo pena, engrandecendo o ambiente das críticas – conjunto em aberto de reformas penais em escala planetária – apontando essa falência prisional, bem como um sistema penal injusto, lento e retrógrado.[51] O encarceramento

---

[45] A atualidade do abolicionismo penal, in: Passetti (coord.), *Curso livre de abolicionismo penal*, p. 11 (prefácio).

[46] Idem, p. 16.

[47] Idem, p. 19.

[48] Idem, p. 20-21.

[49] Idem, p. 22.

[50] Idem, p. 23.

[51] Idem, p. 24.

é uma escola do crime e o direito penal é uma vingança de sangue transformada em impessoal lei universal.[52] Aponta Nils Christie e Thomas Mathiesen como condutores de um roteiro, por meio de crítica histórica ao domínio do direito de classe, para a superação da linguagem jurídica com a realização da utopia da sociedade igualitária.[53] Para o autor, o abolicionismo penal é a constatação da existência de uma sociedade sem penas, podendo-se propiciar a liberdade no presente, *contra o bolor das utopias*, vivenciando o *frescor das heterotopias libertárias*.[54]

Na visão de Ricardo Genelhú e Sebastian Scheerer, a prisão deve ser abolida porque humilha, estigmatiza e impõe uma dor cruel e um sofrimento inútil e perigoso. Não tem nenhuma utilidade. Mesmo se forem limpas, seguras e bem-intencionadas, não deixam de ser um fracasso, pois são seletivas. Dizem que a abolição das prisões não é utópica, pois "existiram e existem sociedades desaprisionadas".[55] Além disso, inexiste sentido em acreditar que a prisão pode acabar com a criminalidade; ao contrário, ela aumenta – e muito – a delinquência.[56] É possível viver, em sociedade, sem prisão.

Afirmam haver uma elevada taxa de reincidência, demonstrando a inviabilidade da pena privativa de liberdade como método preventivo, abstraindo-se a ideia de retribuição por questão de princípio. Quanto à finalidade da pena de prevenção geral positiva, buscando demonstrar a vigência do ordenamento penal, evitando-se a sua erosão por conta da prática de crimes, há que se assumir um outro tipo de punição, jamais a prisão.[57] Argumenta-se com o lado negativo do *trabalho forçado*, que seria um peso extra ao sofrimento da privação da liberdade, pois, no fundo, quer-se apenas garantir a ordem no estabelecimento prisional.[58] Além disso, há uma política de imposição da pobreza, pois o salário pago aos presos é ínfimo; sob outro aspecto, em muitos presídios – ao estilo europeu e norte-americano – existe a privação sexual, que leva a violência de toda ordem.[59] Ademais, quando alguém é preso, essa punição termina atingindo terceiros, como familiares, amigos, colegas, entre outros.[60]

---

52 Idem, p. 26.
53 Idem, p. 27-28.
54 Idem, p. 33.
55 *Manifesto para abolir as prisões*, p. 16-19.
56 Idem, p. 37.
57 Idem, p. 38.
58 Idem, p. 40.
59 Idem, p. 41.
60 Idem, p. 42.

Ingressa-se em questão fundamental: o que significa abolir as prisões? Em resposta fácil, representa, simplesmente, acabar com todas na integralidade. A parte mais difícil é visualizar o lado dos presos. O que fazer com eles?[61] Nessa parte, os autores argumentam que eliminar a prisão não significa abolir a necessidade de confinar pessoas. O ponto essencial é como implementar esse confinamento, que deveria respeitar o perfil de uma "casa de classe média, ou pelo menos um apartamento, tanto no que diz respeito ao tamanho, quanto ao conforto". Se não se pode deixar livres certas pessoas, ao menos é preciso "tornar as suas estadas positivas, agradáveis, criativas e emocionantes".[62]

Atinge-se, então, um sensível ponto da questão do abolicionismo: como lidar com assassinos em série, violadores sexuais, genocidas e similares. Quanto aos *serial killers*, porque podem prosseguir na sua trajetória criminosa, precisar ser confinados. Porém, "mantê-los sob custódia – ainda que em uma luxuosa mansão com um grande quintal e jardim – seria uma medida meramente preventiva e não teria necessariamente de conter elementos de tortura e de dor extra".[63] Alegam que a "função da punição seria cumprida sem realmente usarmos a punição". Citam, como ilustração, o caso de um ex-guarda que violou repetidamente uma menina de 18 meses de idade nos Estados Unidos. Foi condenado a prisão de até 200 anos, em abril de 2016.[64] Entretanto, a desaprovação pública a tal conduta poderia ser demonstrada pela "supervisão intensiva dentro da comunidade", com opções extramuros, dando-lhe uma chance razoável de sobrevivência, o que seria até duvidoso na prisão. Enfim, não haveria a ele pena privativa de liberdade.[65]

Ao mencionar o exemplo de um general genocida e incluir os casos dos nazistas, muitos condenados à morte pelo que fizeram, os autores preferem evitar uma solução própria; passam esse encargo a Nils Christie, dizendo que, quando a Noruega enforcou 25 dos contribuintes mais proeminentes dos nazistas e condenou à prisão 47 guardas, o jovem Christie afirmou que, em vez disso, teria sido mais produtivo chegar a um veredicto de culpado, mas deixar que eles seguissem seus caminhos, soltos e envergonhados pelo que realizaram. E dizem: "pode-se imaginar uma repreensão moral mais devastadora, mais soberana do que este ato de deixá-los sair da sala do tribunal

---

[61] Idem, p. 49.

[62] Idem, p. 50.

[63] Idem, p. 55.

[64] Idem, p. 55.

[65] Idem, p. 56.

em uma sociedade que sabe, e despreza, o que fizeram?"[66] Quanto aos traficantes de drogas, não há uma solução clara indicada pelos autores. Afirmam, apenas, que, sem a prisão, as situações iriam sofrer *mudanças drásticas*, mas provavelmente haveria menos violência em geral.[67] Em relação aos *demônios sexuais*, os que fossem realmente perigosos seriam elegíveis para instituições de longa permanência, que cuidam de pessoas perigosas, mas os prendendo por razão preventiva. O restante dos agressores sexuais, que consideram ser a maioria, deveria gozar da liberdade, embora pudesse ser supervisionada.[68] Considerando que a punição é *sempre* um ato de ódio, o ideal seria imaginar uma sociedade cheia de confiança nas suas próprias capacidades, a ponto de se dar ao luxo de "deixar impunes os que a tenham ferido".[69]

Depois de tantas considerações, os autores parecem apontar para a solução ideal, que seria a implementação da justiça restaurativa; afinal, em algumas partes do mundo, ela é uma prática consolidada, com ótimos resultados.[70] Não poderia, no entanto, ser utilizada como "dispositivo de cura" – depois de uma condenação e uma sentença prisional. Precisaria substituir o processo punitivo clássico e se tornar o mecanismo substituto da prisão.[71]

2.1.1 Cifra negra

A denominada *cifra negra* é bastante utilizada por vários criminólogos, especialmente os abolicionistas, procurando demonstrar uma situação existente no campo da apuração, processamento e punição de crimes, embora não se possa considerá-la algo inédito e uma descoberta recente.[72] Cuida-se de um argumento a mais na defesa do abolicionismo. Significa o número obscuro ou desconhecido de delitos praticados todos os dias em diversos lugares, que não chegam nem mesmo ao conhecimento das autoridades policiais; por vezes, os que chegam, podem ser registrados, mas as apurações não encontram o culpado; mesmo achando o suspeito, pode ser que não seja processado por

---

[66] Idem, p. 58.

[67] Idem, p. 59.

[68] Idem, p. 60.

[69] Idem, p. 60.

[70] Idem, p. 63-64.

[71] Idem, p. 65.

[72] HERMANN MANNHEIM já cuidava do tema, mencionando que as *cifras negras* explicam a diferença entre o número de delitos conhecidos pela polícia e o das pessoas condenadas, lançando um coeficiente de dúvida sobre o valor das estatísticas oficiais; sugere a redução da dimensão das cifras negras como tarefa da polícia, cabendo ao criminólogo interpretá-las (*Criminologia comparada*, p. 171, 176).

insuficiência de provas; caso seja levado a juízo, também é viável que não seja condenado, por razões variadas; enfim, de inúmeras infrações penais cometidas todos os dias, somente um percentual mínimo termina em condenação e cumprimento de pena. Essa abordagem não é específica de uma só região ou país; a *faixa obscura* de crimes abrange o mundo inteiro.

Portanto, vários argumentos a seu respeito se voltam à falta de um dado seguro dos índices de criminalidade, para que se possa fazer um planejamento mais concreto para os futuros passos. Outro ponto relaciona-se à punição de *bodes expiatórios* apenas para simbolizar a atuação do direito penal, ou seja, pune-se um pequeno percentual de delinquentes e nem por isso a sociedade se desintegra, havendo tantos outros crimes cometidos e não descobertos ou não apurados.

García-Pablos de Molina conceitua a *cifra negra* como um cociente que expressa a relação entre o número de delitos realmente praticados e os crimes estatisticamente registrados. Assim, a zona escura compreende o conjunto genérico de condutas delitivas sem reflexo nas estatísticas oficiais, evidenciando uma disparidade entre uns valores e outros.[73]

A descoberta dessa cifra obscura expôs, conforme entendimento de Augusto Thompson, um relevante ponto de apreciação no âmbito do sistema punitivo, visto que somente uma reduzida minoria da minoria se encontra recolhida em penitenciárias. Ao pesquisar as referidas minorias, está-se trabalhando com exceções e não com a generalidade.[74] Nessa linha, Salo de Carvalho afirma ser a impunidade a regra, pois, em termos quantitativos, as pessoas criminalizadas constituem uma concentrada minoria em relação ao quadro geral dos delitos.[75]

Analisando a cifra oculta, Jock Young esclarece que ela varia consideravelmente conforme o tipo de delito praticado. Exemplificando, há maior índice de notificações de crimes contra a propriedade, provavelmente por razões de seguro, enquanto violências e agressões sexuais experimentam valores de notificação mais baixos, não só para a polícia, mas, também, para as pesquisas de vitimização.[76]

É interessante observar que até mesmo a sorte e o azar ingressam no cenário de avaliação da cifra negra, pois, como diz Hans von Hentig, o azar pode ser um fator causal, contribuindo com 20 a 30% dos casos encon-

---

[73] *Tratado de criminología*, p. 275.

[74] *Quem são os criminosos?* O crime e o criminoso: entes políticos, p. 32.

[75] *Antimanual de criminologia*, p. 174.

[76] *A sociedade excludente*, p. 65.

trados na prisão. O azar termina por determinar o descobrimento do crime e a prisão, além de impulsionar uma sentença perpétua ou um impasse legal, terminando em impunidade.[77]

Embora com certo exagero, ZAFFARONI menciona que se todos os furtos, adultérios, abortos, defraudações, falsidades, subornos, lesões, ameaças etc. fossem concretamente criminalizados, praticamente não haveria habitante que não seria, por diversas vezes, criminalizado.[78]

2.1.2 Posições críticas ao abolicionismo[79]

HASSEMER e MUÑOZ CONDE esclarecem que, não eliminada antes a criminalidade, o direito penal, mesmo que fosse *abolido*, seguiria vivendo ou, em seu lugar, surgiriam outros mecanismos sancionatórios individuais e de controle social, como reação às infrações jurídicas. Tais mecanismos podem ser até mais ameaçadores, imprevisíveis e injustos que o próprio direito penal. Entretanto, a supressão da criminalidade é uma utopia no pior sentido da palavra. Essa aspiração é alheia à realidade, não se dando conta de como está arraigado o fenômeno *delito* na experiência cotidiana e a reação a ele.[80] Ademais, inexiste sociedade sem crime; a criminalidade eleva-se na medida em que se dá o desenvolvimento econômico e cultural da sociedade. O crime não é um *corpo estranho*, mas um fator regulador da vida social. Se não houvesse criminalidade, o ser social a teria inventado.[81]

Diz MAURICIO MARTÍNEZ SÁNCHEZ que os abolicionistas são românticos ao interpretar o fenômeno *criminalidade*. Enxergam conflitos onde miseráveis atuam ilegalmente na luta pela sobrevivência ou onde os poderosos agem para aumentar a sua riqueza ou defender o seu poder. Essa interpretação do *conflito* é idealista e mecânica. Desconhecem que o conflito criminalizado é apenas a ponta do *iceberg* e que a maioria dos delitos representa a exteriorização da distribuição desigual de bens e oportunidades. Há uma confusão entre os sujeitos reais do conflito e os protagonistas que saem à luz, embora criminalizados.[82] Ao mencionarem que o sistema penal "rouba" os conflitos,

---

77 *Criminología*: causas y condiciones del delito, p. 418.

78 *Em busca das penas perdidas*, p. 26.

79 Optamos por abrir um tópico específico às críticas ao abolicionismo, pois elas advêm de várias correntes político-ideológicas, inclusive dos que sustentam o direito penal mínimo e o garantismo penal.

80 *Introducción a la criminología y al derecho penal*, p. 32.

81 Idem, p. 38-39.

82 El problema social. Sistema penal: el sistema acusado por los abolicionistas, in: ARAUJO JUNIOR (org.), *Sistema penal para o terceiro milênio*, p. 51-52.

estão exculpando outros sistemas de controle, pois a justiça civil, trabalhista ou administrativa também os "rouba". A troca de um sistema pelo outro não oferece maior solução.[83] Além disso, a criminologia crítica compartilha a maioria das censuras formuladas pelos abolicionistas ao sistema penal.[84] No entanto, os abolicionistas olvidam que as partes do todo se relacionam entre si. O Estado, tal como concebido pelo abolicionismo, é simplista. Não se distingue o aparato estatal e as estruturas de poder. Se o sistema penal fosse avaliado conjuntamente com os outros (civil, trabalhista, administrativo), todos seriam igualmente condenados. A corrente abolicionista apresenta deficiência no tocante aos elementos específicos do direito penal, como a qualidade e a quantidade da sanção, no cenário da estrutura do delito (tipicidade, ilicitude e culpabilidade). A generalização das críticas contra o sistema penal mostra o desconhecimento da luta do ser humano pela sua liberdade, que propiciou a construção de sistemas liberais, muito melhores que os autoritários.[85] O abolicionismo desconhece a existência de sistemas punitivos clandestinos, como esquadrões da morte ou comandos paramilitares. Ademais, há os que invadem terras, roubam luz e água de um bairro, atingindo toda uma comunidade.[86] O sistema penal mostra mais vantagens do que males ao longo da história do sistema punitivo.[87]

Nem se pode apontar como uma crítica direta ao abolicionismo, mas apenas como uma mudança, para melhor, de NILS CHRISTIE, adotando o direito penal mínimo, pois a solução é minimizar a população carcerária, humanizando essas condições prisionais, eliminando a pena de morte e qualquer espécie de tortura, protegendo-se os grupos vulneráveis e minoritários, do ponto de vista político e ético-social.[88]

O que se vislumbra, na prática, é a inoperância da tese fulcral do abolicionismo penal, que seria a supressão do sistema punitivo estatal, deixando os eventuais conflitos para outras instâncias resolverem. Não há exemplo concreto disso no mundo contemporâneo, nem mesmo nos países onde se concentraram os principais abolicionistas. Observa-se, na realidade, a alteração de posicionamento de alguns, como Nils Christie, tendendo ao

---

83 Idem, p. 53.
84 Idem, p. 61.
85 Idem, p. 62.
86 Idem, p. 63.
87 Idem, p. 64.
88 *Uma razoável quantidade de crimes*, p. 171.

minimalismo penal, o que, por certo, tem muito mais probabilidade de se concretizar, conforme a política criminal adotada em determinados países.

Quanto à inexistência de uma natureza ontológica do crime, parece-nos inegável. O delito não é uma situação concreta e visível, tal como a terra ou a água, nem mesmo pode ser reconhecido como um acontecimento igualmente concreto, *sempre* tido e sabido como crime, no mundo inteiro. Pode-se argumentar que o consumo de certa substância entorpecente pode ser considerado, por atribuição legal, um delito em certo país, enquanto noutro é atividade lícita e corriqueira; logo, *ser crime* é pura decorrência da vontade de um grupo de pessoas (como regra, legisladores) que assim deseja, prevendo para essa conduta uma punição. Sob esse foco, o consumo de uma droga qualquer poderia ser resolvido, como algo indesejável, no âmbito de uma família, da escola ou do trabalho, porém, com alguma punição, especialmente em situação de recidiva (sem isso, pode não haver solução alguma), embora distante do cenário penal. Entretanto, em sociedade civilizada, não se tem notícia de que um homicídio doloso pudesse ser resolvido, sem qualquer interferência estatal, no contexto da família, da escola ou do trabalho. Um irmão mata o outro e os pais resolvem qual o castigo apropriado, podendo consistir em simples reprimenda verbal, por exemplo. Um aluno mata o professor e o diretor da escola o coloca para resenhar toda a obra de Shakespeare. Um funcionário mata outro e o empregador decide qual a sanção, podendo tratar-se de um desconto no salário, destinando a verba à família da vítima. Enfim, um homicídio doloso precisa ser tipificado em lei (princípio da legalidade), inclusive para se ter certeza do âmbito da punição, mas é uma conduta tão grave que representa, sim, um crime universalmente considerado. Dessa conduta não cremos ser viável afastar-se o direito penal, somente para fornecer uma ilustração.

Quanto aos exemplos fornecidos por Hulsman, ocorridos na Holanda, no caso do homicídio, não há clareza quanto à punição do autor do crime; menciona-se, apenas, a ligação formada entre os pais da vítima e os genitores do homicida, supostamente positiva. Portanto, nada impede que, em qualquer situação como essa, trágica e grave, as famílias envolvidas se aproximem, haja perdão e até uma certa expiação moral de culpa e remorso. Seria desejável, em nível ideal, que as pessoas pudessem superar fatos funestos com mais elevação espiritual, mas isso não pode ser exigido de ninguém, pois medida de foro íntimo, além do que o Estado não poderia simplesmente ignorar o homicídio pelo fato de os parentes eventualmente chorarem uns nos ombros dos outros, até porque isto não nos parece uma solução punitiva alternativa à esfera criminal. Quanto às mulheres vitimizadas pelos ex-parceiros, os fatos são bem diferentes no Brasil. Se, porventura, na Holanda, uma singela medida de restrição, dada por tribunal civil, resolve os dramas, podemos garantir, por experiência pessoal, atuando como magistrado, que isto não se dá com a mesma simplicidade em terras nacionais. Ao contrário, a Lei Maria da Penha (Lei 11.340/2006), que rege o tema, tem sido alterada diversas vezes para buscar formas e alternativas a evitar esse assédio inoportuno, grave e lesivo às mulheres vítimas. Chegou-se a criar uma figura criminosa específica para quem desobedece à medida restritiva,[89] além de se legitimar a decretação de prisão preventiva – medida aceita por todos os tribunais – contra o agressor.[90] E, mesmo assim, muitas mulheres continuam a ser importunadas, exigindo do legislador a criação de outras medidas,[91] sem nunca perder de vista o âmbito criminal. Quanto ao estupro, a ideia exposta pelo autor (resolver em tribunal civil e evitar publicidade) vai justamente na contramão do que foi realizado, recentemente, no Brasil. O crime era de ação privada; houve súmula do STF, passando-o para ação pública em caso de violência (Súmula 608); modificou-se a lei e, atualmente, todos os estupros são de ação pública incondicionada (aliás, *todos* os crimes sexuais – art. 225, Código Penal). Pode-se até sustentar que o erro é do legislador brasileiro e não de Hulsman. Porém, torna-se difícil encontrar defensores da ação privada (ou mesmo da descriminalização do estupro) no cenário jurídico nacional.

Representando parcela do universo abolicionista, Angela Davis prega um mundo novo, onde há educação e saúde para todos e uma justiça baseada em reparação e reconciliação. Junto disso, combatem-se todas as formas de opressão e discriminação. Tudo, naturalmente, sem prisão. Sob outro aspecto, criminosos merecem todos os direitos civis e humanos, até porque qualquer um já cometeu, algum dia, uma infração penal. E menciona a reconciliação entre os pais de Amy e seus assassinos. É um mundo inédito, ideal e angelical. Com todas essas propostas funcionando bem, não haveria lugar para crimes.

---

[89] Lei 11.340/2006: "Art. 24-A. Descumprir decisão judicial que defere medidas protetivas de urgência previstas nesta Lei: Pena – detenção, de 3 (três) meses a 2 (dois) anos. § 1º A configuração do crime independe da competência civil ou criminal do juiz que deferiu as medidas. § 2º Na hipótese de prisão em flagrante, apenas a autoridade judicial poderá conceder fiança. § 3º O disposto neste artigo não exclui a aplicação de outras sanções cabíveis" (incluído pela Lei 13.641/2018).

[90] Código de Processo Penal: "Art. 313. Nos termos do art. 312 deste Código, será admitida a decretação da prisão preventiva: [...] III – se o crime envolver violência doméstica e familiar contra a mulher, criança, adolescente, idoso, enfermo ou pessoa com deficiência, para garantir a execução das medidas protetivas de urgência" (redação dada pela Lei 12.403/2011).

[91] Em março de 2021, o Presidente da República sancionou a Lei 14.132, tipificando o crime de *perseguição* (*stalking*), especialmente para proteger as mulheres acuadas e importunadas, com frequência, por ex-companheiros ou namorados.

E se estes ocorressem, seriam utilizados os instrumentos da reconciliação e da reparação. Dois destaques: se todos forem bondosos, caridosos, tolerantes e resignados, o mundo seria perfeito e não haveria nenhuma infração; havendo um deslize infracional qualquer, estar-se-ia diante de um infrator arrependido, a ponto de pedir perdão e reparar o mal praticado. Entretanto, se o planeta não se tornar perfeito da noite para o dia, além de se deparar com um delinquente sádico, violento e com propensão para o crime reiterado, sem o menor remorso, implanta-se o que no lugar da prisão? Afinal, o crime ocorrerá e não existirá nem reconciliação nem reparação. Sob outro aspecto, os abolicionistas (quase todos) propõem, para começar, algumas propostas de descriminalização de condutas não violentas, muitas das quais vinculadas à polícia de costumes, o que, realmente, constitui um atraso manter como crime em muitos lugares mundo afora: os exemplos gravitam em torno do consumo de drogas e da prostituição. E outros passos, como a descriminalização de todos os delitos patrimoniais, inclusive os violentos. De todos os crimes sexuais, incluindo os violentos. Quiçá de todos os crimes contra a pessoa, havendo proposta de reconciliação como aconteceu no caso Amy Biehl, na África do Sul, valendo, obrigatoriamente, para todos. Constroem-se teses vagas, mencionando o óbvio: uma sociedade justa em todos os sentidos como meta para todos perseguirem. E quem é contra isso? Não nos parece exista algum penalista a sustentar, claramente, ser melhor a desgraça, a pobreza, o desnível social, o sofrimento, a carência de assistência, enfim, que o mal é mais adequado que o bem. Desse modo, o discurso abolicionista é maniqueísta. Apoiar a punição e o sistema penal é o mal; abolir tudo isso é o bem. E ponto.

A linha de argumentação do sociólogo Edson Passetti torna-se frágil pela falta de elementos ilustrativos imprescindíveis para a avaliação à qual se propôs a fazer do sistema penal brasileiro. Nega o caráter utópico do abolicionismo, um lugar-comum de vários de seus defensores, para apontar, de maneira singela, a autocomposição entre motoristas de veículos envolvidos num acidente, distante do sistema penal punitivo. Porém, nesse exemplo, ao que consta, não houve morte, nem lesão corporal; se houvesse um cadáver advindo desse acidente, com um dos motoristas embriagado, valeria uma simples reparação de danos? Pensamos que não funciona de maneira tão simplória o sistema judiciário brasileiro. A facilidade de apontar que algumas condutas, hoje lícitas, amanhã se transformam em crimes e vice-versa, carece de exemplos. Afirmar uma teoria como essa é fácil, mas é imprescindível dar exemplos. O que ontem era crime e hoje não é mais, ao mesmo tempo que se deve indicar o que hoje é lícito e amanhã tornar-se-á delito? Entre os delitos elencados pelo autor, não se acha nada ilustrativo (*v.g.*, roubo, furto, estupro, homicídio, lesão corporal), pois nada disso deixou de ser crime. Teorizar sobre a alternatividade de condutas – ora crime, ora ilícito e vice-versa – depende de um conhecimento penal um pouco mais aprofundado. Uma parcela peculiar dos argumentos é apontar a prevenção seletiva, considerando *perigosa* a mescla entre assaltantes, pobres, classes intoleráveis [?] e anormais, sem maiores detalhes e indicações. Há uma diferença considerável entre apontar como perigosos um assaltante e uma pessoa pobre, que nunca praticou crimes. Isso não existe em nenhum sistema penal. Não sendo suficiente, sinaliza que, sob o regime democrático, o alvo da seletividade penal recai sobre o pobre que rouba, furta, estupra e mata. Parece-nos que tais delitos são graves o suficiente para abranger qualquer pessoa, seja pobre, seja rica. Pode-se até debater se há provas suficientes para condenar ricos e pobres pelos mesmos delitos, mas isso é processo penal. No campo penal, não há seletividade alguma. O roubo, o estelionato, a receptação, o estupro e o homicídio, para ilustrar, são crimes graves e não há nenhum intento de se descriminalizá-los, deixando à mera reparação civil as lesões daí advindas. Logo, o abolicionismo, nesse campo, está bem distante de qualquer concretização. É mesmo utópico, até para os seus originais autores, e valeria um estudo mais atual, por exemplo, das posições de Nils Christie. Sobre os tais *pequenos fascismos*, indicando a atividade de justiceiros, segundo nos parece, há alguns equívocos: em primeiro lugar, as atividades de grupos de extermínio são crimes muito graves (nada a ver com *pequenos fascismos*); em segundo, cuidando-se de um estudo sociológico, seria imperioso averiguar a razão pela qual parte da comunidade mais pobre das favelas ampara e protege os chamados justiceiros, aqueles que matam "bandidos", não detidos pelo Estado, mas é isto parte da realidade, desconsiderada pelo autor; em terceiro, falar que justiceiros (sejam policiais ou meros civis) matam (uma pena de morte informal) é inteligível, mas aplicar uma pena de prisão perpétua é incompreensível. Em suma, as poucas propostas continuam atreladas ao bolor da utopia, nada mais que isso.

Sobre as considerações de Genelhú e Scheerer, pode-se apontar um primeiro argumento: não é a prisão que humilha, estigmatiza e impõe uma dor, mas a punição. Ninguém aprecia ser punido pelo que de errado fez, em qualquer nível, penal ou extrapenal. Portanto, o que se pode dizer é que a ideia dos autores é abolir a prisão porque ela é, particularmente, desprezível e gera maiores problemas do que qualquer outra punição. Quando mencionam que há sociedades *desaprisionadas* hoje e no passado, queremos entender que são sociedades *sem prisão*, ou seja, não se valem da pena privativa de liberdade. Se assim for, não visualizamos na obra em referência nenhum exemplo disso. Se nos voltarmos ao passado, podemos lembrar que a prisão era somente um tempo para aguardar a imposição da efetiva sanção (morte, castigos corporais de toda ordem etc.). Nos dias atuais, desconhece-se o país que não se vale da prisão – e os autores não indicam nenhum caso.

Não há dúvida de que o sistema punitivo, quando envolve o regime fechado, pode representar formas de elevação da criminalidade, ao menos quando não se separa o universo dos detidos da maneira apropriada (reincidentes e primários; violentos e não violentos; delinquentes sexuais e não sexuais, *justiceiros* e outros criminosos etc.). Sob outro aspecto, quando o próprio poder público não cumpre a lei vigente – como ocorre no caso brasileiro – o sistema carcerário é completamente desorganizado e contrário aos propósitos estabelecidos em lei. Portanto, nunca se testou o referido sistema de acordo com os parâmetros impostos pelo Código Penal e pela Lei de Execução Penal (pelo menos, no Brasil). Quando se menciona a elevada taxa de reincidência, ela não atinge 100%, razão pela qual se pode deduzir que muitos condenados não tornam a delinquir (pode ser a minoria, mas é um número efetivo de ressocialização). Em relação a trabalho forçado, pode-se mencionar ser essa forma de cumprimento da pena inconstitucional (art. 5º, XLVII, *c*, CF); existe, na Lei de Execução Penal, o trabalho como dever do preso, justamente para proporcionar a ressocialização, com o pagamento de remuneração. Outro aspecto diz respeito à privação sexual, que, no Brasil, também não ocorre, visto estar consagrado o contato íntimo entre o preso e pessoa companheira ou cônjuge. Sobre o argumento de que, quando alguém é preso, familiares e amigos sofrem, nada mais óbvio. Sem dúvida, sempre há os prejudicados pelo crime, envolvendo a vítima, seus familiares e amigos, assim como os parentes e amigos do próprio preso.

Pensamos que o principal lado da questão referente à supressão total da prisão concerne ao que fazer com os delinquentes perigosos e os que causaram danos imensos à coletividade: criminosos seriais (homicídios, estupros, roubos etc.), genocidas (desde os nazistas até os ditadores da atualidade) e outros delinquentes perigosos (torturadores, pedófilos, autores de graves crimes financeiros, econômicos e tributários etc.). A solução ofertada pelos autores para isso não nos parece convincente. Prender criminosos seriais em mansões soa irônico. Deixar violadores sexuais de crianças em liberdade parece surreal. Quando se atinge os nefastos crimes cometidos pelos nazistas, os autores não assumem posição clara e lançam para Nils Christie a resposta, dizendo que, quando jovem, ele disse que seria mais eficiente soltar esses criminosos para que convivessem com a sua vergonha. Porém, CHRISTIE diz, hoje, que, quando prisioneiros de um campo de concentração enforcaram o comandante desse campo, eles estavam enforcando também o sistema nazista. Afinal, as sociedades precisam de respostas rápidas quando valores fundamentais são agredidos. A vingança precisa ser respeitada, mas canalizada para o aparato da lei penal e ser tratada pelo Estado.[92] E mesmo que ele não tivesse mudado a sua visão, de todo modo, não nos parece razoável que genocidas sejam colocados em liberdade, sob o argumento de que se envergonhariam pelo que fizeram. Ninguém garante esse sentimento de arrependimento ou remorso de um genocida (ou autor de qualquer crime grave). Parece-nos fictício esse remordimento de genocidas.

No tocante ao tráfico de drogas, considerando-se, em especial, os que lidam com grandes quantidades de entorpecentes ilícitos de peculiar efeito negativo, os autores não propõem nada concreto. Quanto aos denominados *demônios sexuais*, a proposta seria internar os perigosos e liberar o restante, algo que, igualmente, nos parece um contrassenso.

Finalmente, quanto à proposta de adoção da justiça restaurativa, é preciso levar em conta que esse procedimento pressupõe o engajamento de infrator e vítima. Essa conciliação precisa ser almejada por ambos os lados. Desse modo, a reparação do dano causado pelo crime necessita ser um objetivo de todos. Sem isso, não se pode aceitar a postura de impor a justiça restaurativa no lugar de qualquer outra punição, especialmente no tocante aos crimes graves. Ademais, cremos ser indispensável respeitar a vítima do delito; seria desconsiderar todo o seu sofrimento se o Estado pretendesse obrigá-la a aceitar uma reparação material, por exemplo, por um crime violento qualquer. O ideal de reconciliação precisa ser buscado por todos os envolvidos na prática delituosa. Por derradeiro, quando a lesão causada pela infração penal envolver bem jurídico de sujeito passivo indeterminado, como os crimes que atingem interesse da sociedade, torna-se questionável a utilização da justiça restaurativa.

2.2 Direito penal mínimo

O direito penal mínimo é uma estrutura decorrente do princípio da intervenção mínima, considerando deva o Estado interferir minimamente nos conflitos havidos em sociedade, valendo-se da força punitiva extraída da aplicação da pena. Significa tratar o direito penal como *ultima ratio*, vale dizer, a última opção para resolver uma lesão a direito alheio, permitindo que os diversos ramos do ordenamento jurídico sejam acionados em primeira mão. Ilustrando, se alguém deixa de pagar uma dívida na data aprazada,

---

[92] *Uma quantidade razoável de crimes*, p. 139.

cuida-se de um ilícito, mas pode ser resolvido no âmbito do direito civil. Não teria cabimento mover a máquina penal para solucionar um conflito banal de interesses, mesmo que o valor devido seja vultoso, pois a função do sistema criminal é garantir a estabilidade da sociedade em situações aptas a gerar revolta social diante do ilícito cometido. Exemplificando com o maior dos ilícitos penais, segundo nos parece, é inviável retirar do contexto penal a apuração e a punição do autor de um homicídio doloso, pois a tendência, se isso fosse feito, seria a geração de insurgência por parte dos parentes e amigos da vítima, podendo, inclusive, causar comoção em outros setores da sociedade. Há muito, o direito penal tornou-se mais civilizado e humanizado, justamente quando retirou a possibilidade de haver a vingança privada, evitando-se a *justiça com as próprias mãos*, um fator de desestabilização social bastante grave.[93]

O direito penal mínimo desenvolve-se, sob outros modos de visualizá-lo, no cenário do princípio da subsidiariedade, para demonstrar ser ele secundário, auxiliar, acessório a outros setores do direito; é justamente o que o configura como a última opção do legislador para punir alguém que tenha cometido um ilícito, reconhecendo-se deva ser esse grave o suficiente para lhe ser aplicada a pena. Outro desenho do mesmo cenário se dá no campo do princípio da fragmentariedade, pretendendo evidenciar que o direito penal é apenas um fragmento do todo, sendo este o ordenamento jurídico. Por isso, vários conflitos devem ser encaminhados aos fragmentos jurídicos apropriados, nas diversas esferas (trabalhista, civil, tributária, administrativa, processual, ambiental etc.), reservando-se os mais graves ilícitos ao fragmento penal.

Há posições doutrinárias pretendendo adotar o direito penal mínimo apenas como um meio para se chegar a um fim muito maior, que seria o abolicionismo penal.[94] Parece-nos ser esse uma simples quimera, de modo que a adoção do direito penal mínimo deve ser vista como o próprio fim a ser empregado no âmbito criminal. Como já firmamos em item anterior, o abolicionismo constitui não somente uma utopia, mas um meio inapropriado de resolver conflitos graves ocorridos em sociedade.

---

[93] Aliás, há o crime específico para essa conduta no Código Penal: "Exercício arbitrário das próprias razões. Art. 345 – Fazer justiça pelas próprias mãos, para satisfazer pretensão, embora legítima, salvo quando a lei o permite: Pena – detenção, de quinze dias a um mês, ou multa, além da pena correspondente à violência. Parágrafo único – Se não há emprego de violência, somente se procede mediante queixa".

[94] Para ZAFFARONI, o direito penal mínimo é uma proposta a ser apoiada por todos os que deslegitimam o sistema penal, para servir de passagem ao abolicionismo, por mais inalcançável que esse hoje pareça (*Em busca das penas perdidas*, p. 106).

Existem muitas vantagens ao acolher o formato do direito penal mínimo, desde que seja *efetivo* e *eficaz*, pois se libera a polícia e todo o sistema judiciário para apurar e punir realmente o que e quem interessa, por ingressar em cenário muito grave, precisando de toda a atenção do aparato estatal. Ocupar-se de delitos menores não leva à eficiência e pode conturbar o contexto dos crimes mais perigosos à sociedade. Outro elemento relevante diz respeito à própria credibilidade do direito penal, pois, ao tipificar inúmeras condutas de somenos importância como infrações penais – crime ou contravenção –, o Estado corre o risco de gerar a sensação da impunidade, pois essas práticas continuam a ser realizadas e nem mesmo a polícia se importa com elas.

Acolher o direito penal mínimo não pode representar uma ínfima punição para todos os delitos. O foco deve ser apenar, proporcionalmente à gravidade do crime, no contexto penal, somente as condutas ilícitas mais perigosas e geradoras de clamor social. Diante disso, não é cabível atribuir ao roubo, cometido com emprego de arma de fogo, por exemplo, somente uma pena de multa. Por outro lado, é preciso descriminalizar condutas como, apenas para ilustrar, o curandeirismo, uma prática frequente e inócua para o bem jurídico tutelado, que é a saúde pública.

Após a descriminalização das infrações penais supérfluas, promovendo-se o devido debate em sociedade e na comunidade científica, é indispensável buscar a *estrita proporcionalidade* entre crime e punição, no ordenamento jurídico penal, algo que anda fora de linha atualmente.

Para ilustrar o cenário de desnível punitivo, o Código Penal prevê o crime de maus-tratos contra seres humanos, com uma pena de *detenção, de dois meses a um ano ou multa* ("art. 136. Expor a perigo a vida ou a saúde de pessoa sob sua autoridade, guarda ou vigilância, para fim de educação, ensino, tratamento ou custódia, quer privando-a de alimentação ou cuidados indispensáveis, quer sujeitando-a a trabalho excessivo ou inadequado, quer abusando de meios de correção ou disciplina"). Se do fato resultar *lesão corporal de natureza grave*, nos termos dos §§ 1º e 2º do art. 129 do Código Penal, a pena passa a ser *reclusão, de um a quatro anos*. Em outro polo, a Lei 9.605/1998 (crimes ambientais), prevê o delito de maus-tratos contra animais, estipulando uma pena de *detenção, de três meses a um ano e multa* ("art. 32. Praticar ato de abuso, maus-tratos, ferir ou mutilar animais silvestres, domésticos ou domesticados, nativos ou exóticos"). Não bastasse, a Lei 14.064/2020 incluiu o § 1º-A, gerando a pena de *reclusão de dois a cinco anos, multa e proibição da guarda*, quando houver maus-tratos contra cães e gatos.

Em primeira análise, já nos idos de 1998, quando editada a referida Lei 9.605, a pena de maus-tratos contra animais foi inserida em patamar *superior* ao crime de maus-tratos contra seres humanos, bastando conferir a pena mínima de detenção estabelecida para o primeiro, em três meses; para o segundo, em dois meses. Além disso, para o primeiro, a multa é cumulativa; para o segundo, alternativa. Os tipos conviveram por cerca de 22 anos sem que o Legislativo corrigisse o equívoco (baixar a prevista para animais ou elevar a cominada para humanos). Entretanto, a situação piorou com o advento da Lei 14.064/2020, quando o crime de maus-tratos contra cães e gatos passou a ter a pena de *reclusão* (contra ser humano é de detenção), de dois a cinco anos (para humanos é de dois meses a um ano; se a vítima sofrer lesões graves, a pena é de reclusão de um a quatro anos). Some-se o fato de que a pena para os maus-tratos contra um cão ou um gato exige, cumulativamente, a multa e a perda da guarda do animal, mas o mesmo não é exigido no cenário da vítima humana. O critério de proporcionalidade encontra-se desrespeitado, pois os bens jurídicos tutelados têm punições muito diversas, transmitindo uma nítida ideia de deslegitimação do direito penal.

Para FERRAJOLI, há dois extremos a considerar, que são o direito penal mínimo e o direito penal máximo, conforme os maiores ou menores vínculos garantistas estruturalmente internos ao sistema tanto quanto à quantidade como em relação à qualidade das proibições e das penas nele estabelecidas.[95] O direito penal mínimo, para o autor, é um ideal de racionalidade e de certeza, contrário ao arbítrio punitivo.[96]

SALO DE CARVALHO esclarece que, levando-se em consideração a tendência de o poder estatal partir para o excesso, nos planos legislativo, judiciário e executivo das leis penais, o ideal é a sua utilização ocorrer somente em última instância (*ultima ratio*), nas situações de maior gravidade de acordo com os principais interesses sociais.[97] O autor ainda expõe que a consolidação de uma política criminal lastreada no princípio da intervenção mínima, vislumbrando direito penal como *ultima ratio*, permitiria retirar do âmbito repressivo as condutas de ínfima potencialidade lesiva ou os conflitos passíveis de solução em outras esferas do controle social informal, como a família, a escola, os grupos societários, ou em esferas formais, mas não penais, como o direito civil ou o administrativo. Movimentar-se-ia o aparato repressivo, na esfera penal, quando fossem ineficazes os outros instrumentos de controle, ingressando-se na gestão do conflito para garantir o convívio social pacífico.[98]

---

95 *Direito e razão*, p. 101.
96 Idem, p. 102.
97 *Antimanual de criminologia*, p. 26.
98 Idem, p. 179.

Em nossa visão, o direito penal mínimo, como fim a ser atingido, coaduna-se com o Estado Democrático de Direito, proporcionando a intervenção punitiva estatal apenas às infrações penais de maior gravidade, tudo para conferir maior eficiência ao sistema criminal, permitindo a humanização dos presídios, retirando-lhe a sobrecarga de presos e permitindo maior credibilidade à esfera penal. Entretanto, por óbvio, mesmo se acolhido o direito penal mínimo, não se pode retirar do Estado a sua responsabilidade em garantir a máxima eficácia às penas, cumprindo pelo menos o que já se encontra disposto em lei, aos regimes fechado, semiaberto e aberto, para que o cumprimento da privação de liberdade possa ter espaço para atingir as suas finalidades.[99]

2.3 Garantismo penal

O modelo garantista do direito penal – e também do processo penal – concentra-se na estrita legalidade, promovendo o Judiciário o fiel seguimento ao preceituado em lei e, naturalmente, ao previsto pelos princípios constitucionais penais e processuais penais. Busca-se evitar que o aparelho punitivo estatal se torne em pura máquina repressiva, automatizando condenações, sem o respeito ao devido processo legal na sua integralidade e ignorando-se o princípio da imparcialidade do magistrado.

Há que se conceder o mérito do modelo garantista a Luigi Ferrajoli, em sua obra *Direito e razão*, apresentando um desenho do sistema punitivo que privilegia a legalidade estrita, a efetiva lesividade dos crimes, a responsabilidade pessoal, o contraditório, a presunção de inocência, entre outros, enfim, os princípios constitucionais fundamentais, consagrados, inclusive, pela Constituição brasileira de 1988.

Consagra-se o princípio da reserva legal, devendo o juiz submeter-se somente à lei, mas incluindo a estrita legalidade (ou reserva absoluta da lei), como norma voltada ao legislador, que deve ater-se à taxatividade e à precisão empírica das formulações legais.[100] Sob o aspecto da taxatividade, o autor critica comportamentos, considerados delituosos, como o ato obsceno e o desacato, porque são descrições *em branco*, indeterminadas em suas definições legais, remetendo a discricionárias valorações judiciais, que terminam por esvaziar o princípio da legalidade.[101]

---

[99] Não abrimos um tópico específico a respeito de críticas ao direito penal mínimo, pois todo esse quadro pode ser extraído do seu contraponto: o direito penal máximo.

[100] *Direito e razão*, p. 39.

[101] Idem, p. 40.

Os dez axiomas do garantismo são os seguintes: 1 – princípio da *retributividade* ou da consequencialidade da pena em relação ao delito; 2 – princípio da legalidade, no sentido lato ou no sentido estrito; 3 – princípio da *necessidade* ou da economia do direito penal; 4 – princípio da *lesividade* ou da ofensividade do evento; 5 – princípio da *materialidade* ou da exterioridade da ação; 6 – princípio da *culpabilidade* ou da responsabilidade pessoal; 7 – princípio da *jurisdicionalidade*, também no sentido lato ou no sentido estrito; 8 – princípio *acusatório* ou da separação entre juiz e acusação; 9 – princípio do *ônus da prova* ou da verificação; 10 – princípio do *contraditório* ou da defesa, ou da falseabilidade.[102]

Quanto à cifra negra, ofertada pelos sociólogos, apresenta conceitos diferenciados, nominando as seguintes cifras: da *ineficiência* e da *injustiça*, em que se pode incluir os inocentes assim reconhecidos por sentença absolutória, depois de se sujeitarem ao processo e, por vezes, ao encarceramento preventivo; os inocentes condenados por decisão definitiva e, depois, absolvidos em revisão criminal; as vítimas, cujo número será sempre desconhecido, quanto aos erros judiciários não reparados.[103]

Sustenta não deva o Estado imiscuir-se, por meios coercitivos, na vida moral dos indivíduos, nem forçar a moralidade, mas apenas lhes tutelar a segurança, impedindo que uns causem lesões aos outros. No processo, defende que o julgamento não verse sobre moralidade, sobre o caráter ou sobre aspectos da personalidade do réu, mas sobre os fatos penalmente proibidos a ele imputados, coisas que podem ser empiricamente provadas pela acusação e refutadas pela defesa. A pessoa deve ser punida pelo que fez e não pelo que é. Alega inexistir o direito de o Estado obrigar os cidadãos a não serem más pessoas, devendo somente impedir que se destruam entre si; por isso, é contrário à ideia de reeducação, ressocialização, com o fito de alterar a personalidade do acusado. O cidadão não deve cometer crimes, mas pode ser internamente ruim. As penas não devem ter finalidade pedagógica ou correcional.[104]

O autor critica a reutilização de concepções positivistas antropológicas, acerca do *delinquente natural* ou do *tipo de autor*, inclusive por conta de medidas de prevenção (até mesmo as cautelares de polícia) adotadas em função de pressupostos subjetivos como a periculosidade do agente ou mesmo de

---

[102] Idem, p. 91.

[103] Idem, p. 196.

[104] Idem, p. 208-209.

conceitos como *propenso a delinquir*, *reincidente*, *delinquente habitual* ou *profissional* etc.[105]

Acrescente-se, ainda, que o garantismo significa a proteção dos direitos fundamentais, mesmo contra os interesses da maioria, constituindo o objetivo do direito penal, ou seja, a imunidade dos indivíduos contra os abusos das proibições e punições, bem como a defesa dos fracos e a dignidade da pessoa do réu; enfim, a garantia da liberdade, respeitando-se a verdade.[106]

Luigi Ferrajoli mostra-se contrário a penas longas, inclusive porque visualiza um contrassenso aplicar sanção privativa de liberdade muito severa para, mais tarde, desmenti-la com uma série de benefícios prisionais distribuídos de modo discricionário e sistemático em execução administrativa. Há de se minimizar o direito penal, suprimindo a prisão perpétua e reduzindo as demais penas privativas de liberdade, além de transformar em direitos todos os benefícios durante a execução – em vez de concedidos como prêmios. Alguns deles, como a liberdade vigiada, a prisão domiciliar ou a semiliberdade poderiam ser a pena exclusiva para delitos mais leves.[107]

Para o autor, o ideal seria suprimir a pena carcerária, que funciona como escola de delinquência e recrutamento da criminalidade organizada, o que poderia ser realizado a longo prazo. A curto e médio prazos, haveria uma redução do tempo de duração da prisão (propõe, por exemplo, o limite máximo de dez anos para qualquer delito), que somente provoca aflição psicológica, constituindo instrumento antiliberal e desigual, ferindo a dignidade da pessoa humana. Entretanto, o projeto de eliminação da prisão não se confunde com a abolição da pena, pois isso seria apenas uma ilusão de seus defensores. Um dia, em uma hipotética e improvável sociedade perfeita, não havendo mais sentido delitos e vinganças, a pena poderia ser uma medida sancionadora mínima e exclusiva para casos excepcionais.[108]

Ao contrário de outros penalistas e criminólogos, Ferrajoli não vê sentido na pena pecuniária, pois a considera impessoal, já que qualquer um pode pagá-la. Termina recaindo de maneira aflitiva diversa sobre o patrimônio, sendo fonte de discriminações substanciais. Se a pena pecuniária for considerada suficiente, pode-se transformá-la em sanção administrativa e

---

105 Idem, p. 45 e 214.

106 Idem, p. 312.

107 Idem, p. 374-377.

108 Idem, p. 379-381.

descriminalizar o delito. Entretanto, em muitos casos, como falências, fraudes, corrupções, falsidades, entre outras, as penas de multa seriam pertinentes.[109]

O ideal do garantismo penal do referido autor reflete posições harmônicas à Constituição Federal brasileira de 1988. Além disso, há o bom senso de ser contrário ao abolicionismo penal, pois não se atingiu a sociedade perfeita. Apregoa uma atuação estatal dentro de alicerces mais sólidos e eficientes, em busca de uma justiça penal mais humana e igualitária.

Entretanto, um de seus equívocos é negar a função da pena de oportunizar a ressocialização do condenado, pois é esse um dos fundamentos que justificam a melhoria e a humanização do sistema prisional.

Quanto ao aspecto de abstrair a personalidade do réu ao julgá-lo, há que se concordar no tocante à responsabilidade criminal pelo *fato* cometido – e não pelo que o sujeito é. No entanto, o princípio constitucional da individualização da pena precisa ser corretamente aplicado, para mensurar a sanção, promovendo a justa diferença entre os autores do crime. Isso não tem nada a se relacionar com a situação de ser culpado ou inocente; liga-se a ter sido comprovada a culpa por aquilo que o réu *fez* efetivamente, para, depois, dimensionar o grau punitivo por conta da sua personalidade, quando vinculada ao móvel determinante do crime. Trata-se de distinguir as pessoas, quando cometem os mesmos delitos, evitando-se a padronização da pena. Quanto a determinadas condições pessoais do indivíduo, diversamente de Ferrajoli, cremos que há diferença entre considerar alguém como reincidente, para o fim de individualizar uma pena ou mesmo decretar uma prisão preventiva, e tachar o réu de desocupado, com a mesma finalidade.

De qualquer forma, quanto à eliminação da pena privativa de liberdade, parece-nos viável no futuro, mas a longo prazo, a depender da própria evolução da humanidade. Outra possibilidade é o avanço da tecnologia para criar mecanismos diversos a fim de assegurar a proteção da sociedade em relação a certos criminosos. Ao propor um limite de dez anos para a pena, não importando qual seja o crime, seria preciso analisar os casos – e são muitos – de delinquentes habituais e reincidentes em infrações penais graves. Soa-nos desigual imaginar a aplicação de dez anos para quem cometeu um homicídio, por exemplo, bem como a mesma sanção para quem cometeu vários crimes contra a vida. Finalmente, a sua contrariedade à sanção pecuniária é contraditória. Para alguns delitos, a pena de multa não teria cabimento, pois qualquer um pode pagá-la; para outros crimes, a sanção pecuniária seria pertinente. De

---

[109] Idem, p. 382-384.

qualquer forma, pensamos ser viável a pena de multa cumulada com privação da liberdade para crimes em que exista a intenção de lucro; fora disso, pode ser uma medida autônoma para crimes mais leves. Entretanto, a sua utilidade somente seria concreta se fosse considerada para o fim de gerar reincidência e, com isso, não permitir novamente a sua aplicação.[110]

2.4 Direito penal máximo

O direito penal máximo, como opositor natural do minimalismo penal, propõe uma política criminal rigorosa em matéria penal, buscando punir todas as condutas consideradas lesivas aos interesses individuais ou sociais, atendendo aos apelos da comunidade local, sem imposição prévia de limites quanto à gravidade do crime ou da penalidade. Portanto, o controle estatal da criminalidade pode cuidar de delitos menores, para evitar que haja a sensação de impunidade, partindo o criminoso para infrações penais mais graves. A não punição de importunações consideradas menos lesivas não deve servir de incentivo ao cometimento de crimes mais ofensivos.

A certeza perseguida pelo direito penal máximo é que nenhum culpado fique impune, mesmo à custa da incerteza de que algum inocente possa ser punido.

O contexto do direito penal máximo tem base mais conhecida no movimento da lei e da ordem, cuja meta é impor uma política criminal punitivista, com o aparato policial voltado à ideia de *tolerância zero*.[111] Por certo, não se trata apenas do perfil adotado em Nova York, nos anos 1990, pelo prefeito Giuliani, com a sua plataforma de limpar a cidade para melhorar a qualidade de vida, indicando para a tarefa William Bratton. Pode-se apontar o direito penal máximo para qualquer legislação criminal que, em qualquer parte do mundo, adote a política criminal de punir as pequenas infrações, com a finalidade de não se tornarem, no futuro, problemas maiores e crimes mais graves. Além disso, é viável apontar essa política criminal sempre que a lei penal se torna

---

110 O objetivo deste item é destacar uma das maneiras de se conceber, como política criminal, o direito penal e, também, o processo penal, sem buscar analisar toda a obra *Direito e razão*. Parece-nos importante apontar a incompreensão que muitos apresentam no tocante ao *garantismo*, que não significa *abolicionismo penal*, este, sim, um movimento utópico, sem bases concretas para ser utilizado. Quanto ao garantismo, pode-se não concordar com muitos dos aspectos enumerados por Ferrajoli, embora haja maior coerência com os princípios penais da atualidade.

111 O direito penal máximo pode ser adotado em outros países, além dos Estados Unidos, sem a necessária vinculação ao movimento *da lei e da ordem* ou à política da *tolerância zero*, termos mais conhecidos na América.

extremamente rigorosa, elevando penas de maneira desproporcional ao fato gerado e fomentando o encarceramento por motivos cada vez mais frequentes. De qualquer modo, o cenário americano é um bom exemplo desse modelo, ao menos no que ficou conhecido como a *tolerância zero* em Nova York.

James Q. Wilson e George L. Kelling publicaram um artigo intitulado "Broken windows" ("Janelas quebradas"), em 1982, na revista *Atlantic Monthly*. Sobre ele, Wilson faz alusão, no prefácio da obra *Fixing broken windows* (*Consertando janelas quebradas*) de Kelling e Coles. O autor relembra a utilização da imagem das janelas quebradas para esclarecer como uma vizinhança pode cair em desordem, com o índice crescente de delitos, caso a comunidade não se importe com a sua manutenção. Se a janela de uma fábrica ou escritório estiver quebrada e ninguém a consertar, quem por ali passar poderá concluir tratar-se de local sem fiscalização e que ninguém se importa com a situação. Após um tempo, pessoas podem jogar pedras e quebrar mais janelas, até que todas estejam danificadas, gerando a impressão de que, também, na rua inexiste fiscalização. Essa sensação de descaso pode atrair a criminalidade, pois somente os jovens, os delinquentes ou as pessoas imprudentes têm algo similar, em via desprotegida, proporcionando a evasão de mais cidadãos daquele local. As pequenas desordens podem levar a várias outras e até mesmo ao cometimento de crimes. Se um juiz olhasse aquela janela quebrada veria uma foto da rua em determinado momento, mas o público pode enxergar aquela situação em câmera lenta, captando a vagarosa decadência da rua.[112]

Kelling e Coles argumentam que a pretensão de querer restaurar a ordem de algum lugar não tem nada a ver com rico contra pobre ou negro contra branco, como querem afirmar muitos liberais. Todas as classes sociais e grupos étnicos almejam ordem, como, por exemplo, viajar num transporte coletivo decente e civilizado.[113] Buscam argumentar, ainda, não se tratar de uma demanda moralista, apontando, como exemplo, a oposição de muitas pessoas à prostituição em São Francisco em determinadas áreas, não por puritanismo em relação à comercialização do sexo, mas porque não concordam com a promiscuidade advinda do comportamento de determinados prostitutos, praticando atos sexuais em carros estacionados na rua, jogando camisinhas e agulhas nas calçadas, nas portas das casas e em parques públicos, sem se preocupar com as crianças e com o público em geral. Portanto, defender o retorno da ordem não significa uma forma de tirania da maioria. Alegam que muitas grandes cidades viveram problemas nas suas comunidades,

---

[112] Kelling e Coles, *Fixing broken windows*, p. XV.

[113] Idem, p. 4.

como carros abandonados, grafiteiros, embriaguez em público, prostituição de rua, gangues juvenis tomando conta de parques e outras desordens.[114] Assim ocorrendo, em vez de abandonar as cidades, os moradores compravam armas e cães, deixavam de ir a lugares públicos e outros se trancavam em suas residências, saindo apenas quando muito necessário. A desordem é incivilidade, grosseria e comportamento ameaçador, que causa perturbação à vida urbana.[115]

Há quem tenha dificuldade de contrabalançar civilidade, que implica a autoimposição de restrições e obrigações com liberdade. E existem os que são incapazes ou mesmo não desejam aceitar certas limitações no tocante ao próprio comportamento. No extremo disso, estão os criminosos, que matam, roubam, estupram, furtam, fraudam, falsificam, corrompem etc. No contexto da desordem, referem-se os autores à mendicância agressiva, à prostituição de rua, à bebedeira pública, ao comportamento ameaçador, ao assédio, à obstrução das ruas e espaços públicos, ao vandalismo, à pichação, a urinar e defecar em lugar público, aos limpadores de vidros não solicitados etc. Alguns desses comportamentos são criminosos, mas ainda assim considerados infrações leves, punidos com multas ou serviços comunitários.[116]

Afirmam, ainda, que até hoje os criminólogos e os acadêmicos estão debatendo qual o efeito havido em Nova York, quanto ao decréscimo do crime, bem como se pode ser fruto da agressiva mantença da ordem e da transformação das atividades da polícia.[117] Para ser viável, a política de controle do crime deve conhecer e estar preparada para lidar com realidades trágicas envoltas por fatores diversos, como a incapacidade da família, da vizinhança e de instituições comunitárias para controlar e proteger crianças.[118] Nesse cenário, os cidadãos ou grupos comunitários constituem elemento-chave para tanto, pois almejam a restauração da ordem e o comprometimento de agências de justiça criminal para ajudá-los a sanar os problemas da comunidade.[119] Afinal, a desordem desmoraliza comunidades, debilita o comércio, conduz ao abandono de espaços públicos e enfraquece a confiança pública na habilidade do governo para resolver os problemas. O medo afasta as pessoas do

---

114 Idem, p. 12.

115 Idem, p. 13-14.

116 Idem, p. 15.

117 Idem, p. 157.

118 Idem, p. 237.

119 Idem, p. 241.

convívio e restaurar a ordem é a chave para revitalizar as cidades, prevenindo a decadência urbana, que ameaça as comunidades.[120]

Apresentam quatro estratégias básicas, advindas da teoria das janelas quebradas, no tocante ao seu impacto na redução dos crimes: (a) lidar com os ofensores de pequena monta como informantes da polícia; (b) boa visibilidade da ação policial, especialmente nas áreas caracterizadas por elevados índices de desordem; (c) os cidadãos devem controlar os espaços públicos, mantendo os padrões de civilidade; (d) os problemas de desordem e crime constituem responsabilidade da polícia e da comunidade.[121]

2.4.1 Posições críticas ao direito penal máximo[122]

Todas as posições, cuja finalidade é o enfrentamento da criminalidade, precisam ser bem dosadas e equilibradas, pois, inequivocamente, em grande parte, lida-se com dramas humanos, cercados por tristes e lamentáveis histórias de pessoas cujo envolvimento com o delito não se faz por maldade, sadismo, ambição ou outros fatores negativos. Enfim, o delito é uma tragédia para muitas famílias, tanto das vítimas quanto dos autores do crime; há muito sofrimento envolvido, daí por que nos parece curial a posição intermediária para sopesar os prós e os contras de uma medida muito rigorosa ou extremamente leniente. O remédio muito forte pode matar o paciente, enquanto a dose pífia pode permitir o fortalecimento da enfermidade e, também, matar o paciente.

Sobre a restauração da ordem e o combate à incivilidade, parece-nos que camadas ricas e pobres, de qualquer origem étnica, realmente, desejam viver em um lugar decente, civilizado, seguro e agradável. O ponto é saber como lidar com a tal *desordem*. Transformá-la, em todos os seus aspectos, em figuras criminosas não nos soa a medida ideal, pois atinge pessoas necessitadas, miseráveis e incapazes de encontrar um lugar estável e adequado para morar e, com isso, gozar de comunidade civilizada e agradável. Por outro lado, quando se trata da prostituição individual,[123] verifica-se haver, sim, nos Estados Unidos um moralismo excessivo no tocante ao comércio do sexo, de modo que não se trata, simplesmente, de uma cena de ato obsceno em plena

---

[120] Idem, p. 242.

[121] Idem, p. 243.

[122] Abrimos um tópico específico para as críticas ao direito penal máximo, pois elas não advêm somente dos defensores do direito penal mínimo, mas de várias correntes político-ideológicas.

[123] Nossa obra *Prostituição, lenocínio e tráfico de pessoas*.

via pública ou de sujeira de camisinhas e agulhas pelas ruas ou parques.[124] Cuida-se, sim, de um fator vinculado ao moralismo bizarro existente em certos setores sociais americanos, pois, ao mesmo tempo que se criminaliza a prostituição individual (não somente na rua, mas em qualquer lugar), o país é um dos líderes mundiais em produção de pornografia de adultos (certamente), disseminada e altamente lucrativa. A pornografia é permitida, sob regras, mas crime não é, produzindo bons lucros. Qual a diferença para a prostituição? Esta não é tão lucrativa, mormente quando individualmente realizada. Então, proíbe-se por conta de puritanismo. Contenta-se os setores conservadores, embora se saiba da disseminação, igualmente, do comércio do sexo por todos os lados dos Estados Unidos, sem a adequada varredura policial. Um dos fenômenos explicativos para isso é que as prostitutas (ou prostitutos) servem de informantes para a polícia, logo, há um *acordo informal* entre fornecer a informação e não ser preso ou ser arrastado a uma delegacia e enfrentar problemas criminais. Por óbvio, não se está tratando da prostituição sob ameaça, violência e domínio de cafetões e rufiões, que precisa ser criminalizada, pois uma forma de escravidão de pessoas. Enfoca-se a prostituição individual, na rua ou em lugares privados. Relembremos um dos enfoques da teoria da restauração da ordem: *lidar com os ofensores de pequena monta como informantes da polícia*. Isso significa, na prática, um acordo espúrio de troca: prisão ou informação (basicamente, forçar alguém ao dedurismo). A escolha é do mendigo, da prostituta, do limpador de para-brisas. Eis o aspecto negativo do movimento da lei e da ordem, que age sob o manto da civilidade absoluta. Sabe-se não ser bem assim. Há muitos outros pontos de vista, que serão expostos na sequência, nem todos *imparciais* (se é que se pode ter imparcialidade em críticas).

Loïc Wacquant admite que a política nova-iorquina da *tolerância zero* espalhou-se para outras cidades mundo afora, com a finalidade de *limpeza das ruas*, eliminando o crime ou contendo-o em níveis aceitáveis. Os defensores dessa ideia sugeriram que, durante anos, houve um trabalho daninho dos sociólogos e criminologistas depreciando o trabalho policial, insistindo em não se punir a pobreza.[125]

---

[124] Essas situações podem ser resolvidas pelo direito administrativo em qualquer lugar do mundo civilizado: multas significativas e eficiente fiscalização. Não se está sustentando a licitude do ato obsceno (por exemplo, a prática de um ato sexual) em público, mas é bastante apropriada a atuação inibitória pela via da multa, como se faz no cenário de infrações de trânsito (com sucesso).

[125] *As prisões da miséria*, p. 58.

Entretanto, o autor disso discorda, afirmando que os membros das classes populares, à margem do mercado de trabalho e abandonadas pelo Estado assistencial, são o alvo principal da *tolerância zero*, havendo um grosseiro desequilíbrio entre o ativismo policial e a escassez geral de recursos, além de uma sobrecarga dos tribunais.[126] Está-se, em verdade, dirigindo a vida dos pobres, com um Estado forte e inflexível, único apto a vencer a *passividade* desses pobres, com disciplina do trabalho e a remodelagem autoritária de seu *estilo de vida* disfuncional e dissoluto.[127] Sob outro aspecto, desde os anos 1960, está-se inflacionando o encarceramento nos níveis federal, estadual e municipal. Para tanto, houve o incremento da indústria privada carcerária e muitas cidades pleiteavam acolher uma penitenciária para gerar empregos, comércio e impostos.[128] Entretanto, na sua visão, a prisão produz um mercado de trabalho desqualificado, a pena perpétua traz um contexto racial (negros são mais encarcerados), a assistência social passa a ser um meio de controlar a vida dos pobres, fichando-se, obrigando-se a prestar contas da vida, fazer o teste de detecção de drogas, como se faz em casos de livramento condicional ou liberdade vigiada.[129]

WACQUANT alega que os Estados Unidos optaram pela criminalização da miséria para complementar a generalização da insegurança salarial e social.[130] Faz, inclusive, um elogio à Venezuela, onde o presidente esquerdista Hugo Chávez desejava combater o crime reduzindo a pobreza e a desigualdade.[131] Aponta-se, como corolário da política criminal da prevalência da lei e da ordem, a penalização da pobreza, porque se volta à prisão de moradores de rua, inclusive os sem-teto que cercam motoristas nos semáforos para limpar o para-brisa em troca de algum dinheiro; além deles, são detidos os pequenos traficantes ou usuários, as prostitutas, os vagabundos, os pichadores, entre outros.[132]

Nos Estados Unidos, a prostituição, na maioria dos Estados, é considerada crime; excesso à parte, trata-se de uma realidade, dando ensejo, então, à prisão. O tráfico de drogas também é delito, pouco importando se de grande proporção ou pequeno alcance. O uso de drogas é ilícito, de modo que permite o encarceramento. Vê-se, pois, que o braço policial, nos Estados

---

[126] Idem, p. 47.

[127] Idem, p. 53.

[128] Idem, p. 89-101.

[129] Idem, p. 138.

[130] Idem, p. 159.

[131] Idem, p. 171.

[132] Idem, p. 34.

Unidos, encontra amparo legal, não se podendo acoimar de abusiva a prisão de alguns sujeitos encontrados na rua, pois traficantes, prostitutas e outros autores de infrações, como furto ou roubo. Pode-se indicar eventual exagero quanto ao recolhimento de moradores de rua; entretanto, apesar de se coibir o direito de ir, vir e ficar, o Estado encaminha essas pessoas a abrigos onde há alimentação, higiene e repouso assegurados.

Sobre a eventual adoção do sistema rigoroso da *lei e da ordem*, no Brasil, Loïc Wacquant assinala que "a adoção das medidas norte-americanas de limpeza policial das ruas e de aprisionamento maciço dos pobres, dos inúteis e dos insubmissos à ditadura do mercado desregulamentado só irá agravar os males de que já sofre a sociedade brasileira em seu difícil caminho rumo ao estabelecimento de uma democracia que não seja de fachada, quais sejam, 'a deslegitimação das instituições legais e judiciárias, a escalada da criminalidade violenta e dos abusos policiais, a criminalização dos pobres, o crescimento significativo da defesa das práticas ilegais de repressão, a obstrução generalizada ao princípio da legalidade e a distribuição desigual e não equitativa dos direitos do cidadão'".[133]

Não temos nenhuma dúvida de que adotar a política da *tolerância zero* no Brasil, em cidades grandes ou pequenas, pode produzir um imenso desequilíbrio no tocante à ação repressiva do Estado contra as pessoas mais pobres, poupando as de mais elevado poder aquisitivo. Afinal, são os moradores de rua, os mendigos, as prostitutas de via pública, junto com os indivíduos errantes, que vagam pela cidade grande sem rumo certo, os mais tocados pela *lei e ordem*, pois se encontram ao alcance direto das autoridades policiais e de seus agentes. Entretanto, faz-se necessário salientar que mesmo aplicando, com rigor, a lei penal, alcançando infratores de toda ordem – e não apenas mendigos ou vagantes – inexiste, no Brasil, em qualquer cidade, a capacidade prisional que, por exemplo, possuem os Estados Unidos. Se nesse país foram enclausurados muitos indivíduos – pobres ou não; criminosos ou não – o fato é que havia vagas suficientes para todos. E ainda há.

No Brasil, nem mesmo se pode adotar o método da *tolerância zero* por falta de estrutura prisional; em nosso país, há evidente superpopulação carcerária. Diante desse caos, uma política de lei e ordem, tornando mais rigoroso o direito penal, e também o processo penal, significaria operar no universo da ficção. De todo modo, há exageros nas críticas de Wacquant e alguns acertos, por óbvio. Há de se dosar, com equilíbrio, a mais adequada

---

[133] Idem, p. 14, citando trecho de Teresa Caldeira e James Holston, Democracy and violence in Brazil, p. 691-729.

atuação do Estado, que precisa garantir maiores níveis de civilidade à sociedade, visto que a decência e a ordem são pleitos de qualquer classe social, embora seja indispensável saber implementar a política ideal para isso. Não se pode, simplesmente, desacreditar a ordem nas comunidades, como se fosse algo absurdo, ao mesmo tempo que é inaceitável transformar incivilidades em figuras criminosas. Há o meio-termo e é o objetivo a ser alcançado.

Sobre o direito penal máximo, FERRAJOLI expõe tratar-se de um modelo incondicionado e ilimitado, caracterizado pela excessiva severidade, pela incerteza e imprevisibilidade das condenações e das penas, configurando-se como um sistema de poder não controlável racionalmente em face da falta de parâmetros determinados e racionais de convalidação e anulação. Em face disso, expandem-se o substancialismo penal e a inquisição processual, tornando incontrolável a intervenção punitiva.[134] A certeza perseguida pelo direito penal máximo é que nenhum culpado fique impune, mesmo à custa da incerteza de que algum inocente possa ser punido. A contraposição é o direito penal mínimo, no âmbito do qual nenhum inocente deve ser punido à custa da incerteza de que, também, algum culpado possa ficar impune.[135]

A crítica formulada por LUIGI FERRAJOLI volta-se, com mais propriedade, ao direito consuetudinário e ao sistema judiciário norte-americano, cujos parâmetros são mais flexíveis e elásticos do que os impostos pelo direito codificado, logo, pelo princípio da legalidade. Observa-se, nos Estados Unidos, a composição do Judiciário toda voltada a critérios políticos, pois, quando o magistrado não é eleito, é nomeado pelo governador ou pelo presidente. Além disso, muitos julgamentos criminais são efetuados pelo tribunal do júri, cujo veredicto independe de qualquer fundamentação. Vê-se, com isso, um direito penal mais expansivo e menos criterioso. Associando-se a esse sistema o acolhimento do direito penal máximo, realmente, torna-se um ponto de quase ilimitada busca pela punição. Não se olvide, ainda, a crítica que muitos fazem à possibilidade de se afastar o devido processo legal com as barganhas entre acusação e defesa; não são raros os casos de pessoas, admitindo culpa e recebendo diretamente a sanção penal, por vezes severa, porque têm receio de um julgamento pelo júri e um pedido de penalidade muito mais grave formulado pela promotoria.

O direito penal máximo é criticado por conta de sentenças muito severas e, com isso, a geração de encarceramento em massa, as restrições à atuação da

---

[134] *Direito e razão*, p. 102.

[135] Idem, p. 103.

defesa, a política denominada "three strikes",[136] a construção de presídios de segurança máxima, presídios destinados a crianças e adolescentes, punições corporais, inflação da legislação penal, publicidade dos casos de condenados, tolerância zero para pequenos delitos, enfim, uma forte onda punitiva. Associe-se a isso o imperativo de se proteger as vítimas, buscando ouvi-las, respeitar suas memórias e permitir que expressem seus ódios.[137]

Censura-se, ainda, a política nacional de *guerra às drogas*, pois essas condenações constituem a causa isolada mais relevante da explosão de taxas de encarceramento nos Estados Unidos. Somente os delitos ligados às drogas respondem por dois terços do crescimento da população carcerária federal e mais da metade dos prisioneiros estaduais entre 1985 e 2000.[138]

A questão relativa à denominada *guerra às drogas*, embora possa ser um fator de engrandecimento do volume de presos no sistema carcerário americano, há de se ponderar que se dá em outros países, incluindo o Brasil. Aliás, quanto a este, basta analisar a imensa quantidade de processos em trâmite nas varas e tribunais criminais do país em relação ao tráfico ilícito de drogas. A partir disso, pode-se somar um montante significativo de condenações impondo penas privativas de liberdade, iniciando-se em regime fechado, o que provoca, também, um número considerável de prisioneiros. Nesse ponto sensível, parece-nos que deve ser buscada uma política criminal específica para as substâncias entorpecentes, não somente no Brasil, mas em outros países igualmente. Deve-se debater, seriamente, quais drogas devem ser proibidas, gerando o crime de tráfico e quais são as que podem ser liberadas, para fins recreativos, de maneira regulada pelo Estado. Enfim, cuida-se de um tema complexo, mas de indispensável enfoque por parte do Parlamento e dos organismos internacionais.

Quanto à rigorosa política criminal americana, deve-se considerar o seu acolhimento pela população, na medida em que elege os parlamentares, que votam essa legislação mais severa, além de, também, elegerem promotores e juízes mais rígidos. Não vem do acaso o direito penal máximo, por mais que ele seja criticável e provoque abusos e excessos punitivos. Um dos tópicos

---

136 É expressão derivada do *baseball* ("three strikes and you are out"), significando que, após três falhas do rebatedor, está fora; aplicando-se no cenário criminal, quer dizer que, após o cometimento de dois delitos graves, ao atingir o terceiro, o criminoso terá uma pena muito elevada, podendo atingir a prisão perpétua, com mínimo benefício de execução penal.

137 André Moysés Gaio, O governo através do crime, in: André Moysés Gaio (org.), *Contra a criminologia*, p. 14-15.

138 Michelle Alexander, *A nova segregação*: racismo e encarceramento em massa, p. 110.

envolventes na questão liga-se à existência de presídios privatizados, que precisam ter presos para dar lucro, tal como um hotel que, somente com a sua ocupação acima de média, proporciona vantagem a quem o administra.[139]

2.5 Direito penal do inimigo

Trata-se de um modelo punitivo, proposto por GÜNTHER JAKOBS, voltado a criminosos perigosos, que precisariam obter do Estado um tratamento diferenciado, sendo separados dos cidadãos cujos direitos e garantias individuais devem ser integralmente respeitados. Os *inimigos* do Estado e da sociedade são os terroristas, os autores de delitos sexuais violentos, os integrantes do crime organizado, entre outros. São pessoas que têm por finalidade a destruição da sociedade e das suas instituições, não respeitando os direitos humanos fundamentais.

Esses criminosos devem ser situados *fora do sistema*, não merecendo as garantias processuais essenciais como o contraditório e a ampla defesa, além de poderem ser flexibilizados, para serem acusados, os princípios da legalidade, da anterioridade e da taxatividade. Leva-se em consideração estarem eles em constante guerra contra o Estado, motivo pelo qual seria possível aplicar medidas de segurança e seus atos preparatórios já seriam passíveis de punição severa, não havendo necessidade de ingressar na execução. Além disso, a eles devem ser aplicadas penas rigorosas, mesmo que desproporcionais à gravidade do delito cometido.

JAKOBS expõe os seguintes fatores positivos para a adoção do direito penal do inimigo: (a) o direito penal do cidadão é um direito voltado a todos, mas o direito penal do inimigo constitui uma arma do Estado contra quem pretende aniquilá-lo, embora se possa obter, a qualquer momento, um *acordo de paz*;[140] (b) se uma pessoa se recusa a vivenciar o estado de cidadania não pode participar dos benefícios do conceito de *cidadão*, com todos os direitos a ele inerentes; noutros termos, quem vence a guerra termina por determinar *o que é a norma*; quem perde, submete-se a essa determinação;[141] (c) constrói-se um conjunto de normas penais específicas para o combate a uma criminalidade igualmente especial, em autêntica *guerra refreada*, justamente para não

---

[139] Fora do cenário particular dos Estados Unidos, constata-se a adoção de um direito penal máximo, igualmente, em países onde não há democracia efetiva; são Estados totalitários por motivos políticos variados.

[140] *Derecho penal del enemigo*, p. 33.

[141] Idem, p. 40-41.

privar o cidadão do direito penal vinculado à noção do Estado de Direito;[142] (d) os direitos humanos continuam vigorando, mas depende do destinatário; o perigoso inimigo requer regras próprias;[143] (e) quando se delimita o universo do direito penal do inimigo, há menos perigo, na ótica do Estado de Direito, do que repassar regras extremamente rigorosas a todo direito penal.[144]

2.5.1 Posições críticas ao direito penal do inimigo

Cancio Meliá, na mesma obra de Jakobs, aponta os elementos contrários ao acolhimento do direito penal do inimigo: (a) quando se menciona o direito penal do cidadão, na realidade, está-se diante de um pleonasmo, pois o direito penal há de ser, sempre, voltado ao cidadão, acompanhado de seus direitos básicos; o direito penal do inimigo é uma contradição em si mesmo;[145] (b) a ideia de um direito penal do *inimigo* é apenas a consagração de um direito penal *simbólico*, que visa à produção de tranquilidade, por meio da edição de leis penais, mesmo que não sejam efetivamente aplicadas, bem como do acolhimento do *punitivismo*, cuja consequência é o endurecimento das normas penais, em retrocesso ao passado;[146] (c) politicamente, traduz-se no discurso do movimento da lei e da ordem, apto a produzir votos, havendo, de qualquer modo, um descontrole da política criminal do Estado, com o aumento das sanções penais;[147] (d) lança-se, com o direito penal do inimigo, a legislação penal em visão prospectiva, passando-se a ter como ponto de referência o que pode acontecer e não o que realmente ocorreu, em noção tradicional do direito penal; (e) a isso, associe-se o emprego de penas desproporcionalmente elevadas;[148] (f) seria um erro a supressão das garantias processuais;[149] (g) com isso, adota-se uma terceira velocidade para o direito penal, alcançando a coexistência de penas privativas de liberdade com a elasticidade de princípios de política criminal e regras de imputação;[150] (h) o direito penal do inimigo é um discurso estatal para ameaçar os inimigos e não

---

142 Idem, p. 42.

143 Idem, p. 55.

144 Idem, p. 56.

145 *Derecho penal del enemigo*, p. 61.

146 Idem, p. 69-70.

147 Idem, p. 70-72.

148 Idem, p. 82.

149 Idem, p. 81.

150 Idem, p. 82 (a primeira velocidade seria privilegiar as penas privativas de liberdade, junto com as tradicionais regras de imputação e princípios processuais; a segunda velocidade seria a imposição de penas pecuniárias ou privativas de direitos, em função da menor gravidade de certos delitos).

se dirigir aos cidadãos;[151] (i) busca-se *demonizar* o criminoso, num sentido falsamente religioso, mas não no sentido militar, como os cartéis de drogas, a criminalidade de imigração, o crime organizado, o terrorismo;[152] (j) seria a consagração do direito penal de autor em lugar do direito penal do fato;[153] (k) trata-se de uma política equivocada e inconstitucional, não contribuindo para a prevenção efetiva dos crimes;[154] (l) as pessoas consideradas como *inimigas do Estado* não parecem colocar em risco os fundamentos da sociedade num futuro previsível.[155]

Callegari e Wermuth apresentam a sua censura ao direito penal do inimigo, afirmando que ele nasce deslegitimado, tendo em vista a dignidade da pessoa humana, um dado ontológico do ser humano e não sendo o produto de uma construção normativa. Além disso, cuida-se de um modelo de direito penal do autor, buscando-se perseguir pessoas em função da sua condição pessoal ou de sua *maldade* intrínseca, o que é um retrocesso inadmissível.[156] Destacam, ainda, a indevida reintrodução da vítima no cenário do debate jurídico-penal, pois representa um grave retrocesso, na medida em que os interesses das partes ofendidas são vingativos por natureza e instrumentalizados para defender a ideia da lei e da ordem em detrimento de garantias penais e processuais penais.[157] Segundo os autores, o *mérito* de Jakobs, com o direito penal do inimigo, foi descortinar a *face oculta* do modelo penal que vem sendo implementado no Brasil há longo tempo, embora não reconhecido por esse nome, como, por exemplo, o regime disciplinar diferenciado.[158]

A reprovação do direito penal do inimigo, feita por Zaffaroni, entre outros aspectos, procura, de certo modo, relativizar os acontecimentos de 11 de setembro de 2001 (atentado às Torres do *World Trade Center* nos Estados Unidos) e de 11 de maio de 2004 (atentado no metrô em Madri), matando várias pessoas e ferindo inúmeras outras, nos seguintes termos: "os *crimes de destruição maciça e indiscriminada* ocorridos em 11 de setembro de 2001 e em 11 de maio de 2004 são expressões de violência brutal que, na opinião dos internacionalistas, configuram *crimes de lesa-humanidade*, os quais, por sua vez, são respostas a outras violências e assim poderíamos continuar até

---

151 Idem, p. 86.
152 Idem, p. 88.
153 Idem, p. p. 93-94 e 100-102.
154 Idem, p. 89-90.
155 Idem, p. 99-100.
156 *Sistema penal e política criminal*, p. 68-69.
157 Idem, p. 77.
158 Idem, p. 118.

Adão e Eva ou até o primeiro golpe que um hominídio [família de primatas] desferiu contra outro, sem chegar a nenhuma solução com vistas a uma convivência racional no futuro".[159]

O autor questiona o conceito de *inimigo* no direito penal, considerado como a pessoa punida em razão da sua periculosidade ou nocividade à sociedade, embora não seja relevante saber se a privação de direitos elementares à qual seja submetida possa ter qualquer outra designação diversa de pena. O poder punitivo estatal *confisca o conflito*, usurpando o lugar de quem sofre o dano, degradando a pessoa, que passa a ser um puro dado para a criminalização.[160]

Um dos aspectos muito censurados por parcela dos criminólogos críticos, incluindo ZAFFARONI, tem sido a denominada *guerra às drogas*, assumida pela administração norte-americana, espalhando-se, igualmente, para outros países, constituindo o traficante como um *inimigo*, considerando o jovem fumante de maconha como subversivo, de modo a manter os níveis repressivos sempre elevados, à medida que se aproximava a queda do muro de Berlim. Assim, a partir dos anos 1980, surgiram várias legislações antidrogas, violando-se a autonomia moral da pessoa e apenando-se enfermos e dependentes, em aberrante autoritarismo. As prisões ficam abarrotadas de consumidores de tóxicos e mulheres transportadoras ("mulas").[161] Nos Estados Unidos, aplicou-se excessivamente a pena capital e previu-se a prisão perpétua a quem tenha cometido três ou mais delitos ("three strikes out"), o que representaria o desterro definitivo dos indesejáveis ou inimigos, violando-se o princípio da proporcionalidade. A negociação entre acusação e defesa tornou-se uma *extorsão* contra as minorias e o processo penal acusatório transformou-se em ficção, visto que a decisão terminava nas mãos do próprio acusador. Estimulou-se uma legislação inquisitória, passível de aplicação a um nebuloso conjunto de delitos, genericamente designado como *crime organizado*. Após o 11 de setembro de 2001, encontrou-se outro inimigo no denominado *terrorismo*. Há uma nebulosa ideia de terrorismo. Emergem novos candidatos a inimigo, que são os imigrantes.[162]

ZAFFARONI aponta, ainda, o predomínio de um discurso popularesco, grosseiro e primitivo, que parece ter aceitação em face da segurança perdida por conta da globalização; surge a coesão da sociedade por meio de um

---

159 *O inimigo no direito penal*, p. 16-17.

160 Idem, p. 25, 30.

161 Idem, p. 51-52.

162 Idem, p. 62-67.

simplista discurso clamando por vingança.[163] Afirma, ainda, que na América Latina quase todos os prisioneiros são tratados como inimigos no exercício do poder punitivo, bem como o suspeito de um crime.[164]

Sobre Jakobs, argumenta que ele chamou de *direito penal do inimigo* o tratamento diferenciado de alguns criminosos, em particular os *terroristas*, valendo-se de medidas de contenção como tática para deter o avanço dessa tendência de criminalidade.[165]

Atribui à proposta de Jakobs a mais absoluta boa-fé quanto ao futuro do Estado constitucional de Direito, pois ele propõe habilitar o poder punitivo sob a forma de contenção para entes perigosos, imaginando que, assim, seja viável impedir que todo o direito penal se contaminasse, exercendo o poder punitivo sem qualquer limitação. Logo, ambos funcionariam no marco do Estado de Direito. Segundo consta, hoje Jakobs se proclama inimigo do direito penal do inimigo, mas acredita ser impossível eliminá-lo, propondo apenas contê-lo.[166]

Em suma, indica não poder haver outro direito penal senão o de *garantias*. O verdadeiro inimigo do direito penal é o Estado de polícia que, por sua essência, busca o absolutismo. Mesmo havendo um avanço autoritário mundial em matéria penal, o ideal é não mergulhar no pessimismo, a fim de impedir que o direito penal se deteriore, reduzindo-se o seu conteúdo pensante.[167] O direito penal permitiu a introdução do *inimigo* – com o nome que for – e, com isso, confundiu, ao longo de quase toda a sua história, o momento da guerra com o da política.[168]

Na visão de GABRIEL IGNACIO ANITUA, Günther Jakobs tratou do direito penal do inimigo em duas fases; primeiro, em forma descritiva, em 1985, depois, justificadora, em 1999. Caracteriza-se por ser um direito especial, distinto daquele aplicável aos cidadãos, constatando-se abrigar um adiantamento de punibilidade, tendo como ponto de referência um fato futuro, em lugar do habitual, que é o ponto de referência conforme o fato cometido. Além disso, as penas cominadas são desproporcionalmente elevadas e certas garantias processuais são relativizadas ou até suprimidas.[169] Jakobs teria se inspirado

---

[163] Idem, p. 73.

[164] Idem, p. 82 e 189.

[165] Idem, p. 155.

[166] Idem, p. 159, 165.

[167] Idem, p. 173-176.

[168] Idem, p. 191.

[169] *Castigo, cárceles y controles*, p. 13.

em Hobbes, buscando legitimar a perpetuidade do Estado-guerra, a excepcionalidade das formas jurídicas que isso pode autorizar para determinados grupos de pessoas e a caracterização dessas pessoas como *inimigas*.[170] Além disso, a guerra é a oposição ao direito e nela reina a hostilidade, razão pela qual não podem ser considerados penas os danos impostos a quem é um inimigo declarado. Se este inimigo nunca esteve sujeito à lei, também não pode transgredi-la. Em suma, os danos que os atingem são atos de hostilidade.[171]

Sobre as críticas formuladas, pode-se sustentar que, pelo menos se levando em conta o disposto na Constituição Federal do Brasil, o direito penal do inimigo não encontraria abrigo em nosso sistema jurídico-penal e processual penal. As suas medidas seriam consideradas, em princípio, inconstitucionais. Entretanto, nunca é demais ressaltar não ter o nosso país experimentado nenhum evento trágico de terrorismo, como a explosão de algum local público, com a morte de vários e ferimentos em outros tantos. Se isso tivesse ocorrido (ou vier a acontecer), não se tem absoluta certeza de como os Poderes da República iriam reagir; como o Parlamento iria redigir leis e como o Judiciário iria interpretá-las.

Por outro lado, temos sustentado que a própria denominação dada por Jakobs – direito penal do inimigo – não nos parece acertada, pois o verdadeiro *inimigo* é o adversário numa guerra, na qual não há o império da lei penal, nem do processo penal. Poder-se-ia tratar da aplicação de um direito penal militar e das convenções internacionais sobre a luta armada entre nações, se fosse o caso, e quando se referisse, exclusivamente, a ataques terroristas de grandes proporções, como os atentados de 11 de setembro de 2001 nos Estados Unidos. A mera separação do direito penal em dois cenários, para abranger o inimigo de um lado e os demais criminosos de outro é um contrassenso, até porque muitos dos referidos inimigos citados são criminosos comuns (delinquentes sexuais ou integrantes de crime organizado). Restaria o terrorismo, contexto para o qual o Brasil terminou por editar lei específica, que, aliás, impôs regras mais rigorosas, mas não subtraiu direitos essenciais.

Não há como discordar das críticas no sentido de que, ao cuidar de direito penal, está-se apontando para um único cenário, envolvendo todas as garantias inerentes ao exercício do poder punitivo estatal. Portanto, o denominado direito *penal* do inimigo, em verdade, não tem a mesma fonte do direito penal.

---

170 Idem, p. 19.

171 Idem, p. 23.

Há um ponto interessante, no entanto, retratado em algumas censuras formuladas ao direito penal do inimigo, que seria a sua perspectiva puramente simbólica. Não é bem assim, pois há vários presos na base militar americana de Guantánamo, em Cuba, há muitos anos, desde a guerra do Iraque, sem julgamento e que estão detidos sem um prazo definido. Existem algumas outras modificações legislativas, em ordenamentos de países europeus, consagrando alguns fatores rigorosos, típicos de um direito penal *do inimigo*; logo, não mais se cuida de um mero simbolismo.

Outro lado da questão concerne àqueles que pretendem desestabilizar um Estado Democrático de Direito, por meio de atos violentos, sem qualquer guarida legal ou constitucional. Para isso, há a Lei de Segurança Nacional, que, se não é a legislação ideal, é preciso que se refaça esse corpo legal para a defesa da democracia. Enfim, não se pode admitir que grupos armados, por exemplo, queiram tomar o poder de maneira abusiva e arbitrária. Entretanto, não nos parece seja visão vinculada ao direito penal do inimigo, mas a criminosos políticos, que seriam submetidos a julgamento pela justiça federal, nos termos legais e constitucionais.

O chamado *direito penal do inimigo* pode ter servido para lembrar o universo do poder punitivo estatal no cenário de uma criminalidade mais organizada e violenta. É preciso estar atento e agir contra delinquentes desse perfil, embora dentro do parâmetro constitucional existente.

Nas palavras de Mir Puig, "os transportes rápidos, como os aviões, facilitam também a mobilidade dos delinquentes e das organizações criminosas de caráter internacional. Isso está *internacionalizando* formas graves de delinquência e dificultando sua persecução. Não faz falta recordar nesses momentos que os aviões se converteram inclusive em armas de destruição em massa acessíveis a terroristas suicidas, como os que os conduziram contra as torres gêmeas de Nova York e contra o Pentágono. Este foi o episódio desencadeante do drástico corte de garantias fundamentais do cidadão [...]. A luta contra o narcotráfico, que evidentemente tem uma dimensão internacional, também gerou um agravamento considerável das penas e ocupa uma parte fundamental da justiça penal de países".[172]

O fenômeno da globalização política, econômica, financeira, dos transportes, das comunicações, do turismo e de outros elementos relevantes do mundo contemporâneo provocou, igualmente, a globalização do crime, alarmando os Estados e despertando um maior envolvimento do direito penal de

---

172 *Estado, pena y delito*, p. 10 [tradução livre].

diversos países para atualizar-se em decorrência das *novidades* nesse campo. Desse modo, por mais que parte dos criminólogos critique essa postura mais rigorosa, assumida pelo poder punitivo em nível mundial, cuida-se de uma realidade inafastável, com a qual se deve trabalhar, propondo soluções e alternativas, buscando o respeito aos direitos individuais fundamentais, mas sem perder de vista que não se vai alterar a política criminal globalizada[173] com discursos e censuras, acoimando de abusos e excessos as medidas tomadas por diversas nações, inclusive as consideradas de primeiro mundo, respeitadoras dos direitos essenciais.

É pura ilusão acreditar que a política criminal dos países sujeitos a atentados terroristas permanecerá intocável, como se nada tivesse ocorrido ou não vá acontecer novamente. Sob outro aspecto – algo que muitos criminólogos simplesmente olvidam –, há vários países no mundo que adotam um poder punitivo extremamente severo (*vide* nações do Oriente Médio e da Ásia), parte do planeta onde se encontra a maioria maciça da população mundial. Para esses países, o que recomendam os criminologistas radicais e críticos de qualquer direito penal rigoroso? Seria importante visualizar o mundo inteiro e não somente a Europa e as Américas, onde existem as propostas extremamente *liberais*, incluindo o abolicionismo penal. Se nem mesmo nos países nórdicos, onde se concentrou a maioria dos abolicionistas, desde o início, a pena privativa de liberdade deixou de existir e, também, a punição continua a ser aplicada, o que dizer dos diversos outros países (a maioria) do mundo? Permitimo-nos adotar uma postura *efetivamente realista* – e não somente discursiva, contundente ou aflitiva. Se há a pretensão de se manter um direito penal mínimo, que se tenha a responsabilidade de punir, dentro de parâmetros legais, os crimes mais graves, assim considerados pela imensa maioria das sociedades; torna-se imperioso discursar dentro de contornos efetivos, propondo medidas que possam ser adotadas para melhorar o nível do poder punitivo, coibir seus excessos e contribuir para debates relevantes, no campo da descriminalização de certas condutas.

---

[173] Basta viajar mundo afora, nos dias de hoje, para verificar o grau de segurança a que se chegou em aeroportos e portos (e zonas de fronteira), com revistas aleatórias e um rigoroso esquema de controle para se ingressar num avião ou num navio, bem como ingressar em país estrangeiro. Por isso, pretender, nos tempos atuais, indicar o abolicionismo penal como a mais adequada solução para os problemas carcerários em extensão mundial é, sem qualquer dúvida, um idealismo utópico; uma proposta fictícia. Quando o mundo era mais tranquilo, o abolicionismo já fora rejeitado; hoje, em época de temor e terrorismo, gostemos ou não, torna-se irreal. Portanto, se o direito penal conseguir equilibrar-se entre o mínimo e o máximo, já será uma conquista.

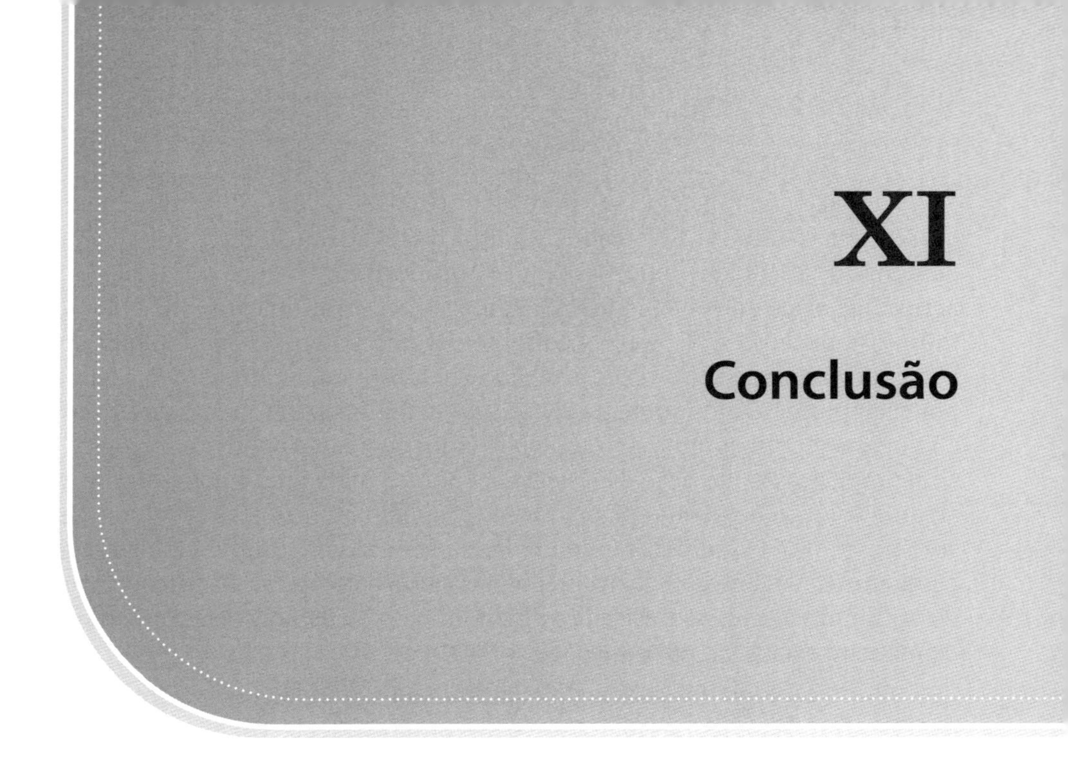

XI

Conclusão

1. INTRODUÇÃO

A criminologia é uma ciência, cujo foco é o estudo das causas do crime, do perfil do criminoso, do contexto da vítima, da efetividade da pena e de propostas para a composição da mais adequada política criminal para o país, apontando as falhas do sistema punitivo e sugerindo as soluções apropriadas para o direito penal. Basicamente, ladeia esse ramo do ordenamento jurídico, visto que o exame do delito não se circunscreve ao conceito formal ou analítico da infração penal, mas da sua essência, vale dizer, o seu conceito material. Por outro lado, cabe-lhe avaliar o criminoso, buscando captar o porquê do seu ingresso no cenário da delinquência e, também, as mais oportunas alternativas para a sua punição. Parece-nos indispensável verificar o sentido da aplicação da pena, checando as funções e as finalidades da pena.

Em primeira análise, pode-se considerar peculiar haver uma *introdução* no último capítulo, que é justamente a conclusão da obra. Entretanto, o objetivo é fixar os parâmetros para essa finalização, firmando, desde logo, inexistir uma meta similar a uma tese, vale dizer, não se pretende fixar um ponto e defendê-lo, tendo em vista que a criminologia representa um estudo contínuo, aberto a recepcionar novos conceitos e ideias, sem haver uma finalização, inclusive pelo fato de que precisa acompanhar as mudanças ocorridas tanto na sociedade quanto na política criminal e nas leis penais.

Cuidar de *criminologia* não deve ter um exclusivo ponto de vista, expondo-se o tema como se fosse, realmente, uma tese acadêmica, em que se almeja demonstrar a validade e acerto de uma proposição. Cremos ser relevante aproveitar os estudos efetuados por importantes criminólogos, sociólogos, filósofos e penalistas. Não vemos como construir um livro de criminologia de conteúdo excludente, vale dizer, acolhendo teorias apenas num sentido, como, por exemplo, cuidando somente das teorias sociológicas ou apenas de teorias etiológicas. Algumas obras têm conteúdo eminentemente político-ideológico, com propostas de alteração do sistema econômico para que se possa alcançar alguma solução no campo penal; outras propõem eliminações absolutas de sistemas punitivos, configurando um lado idealista, mas impraticável; ainda há quem se concentre exclusivamente nas causas biológicas ou psicológicas do criminoso e, com isso, estreita o entendimento do delito. Nada disso, visto de maneira exclusiva, nos convence.

A criminologia é a ciência do equilíbrio, merecendo cuidar, com zelo e detalhe, de todas as teorias relevantes para compreender o crime e o seu autor, pois a conjunção de boas ideias pode levar a soluções inteligentes, lógicas e concretizáveis.

2. CRIMINOLOGIA NA ATUALIDADE

Afastando-se o exclusivismo de uma teoria, captando o que há de melhor em todos os estudos realizados até o momento, deve-se compreender, primeiramente, os relevantes ensinamentos ofertados pelas escolas clássica e positiva do direito penal, pós-iluminismo. Desse embate, surgiram pontos não solucionados até hoje, como, por exemplo, o crime pode ser resultado do livre-arbítrio do criminoso ou de um determinismo que o envolve. Pensamos ser correto compreender a importância do livre-arbítrio na vida real, não sob a ótica do conceito formulado à época da escola clássica apenas, mas em visão atual; sob outro aspecto, ninguém exerce o seu livre-arbítrio de maneira plena, como se fosse o mestre do mundo; há fatores emergentes na sua vida em sociedade, aptos a limitar o seu *querer*, levando o indivíduo para um lado ou para outro.

Ademais, se no passado prevaleceu o estudo etiológico no cenário da criminologia, considerando-se apenas os aspectos biológicos, como a herança genética e os fatores psicológicos, um outro lado da questão conduziu os estudos para o flanco restrito da sociologia, como se a sociedade determinasse, de algum modo, o surgimento do crime e do delinquente. Em rápidas pinceladas, pode-se sustentar que um transtorno de personalidade é capaz de gerar o crime, como também é perfeitamente admissível considerar uma subcultura criminosa, inspiradora da formação de uma gangue, juntamente com a associação diferencial, para impulsionar alguém à prática do delito. Nada pode ser considerado em linha unilateral, porque haverá erros incontestes.

Marcos Rolim esclarece que, desde a contribuição da Escola de Chicago, a respeito da *criminologia dos espaços urbanos*, nota-se a incidência de crimes de maneira desigual nas cidades. Algumas regiões são mais seguras; outras têm uma alta incidência de delitos. A ecologia criminal sempre teve razões sólidas para apresentar a criminalidade, embora não possa ser a única avaliação. Por isso, é preciso constatar a necessidade de um policiamento ostensivo mais atuante em áreas empobrecidas, sujeitas ao crime; cuida-se de postura de prevenção. Deve-se concentrar a atuação policial nas áreas mais violentas das cidades onde esse aspecto fica evidente.[1]

Corretamente, o autor apresenta um modelo proativo de policiamento, próximo às comunidades tanto quanto possível, inclusive com o policiamento a pé. Essa estratégia pode afastar o denominado *crime oportunista*. Além disso, a proximidade com a população pode ser positiva, pois a polícia precisa contar com o apoio das pessoas registrando os crimes e dispondo-se a testemunhar e prestar informações. A população tem responsabilidade no quadro da segurança e da prevenção do crime.[2]

Abordando a teoria das janelas quebradas, o autor menciona a contribuição para uma nova abordagem policial, visto que o abandono de zonas da cidade pode enviar uma *mensagem* de estímulo aos infratores. De modo sensato, Rolim afirma que a preocupação com a desordem não precisa gerar uma política de tolerância zero; pode-se sustentar, em seu lugar, o policiamento comunitário.[3]

Expõe-se, acertadamente, que o policiamento deve ser concebido como uma forma de atuação profissional, sem amadorismo, conhecendo-se realmente a segurança pública. É preciso evitar policiais despreparados, que terminam por cometer atos abusivos contra os mais pobres. O policiamento comunitário é eficiente, desde que tenha boa capacidade de comunicação, carisma, para motivar as pessoas, e inteligência, para identificar os problemas vividos pela comunidade, definindo estratégias de enfrentamento.[4]

No âmbito de análise das gangues, os infratores apresentam problemas variados, não se envolvendo apenas em atividades ilegais, mas, também,

---

1 *A síndrome da rainha vermelha*, p. 63-64.

2 Idem, p. 65, 69.

3 Idem, p. 72-73.

4 Idem, p. 97, 102.

demonstram outros problemas comportamentais. Podem ter saído muito cedo da escola, acabam possuindo armas de fogo, integram gangues e iniciam precocemente a vida sexual. Com esse perfil, detectou-se que 2/3 dos jovens ingressaram em gangues.[5]

O autor aponta, ainda, a falta de investimentos, no Brasil, para a reabilitação de prisioneiros. Por isso, o prognóstico das sentenças privativas de liberdade é o aprofundamento dos problemas de comportamentos antissociais. A proposta de ressocialização, prevista na Lei de Execução Penal, nunca se concretizou, no formato de política pública.[6]

Não há dúvida de que o envolvimento da comunidade na prevenção ao crime é essencial, devendo-se a isso associar a viabilidade de maior preparo dos agentes policiais para lidar com as comunidades carentes e, sempre que possível, inserir nas cidades o patrulhamento comunitário, próximo às pessoas, conferindo a sensação de segurança, que pode aliviar justamente a ideia do chamado *pânico moral*. Quanto mais a sociedade sentir a presença da polícia e estiver alerta para indicar focos de criminalidade, atuando em parceria com o poder público, ficará menos suscetível a mensagens exageradas de elevação dos índices de delinquência. Por outro lado, quanto à proposta de ressocialização dos condenados, prevista na Lei de Execução Penal, há de se apontar, o que temos feito há muito tempo, a falta de investimento estatal nos regimes fechado, semiaberto e aberto, de modo que se torna indispensável *concretizar* o quadro de direitos e oportunidades dos presos para que, depois disso, se possa promover críticas ao sistema idealizado em lei. Muitas vezes, há uma tendência lamentável de se pretender alterar a legislação, antes mesmo de ela ter sido implementada de maneira efetiva; diante desse quadro, torna-se um círculo vicioso, pois o Parlamento brasileiro pode alterar todo o ordenamento várias vezes, sem qualquer eficácia, enquanto não for realmente cumprida a lei tal como posta.

Avaliando as várias tendências criminológicas e penais do passado até a atualidade, Evandro Lins e Silva aponta acertos e equívocos, mas, acima de tudo, faz proposições para buscar o aprimoramento do sistema punitivo. O ideal seria a gradual eliminação da pena de prisão e, para isso, deve-se principiar pelo critério da *descriminalização* de condutas, que deixariam de ser consideradas delitos. Com isso, atinge-se a despenalização, aplicando-se sanções diversas da prisão. Outra opção é a *desjudicialização*, retirando-se do Judiciário penal certas infrações, que podem ser situadas na esfera civil ou

---

5 Idem, p. 146.

6 Idem, p. 214.

na administrativa. Restaria a prisão para os crimes mais graves, que atentem contra direitos fundamentais e os princípios de coesão social. Reconhece a forte tendência para criminalizar as condutas lesivas a direitos difusos, bem como os crimes de *colarinho-branco*. Entretanto, essa criminalização não precisa relacionar-se, necessariamente, à aplicação da pena privativa de liberdade; um banqueiro, por exemplo, pode ser apenado a ressarcir o dano provocado, além de uma multa que poderia até deixá-lo pobre. Além disso, há a necessidade de humanizar os regimes de prisão, aproximando-os cada vez mais da vida livre, inserindo pessoal habilitado a lidar com a ressocialização do condenado, favorecendo os contatos com a família, enfim, tratando o preso como criatura humana, propiciando-lhe condições de trabalho útil e de estudo, preparando-o para a reintegração social. Pode-se oferecer ao preso terapia de grupo, para que possa compreender os próprios problemas, com a ajuda de um especialista qualificado; a orientação grupal pode constituir um esforço para o sentenciado trocar informações práticas sobre o trabalho e a formação profissional, aprimorando as suas relações com outros detentos e com os agentes penitenciários. O autor afirma haver experiências nos Estados Unidos e em países escandinavos, desenvolvendo-se a ideia da *comunidade da prisão* e da *comunidade terapêutica*, para evitar a prisionalização; com isso, busca-se contornar a adaptação do detento ao meio prisional, pois o intuito é prepará-lo para viver fora dali. Critica a atmosfera de pânico criada em sociedade para aplicar cada vez penas mais rigorosas, embora reconheça que, consciente ou inconscientemente, há a noção de que a prisão é indispensável ao combate à criminalidade. Se assim é, o caminho é tornar a prisão menos nociva e aplicável aos indivíduos reconhecidamente perigosos. Tudo isso sem prejuízo da adoção de uma política criminal inteligente e criativa.[7]

O lúcido reconhecimento de Evandro Lins e Silva em face da realidade e, com isso, sem apresentar sugestões impraticáveis, enfoca pontos relevantes para o debate nacional de uma nova política criminal para o Brasil. Concordamos com a proposta de descriminalização de várias figuras típicas, hoje supérfluas no cotidiano das pessoas, muitas das quais são completamente ignoradas pela polícia e outros órgãos de segurança pública. A filtragem das normas penais incriminadoras permitiria alcançar um cenário de infrações efetivamente graves, no tocante às quais poderia haver mais investigação, processo e condenação, conferindo maior credibilidade ao direito penal e afastando a ideia latente de impunidade. Com isso, a pena privativa de liberdade poderia ficar reservada aos crimes graves, especialmente aos violentos

[7] De Beccaria a Filippo Gramatica, p. 20-22.

e com grave ameaça à pessoa, diminuindo a superpopulação carcerária e permitindo implantar outras maneiras de cumprimento da pena em regimes fechado, semiaberto e aberto. A criminologia contemporânea, segundo nos parece, precisaria ingressar no cenário da realidade, participando ativamente da criação e da reforma das leis penais, processuais penais e de execução penal, colaborando com ideias factíveis, em lugar de repetir, com insistência, modelos falidos de antemão, pois experimentados em outros países, sem qualquer sucesso. É verdade que há as críticas voltadas ao sistema carcerário como um todo, apontando-se mazelas em vários outros lugares, além do Brasil, mas as propostas para retificar os erros nem sempre são concretas e aproveitáveis; como se disse, muitas giram em torno da busca de um mundo perfeito, sem crimes e sem criminosos.

WINFRIED HASSEMER, comentando a política da tolerância zero, adotada em Nova York, menciona ser um conceito surpreendente, pois, em pouco tempo, conquistou o mundo da segurança interna, atuando acima dos limites partidários. Somente por ser comentada por muitos já se torna relevante. A leitura que se pode fazer é que, ao lado da segurança, existe o objetivo de se atingir a ordem. Quanto à teoria das janelas quebradas, evidencia-se para todos que a violação de um bem jurídico não é apenas a resultante de uma decisão individual, com dolo e consciência do injusto, pelo mal; na verdade, o mal também surge da oportunidade e da sedução de determinada situação, como o vandalismo contra um carro abandonado ou com relação a uma casa com janelas quebradas. Portanto, sobre a atividade policial, é obrigatório entender-se a tolerância zero como um convite para a confirmação da recepção ou da permanência da ordem pública, juntamente com a segurança pública, com igualdade de direitos.[8]

Uma parcela considerável de criminólogos refestela-se em criticar, com veemência, tanto a teoria das janelas quebradas, quanto a política da tolerância zero, buscando argumentos para justificar a queda dos índices de criminalidade na cidade de Nova York desde a década de 1990 até a atualidade. Uma das principais alegações concentra-se na investida do poder público contra os pobres, levando miseráveis para a cadeia, em atitude autoritária e abusiva. Ocorre que pouco se explica um ponto relevante: as pessoas pobres não são criminosas, nem fazem parte majoritária desse universo de pedintes agressivos, viciados, vândalos, ladrões, assaltantes, enfim, aqueles que conturbavam as ruas da cidade e os transportes públicos, especialmente o metrô. Ao contrário, muitas pessoas economicamente desfavorecidas apreciam ordem

8 *Direito penal libertário*, p. 174-176.

e segurança pública, tanto qualquer outro indivíduo de classe mais elevada. Quando se enfoca a ideia de que as janelas quebradas de uma casa ou de uma fábrica são um convite ao vandalismo e uma demonstração de ausência de segurança pública, cuida-se de algo visível e real. Pode não ser necessária a força policial para prender todos os que atirem pedras em janelas, o que não afasta a proposta de participação comunitária na ordem da via pública, inclusive obrigando, por meios extrapenais, o proprietário de um carro ou de um imóvel a não permitir que fique abandonado em local público.[9] Portanto, se a fórmula utilizada em Nova York foi desajustada, na ótica de alguns, ferindo direitos individuais e havendo casos de abusos policiais, o cerne da questão é outro: assegurar a ordem na via pública é um desejo de cidadãos em geral – e isso não tem nada a ver com classe social e muito menos com a cor da pele ou a origem étnica.

Aliás, cuidando do tema da cifra negra e da classe social de quem comete crimes, Armida Bergamini Miotto expõe uma realidade: a chamada *cifra negra* (número imenso de delitos não descobertos, não investigados ou não punidos) envolve, em grande parte, os crimes de colarinho-branco, cujos autores são pessoas de instrução superior, com sólida posição socioeconômica, bem-vestidas, de boas maneiras, com residência fixa e profissão certa, por vezes, conceituadas e respeitadas. O número de pessoas miseráveis e ignorantes, que não praticam crimes, mas buscam viver honestamente, é incomparavelmente maior do que o daquelas que, nas mesmas condições, optam pelo delito. Sob outro aspecto, a maioria das vítimas de crimes também se encontra em classes economicamente desfavorecidas.[10]

Para a autora, é urgente que a criminologia assuma a responsabilidade de fornecer subsídios ao direito penal, para fins de prevenção e repressão, pois o crime organizado é cada vez mais perigoso, atuando impunemente, por meio de prepostos ou testas de ferro. Há que se analisar não somente a criminalidade conhecida, como o caso dos traficantes de drogas, mas a de grupos e entidades que são legítimos, legalmente autorizados a funcionar, mas abusam do poder e lesam pessoas, como, por exemplo, indústrias que espalham seu lixo, poluindo o ar e a água dos rios e mares.[11]

---

9 Aliás, até mesmo abolicionistas, como Louk Hulsman, não pregam a desordem e o vandalismo, mas a ordem e o respeito, embora conseguidos sem a intervenção direta da polícia. Narra-se a ideia de existência de comitês de bairro para resolver conflitos, com reuniões e conversas. De qualquer forma, ninguém aplaude o desrespeito ao direito alheio (*Penas perdidas*: o sistema penal em questão, p. 150-151).

10 *A violência nas prisões*, p. 222.

11 Idem, p. 226-227.

Depois de muitos anos de exercício da magistratura, na área criminal, podemos afirmar que, infelizmente, muitas das vítimas de crimes, inclusive patrimoniais, são pessoas pobres e carentes, razão pela qual terminam duplamente atingidas, pois, não bastasse o descaso com que são tratadas pelo poder público, ainda terminam nas mãos de criminosos. Nessa relação de força, para haver um mínimo de equilíbrio e igualdade, é indispensável a intervenção estatal, realizada de maneira a respeitar os direitos fundamentais dos mais simples, porém, garantindo-lhes a mesma segurança que outras classes mais favorecidas possuem, lembrando que essas contam, além da atividade policial, com a segurança particular.

Outra parte a ser revisitada pela criminologia deve ser o estudo da impunidade, como explicam SÉRGIO ADORNO e CAMILA DIAS, apontando ser uma face visível da falência do sistema da justiça criminal. Se a sociedade sente a elevação da criminalidade, há, também, o sentimento de que grande parte permanece impune ou as sanções não são rigorosas o suficiente. Indicam estudos no sentido de que a impunidade no Brasil é superior à existente em outros países, gerando descrédito nas instituições responsáveis pelo sistema punitivo. A falta de credibilidade tem levado alguns cidadãos a procurar saídas emergenciais, apelando ao mercado de segurança privada, situação causadora do enfraquecimento da busca por meios legais de solução de conflitos e afetando o funcionamento da justiça criminal. Esta, por sua vez, apresenta-se morosa, com procedimentos legais lentos e excesso de formalidade burocrática.[12]

Eis um dos aspectos a ser enfocado pelos estudos criminológicos, pois a impunidade faz parte da denominada *cifra negra*, constitutiva do número de delitos cometidos e não apurados, não processados ou não punidos. É fundamental não perder de vista haver vários crimes praticados e conhecidos, apontados pelos próprios órgãos de comunicação e pelo jornalismo investigativo, que deixam de ser investigados ou processados, e muito menos punidos, por conta de injunções políticas e por decorrência do sistema de desnivelamento das classes sociais, em que se pode vislumbrar a maior facilidade de o poder público colocar no banco dos réus as pessoas pobres, com dificuldade até mesmo de possuir uma defesa técnica eficiente.

Avaliar os motivos da elevação do número de crimes graves de todas as espécies, cometidos e não descobertos e, se desvelados, não investigados, poderá indicar as falhas da segurança pública, no campo policial. Afora isso,

---

12 Monopólio estatal da violência, in: LIMA, RATTON e AZEVEDO, *Crime, política e justiça no Brasil*, p. 193.

quando devidamente investigado, apurando-se materialidade de autoria do crime, é preciso identificar as causas pelas quais não chegou a ser levado a juízo e, alcançando o processo criminal, torna-se importante verificar se houve condenação ou absolvição e, por óbvio, os índices de cada decisão. Portanto, apenas mencionar a existência da denominada *cifra negra* não gera efeitos concretos para a busca do aprimoramento do sistema punitivo do país.

3. A PENA PRIVATIVA DE LIBERDADE E AS POSSIBILIDADES EFETIVAS DE TRANSFORMAÇÃO

De início, algumas considerações em relação à prisão, apontando a conhecida frase de Foucault de que a *reforma* da prisão é mais ou menos contemporânea à própria prisão.[13] Pretende-se indicar, com tal assertiva, que a pena privativa de liberdade já teria surgido repleta de problemas e falhas, merecendo propostas de melhoria, desde o princípio e, talvez, esses avanços nunca sejam encontrados. Por outro lado, há quem relembre o fato de constituir a prisão um meio punitivo e acautelatório, em defesa da sociedade, tão antigo e universalmente adotado que deve haver alguma razão para a sua existência, como padrão, no sistema penal do mundo.[14] Possivelmente, algumas de suas funções ou finalidades são atingidas com sucesso, embora sofra críticas de todos os lados, sem que se ofereça um mecanismo tão seguro e eficiente quanto ela para, ao menos, conter indivíduos perigosos, cuja chance de lesar outras pessoas constitui um fato ou uma elevada probabilidade.

Como bem ressalta Alvino Augusto de Sá, mencionar que a pena de prisão não recupera ninguém é um consenso. Argumentar que o cárcere, em vez de promover a recuperação, incentiva a degradação não é exclusividade da criminologia crítica. Aliás, dizer singelamente que *a pena de prisão está falida* não traz nenhum proveito para o sistema penitenciário, nem para os presos que ali estão cumprindo suas penas.[15]

Neste tópico, pretende-se considerar a sua concreta existência e, por isso, avaliar se há viabilidade de aprimorá-la, humanizá-la e torná-la um meio adequado de punição, produzindo algum resultado positivo, seja em matéria de prevenção de crime, seja em relação à efetiva ressocialização de parcela dos sentenciados.

---

13 *Vigiar e punir*: nascimento da prisão, p. 226.

14 Ryanna Pala Veras, *Nova criminologia e os crimes do colarinho branco*, p. 137.

15 *Criminologia clínica e psicologia criminal*, p. 114.

Poder-se-ia indicar, em primeiro lugar, o dever de o poder público cumprir a lei vigente, nos campos penal, processual penal e de execução penal. Isso, porque é notório o descumprimento da norma posta pelos poderes republicanos, em especial, pelos chefes dos Poderes Executivos federal e estaduais. Essa solução implicaria duas situações relevantes: o colapso apontado no sistema carcerário seria resolvido e, após esse acontecimento, ter-se-iam elementos concretos para apurar e apontar se, realmente, a pena privativa de liberdade está completamente equivocada. Colocando-se em prática as previsões legais, a tendência é visualizar, com alguma certeza, todas as falhas sistêmicas, podendo-se corrigir – ou não – o que foi detectado. Porém, enquanto isto não se dá, é preciso levar em conta os principais aspectos da transformação positiva da pena privativa de liberdade, havendo uma reforma no sistema. Enumere-se o seguinte:

3.1 Esvaziamento dos estabelecimentos penais

Essa questão se liga aos seguintes fatores: (a) há um excessivo número de penas de prisão cominadas pelos tipos penais; (b) há uma excessiva aplicação de penas privativas de liberdade pelo Judiciário, mesmo quando são previstas outras hipóteses punitivas em lei; (c) há uma carência de vagas por inépcia do Poder Executivo em aumentá-las na medida em que a criminalidade apresenta um recrudescimento.

Quanto ao primeiro fator, deve-se ponderar se o Parlamento cria penas privativas de liberdade em número abusivo ou deixa de descriminalizar várias condutas, que estariam a merecer revisão há muito tempo. Parece-nos que, no Brasil, as duas causas atuam concomitantemente. O Legislativo cria tipos incriminadores novos em ritmo acelerado, sempre prevendo penas privativas de liberdade – embora em muitos casos sejam possíveis instrumentos alternativos, como a substituição por penas restritivas de direitos ou multa, acordos de não persecução penal, transação penal, suspensão condicional do processo –, ao mesmo tempo que não revisa o ordenamento jurídico-penal. Há um acúmulo de crimes previstos em lei, sem um sistema punitivo eficiente. Entretanto, pela experiência acumulada nos anos de exercício da judicatura, não se processam, no cotidiano, os denominados crimes em desuso, razão pela qual não são os geradores do número elevado de presos nos regimes fechado e semiaberto.[16] Outro ponto é a existência de diversos benefícios penais previstos

---

16 Essas figuras típicas servem apenas para produzir a sensação de impunidade, pois muitas delas são ignoradas pelo próprio poder público. Seria melhor um Código Penal mais enxuto, com infrações realmente levadas em consideração.

na legislação, que poderiam ser utilizados (e, em grande parte, são), como o cenário das infrações de menor potencial ofensivo, terminando no Juizado Especial Criminal, sem qualquer resultado prisional, além de aplicação de penas alternativas, multas, suspensões condicionais do processo e da pena, além do acordo de não persecução penal. Porém, verifica-se um número elevado de crimes cometidos por indivíduos reincidentes, o que afasta vários desses benefícios, gerando a prisão.

Quanto ao segundo fator, deve-se avaliar concretamente os casos nos quais a prisão foi imposta, seja em momento cautelar, seja como pena a ser iniciada em regime fechado. Constatando-se eventual abuso, cabe ao Legislativo restringir a alternativa à imposição do cárcere, alterando a lei. Outro ponto é cultivar encontros de magistrados pelas Escolas existentes em nível nacional e nos Estados para debater a cultura do encarceramento e amenizar essa tendência. No entanto, valendo-nos da experiência judicante, nota-se uma tendência mais intensa na decretação da prisão preventiva do que na imposição do regime fechado inicial para o cumprimento da pena; talvez, esse aspecto possa ser abrandado, alterando-se a perspectiva de avaliação dos casos concretos pelos magistrados. Quanto à aplicação *excessiva* da prisão, para principiar o cumprimento da pena, afora as hipóteses de tráfico ilícito de drogas, em que notamos haver, realmente, essa tendência, em outros delitos, por vezes, o julgador não tem alternativa, na medida em que se trata de crimes cometidos com violência ou grave ameaça a pessoa, com pena mínima elevada, contendo causas de aumento ou agravantes previstas em lei e, acima de tudo, praticados por reincidentes ou pessoas com maus antecedentes. Isto não sustenta, por si só, a singela alegação de que somente há reincidência porque o sistema punitivo é inoperante, tendo em vista os variados fatores de produção da reincidência, mesclando a expressa vontade do agente em *viver do delito*, pois avesso ao trabalho honesto; as propensões a certas práticas como decorrência de transtornos graves de personalidade (*vide* o caso dos molestadores sexuais de crianças); a integração ao crime organizado de onde não se consegue se desligar facilmente (o indivíduo não ingressa em organização criminosa necessariamente quando está preso); a ausência de apoio do poder público ao egresso, deixando-o, por vezes, em situação de desespero, a ponto de retomar a prática delitiva; o vício em drogas, sem o tratamento adequado proporcionado pelo Estado ou pela família, levando o viciado a buscar o cometimento de delitos para o sustento da sua dependência; a falta de separação dos presos, conforme o seu grau de periculosidade ou antissociabilidade nos presídios, proporcionando, para alguns, a denominada *escola do crime*, entre outros elementos. Observar a reincidência, que não atinge 100%

dos egressos, para afirmar, sem outras considerações aos diversos cenários existentes, ser *culpado* disso o sistema punitivo ou, mais especificamente, a prisão (regime fechado, como regra) soa-nos o reflexo de certa ingenuidade ou falta de experiência prática no enfrentamento à criminalidade.

Quanto ao terceiro fator, de todos eles, é o mais evidente, pois a população do Brasil cresce e a desigualdade econômico-social não diminui, permitindo variadas formas de criminalidade, desde o incremento dos delitos violentos, passando pelos crimes de colarinho-branco e chegando à ineficiência do aparato policial do Estado, cujas investigações ainda são compostas, majoritariamente, pela prova testemunhal, sem condições materiais para produzir eficazes provas periciais, que poderiam solucionar muitas infrações penais. Ao lado disso, emerge a impunidade, não somente como sensação presente em sociedade, mas como realidade, fazendo com que haja maior ousadia para o crescimento dos índices da criminalidade de toda ordem.

Ademais, se o Estado permite, passivamente, a existência da superpopulação carcerária, sem haver qualquer responsabilidade direta e pessoal do governante, continua-se a incentivar outro círculo vicioso, concentrado no fato de que criar novas vagas no sistema penitenciário demanda o emprego de vultosas quantias, o que, por certo, não proporciona, ao chefe do Poder Executivo o brilho por ele aguardado como bom administrador. Assim sendo, o encarceramento continua em péssimas condições, permitindo a promiscuidade entre os presos, com a produção de resultados muito piores no cenário da aguardada ressocialização. E o círculo se fecha: não se investe no sistema penitenciário, por falta de interesse político; a superpopulação carcerária continua existindo; a viabilidade de recuperação e ressocialização do preso diminui; a potencialidade da reincidência eleva-se; a segurança pública sofre com a elevação da criminalidade; surgem mais leis aumentando penas, retornando-se ao início, onde há insuficiência de vagas e excesso de presos.

É curial registrar que a visão exata do problema carcerário, no Brasil, permanece contida no universo dos estudiosos e operadores do direito da área penal; debatem o tema os criminólogos, os penalistas, os processualistas penais, alguns sociólogos, assistentes sociais, psicólogos ou psiquiatras forenses. A sociedade somente toma conhecimento da gravidade da situação por meio da mídia, diante da eclosão de motins e rebeliões, com tragédias de elevada repercussão e, mesmo assim, sem o devido esclarecimento das razões e das consequências disso; muitos ainda aplaudem o extermínio de presos, seja por outros detentos, seja pela polícia, quando invade o local para garantir a ordem. Não há a transmissão da mensagem à sociedade leiga de que o bom tratamento aos condenados, mormente os presos, provoca benefícios à própria comunidade, pois gera maiores chances de recuperação do sentenciado, impedindo a reincidência em vários casos, o que dá origem a maior efetividade à segurança pública.

O sentimento comum das pessoas tem sido refratário a qualquer melhoria das condições de vida do condenado, especialmente o que se encontra preso, tendo em vista o alto custo demandado e a carência de apoio estatal em diversas outras áreas muito mais sensíveis à população, como saúde, educação, lazer, moradia, alimentação etc. Por que dedicar alguns milhões de reais para ampliar as vagas dos presídios se há outros setores, voltados a *pessoas honestas* e *necessitadas*? Trata-se, politicamente, de um impasse, pois quem depende do voto popular termina acolhendo o anseio da sociedade por mais prisão, pouco importando se há superpopulação carcerária ou não.

É preciso vincular o governante, por meio de crime de responsabilidade ou ato de improbidade, se permitir que presídios sob a sua administração apresentem superpopulação carcerária. O esvaziamento do estabelecimento penal, adequando-se à sua real capacidade, deve ser atribuído a quem tem o poder de investir ou não nesses locais, a fim de cumprir o disposto na lei penal e na de execução penal. Caso o governante entenda não ser cabível esse investimento, cabe-lhe o encargo de apresentar proposta ao Poder Legislativo, com soluções práticas para o esvaziamento do cárcere, arcando, juntamente com o Parlamento, pelo ônus das novas leis editadas nesse sentido. Afinal, muito do fardo da referida superpopulação dos presídios termina recaindo sobre o Poder Judiciário, que não legisla, nem administra cadeias ou estabelecimentos penais. Ingressa-se em outros círculos viciosos: ora o juiz prende demais e, por causa disso, os presídios estão superlotados (poucos que fazem essa crítica dão-se ao trabalho de analisar a lei e a jurisprudência na área penal); ora a polícia faz o seu trabalho e prende, porém, o juiz solta, contribuindo para gerar insegurança (igualmente, muitos críticos deixam de estudar com critério o conteúdo das leis da área criminal).

Em suma, manter os presídios em condições civilizadas e humanizadas é dever do Estado e é disso que a sociedade, como um todo, precisa para buscar soluções reais aos problemas enfrentados, gerando a médio e longo prazos resultados positivos na própria segurança pública.[17]

---

[17] Utilizar a criminologia ou o direito penal como cenários para pregar a abolição do sistema punitivo, nos dias de hoje, é simplesmente inócuo, pois os Poderes que se sustentam pelo voto popular (Executivo e Legislativo) jamais permitiriam. Parece-nos mais sensato, então, propor sugestões admissíveis e bem trabalhadas com a comunidade para gerar aceitação e legitimidade.

3.2 Aperfeiçoamento dos benefícios de execução penal

Há propostas diversas nesse cenário, muitas das quais nos parecem exageradas, porque a Lei de Execução Penal, no Brasil, já prevê elementos positivos para a antecipação da liberdade: progressão de regime, livramento condicional, remição, indulto e comutação de penas. Lembre-se, ainda, do limite de penas, previsto no art. 75 do Código Penal, significando que, mesmo condenado a 100, 200 ou mais anos de prisão, pela prática de inúmeros delitos graves, o sentenciado somente ficará preso por, no máximo, 40 anos (até a reforma introduzida pela Lei 13.964/2019, o limite era de 30 anos).

Diante disso, é preciso registrar as revisões feitas nos últimos tempos, retirando a obrigatoriedade de parecer da Comissão Técnica de Classificação e do exame criminológico para efeito de se avaliar a conduta do preso em todos os tipos de crimes e condenações. Atualmente, basta o apenado ostentar boa conduta carcerária, comprovada por atestado expedido pelo diretor do estabelecimento onde se encontra (art. 112, § 1º, Lei 7.210/1984). Excepcionalmente, conforme orientação pacificada na jurisprudência, conduzida pela Súmula Vinculante n. 26 do Supremo Tribunal Federal, pode o magistrado determinar a realização de exame criminológico. Tem-se entendido ser esse exame indicado para os casos de autores de crimes violentos contra a pessoa e, geralmente, com penas muito longas a cumprir.

O aprimoramento da execução penal, portanto, deve dar-se mais no plano concreto do que no âmbito das leis. Note-se o exemplo da remição (desconto na pena de um dia a cada três dias de trabalho ou estudo); para se garantir esse direito do preso é imprescindível proporcionar trabalho útil e ofertar cursos para o estudo de quem está detido. Há vários estabelecimentos penais que, por economia, desativaram oficinas e até mesmo impediram o trabalho dos sentenciados nos serviços internos do presídio, como cozinha, lavanderia e limpeza, terceirizando tudo isso. O argumento é sempre o mesmo: terceirizar permite maior economia aos cofres públicos. Com isso, retira-se do preso o trabalho, que lhe dava a remição e cortava a sua nefasta ociosidade.[18]

Algumas opiniões, provenientes de criminólogos, penalistas ou sociólogos, ridicularizam certos trabalhos exercidos pelos presos, por acharem *coisas de menor importância*. Outras vão além, afirmando que o trabalho deveria ser, *sempre*, mera faculdade para o preso. Em primeiro lugar, ficar ocioso é a pior situação possível, de modo que qualquer trabalho é bem-vindo. A Lei

---

[18] A ociosidade incita a imaginação, excita os sentimentos e as sensações. Se induz uns a estados depressivos, provoca outros à agressividade (ARMIDA BERGAMINI MIOTTO, *A violência nas prisões*, p. 39)

de Execução Penal consagra o trabalho como um dever do detento, mas não se trata de trabalho forçado; se a opção de quem está preso for no sentido de não trabalhar, respeita-se; porém, cuida-se de falta grave, demonstrativa da sua intenção de não buscar nenhuma forma de ressocialização. Afinal, não há estudo médico ou psicológico consagrando a ociosidade como positiva e produtiva para o ser humano. Em segundo, trabalhar em serviços internos do presídio não é algo que ocorre apenas no Brasil, além do que significa uma profissão digna para várias pessoas, que nunca foram condenadas, como exercer alguma atividade na cozinha, na biblioteca, na administração, na lavandeira, nos serviços de limpeza etc. Em terceiro, deve haver oficinas para conferir o ensino profissionalizante, instruindo o preso a desenvolver variadas tarefas especializadas de grande relevo, como aprender técnicas de computação e de *softwares*. Em quarto, o poder público pode proporcionar estudo nos níveis necessários para cada preso: fundamental, médio e superior, algo que se torna cada vez mais viável por videoconferência (ensino à distância).

Para Pietro Nuvolone, a reeducação pode ser obtida por meio de vários tratamentos compatíveis com a prisão, sempre com respeito à personalidade humana. Um dos meios mais eficientes é o trabalho, adequado à capacidade e às aptidões de todos. O outro meio é o estudo, lembrando-se da educação cívica e religiosa, desde que respeitada a liberdade de culto e crença. Há que se ponderar sobre as atividades esportivas para buscar efeitos salutares. Além disso, deve-se manter, à disposição dos condenados, médicos e criminólogos para acompanhar a execução da pena. Finalmente, a assistência após o cárcere é fundamental, não como obra de caridade, mas como serviço social do Estado.[19]

3.3 Flexibilização da aplicação do regime inicial de cumprimento da pena

Considerando-se o disposto pelo art. 33 do Código Penal, há o seguinte quadro: (a) nos termos do *caput*, a pena de reclusão pode iniciar-se em regime fechado, semiaberto ou aberto; a de detenção pode iniciar-se em regime semiaberto ou aberto, salvo necessidade de transferência de regime (regressão); (b) nos termos do § 2º, o sentenciado a pena superior a oito anos deve começar a cumpri-la no regime fechado; (c) o condenado não reincidente, cuja pena seja superior a quatro e não exceda oito anos, pode iniciar no regime semiaberto; (d) o sentenciado não reincidente, com pena igual ou inferior a quatro anos,

[19] O problema da reeducação do condenado, p. 11-12.

pode iniciar no regime aberto. Recomenda o § 3º do referido art. 33 que a fixação do regime inicial de cumprimento da pena deve observar os critérios previstos no art. 59 do Código Penal.

Em primeira avaliação, vislumbra-se o seguinte: (a) sentenciado primário ou reincidente, com pena superior a oito anos, *deve iniciar* no regime fechado, pouco interessando o que dispõe o art. 59; (b) sentenciado reincidente, com pena superior a quatro e não excedente de oito anos, *deve iniciar* no regime fechado, pouco importando o art. 59; (c) condenado reincidente, com pena igual ou inferior a quatro anos, *deve iniciar* no regime fechado, ignorando-se o art. 59. Portanto, o disposto nesse art. 59 (circunstâncias judiciais) somente serve para nutrir quem tem pena até oito anos, sendo primário: o juiz pode inseri-lo, inicialmente, nos regimes fechado, semiaberto ou aberto. Tudo isso, em tese, respeitado o princípio constitucional da individualização da pena (art. 5º, XLVI, CF).

Ocorre que, em 2002, o Superior Tribunal de Justiça, possivelmente para atenuar a superlotação dos presídios, editou a Súmula 269, nos seguintes termos: "é admissível a adoção do regime prisional semiaberto aos reincidentes condenados a pena igual ou inferior a quatro anos se favoráveis as circunstâncias judiciais". Levando-se em conta a literalidade da lei, a súmula infringe a regra estabelecida pelo art. 33, § 2º, *c*, do Código Penal. Porém, admitindo-se a profícua conjugação do princípio constitucional da individualização da pena, com os arts. 33 e 59 do Código Penal, o indicado seria permitir que o julgador fixasse o mais adequado regime inicial, no seu entendimento, para o condenado a pena igual ou inferior a quatro anos, quando fosse reincidente. Não tem sentido a contradição de a lei penal apontar para o regime fechado inicial e a jurisprudência do STJ *liberar* apenas o regime semiaberto inicial; se é para contrariar o texto normativo, o ideal seria a completa desobrigação do Judiciário para optar pelo regime inicial mais ajustado ao sentenciado. Por outro lado, o reincidente com pena superior a quatro anos, não excedendo oito, continua obrigando o juiz a estabelecer o regime inicial fechado.

De outro lado, o art. 2º, § 1º, da Lei dos Crimes Hediondos, prevê o seguinte: "a pena por crime previsto neste artigo será cumprida inicialmente em regime fechado". Portanto, independentemente do *quantum* da pena, o que importa é a qualidade do delito – ser hediondo ou equiparado – para se estabelecer o regime inicial fechado. No entanto, fundamentando-se no princípio constitucional da individualização da pena, o Supremo Tribunal Federal proclamou a inconstitucionalidade desse dispositivo, sustentando não se poder fixar, em lei, sem outras justificativas, a obrigatoriedade do regime fechado inicial. Tratava-se de um caso de condenação por tráfico ilícito de drogas a uma pena de seis anos de reclusão, estabelecido o regime inicial fechado. Eis a ementa: "*Habeas corpus*. Penal. Tráfico de entorpecentes. Crime praticado durante a vigência da Lei nº 11.464/07. Pena inferior a 8 anos de reclusão. Obrigatoriedade de imposição do regime inicial fechado. *Declaração incidental de inconstitucionalidade do § 1º do art. 2º da Lei nº 8.072/90*. Ofensa à garantia constitucional da individualização da pena (inciso XLVI do art. 5º da CF/88). Fundamentação necessária (CP, art. 33, § 3º, c/c o art. 59). Possibilidade de fixação, no caso em exame, do regime semiaberto para o início de cumprimento da pena privativa de liberdade. Ordem concedida [...]". Do voto do relator: "Feitas essas considerações, penso que deve ser superado o disposto na Lei dos Crimes Hediondos (obrigatoriedade de início do cumprimento de pena no regime fechado) para aqueles que *preencham todos os demais requisitos previstos no art. 33, §§ 2º, 'b', e 3º, do CP, admitindo-se o início do cumprimento de pena em regime diverso do fechado*. Nessa conformidade, tendo em vista a declaração incidental de inconstitucionalidade do § 1º do art. 2º da Lei nº 8.072/90, na parte em que impõe a obrigatoriedade de fixação do regime fechado para início do cumprimento da pena aos condenados pela prática de crimes hediondos ou equiparados, concedo a ordem para alterar o regime inicial de cumprimento das reprimendas impostas ao paciente para o semiaberto" (HC 111.840-ES, Plenário, rel. Dias Toffoli, 27.06.2012, m.v.).

Se assim é, devendo-se considerar as circunstâncias judiciais do art. 59 e, por óbvio, as circunstâncias concretas do delito e de seu autor, não se vislumbra razão para reputar inadmissível o regime fechado inicial, previsto em lei, ao mesmo tempo que se faz referência ao cumprimento dos requisitos do art. 33 do Código Penal. Ora, para seguir, fielmente, a individualização da pena, torna-se imperioso inexistir qualquer restrição, vale dizer, se um traficante, condenado a seis anos de reclusão (delito equiparado a hediondo), pode começar a cumprir no regime semiaberto, parece-nos ser viável iniciar, igualmente, no regime aberto. Pode-se, também, entender que o condenado por crime comum (nem hediondo, nem equiparado), primário e sem antecedentes, a uma pena superior a oito anos, possa começar a cumpri-la no regime semiaberto (quiçá no aberto).[20]

Em suma, soa-nos ideal flexibilizar de vez, em mãos do julgador, fazendo valer as circunstâncias do caso concreto, qual é o mais indicado e adequado regime inicial para o cumprimento da pena.

---

[20] Somente para ilustrar, houve vários acordos de delação premiada, conduzidos pela denominada *Operação Lava Jato*, em que se podem encontrar condenações a penas *muito* superiores a oito anos de reclusão, em regime inicial *aberto*, em prisão domiciliar, apenas com o uso de monitoramento eletrônico.

3.4 Apoio da comunidade durante e após o cumprimento da pena

Na Lei de Execução Penal, encontra-se o seguinte: "Art. 25. A assistência ao egresso consiste: I – na orientação e apoio para reintegrá-lo à vida em liberdade; II – na concessão, se necessário, de alojamento e alimentação, em estabelecimento adequado, pelo prazo de 2 (dois) meses. Parágrafo único. O prazo estabelecido no inciso II poderá ser prorrogado uma única vez, comprovado, por declaração do assistente social, o empenho na obtenção de emprego. Art. 26. Considera-se egresso para os efeitos desta Lei: I – o liberado definitivo, pelo prazo de 1 (um) ano a contar da saída do estabelecimento; II – o liberado condicional, durante o período de prova. Art. 27. O serviço de assistência social colaborará com o egresso para a obtenção de trabalho".

Na sequência, há disposições sobre o patronato: "Art. 78. O Patronato público ou particular destina-se a prestar assistência aos albergados e aos egressos (artigo 26). Art. 79. Incumbe também ao Patronato: I – orientar os condenados à pena restritiva de direitos; II – fiscalizar o cumprimento das penas de prestação de serviço à comunidade e de limitação de fim de semana; III – colaborar na fiscalização do cumprimento das condições da suspensão e do livramento condicional".

Em seguida, encontra-se o Conselho da Comunidade: "Art. 80. Haverá, em cada comarca, um Conselho da Comunidade composto, no mínimo, por 1 (um) representante de associação comercial ou industrial, 1 (um) advogado indicado pela Seção da Ordem dos Advogados do Brasil, 1 (um) Defensor Público indicado pelo Defensor Público Geral e 1 (um) assistente social escolhido pela Delegacia Seccional do Conselho Nacional de Assistentes Sociais. Parágrafo único. Na falta da representação prevista neste artigo, ficará a critério do Juiz da execução a escolha dos integrantes do Conselho. Art. 81. Incumbe ao Conselho da Comunidade: I – visitar, pelo menos mensalmente, os estabelecimentos penais existentes na comarca; II – entrevistar presos; III – apresentar relatórios mensais ao Juiz da execução e ao Conselho Penitenciário; IV – diligenciar a obtenção de recursos materiais e humanos para melhor assistência ao preso ou internado, em harmonia com a direção do estabelecimento".

Observa-se a insuficiência de apoio ao preso, durante o cumprimento da pena, pois o patronato disso não se ocupa, reservando-se a prestar assistência aos albergados e aos egressos, logo, sem se relacionar com os apenados em regime fechado ou semiaberto. Quanto ao conselho da comunidade, a sua participação, embora envolva os detentos, é restrita, limitando-se a entrevistar presos e obter recursos materiais e humanos para aprimorar a assistência. Outro aspecto prático diz respeito à inexistência de patronato e conselho da comunidade em várias comarcas.

Seria preciso um suporte mais detalhado e constante, preferencialmente exercido por voluntários, com ânimo para lidar com a comunidade carcerária; para a busca desse pessoal seria indispensável a atividade de coordenação e captação feita por organismos do Estado. É fundamental que a sociedade perceba o relevante trabalho a ser exercido junto aos presos, pois eles retornarão ao meio livre dentro de certo tempo e precisarão voltar mais preparados e aptos a ter uma profissão lícita, que lhes garanta o sustento e de sua família. Porém, esse discurso não pode ficar circunscrito ao universo dos penalistas e criminólogos, nem mesmo restrito ao âmbito das agências de segurança. Da mesma maneira que se promove, por exemplo, o amparo à criança necessitada ou à vítima de violência doméstica, seria curial divulgar o significado do cumprimento da pena, as suas finalidades e os benefícios que podem atingir toda a sociedade quanto mais assistência e oportunidades de ressocialização tiver o preso.[21]

Como narra Mayrink da Costa, a assistência do preso alcança o Concílio de Niceia, no qual foram criados os *procuratores pauperum*, sacerdotes que visitavam os homens nas prisões, socorrendo-os espiritualmente, dando-lhes roupas e alimentos. No século XVIII, surgiram, na Itália, instituições religiosas voltadas ao socorro material e espiritual dos presos. Após, no século XIX, criou-se, na França, a *Confrérie de la Miséricorde*, no intuito de promover a caridade, remediando a situação do encarcerado, mas não se preocupava com o instante da sua libertação. Segundo consta, o patronato é uma instituição fundada em 1776 na Filadélfia, com a finalidade de reincorporar o condenado à sociedade.[22]

O autor demonstra que, sem a ajuda pós-prisão, qualquer ressocialização fracassa. O problema se torna pior quando o condenado cumpriu vários anos de prisão, acomodando-se, e termina não encontrando ajuda na sociedade

---

[21] Certa vez, em atividade na Corregedoria-Geral da Justiça de São Paulo, atendi um prefeito de pequena cidade do interior do estado, pedindo alguma providência do Tribunal para intervir no horário de soltura de presos do estabelecimento penal existente nas proximidades daquela comarca, porque os egressos eram colocados em liberdade no final do expediente, sem dinheiro e sem assistência, acabando por dormir no banco da praça e assustando os moradores locais. Se fossem soltos pela manhã, a Prefeitura daria algum dinheiro para eles irem embora da cidade. Por certo, está longe de ser a assistência prevista pelo art. 25 da LEP.

[22] *Criminologia*, p. 329.

livre. É preciso considerar que uma pessoa, ao ficar um longo tempo presa, em sociedade fechada, recebendo tudo do Estado, sem ser obrigada a lutar por nada, ao ser posta em liberdade sente muita dificuldade no mercado de trabalho.[23]

Na saída da prisão, como aponta MICHELLE ALEXANDER, pode-se ter a seguinte situação: "Eis então você, um prisioneiro recém-libertado – sem-teto, desempregado e carregando uma montanha de dívidas. Como consegue se alimentar? Como cuida de seus filhos? Não há uma resposta clara para essa pergunta, mas uma coisa é certa: não conte com o governo para qualquer ajuda. Não lhe negarão apenas habitação, mas também comida".[24]

O círculo vicioso da reincidência, como já mencionado, representando o cumprimento da pena de prisão e o retorno à atividade delituosa, nem sempre se dá por conta exclusiva do funcionamento do sistema prisional, visto que a ausência de assistência ao egresso é um dos fatores determinantes para alguém, em desespero, retornar ao delito, especialmente contra o patrimônio, para assegurar a sua mantença, até porque o Estado nem mesmo cuida de providenciar um emprego lícito para quem cumpriu pena. É certo que, em fases de recessão, os índices de desemprego são elevados para todos, porém, quanto ao egresso a situação se torna ainda mais difícil, por conta do estigma que o acompanha.[25] Portanto, a atividade assistencial do poder público tem o dever de atuar nesse campo, buscando colocação emergencial aos presos que deixam o estabelecimento penal, em especial ao que ficou muito tempo em regime fechado.

3.5 Administração e organização do estabelecimento penal

Os problemas da prisão, evidenciados por ALVINO AUGUSTO DE SÁ, consistem em fatos reais, como a má gestão da coisa pública e a inabilidade administrativa. Há o isolamento do apenado em relação à sua família e à sociedade, além de haver a convivência forçada no meio delinquente. Existe um sistema de poder, que controla os atos dos indivíduos presos, em relação ambivalente, pois os agentes penitenciários devem dar assistência aos encar-

---

[23] Idem, p. 331.

[24] *A nova segregação*: racismo e encarceramento em massa, p. 233.

[25] A estigmatização pode dar-se em relação ao egresso, mesmo com o sigilo da sua folha de antecedentes, porque, ao passar muitos anos preso, instado a apresentar um currículo, não terá o que mostrar quanto a trabalhos anteriores (a não ser no interior do presídio) e terminará por ser identificado como ex-detento e, com isso, não será contratado.

cerados ao mesmo tempo que os reprimem e punem.[26] A vida carcerária é vista em formato conjunto, sem individualização, na prática, gerando uma desorganização da personalidade, provocadora de perda de identidade, sentimento de inferioridade, empobrecimento psíquico, infantilização, entre outros aspectos negativos.[27]

O autor sugere o aprimoramento de uma classificação criminológica dos criminosos, atendendo aos reclamos da moderna criminologia, comprometida com uma compreensão multidisciplinar da conduta criminal; deve-se formar uma equipe de técnicos em criminologia e arquitetos para melhorar os presídios de regime fechado; há de se implementar a classificação criminológica para todos os que ingressam no sistema penitenciário, fazendo uma verificação posterior.[28]

Quanto ao cumprimento da pena por mulheres, embora o número seja menor do que o de homens, a partir dos anos 1980 elevou-se o número de encarceradas. Kristi Holsinger demonstra que as mulheres presas constituem um grupo muito mais oprimido, vulnerável e invisível na sociedade. Elas vêm das mais baixas classes socioeconômicas, exibindo os mesmos quadros de pobreza e problemas de saúde e nutrição, por vezes com comprometimento da saúde mental. Além disso, apresentam maiores taxas de contaminação pelo vírus da AIDS se comparadas aos homens nas prisões. As mulheres negras ainda sofrem mais, por conta da discriminação. As presas são as que mais se estressam com a separação de seus filhos.[29]

Concebendo o cenário de uma prisão como uma instituição onde são colocados os indivíduos considerados perigosos à sociedade, logo, o ambiente carcerário, por si só, é um lugar inseguro aos próprios internos e para as pessoas que ali trabalham. Sob esse prisma, Steiner e Meade esclarecem ser preciso proporcionar uma prisão segura, reduzindo a população carcerária, classificando os reeducandos conforme as suas necessidades e os riscos que podem gerar, respeitando as pessoas presas e corrigindo os agentes penitenciários no trato com os internos.[30]

---

26 *Criminologia clínica e psicologia criminal*, p. 116-117.

27 Idem, p. 118-119.

28 Idem, p. 139.

29 The feminist prison, in: Cullen, Stohr e Jonson (ed.), *The american prison*: imagining a different future, p. 88-92. Essa situação não é diversa no Brasil.

30 The safe prison, in: Cullen, Stohr e Jonson (ed.), *The american prison*: imagining a different future, p. 130-144.

Observa-se a coincidência de problemas existentes em presídios brasileiros e americanos, com elevada probabilidade de se estender a estabelecimentos penais de países diversos, devendo-se buscar, no que for possível, as soluções adequadas a tornar o presídio um lugar mais seguro aos próprios internos, com mais assistência e garantindo-se, de maneira efetiva, a separação entre os presos, conforme a sua condição pessoal – reincidente ou primário; faixa de idade; periculosidade apresentada conforme o comportamento carcerário. Um ponto essencial para que haja uma transformação eficiente é a redução do tamanho do presídio, pois lugares muito grandes, com vários pavilhões, tornam-se autênticas *cidades*, ingovernáveis na prática. Aliás, exemplo disso, com resultado trágico, foi a Casa de Detenção de São Paulo, que atingiu cerca de sete mil presos, em lugar muito amplo, mas superlotado. Em 1992, com a invasão da Polícia Militar, para controlar uma rebelião, houve 111 detentos mortos. Após, o presídio foi implodido e o Estado de São Paulo criou vários outros estabelecimentos para, no máximo, mil presos cada um, transferindo toda a população carcerária ali existente.

Sobre o tema, JONSON, ECK e CULLEN argumentam importar muito o tamanho do presídio para que se possa realizar bons projetos com a população encarcerada. Quanto maior o número de presos, menor as oportunidades de trabalho e de sucesso nos programas de reabilitação. Infelizmente, nos Estados Unidos, durante as últimas décadas, foram construídos presídios imensos; os autores esperam que, nas próximas, sejam erguidos estabelecimentos menores para compensar as perdas com a ressocialização.[31]

É importante registrar, como fazem CULLEN, SUNDT e WOZNIAK, que as prisões sofreram – e sofrem – com a falta de vontade dos criminólogos para atingirem a viabilidade como instituições correcionais, que pudessem ser administradas de maneira mais humana e eficiente. As últimas décadas deveriam ter passado pelos menos duas lições. A primeira diz respeito a fazer algo positivo pela melhoria do sistema e encontrar algum bem. A segunda concerne a realizar o bem, evitando a negligência. É um desafio encontrar estratégias para atitudes benevolentes na área difícil das correções criminais. A ideia de uma *prisão virtuosa* é uma sugestão de *fazer o bem* na prisão.[32] Parece-nos fundamental trabalhar com o cenário existente e, para tanto, a criminologia precisa fazer o seu papel, juntamente com outros estudiosos

---

[31] The small prison, in: CULLEN, STOHR e JONSON (ed.), *The american prison*: imagining a different future, p. 216, 231.

[32] The virtuous prison, in: CULLEN, STOHR e JONSON (ed.), *The american prison*: imagining a different future, p. 80.

da área penal, da segurança pública e da assistência social, para aperfeiçoar os estabelecimentos penais, pois a indiferença por esse sistema punitivo, criticando-o apenas e sugerindo a sua eliminação pura e simples, não resolve absolutamente nada. Ao contrário, representa uma negligência com relação a quem cumpre a sua pena nos regimes fechado, semiaberto e aberto, todos eles necessitados de reformas e novas ideias. Portanto, se o estudioso almeja fazer a sua crítica e até mesmo adotar a postura abolicionista, por exemplo, há de reservar uma parcela do seu espaço para propor soluções viáveis, dentro do contexto vivido, presente e concreto.

Buscando resumir em seis lições o que pode ser feito para aprimorar os presídios, Stohr, Jonson e Cullen apregoam o seguinte: (a) as prisões devem desenvolver e não maltratar os internos; (b) devem ser justas; (c) precisam ser lugares saudáveis e seguros; (d) devem ser responsáveis; (e) precisam ser custeáveis e reservadas para criminosos violentos e reincidentes; (f) devem ser aprimoradas pelo próprio *staff*.[33]

Expõe Ferrajoli que o mínimo pretendido pela aplicação da pena é não perverter o sentenciado; se não o reeducar, pelo menos, que não o deseduque; se não tiver função corretiva, ao menos não tenha função corruptora; se não puder torná-lo melhor, que não o deixe pior. Para tanto, é preciso que as condições de vida no presídio sejam as mais humanas e menos aflitivas possíveis, com disponibilidade de trabalho facultativo, juntamente com atividades coletivas – recreativas e culturais –, além de se desenvolverem espaços de liberdade e sociabilidade, com a garantia de todos os direitos fundamentais, incluindo encontros conjugais.[34]

Em apurada crítica, Jacinto Nelson de Miranda Coutinho menciona que nunca se tentou, de forma autêntica, uma efetiva prática de ressocialização, sob as mais variadas desculpas, geralmente ligadas à falta de recursos materiais. Há, pois, uma situação interessante, merecedora de reflexão: fala-se em *falência* do sistema de reintegração do preso, mas o tal sistema, na realidade, nunca existiu. Em síntese, haveria o milagre da *falência* de uma empresa que nunca veio a lume.[35]

O emprego de recursos nos estabelecimentos penais significa um duplo alvo a ser buscado: a humanização dos presídios e a maior viabilidade de

---

33 Lessons learned: from penal harm to penal help, in: Cullen, Stohr e Jonson (ed.), *The american prison*: imagining a different future, p. 259-266.

34 *Direito e razão*, p. 365.

35 O gozo pela punição (em face de um Estado sem recursos), in: Coutinho, Morais e Streck (org.), *Estudos constitucionais*, p. 140.

ressocialização do sentenciado ali inserido. Se não for feito pelo espírito de solidariedade a quem falhou e merece uma nova chance, ao menos, que se faça por uma questão de segurança pública; afinal, esta se realiza não somente por meio de investimento no aparato policial e no aprimoramento da justiça criminal, mas, sobretudo, pelo aperfeiçoamento do sistema punitivo. É preciso que o governante, responsável pela administração e pela organização dos presídios, tenha bom senso e responsabilidade para investir e, com isso, facilitar a vida de quem é preso, pois isso resultará em benefício à própria sociedade.

4. A PUNIÇÃO DO FUTURO: IDEALISMO E REALIDADE

Constitui um senso comum e lógico que o crime desaparecerá da face da Terra quando todos os seres humanos forem espíritos evoluídos, abandonando, por completo, os sentimentos da miséria interior, geradores de todos os demais de perfil negativo: o egoísmo e o orgulho. Sob o manto da fraternidade, que distribui apenas amor, e da humildade, geradora da paz, não haverá criminoso. Esses termos – crime e criminoso – sumirão e as leis penais serão varridas de todos os ordenamentos do mundo. Aliás, todas as demais leis, igualmente, pois os conflitos deixarão de se fazer presentes.

Cremos na evolução da humanidade e devemos atingir esse patamar. Enquanto isso não ocorre – ou vai acontecendo gradualmente – o direito continuará sendo a forma mais racional e justa de regular as relações humanas, em qualquer sociedade. Pode ser um direito escrito ou consuetudinário, mas estará presente e apresentará consequências negativas a quem agir de maneira a lesar seu semelhante ou a coletividade. Por certo, o progresso do ser humano deverá indicar, pouco a pouco, o sentido da diversidade de pensamentos e comportamentos, tornando livres aqueles que não prejudiquem direito alheio e, de algum modo, impondo sanção à atitude considerada lesiva. O que ontem era uma infração, hoje pode ser um comportamento admissível e livre. Isto não é um cenário exclusivo do direito penal, mas de todos os ramos do ordenamento jurídico em qualquer parte do mundo.

Portanto, temos que aprender a conviver com essa paulatina evolução e, por meio da divulgação de ideias, propostas, sugestões e críticas construtivas, apontar os erros legislativos, indicando as possibilidades de solução. Tudo se faz dentro da evolução da sociedade como um todo e não se impõe, com discursos de ódio de qualquer espécie, um pensamento ou um conjunto estanque de ideais.

Não se discute que o crime é um conceito eminentemente jurídico-penal, lastreado no princípio constitucional da legalidade (art. 5º, XXXIX, CF). O delito é fruto de uma lei e não existe por si mesmo; não se trata de uma conduta perenemente criminosa, desde os tempos primitivos até a eternidade. Nesse cenário, tudo é relativo e depende das circunstâncias de um momento e do período histórico, além de derivar de certa sociedade. Poder-se-ia dizer que o homicídio é uma conduta criminosa, por excelência, embora até mesmo eliminar a vida de um ser humano comporta digressões de variadas ordens, como, por exemplo, no campo do estado de necessidade (art. 24, CP), da legítima defesa (art. 25, CP), além de se poder apontar a eutanásia ou a ortotanásia, presentes em alguns países de modo claro na legislação, e inúmeros outros aspectos, geradores de controvérsia e polêmica. Entretanto, as idas e vindas do direito penal, na história da humanidade, nunca serão razão para se justificar, de maneira singela, a sua abolição completa, *hoje*.

Por certo, ninguém deseja ser vítima de um crime, nem que seus familiares e amigos o sejam; queremos crer que a maioria dos autores de delitos, também, não almejava que assim acontecesse. Mas, por prova ou expiação, a humanidade ainda padece sofrimentos de inúmeras origens, entre eles se encontra o crime. O futuro poderá determinar a alteração integral do comportamento lesivo de uma pessoa em relação a outra ou outras e, com certeza, as leis penais devem acompanhar esse progresso, desfazendo-se e sendo eliminadas, para que a plena liberdade de ação e omissão seja a regra segura e sólida a todos. Retirar as amarras do direito penal significa ter a certeza de que essa possibilidade jurídica somente irá gerar paz e harmonia; não pode se tratar de uma simples teoria, sem qualquer empirismo efetivo. O mundo não possui a dimensão de uma tribo de esquimós isolada no gelo para se dar como exemplo e, com isso, sustentar a inutilidade do direito penal, pretendendo apontar instrumentos alternativos para a resolução de conflitos.

No entanto, somente para argumentar, pretender viver em uma grande metrópole, com os recursos a ela inerentes e, por óbvio, contando com todos os dilemas que ela proporciona, exige preparo para enfrentar o egoísmo alheio e a desumanidade de várias pessoas, capazes de atuar com intensa força lesiva, provocando efeitos danosos, graves e prejudiciais a interesses e direitos juridicamente tutelados – e são assim protegidos justamente porque se vive nessa sociedade moderna e repleta de regras para reger a vida de milhares de seres humanos, que convivem amiúde, lado a lado.

Não cremos na mescla da criminologia com qualquer ideal político e muito menos na afirmação de ser o crime o resultado deste ou daquele sistema econômico, visto que a infração penal existe em todas as sociedades do mundo atual, até porque cada uma delas regula o que é crime – e o que não é – de maneira diferente. Pode ser que alguns delitos sejam (quase) unanimidade, como, retomando o exemplo, o homicídio, quando cometido dolosamente, sem qualquer excludente prevista em lei, previsto como crime grave e passível de punição.

Muitas propostas abolicionistas ou extremamente críticas terminam por perceber a sua inviabilidade e, então, transformam-se em outras alternativas para o sistema punitivo. Parecem afirmar, primeiro, o mundo ideal, sem o direito penal, valendo-se de exemplos de condutas de controversa criminalização – uso de álcool, drogas, prostituição, mendicância, vagabundagem e similares – para demonstrar que se pune em demasia.[36] Talvez fosse mais eficaz fornecer outros exemplos de extinção da figura típica incriminadora, como homicídio, estupro, roubo, crimes de colarinho-branco etc. Mas ilustrar a eliminação completa do direito penal para esse cenário seria ousado demais. Então, quando alguns abolicionistas tecem considerações quanto a tais delitos graves, terminam argumentando que precisam ser punidos, mas não com a privação da liberdade (ou, quando esta fosse absolutamente indispensável, em condições totalmente diversas das prisões atuais).[37]

De qualquer modo, sem a punição, não se encontra solução alguma. JOÃO MARCELLO DE ARAUJO JUNIOR afirma que os extremos (lei e ordem e abolicionismo) atentam contra as conquistas de garantias atingidas pelo movimento da defesa social. Além disso, não há cenário para o legislador abolir o arsenal punitivo nos dias de hoje, até porque, no seio do povo, não desapareceu, ainda, a crença de que a pena é a melhor resposta ao crime.[38]

Eleger o direito penal como vilão da sociedade é injusto, pois fornece a ilegítima impressão de que não há criminoso, nem crime, pois ambos seriam fabricações artificiais desse ramo nocivo do direito. Ora, quem estupra uma mulher ou uma criança pratica a conduta no mundo real e o que a lei faz é reconhecer como delito tal ação, razão pela qual desencadeia uma punição

---

[36] É um lugar-comum encontrar em escritos abolicionistas os mesmos exemplos de sempre, vale dizer, infrações penais que poderiam, realmente, ser eliminadas no atual estágio da humanidade. Raramente, a eliminação do sistema punitivo apresenta, como ilustrações, os delitos violentos contra a pessoa.

[37] Chegamos a mencionar no tópico referente ao abolicionismo algumas sugestões, como prender um criminoso violento em um local cômodo, amistoso, como uma residência de classe média; quanto aos delinquentes sexuais, para a maioria deles, a liberdade, quiçá monitorada. Ao genocida, bastaria a vergonha da condenação e poderia sair livremente do tribunal. E assim sucessivamente. São propostas reais ou simples sarcasmos lançados contra o sistema penal? Possa cada leitor formar a sua própria convicção.

[38] Os grandes movimentos da política criminal de nosso tempo: aspectos, in: ARAUJO JR. (org.), *Sistema penal para o terceiro milênio*, p. 78. E podemos acrescentar, também, porque não surgiu nada melhor e eficiente em seu lugar.

e o estuprador é chamado de criminoso – aquele que comete um crime. A conduta nefasta não é fabricada pelo Estado, por meio do Poder Legislativo; cabe à sociedade indicar o que lhe parece ser grave atitude lesiva e merecedora de pena – a mais severa sanção existente no ordenamento jurídico – para que, atendendo a esse reclamo, dentro do prisma ideal, o Parlamento assim transforme em delito o que é socialmente intolerável.

Emergem opiniões críticas ao poder de legislar do Estado, criando figuras criminosas, cuja finalidade seria *agredir* a própria população, discriminando os pobres e encarcerando abusivamente pessoas miseráveis. Seria como *governar pelo crime*, o que, na realidade, é mesmo típico de governos totalitários, nos quais não há democracia alguma. Entretanto, nas sociedades consideradas democráticas, politicamente falando, deve-se participar do processo legislativo, construindo figuras típicas incriminadoras e eliminando as que não mais assim devem ser consideradas.[39]

Concebendo-se existir o crime e a sociedade não o tolerar, exigindo do poder público, que assumiu o monopólio punitivo pela forte razão de evitar a vingança privada, buscando conferir ao delinquente penas proporcionais e humanizadas, resta a questão ligada à espécie de punição adequada. Surgem, então, inúmeras outras vozes – ou as mesmas que pretendem exterminar o direito penal – para apontar o dedo na direção da prisão, eleita agora a vilã contemporânea da história. Dizem, então, estar a pena privativa de liberdade presente há vários anos em inúmeras sociedades e não ter estancado o cometimento do crime; ao contrário, teria incentivado a sua prática e *criado a famosa fábrica de delinquentes*. Em primeiro lugar, considerando-se as funções e as finalidades diversas da pena, não nos parece tenha ela sido eleita o elixir exterminador do crime da face do planeta. A pena, especialmente a privativa de liberdade, constitui uma necessidade atual da humanidade para buscar enfrentar o crime, aplicando uma punição que possa ser o mais civilizada possível, até que surjam mecanismos mais eficientes para segregar ou controlar delinquentes perigosos à sociedade.

Voltando-se no tempo, a prisão foi utilizada por longo período com finalidade cautelar, fazendo o detido esperar a sua pena: morte, castigos corporais, humilhações públicas, mutilações etc. Desse modo, passando a ser a

---

39 Aliás, certas vozes contundentes em ácidas críticas somente conseguem emiti-las porque vivem em um Estado Democrático. Onde há, realmente, o *governo pelo crime*, os primeiros a responder por isso seriam os autores dessas opiniões críticas. Há de se valorizar a liberdade de expressão para *auxiliar* na construção (ou reconstrução) do sistema punitivo, quando considerado injusto. Valer-se do espaço livre para vituperar censuras destrutivas não nos parece benéfico.

pena final, a privação de liberdade figura, ainda hoje, como uma das formas mais humanizadas para se impor uma sanção proporcional a quem comete um delito grave e a quem insiste em reincidir várias vezes.

Pode-se argumentar com o abuso existente em alguns lugares, onde se prende uma pessoa por conta de um crime de menor importância. Sem dúvida, trata-se de um *desvio de finalidade* do direito penal, mas não se deve acoimar a própria pena como absolutamente indevida e sempre abusiva. Os excessos concentram-se, na maioria das hipóteses, na criminalização indevida de certas condutas, acarretando a prisão, em cenário de visível desproporcionalidade.[40]

No âmbito da criminologia, muitos preferem sustentar apenas e tão somente a abolição imediata do direito penal e de todo o sistema punitivo, enquanto outros aguardam a mudança integral do conjunto político-econômico, rumo à sociedade justa e perfeita, em que o crime desapareceria, embora ambas as ideias possuam nítida confluência. É verdade que a crítica é mais fácil do que apresentar soluções de aprimoramento de um sistema existente. Por certo, alguns críticos ofertam as suas propostas para aprimorar o direito penal, embora muitos outros se limitem a censurá-lo por completo.

O palco para as repreensões ao sistema punitivo, no Brasil, é amplo e farto de bons exemplos de injustiças e iniquidades de variadas ordens, infelizmente. Porém, segundo nos parece, o foco é diverso. O conjunto das normas de direito penal e de execução penal é harmonioso, humanizado e bem equilibrado; porém, não é cumprido pelo Poder Executivo, em primeiro plano. Depois, não é aperfeiçoado, a tempo, quando necessário, pelo Legislativo. Por fim, conta com muitos magistrados descompromissados com o fiel seguimento à lei, assumindo posturas de garantidores da segurança pública, papel que não lhes concerne. Então, visualiza-se um ordenamento jurídico-penal muito menos *culpado* pelas mazelas existentes do que se pode dizer dos operadores que o aplicam na prática. Então, soa-nos imperioso que o criminólogo amplie seus horizontes para enxergar outras fontes reais para o problema do sistema punitivo brasileiro – e não somente concentrar-se na eliminação de um sistema, trocando-o por outro, cuja efetividade nunca foi realmente demonstrada.[41]

---

[40] Afora regimes políticos totalitários e fechados em si mesmos, as nações democráticas são compostas por pessoas idealistas, cuja meta é garantir o desenvolvimento da sociedade e proporcionar segurança a todos. Desse modo, a simples existência do direito penal não deve ser considerada como uma forma de *terrorismo de Estado*.

[41] É preciso lembrar que justamente os integrantes dos Poderes da República, encarregados de colocar em prática o sistema punitivo, como um todo, detêm uma série de escudos protetores em relação às suas responsabilidades nessa tarefa, que variam desde a imunida-

Dessa forma, a criminologia brasileira deveria experimentar a visualização do crime, do criminoso, da vítima, da pena e da política criminal, sob o prisma de quem governa o país, observando-se os três Poderes da República. Talvez, assim fazendo, parcela dos estudiosos poderia constatar que o ponto fulcral dos dilemas punitivos não se concentra no ordenamento jurídico-penal, tampouco no sistema econômico adotado, mas nas pessoas, que, de parca evolução interior, conduzem a administração pública. Isso indica algo muito relevante: trocar as leis ou alterar o sistema político significa apenas mudar o problema de lugar. Politicamente falando, governos de esquerda e de direita não se empenham, minimamente, em estabelecer uma política criminal consistente e visível para o Brasil. Continua-se a legislar, administrar a punição e julgar criminosos como sempre se fez, sem qualquer critério. Enfim, os Poderes da República são constituídos por seres humanos, todos falhos e imperfeitos, fazendo parte da democracia. O que fazer dentro desse quadro? Para o aprimoramento real do sistema punitivo, antes de tudo, torna-se preciso exigir, legalmente, a responsabilização, em cada setor, de quem é o direto provedor dos presídios, para que cumpra a lei. Depois disso, demandar alterações legislativas. Em paralelo, exigir do Judiciário o debate público de suas decisões, porque independência não pode ser confundida com prepotência.[42]

Um dos alvos preferidos de alguns criminólogos e penalistas, quanto à pena privativa de liberdade, é apontar a prisão como *escola do crime*. Entretanto, há diversas escolas e até faculdades do crime fora do ambiente carcerário, encontrando-se no contexto das organizações criminosas de todas as espécies um farto cenário para exemplos. As associações criminosas de variadas ordens recrutam pessoas mais jovens para fazer parte do seu organismo muito antes de ingressarem no sistema penitenciário, razão pela qual a ideia de que é o encarceramento o causador da agregação de novos membros ao crime organizado constitui uma verdade meramente *parcial*. Não se nega essa pos-

---

de substantiva e processual, passando pelo foro privilegiado, até alcançar a ideia da mais absoluta independência para administrar, legislar e julgar, sem qualquer força contrária que possa se contrapor, com efetividade, a eventuais desmandos.

[42] Concedidas as devidas vênias, o discurso da opressão do mais forte com relação ao mais fraco, da criminalização dos pobres, da utilização do direito penal como meio repressivo das classes dominantes e assim por diante pode repercutir diretamente em qual âmbito? O das academias, por meio de teses e dissertações, reprodutoras da ideologia de seus orientadores, transformando a atividade da criminologia num cenário fictício, em que uns falam para os seus e todos apreciam os escritos uns dos outros, citando e reproduzindo, sem atingir a sociedade em geral e muito menos o cerne da questão, que são as pessoas ocupantes dos importantes cargos públicos nos Poderes da República.

sibilidade, mas ela não é a porta exclusiva de entrada à organização delituosa, bastando constatar o número de condenados, primários e sem antecedentes, por crime organizado.[43]

Outro dado negativo referente aos argumentos quanto à escola do crime existente nos presídios é a integral desconsideração da vontade das pessoas ali inseridas. A impressão passada é de que todos os condenados ao regime fechado necessariamente terminam fazendo parte do crime organizado, como se não houvesse pessoas que simplesmente recusem tomar parte disso. Podem não atrapalhar as atividades da organização criminosa, mantendo-se distantes, mas não fazem parte do esquema. Da maneira como muitos expõem, dá a entender que 100% dos presos são arregimentados pelo crime organizado, algo por si só inverossímil, visto que a unanimidade precisaria, ao menos, de comprovação efetiva, mas se está no universo das suposições. Aliás, se todos integrassem organizações criminosas, o índice de reincidência atingiria os 100%, algo inexistente. Em suma, a prisão, em regime fechado, *pode* funcionar como *escola do crime* para alguns condenados.

Nas ruas, a criança e o adolescente estão muito mais expostos à atividade nefasta dos recrutadores de mão de obra para o tráfico ilícito de drogas, por exemplo, do que ocorre dentro dos presídios. O mesmo se pode dizer em relação aos vários jovens induzidos a participar de roubos, furtos e extorsões sem nunca terem estado em estabelecimentos prisionais antes (nem mesmo internações pelas regras do Estatuto da Criança e do Adolescente). Volta-se, então, ao questionamento de que *toda* prisão em regime fechado representa um educandário do delito. A generalização é indevida.

BEATO e ZILLI demonstram que aspectos sociais também contribuem para fomentar a eclosão da violência. Há famílias desestruturadas, gravidez precoce, pouco tempo em escola, alcoolismo e drogas na família, enfim, tudo isso gerando um cenário para o surgimento de gerações de jovens com pouca supervisão familiar que terminam no crime, dentro de gangues, e isso não tem relação alguma com estabelecimentos penais.[44]

No cenário da punição penal, tem-se encontrado os radicais de ambos os lados: os que censuram e zombam da pena privativa de liberdade, como se fosse a penalidade mais cruel criada pela humanidade, enquanto outros sustentam a admissibilidade da prisão, como pena, para tudo e

---

[43] Além disso, há inúmeros condenados por corrupção de menores, pelo fato de levarem pessoas com menos de 18 anos para a prática de crimes (art. 244-B, Lei 8.069/1990).

[44] Organização social do crime, in: LIMA, RATTON e AZEVEDO (org.), *Crime, polícia e justiça no Brasil*, p. 89.

todos, igualmente, sem limites. Ambos os polos representam minorias, felizmente. No meio desse cenário de embate radical, surgem os penalistas e criminólogos interessados realmente em resolver problemas, produtores de propostas importantes: operar a modernização do direito penal, descriminalizando condutas e prevendo penas diversas da prisão, mas que funcionem de maneira efetiva; enquanto existente o sistema punitivo, buscar aperfeiçoar os estabelecimentos penais, onde se cumpre os regimes fechado e o semiaberto.

A única solução realista para contornar a prisão e os males por ela gerados se concentra na tecnologia. É preciso buscar mecanismos de controle de criminosos por meio de aparatos cientificamente avançados, os quais talvez nem tenham sido ainda inventados, mas quem os idealizará serão engenheiros e não juristas. Um exemplo simples de aparelho tecnológico, inexistente há algumas décadas, é o monitoramento eletrônico, por meio da colocação da tornozeleira eletrônica. Quando funciona e há em número suficiente – ao menos no Brasil –, pode-se controlar **à** distância um apenado, recolhido em sua própria residência, sem a necessidade de inseri-lo em estabelecimento prisional. É um dos meios proporcionados por avanços tecnológicos e outros muitos podem e devem surgir. Enquanto isso não se concretiza, não adianta colocar, por exemplo, o miliciano homicida em sua casa, almejando que ali permaneça, nem inserir o perigoso traficante, líder de organização criminosa em prisão domiciliar, pois eles desparecem dali em questão de horas; não resolve nada submeter o molestador de crianças a penas restritivas de direitos, como a prestação de serviços à comunidade, pois ele vai encontrar as suas vítimas ao seu redor e continuará lesando infantes, de modo a desgraçar as suas vidas. São exemplos apenas, mas acompanhar os processos criminais, o que fazemos todos os dias, mostra-nos delinquentes frios e persistentes no ideal de infringir a lei a qualquer custo. A esses, não há outro lugar senão a prisão. Mas, também, deparamo-nos com situações injustas, encontrando pessoas em estabelecimento fechado, que poderiam estar livres, cumprindo penas alternativas ou pagando multas eficazes.[45]

Há o ponto relativo ao criminoso de colarinho-branco, aquele que perfaz uma imensa parcela da chamada cifra negra (não descoberto e, se encontrado, não investigado, e, se investigado, não processado, e, caso processado,

---

[45] Por isso, entre injustiças de todos os lados (soltar perigosos e prender pessoas de pouca potencialidade lesiva) é que temos a convicção de que a solução para o problema da prisão é o avanço da tecnologia. Haveremos de encontrar métodos de controle eficiente para manter pessoas afastadas do convívio social, sem o necessário encarceramento.

não punido). Não são apenas os autores dos crimes praticados por classes sociais economicamente desfavorecidas, como furtos, estelionatos, roubos, falsificações, lesões corporais, homicídios, tráfico de drogas, entre outros, os que compõem o universo da cifra negra. Enfim, todas as classes sociais cometem delitos. Muitos são processados e punidos, enquanto vários outros escapam. O argumento da cifra negra integra o discurso daqueles que sustentam a eliminação do direito penal, sob o pretexto de que a sociedade não se extinguiu até hoje, mesmo com um número imenso de infrações penais não descobertas ou não punidas. Pode-se observar a questão apresentada por outro ângulo. Todos os que cometem crimes e são punidos constituem um universo, no mundo, de milhões de pessoas. No Brasil, são milhares. Por isso, justamente, estão os presídios superlotados, não se podendo partir do pressuposto de que ali estão inocentes, condenados por erro judiciário. Enfim, ainda que extraídos os eventuais erros judiciários, sobram vários delinquentes condenados. É um número expressivo e não se tem a conta do outro lado: quantos exatamente são os crimes cometidos e não apurados? Qual é o real volume da cifra negra? Não há esse preciso número. Ademais, contando-se com as finalidades da pena – legitimar o direito penal; intimidar a sociedade; proteger a comunidade –, as investigações e os processos que chegam a um resultado concreto preenchem tais objetivos.

Quem matou alguém, foi preso em flagrante e o crime chocou a comunidade onde ocorreu, não havendo nenhuma excludente em seu favor, precisa ser condenado e cumprir a sua pena, para se demonstrar que o direito penal está presente e atuante (critério preventivo geral positivo); para que várias pessoas sintam, sim, o efeito da pena para quem elimina a vida alheia dolosamente, visualizando a sanção aplicada ao criminoso (critério preventivo geral negativo); para que esse indivíduo seja segregado da sociedade por um tempo, proporcional à gravidade do que fez, sem a possibilidade de matar outras pessoas (critério preventivo especial negativo). Na época em que tivemos a oportunidade de presidir julgamentos no tribunal do júri da capital do Estado de São Paulo, acompanhamos casos de matadores profissionais, pessoas frias, insensíveis, que eliminaram a vida de inúmeras pessoas; muitos confessavam e ainda davam entrevistas elogiando os próprios atos: "só matei vagabundo e continuarei matando assim que puder". Esse indivíduo pode até ter sido promovido pela mídia – outra vilã para o recrudescimento da criminalidade, para muitas vozes –, sem que se explique que os órgãos de imprensa podem tornar um criminoso uma celebridade, nacional e internacionalmente conhecida, mas não *fabricam* o crime, nem o cometem em seu lugar. Se o matador pedófilo eliminou a vida de dezenas de crianças, depois de estuprá-las, a imprensa pode até *demonizar* o sujeito, mas não *inventou* nenhum crime.

Retomando a polêmica dos crimes de colarinho-branco, aptos a derrubar muitas das teorias sociológicas da criminologia, pois os agentes são pessoas de elevado nível socioeconômico, de famílias de estirpe, bem-criados e educados, moradores de bairros elegantes, sem nunca ter passado por qualquer necessidade de ordem material e tendo todo o amor de seus pais e familiares; há vários exemplos mundo afora. Por que cometem crimes desse naipe? Qual teoria sociológica explica isso? A ecologia criminal, a associação diferencial, a anomia, a subcultura criminosa, o etiquetamento, o realismo de direita, o realismo de esquerda, o culturalismo, enfim, talvez a criminologia radical dizendo ser fruto do capitalismo? Mas em universos socialistas há corruptos e fraudadores do mesmo modo. Não pretendemos ingressar, na conclusão, na avaliação dos criminosos de colarinho-branco, mas somente apontar que a criminalidade não se liga à pobreza diretamente.[46] Vislumbra-se ser a maioria dos presos constituída por pessoas economicamente desfavorecidas na medida em que elas não conseguem cometer fraudes elaboradas no sistema financeiro, mas têm condições de empunhar um revólver e, mesmo à vista de várias testemunhas, roubar alguém. Esse é outro paradoxo pouco explorado por parcela da criminologia, preferindo somente apontar para os presídios e dizer que ali estão os pobres da sociedade; porém, o ponto fulcral não é o sistema punitivo em si, mas a proteção conferida pelo próprio legislador ao criminoso de colarinho-branco. Enquanto a pena mínima da corrupção é de dois anos de reclusão, a pena mínima de um roubo simples, sem emprego de qualquer espécie de arma, é de quatro anos de reclusão, ou seja, o dobro.

Parece impressionante a situação desproporcional existente, no mundo real das leis penais, entre o delito de colarinho-branco e os demais. Entretanto, quando alguns penalistas ou criminólogos pretendem cuidar do criminoso de elite, para não entrar em contradição com as suas posições contra a prisão, preferem defender a eles uma simples pena pecuniária ou restritiva de direitos. Defendem esses arautos da maldição da pena privativa de liberdade que as situações sejam equiparadas, ou seja, ladrões e assaltantes ficam fora da prisão para que os autores de delitos de colarinho-branco também possam fazê-lo.

---

[46] Como bem esclarece Benigno Di Tullio, é fundamental reconhecer que não basta ser pobre para se converter em delinquente. Muitos são os pobres que, mesmo em estado de necessidade, não cometem nenhum crime, porque sentem repugnância por atos delituosos e porque, mesmo com miséria, sentem a força intimidatória da lei penal (*Tratado de antropologia criminal*, p. 195).

É a catarse da iniquidade. Os delinquentes de colarinho-branco agradecerão, certamente, porque muitas de suas atividades delinquentes proporcionam esconder vultosas quantias pecuniárias nos denominados paraísos fiscais, de modo que a ingênua aplicação de uma elevada multa, que possa (em tese) empobrecê-los é uma ficção. Esse tipo de condenado paga a multa e depois resgata a fortuna escondida, continuando a agir, impunemente, no mercado financeiro, como sempre fez. O pobre ladrão é que termina cumprindo pena privativa de liberdade porque nem mesmo tem dinheiro para pagar uma multa.

Pode-se afirmar que, se o condenado não tiver condições de pagar a multa pelo cometimento de um furto, não será encarcerado; assevera-se, então, a impunidade. Por outro lado, pode-se afirmar que, à falta de pagamento, não haverá impunidade, pois é viável aplicar pena restritiva de direitos (como prestação de serviços à comunidade). Contudo, há dois ângulos a destacar: (a) o condenado não paga multa, porque não tem condições financeiras e pode cumprir pena de prestação de serviços à comunidade; mas se não fizer nada disso, o que lhe é reservado? Para evitar a impunidade, resta a prisão; (b) o outro aspecto é o cometimento do crime com violência à pessoa – como o roubo ou a extorsão – razão pela qual fixar multa ou prestação de serviços à comunidade representa sinônimo de impunidade.

Resolver a questão da igualdade no cenário das punições não pode se dar no nível da *necessária brandura*, vale dizer, todos podem pagar uma simples multa. É uma tolice, pois os criminosos de colarinho-branco já se preparam para isso e o que usam para quitar a pena pecuniária não diz respeito ao seu patrimônio real. Por outro lado, ladrões e assaltantes nem têm dinheiro para quitar multas. A gravidade das infrações penais precisa acompanhar o princípio da proporcionalidade e tal espectro não tem como dissociar o quadro das igualitárias penas privativas de liberdade.

Há ilustradas mentes indicando a pesada multa para o delinquente do colarinho-branco, em vez de prisão, para reduzi-lo, quiçá à pobreza (uma pena terrível), sem levar em conta os patrimônios disfarçados e inatingíveis, que, aliás, são capazes de pagar polpudos honorários advocatícios para a sua defesa, sem nem mesmo ingressar no cômputo do enriquecimento ilícito. A igualdade no tratamento punitivo não se encontra em amenizar, para todos, indiscriminadamente, a aplicação da pena privativa de liberdade, mas, ao contrário, na viabilidade de sua aplicação para quem cometa delitos graves, desde um homicídio até uma fraude financeira de imensas proporções.

Por outro lado, se a pena de prisão for considerada um absurdo jurídico, sem dúvida, ela precisa ser evitada a todo custo para todos os criminosos, mas se igualando os violentos e os de colarinho-branco. Todos pagam multas ou têm os seus direitos restringidos. De outra parte, todos participam de processos conciliatórios obrigatórios com as vítimas, pedem desculpas e estão em liberdade. Não há, nesse campo, solução justa que possa ser aplicada, de forma equânime, a todos os tipos de delinquentes.

As soluções para a criminalidade passam, *necessariamente*, pela adoção de uma política criminal igualitária para todos os delinquentes. Enquanto isso não se dá, de maneira oficial e uniforme, o direito penal carece de revisão para estabelecer maior equilíbrio entre as figuras típicas incriminadoras e as punições existentes.

4.1 Direito penal mínimo eficiente

No cenário de desenvolvimento de um direito penal mínimo, mas *eficiente*, é preciso considerar que, antes de tudo, a importância da família é essencial na criação, na educação e na formação de crianças e jovens. O Estado deve investir intensamente na área da infância e juventude, evitando que os infantes fiquem à deriva, sem o lastro familiar. Como bem aponta Hans von Hentig, a unidade familiar deve proteger e guiar a prole até que possa se valer sozinha. Alguns desejos precisam ser reorientados e a educação exige um esforço repetido e sistemático para atingir um bom propósito. Deve-se formar atitudes habituais do bem, investindo em amor, respeito, reverência, autoridade e exemplo.[47]

Por isso, os cuidados preventivos e ressocializadores, concretos e eficientes, precisam ser voltados à fase de formação da personalidade das crianças e dos adolescentes, assistindo de perto e com zelo, igualmente, o jovem infrator, para que o drama da internação não se torne, mais tarde, o início da criminalidade, com o encarceramento precoce.

O direito penal mínimo eficiente envolve um trabalho intenso do Poder Legislativo, renovando a legislação penal, para o fim de descriminalizar todas as condutas em desuso e praticamente esquecidas pelas autoridades policiais, ministeriais e judiciais. Além disso, deve-se enfrentar a revogação integral da Lei das Contravenções Penais, transformando o que ali constar como infração penal em ilícito administrativo, sujeito a multa.

É salutar, ainda, descriminalizar as condutas envolvendo maus hábitos ou atitudes consideradas imorais, porque o direito penal não deve ter o propósito de reger a vida moral das pessoas, desde que não cause danos a terceiros.

---

[47] *Criminología*, p. 391.

Exemplo disso é o fator *prostituição*, que encontra muitas contradições na legislação brasileira. Enquanto a atividade individual é penalmente irrelevante e é possível, inclusive, afirmar a sua licitude, pois o Poder Executivo fornece código específico para o profissional do sexo recolher contribuição previdenciária, como autônomo, de outro lado, o Código Penal ainda insiste em prever como delitos condutas inofensivas, tal como a mediação para servir a lascívia de outrem (art. 227, *caput*, envolvendo pessoas maiores de 18 anos) ou o favorecimento da prostituição (art. 228, *caput*, abrangendo apenas maiores de 18 anos). A prostituição é conduta milenar e, tal como o crime, nunca vai ser eliminada no atual estágio evolutivo da humanidade, razão pela qual envolve muito mais aspectos vinculados à moral do que ao direito. Enfim, o propósito não é enumerar todas as figuras típicas incriminadoras que podem ser eliminadas, sem gerar prejuízo efetivo a qualquer pessoa ou à sociedade, mas apenas fornecer uma ilustração. Havendo boa vontade para filtrar a legislação incriminadora, pode-se alcançar um direito penal mínimo mais eficiente.

Sem dúvida, condutas violentas, ameaçadoras, geradoras de graves violações aos direitos humanos fundamentais devem continuar a ser previstas como crimes. Entre elas, é preciso selecionar as que comportam penas privativas de liberdade e as que admitem penas alternativas à prisão, como restritivas de direitos e multa, sempre se levando em conta o princípio da proporcionalidade.

Há questões controversas, merecedoras de amplo debate em sociedade, mas que precisam ser resolvidas com urgência, pois são aptas a gerar prisões porventura desnecessárias, como o caso das drogas ilícitas para consumo recreativo. Em primeiro lugar, há de se registrar ser o álcool uma substância entorpecente lícita, embora possa dar origem a crimes e, quase sempre, o direito penal pune o resultado delituoso, quando se trata de embriaguez voluntária ou culposa (art. 28, II, CP). Entretanto, o consumo pessoal é autorizado. Há uma lista de drogas consideradas proscritas no Brasil, mesmo para consumo pessoal. É preciso debater o alcance dessa listagem e o seu conteúdo, além de se avaliar se o usuário deve, realmente, ser criminalmente punido.

Por outro lado, há muitas prisões, no Brasil, ligadas ao tráfico ilícito de drogas, porém, sem que lei especifique qualquer espécie de droga ou quantidade para apontar a atividade de um autêntico traficante e a conduta do usuário, encontrado com um punhado de substância entorpecente. O art. 33 da Lei de Drogas (que tipifica o tráfico) não esclarece nada a esse respeito, tampouco o art. 28 da mesma lei (que tipifica o consumo). Remete-se o operador do direito para o art. 28, § 2º, que preceitua: "para determinar se a droga destinava-se a consumo pessoal, o juiz atenderá à natureza e à quantidade da substância apreendida, ao local e às condições em que se desenvolveu a ação, às circunstâncias sociais e pessoais, bem como à conduta e aos antecedentes do agente". A vagueza dessa redação proporciona inúmeros entendimentos conflitantes, de forma a determinar a prisão de quem é encontrado com um cigarro de maconha (porque considerado traficante) ou permitir a soltura de quem tem consigo 5 quilos da mesma droga (porque reputado usuário), tudo a depender da valoração dos fatos feita pelo operador do direito. A polêmica se estende para as demais drogas e muitos magistrados determinam a prisão de pessoas encontradas com pouca quantidade de substância entorpecente, considerando-as traficantes e afirmando haver, de qualquer modo, perigo à saúde pública; nem os tribunais chegam a um consenso em relação a esse cenário. Além disso, há o redutor previsto no art. 33, § 4º, da Lei 11.343/2006 ("nos delitos definidos no *caput* e no § 1º deste artigo, as penas poderão ser reduzidas de um sexto a dois terços, desde que o agente seja primário, de bons antecedentes, não se dedique às atividades criminosas nem integre organização criminosa"), cuja previsão se destina, em princípio, ao *traficante de primeira viagem*, pois se apontam a primariedade, os bons antecedentes, a não dedicação a atividades criminosas ou a não integração a organização delituosa. Entretanto, muitos juízes deixam de aplicar esse redutor, alegando que a quantidade *parece* demonstrar estar o sujeito ligado ao tráfico organizado, ou mesmo sem apresentar qualquer fundamento. A lei merecia ser mais clara para definir e distinguir o traficante e o usuário, embora não seja algo simples, além de apontar fatores mais objetivos para a concessão do redutor previsto no mencionado art. 33, § 4º.

Não bastasse, há decisões concedendo o redutor, aplicando pena de reclusão de um ano e oito meses ao primário, sem antecedentes, cujo montante admite a substituição por restritivas de direitos, porém, em lugar disso, fixa-se o regime fechado inicial e não se concede o direito de aguardar o desfecho do processo em liberdade. Em setembro de 2020, o Superior Tribunal de Justiça concedeu ordem de *habeas corpus* coletivo para determinar a soltura de todos os condenados a reclusão de um ano e oito meses, pela figura do tráfico com o redutor do § 4º do art. 33, pois incabível o regime fechado inicial. Analisou o caso de um indivíduo surpreendido com 23 pedras de *crack* (peso líquido de 2,9 gramas) e quatro saquinhos de cocaína (peso líquido de 2,7 gramas). Foi aplicado o redutor máximo e a condenação atingiu o patamar de reclusão de um ano e oito meses, mais multa, a ser a pena inicialmente cumprida no regime fechado, sem o direito de recorrer em liberdade.[48]

Há inúmeras decisões com o mesmo conteúdo, além de significar que vários réus, surpreendidos em flagrante, com quantidades mínimas de drogas, mas considerados traficantes, embora primários e sem antecedentes, são mantidos em prisão preventiva até o final do processo. Logo, grande parte da superpopulação carcerária existente do Brasil advém, sem qualquer dúvida, dos crimes envolvendo o tráfico ilícito de drogas, sem se fazer uma distinção mais apurada entre o grande traficante, o mero usuário, o transportador da droga, o vigia do ponto de venda, enfim, há uma miscelânea de decisões para todos os lados e com uma enormidade de contradições entre elas.

Há ação em andamento no Supremo Tribunal Federal para apurar a (in) constitucionalidade do art. 28 da Lei de Drogas, sob o prisma do direito à intimidade, à privacidade, enfim, sobre o direito de consumir o entorpecente, sem causar dano à saúde *pública*.[49] Há três votos voltados a considerar inconstitucional o referido artigo, embora com pontos de vista diversos, dois deles indicando apenas a maconha como substância passível de desconsideração penal, mesmo assim com diferença de quantidade. Essa matéria deveria ser debatida no Congresso Nacional e com urgência para haver uma legítima padronização em todo o Brasil.

Nota-se, portanto, que o problema vinculado ao comércio e ao consumo de drogas não é exclusivo do Brasil, pois outros países do mundo enfrentam os mesmos dilemas.[50] Parece-nos ser mais grave a desigualdade de punições do que qualquer política de combate às drogas, fator inerente às decisões judiciais em nosso país. É preciso discutir seriamente a questão do âmbito de punição do consumo de drogas ilícitas, além de se tornar a Lei de Drogas mais clara, uniformizando qualidade e quantidade de substância entorpecente para o fim de identificar o traficante e o usuário. Por certo, não se trata de matéria fácil de ser resolvida, mas necessita ser enfrentada; do contrário, o portador de certa quantidade de droga ilícita pode ter um destino completamente obscurecido, a depender de qual juiz vai apreciar o seu caso e qual tribunal irá rever essa decisão. Nesse campo, nada será perfeito, embora se possa buscar a menor disparidade entre julgamentos, contando com uma lei mais clara a respeito do tema.

---

[48] HC 596.603/SP, 6ª Turma, rel. Rogério Schietti Cruz, 08.09.2020, v.u.

[49] RE 635.659-SP, Plenário, rel. Gilmar Mendes (aguarda finalização).

[50] Apontando o incremento astronômico da população carcerária americana em razão da política de *guerra à droga*, encontra-se a exposição de LOÏC WACQUANT (*Punir os pobres*, p. 29).

O direito penal mínimo eficiente exige a descriminalização das condutas ultrapassadas, exclusivamente ligadas à moralidade individual e, também, o cumprimento do princípio da taxatividade, construindo-se tipos penais incriminadores detalhados o suficiente para evitar um conflito generalizado de decisões judiciais. Além disso, como já mencionado anteriormente, deve-se acompanhar a evolução da tecnologia para utilizar todos os instrumentos possíveis, que forem surgindo, como forma de reduzir o encarceramento, mas garantindo a segurança da sociedade no tocante à atuação de certos criminosos.

4.2 Justiça restaurativa

Howard Zehr, um dos principais estudiosos da justiça restaurativa, demonstra que ela pode ser aplicada em várias áreas criminais e não somente no âmbito da justiça juvenil, em que tem sido mais utilizada. Essa modalidade de justiça abrange um conjunto de princípios e valores diversos da atual justiça retributiva, oferecendo uma alternativa para pensar as ofensas.[51]

Parece-nos interessante a maneira de abordar a apresentação da justiça restaurativa, mencionando o que ela não é. Portanto, em primeiro lugar, a justiça restaurativa não tem como objeto principal o perdão ou a reconciliação entre agressor e vítima. Não se trata de forçar o ofendido a desculpar ou a se reconciliar com quem lhe causou danos ou a seus entes queridos, embora isso possa acontecer. Em segundo lugar, ela não implica necessariamente o retorno às circunstâncias anteriores ao crime, pois nem sempre isso é possível, em particular quando os danos forem graves. O ideal seria construir uma nova vida a partir da ocorrência do delito ou, nas palavras do autor "retornar à melhor versão de nós mesmos".

Em terceiro lugar, a justiça restaurativa não é mediação, vale dizer, um encontro facilitado entre vítima, ofensor, familiares e membros da comunidade. A abordagem restaurativa não se limita ao encontro, até porque muitas vítimas não querem ser vistas como se fossem *partes de um conflito*. Deve-se pensar num diálogo entre os envolvidos. Em quarto lugar, a justiça restaurativa não tem por meta primordial reduzir a reincidência ou os crimes em série, mas isto pode ocorrer, como um subproduto do processo restaurativo. Em quinto, ela não é um programa ou projeto específico, inexistindo um modelo puro; é preciso aprender e reaprender a utilizá-la. Deve ser construída pelas comunidades, por meio do diálogo e da experimentação.

---

51 *Justiça restaurativa*, p. 13.

Em sexto, a justiça restaurativa não se limita a crimes menores ou apenas a ofensores primários, pois as abordagens restaurativas têm obtido sucesso em variados campos. Em sétimo lugar, ela não é algo novo, nem tem origem nos Estados Unidos. Foi desenvolvida a partir dos anos 1970 e tem fundamentos em várias tradições culturais e religiosas, muitas delas advindas de povos nativos da América do Norte e da Nova Zelândia. Em oitavo, a justiça restaurativa não é um mecanismo para curar todos os males nem pretende substituir o sistema judicial. Não é abolicionista, nem representa uma resposta a todas as situações. O sistema jurídico ocidental ainda é necessário para proteger e defender os direitos humanos fundamentais.

Em nono lugar, a justiça restaurativa não é *necessariamente* uma alternativa ao encarceramento, podendo ser uma hipótese para evitar a prisão. Em certos casos, o cárcere continuará necessário. Em décimo, ela não se contrapõe *necessariamente* à justiça retributiva; entretanto, pode reduzir a confiança geral na punição em si mesma.[52]

As suas balizas concentram-se em promover o foco no dano cometido, preocupando-se com a vítima e suas necessidades; considerar que os males e danos provocados resultam em obrigações, sendo imperioso que o causador da ofensa compreenda as consequências de seu comportamento; estimular a participação das partes afetadas no processo judicial, incluindo membros da comunidade. Em suma, "a justiça restaurativa requer, no mínimo, que cuidemos dos danos sofridos pela vítima e de suas necessidades, que seja atribuída ao ofensor a responsabilidade de corrigir aqueles danos e que vítimas, ofensores e comunidade sejam envolvidos nesse processo".[53]

Para LOIS PRESSER, a justiça restaurativa é uma filosofia concernente à reparação do dano, depois de ocorrer uma lesão. Seu fundamento é o contato vítima-ofensor, mediação e comissões de verdade e reconciliação, com auxílio para o reparo de lesões por meio do diálogo e de outras medidas, como a restituição e outras indenizações. A justiça restaurativa é o espelho oposto das práticas prisionais comuns, cuja meta é manter a vítima longe do ofensor. Cuida-se de um mecanismo incompatível com a prisão.[54]

A justiça restaurativa pode ser *uma das soluções* para o sobrecarregado sistema punitivo brasileiro, desde que seja bem utilizada, nos termos apresentados por Zehr, sem se tornar um mecanismo oficial e obrigatório de resolver os danos provocados pelo crime, forçando a vítima a participar de

52 Idem, p. 19-26.

53 Idem, p. 38-41.

54 *A prisão restaurativa*, p. 20.

encontros ou audiências de conciliação ou entendimento, enfim, constituindo um instrumento realmente alternativo.

Cremos ser fundamental, também, assegurar a igualdade de tratamento aos envolvidos no delito – ofensor, vítima e comunidade – significando que a reparação do dano, por meio de um pagamento em pecúnia do autor do crime para a vítima ou para um órgão público ou assistencial, encerrando-se o processo e evitando-se a punição, pode representar a justiça ideal para os ricos. Agiu mal, causou um dano, abre o cofre e repara o dano. A pessoa pobre, sem recursos para isso, não conseguirá o mesmo resultado e, com isso, será processada e apenada. É imperioso evitar esse desnível.

Pode-se argumentar que a reparação não é de ordem patrimonial, mas moral. Então, essa *restauração* poderia consistir em um pedido de perdão sincero feito pelo ofensor à vítima e por esta aceito. Nessa hipótese, ricos e pobres, autores da lesão causada, poderiam fazê-lo em igualdade de condições. Cuida-se de uma alternativa mais igualitária, sem dúvida, mas, para que isso realmente funcione, seria indispensável repensar toda a concepção do direito penal e a natureza pública de suas demandas (ou pelo menos da maioria delas). Se ainda se entende que havendo um crime de ação pública incondicionada a lesão não envolveria apenas a vítima, mas toda a sociedade e caberia ao Ministério Público assumir o posto de autor da demanda criminal, como viabilizar uma proposta restaurativa entre ofensor e vítima, excluindo disso o *Parquet*? A menos que o membro do Ministério Público, em nome da sociedade, participe do processo de entendimento e concorde que o ofensor peça perdão e, havendo aceitação do ofendido, tudo estaria terminado e arquivado. Entretanto, para não haver uma imensa disparidade de atitudes, no Brasil, parece-nos deva haver previsão legal expressa para isso, dentro dos critérios norteadores do princípio da legalidade e da obrigatoriedade da ação penal pública incondicionada.

A Resolução 225/2016 do Conselho Nacional de Justiça instituiu a viabilidade da justiça restaurativa no sistema judiciário brasileiro, mas, em nenhum ponto, deixou clara a sua utilização para *qualquer delito*, como estupro, roubo, tentativa de homicídio, crimes de colarinho-branco etc. Observam-se na introdução referências à Lei 9.099/1995, que já permite a autocomposição e a transação penal, inclusive porque constitucionalmente autorizada a isso, bem como à Lei 12.594/2012 (justiça juvenil), em que também é viável a aplicação de medidas diversas para os menores infratores.

Pode-se dizer que a referida Resolução não deixou claro, mas implicitamente estaria mencionando a viabilidade da justiça restaurativa em qualquer instrução criminal. Parece-nos que isso deveria ser inserido de maneira clara e cristalina, inclusive para ser questionada em nível jurisdicional, se for o caso.

Embora seja uma alternativa muito interessante para a justiça criminal, a falta de previsão legal é um obstáculo muito relevante para os casos criminais, envolvendo ação pública incondicionada. Se for possível a justiça restaurativa em uma tentativa de homicídio, por exemplo, homologando-se a *conciliação* entre ofensor e vítima e encerrando-se o feito, está-se suplantando a lei processual penal e pode-se, indiretamente, afetar a competência constitucional do tribunal do júri para julgar essa espécie de delito.

Ademais, se para crimes graves a justiça restaurativa for viável, também poderia ser aplicada para os casos de violência doméstica e, nesse caso, todo o imenso esforço, inclusive com decisão proferida pelo plenário do STF, para transformar a ação penal por lesão corporal simples em pública incondicionada, perderia o efeito. Afinal, várias mulheres voltam atrás na sua vontade de representar, implicando o marido ou companheiro e a justiça criminal tem, simplesmente, ignorado esse desejo, porque o Pleno do STF afirmou o interesse público na ação penal.

Porém, se a justiça restaurativa puder valer para um roubo ou estupro, seria absurda incoerência não ter validade para uma lesão corporal simples.

Além de tudo, tem-se observado uma desigualdade imensa no campo da adoção da justiça restaurativa. Em certas comarcas, pode haver juiz e promotor interessados nesse projeto, incentivando as conciliações e até homologando o encerramento do processo criminal, por um crime de ação pública incondicionada. No entanto, pode ocorrer outra situação na comarca vizinha, onde juiz e promotor não promovem absolutamente nada nesse cenário e o réu é condenado à prisão.

Onde se encontraria a igualdade de todos perante a lei? Das duas uma: a justiça restaurativa vale para *todos* os crimes em *todas* as comarcas brasileiras e deve ser implementada e buscada a *restauração* necessariamente, ou, não pode ser adotada num lugar e simplesmente ignorada em outro.

Note-se que a Constituição Federal de 1988 autorizou a transação penal para infrações de menor potencial ofensivo, mas, enquanto não se editou a Lei 9.099, em 1995, não se criou nenhum Juizado Especial e não houve transação alguma. Isso se deu justamente porque o direito penal tem caráter nacional e não existe um Código Penal (ou um Código de Processo Penal) em cada Estado da federação; muito menos em cada comarca.

A proposta da justiça restaurativa pode ser excelente, mas há o disposto no art. 5º, *caput*, da Constituição Federal a ser fielmente respeitado: "todos são iguais perante a lei, sem distinção de qualquer natureza [...]". Salvo engano, a punição, no cenário penal, é algo extremamente sério para ser prevista por resolução de órgão administrativo, cujas decisões não são jurisdicionais, nem legislativas. E, mesmo que assim se entenda, é *fundamental* que *todas* as comarcas do Brasil disponham ao mesmo tempo de todo o aparato da justiça restaurativa (como há a aplicação da Lei 9.099/1995 em caráter nacional). Se a resolução do CNJ tiver caráter compulsório e abranger todos os delitos, torna-se fundamental tomar providências imediatas para instalar os centros restaurativos, obrigando os juízes e promotores a adotar as medidas para que ela *possa se concretizar* em todos os lugares. Mesmo que se diga que a restauração é facultativa, o ponto não é esse, mas a iniciativa precisaria ser geral e ampla, propiciando-se encerrar todo e qualquer processo criminal com a homologação do *acordo* ou da *conciliação*.

5. SÍNTESE ARTICULADA

1. A criminologia deve abordar *todas* as teorias referentes às causas do crime, bem como os variados estudos acerca do criminoso, da vítima, da mais adequada forma de punição e a respeito da política criminal no Brasil. O autêntico debate promissor para o campo das ciências criminais precisa contar com *variados pontos de vista* acerca de temas tão relevantes no cenário do direito penal. A mescla das teorias sociológicas e etiológicas pode esclarecer muitos pontos, se analisadas em conjunto, permitindo a formação de um contexto mais amplo de propostas para aperfeiçoar o atual sistema punitivo.

2. A sociedade há de evoluir até atingir a perfeição da humanidade, possibilitando eliminar, por completo, qualquer punição, visto não haver mais infração de qualquer espécie, muito menos no campo penal. Enquanto não for viável extirpar o crime da sociedade, torna-se essencial existir a pena, seja ela privativa de liberdade, restritiva de direitos, pecuniária ou qualquer outra espécie, a ser desenvolvida com o passar do tempo. Nesse cenário, depende-se muito do *avanço da tecnologia*, apta a fornecer novos instrumentos para representar formas diversas de sanção penal, mais humanizadas e até mesmo mais eficientes. Se, hoje, pode-se dispor do monitoramento eletrônico, controlando-se o preso provisório ou condenado à distância, por certo, no futuro, outros *instrumentos surgirão para auxiliar o sistema punitivo*, permitindo, inclusive, o esvaziamento dos presídios e, com isso, atingindo-se formatos mais dignos de cumprimento da pena.

3. A adoção do direito penal mínimo *efetivo* pode ser uma possibilidade *realista*, desde que o Parlamento promova uma reforma na legislação penal, descriminalizando condutas ultrapassadas, estritamente moralizantes e inócuas para fins de proteção social. Com isso, os órgãos policiais poderão investigar mais detalhadamente delitos graves, proporcionando maior espaço à atuação do Ministério Público e do Judiciário. Conforme o grau de *filtragem dos delitos e das penas*, torna-se viável estancar a superpopulação carcerária, desde que o poder público faça a sua parte, quanto à ampliação das vagas e à humanização dos estabelecimentos, cumprindo-se estritamente as leis penais e de execução penal, o que não ocorre atualmente.

4. O abolicionismo penal não encontra supedâneo mínimo na existência realística da humanidade, constituindo uma *poética proposta para a sociedade do futuro*, quando houver fraternidade e solidariedade entre todos. Porém, ao atingir esse patamar evolutivo, não haverá necessidade de qualquer discurso abolicionista, pois a eliminação da punição será algo natural e consequência lógica da paz reinante.

5. A *cifra negra é uma realidade*, mas sempre foi objeto de análise da criminologia e não se trata de um argumento inédito erguido somente pelos abolicionistas. Ademais, não se tem estatística autêntica do seu montante, de modo que se estima existirem muitos delitos cometidos e que permanecem ocultos (não descobertos, não investigados, não processados ou não punidos). Mesmo que se possa, em cálculo hipotético, apontar um número de crimes praticados maior que os conhecidos e, de algum modo, apurados, inexiste qualquer consequência lógica para dessa situação extrair-se a conclusão de ser mais indicado eliminar, por completo, o direito penal e o sistema punitivo. Afinal, *em qualquer campo do direito*, onde existem infrações e penalidades, *pune-se apenas o que se detecta, apura e se consegue provar*; nem por isso, se extirpam as sanções a pretexto de elas constituírem a minoria em relação ao número de infrações. Um dos principais aspectos liga-se, justamente, às finalidades gerais da punição, quanto a demonstrar à sociedade a existência do direito e no tocante ao caráter intimidante da sanção. Existindo o crime e a pena, somente o fato de *poder* o agente do delito ser descoberto e sofrer a sanção é fator desestimulante e inibidor para muitas pessoas; somente por isso, já existe fundamento para a existência do direito penal.

6. A pena privativa de liberdade *pode ser reduzida* para vários crimes, dependendo de alteração legislativa e da postura do Judiciário. Enquanto isso

não se concretizar, torna-se imperioso *humanizar os presídios*, permitindo as melhores condições possíveis para os regimes fechado e semiaberto. Porém, é preciso contornar o presente estado de *impunidade* quanto ao cumprimento de pena no *regime aberto*, visto inexistirem casas do albergado, na maioria das comarcas, e os sentenciados estão sendo encaminhados para prisão domiciliar, sem a devida fiscalização. A utilização das penas restritivas de direitos e da pena pecuniária pode ser um modelo apropriado para vários delitos e até ampliado o seu alcance, respeitando-se o princípio da proporcionalidade e levando-se em consideração as condições pessoais do agente do crime. Porém, é preciso eliminar penas restritivas de direitos inócuas, criando-se outras, se for o caso, sempre buscando a efetividade quanto à sua aplicação.

7. A *questão ligada às drogas ilícitas* precisa ser, urgentemente, debatida não somente pelo Supremo Tribunal Federal, mas por toda a sociedade e, por óbvio, pelo Poder Legislativo, aperfeiçoando a lei específica e decidindo acerca da licitude ou da continuidade da vedação do consumo pessoal de substância entorpecente para fins recreativos. De qualquer forma, torna-se curial a *revisão da Lei 11.343/2006* indicando, com a devida clareza, os critérios para apurar quem deve ser considerado traficante e quem deve ser visualizado como usuário. Afinal, grande parte da população carcerária advém de condenações por tráfico ilícito de drogas.

8. A *justiça restaurativa é uma opção importante*, mas é indispensável que seja *prevista em lei*, para aplicação em todo o território nacional, sempre de maneira *uniforme*, mas *facultativa*, respeitando-se a vítima, que não pode ser obrigada a perdoar o ofensor, nem com ele se reconciliar. No mesmo sentido, há de se respeitar o acusado, que não pode ser forçado a pedir desculpa ou arrepender-se. Por certo, quando o ofensor apresenta remorso pelo que realizou, cuida-se de relevante fator para se levar em consideração, se não na esfera da justiça restaurativa, pelo menos para constar como causa de diminuição de pena e, em algumas hipóteses, até mesmo de perdão judicial.

9. A *criminalidade de colarinho-branco não pode ser ignorada*, nem desprezada; ao contrário, o tratamento destinado a esse tipo de delinquente precisa ser exatamente o mesmo conferido a outras espécies de delitos, cometidos por classes sociais empobrecidas. Cabe à política criminal adotada a decisão pelo rumo a tomar, aproximando as punições, hoje díspares, entre os delitos, pois, em matéria de ofensividade, dúvidas não restam no sentido

de que as infrações de colarinho-branco podem causar danos devastadores a diversos bens jurídicos.

10. A vítima do crime precisa ser visualizada, devidamente, pela criminologia, pelo direito penal e pelo processo penal, implicando diferentes enfoques. Há de se estudar o comportamento do ofendido no contexto da infração penal, pois não se deve *beatificar* a vítima, do mesmo modo que é preciso não *demonizar* o criminoso. Há graus de culpabilidade da vítima, que merecem ingressar no estudo das causas de surgimento do delito e das razões que levaram o agente a cometê-lo. No campo penal, deve o julgador avaliar o comportamento da vítima para fixar a pena do réu, como, por exemplo, aplicando o disposto no art. 59 do Código Penal, regulador da pena-base, devendo fazê-lo em qualquer aspecto, vale dizer, não se deve considerar o comportamento do ofendido somente para beneficiar o acusado, pois essa visão restritiva é incompatível com o princípio constitucional da individualização da pena. No contexto do processo penal, torna-se preciso cumprir os direitos já previstos em lei para a proteção da vítima, ampliando o seu direito de participação no processo, caso deseje, por meio do assistente de acusação.

11. A política criminal brasileira precisa ser debatida e definida pelos Poderes da República, buscando-se adotar um perfil equilibrado para o enfrentamento da criminalidade, dentro da *realidade* da *nossa* sociedade, evitando-se radicalismos punitivos ou lenientes e sem a *importação*, pura e simples, de sistemas vigentes em países estrangeiros, cujo cenário político, econômico e social é distinto do Brasil.

12. É preciso *desmistificar* qualquer assertiva no sentido de que a pobreza gera a criminalidade. Não há nenhum alicerce para essa conclusão, de modo que o argumento de que as pessoas economicamente desfavorecidas são agentes de crimes é falsa. A imensa maioria da classe social economicamente inferior é honesta e constitui uma ilogicidade defender um direito penal brando e ameno para delitos graves, especialmente os violentos contra a pessoa, cujos sujeitos passivos, majoritariamente, se encontram justamente entre as pessoas mais pobres, desprotegidas e vulneráveis, desprovidas da ideal segurança pública, além de incapazes de custear uma segurança privada. Por outro lado, se a maior parte da população carcerária é constituída por pessoas economicamente desfavorecidas, isso termina por retratar o *desnível*

de tratamento do sistema punitivo brasileiro no tocante à penalização dos crimes, com evidente leniência para os delitos de colarinho-branco, típicos das classes mais favorecidas.

13. A *impunidade é uma situação mais grave* do que a quantidade de pena prevista para cada delito. Se o crime fosse imediatamente punido, mesmo com penas mais brandas, seria mais eficaz aos olhos da sociedade. Isso não afasta o princípio da *proporcionalidade*, prevendo sanções penais que possam acompanhar, em gravidade, a natureza do delito cometido e as condições pessoais do agente. Nesse campo, torna-se essencial debater e captar os principais motivos da *ineficiência* dos órgãos de investigação: se é causa proveniente da deformação das leis, se é fruto da insuficiência de recursos materiais para tanto ou existe outro motivo pouco explorado. Afora a fase investigatória, cabe à criminologia analisar, também, a origem e as razões dos fracassos de vários processos criminais, que terminam sem solução por carência de provas. Muitos deles são incapazes de atingir um real veredicto para o réu: culpado ou inocente. Alcança-se o estágio da pura dúvida, que se poderia denominar de acusado *não culpado* (insuficiência probatória grave), quando se deveria aguardar da justiça criminal a afirmação ideal de *ser culpado* ou *ser inocente*. As falhas do processo penal, desde o início da persecução penal, constituem parte integrante do quadro geral da *impunidade*, merecedora de estudo por parte da criminologia. De nada resolve apenas mencionar a tal *cifra negra* para apontar a deficiência do sistema punitivo, quando se sabe que os problemas não se concentram somente nas leis penais, mas, igualmente, nas agências investigatórias de crimes, concernindo ao direito processual penal indicar os caminhos mais eficientes a seguir. Portanto, a baixa produtividade dos órgãos de segurança pública para conter o avanço de toda espécie de criminalidade não deve ser, simplesmente, criticada, com a finalidade de se apontar a inutilidade do direito penal e, consequentemente, do sistema punitivo. Há de se buscar a solução adequada para *sanar* esse cenário enaltecedor da impunidade; o crescimento desta enfraquece a paz pública.

14. Quanto à pena, possui *duas funções* e *três finalidades*, que merecem ser avaliadas em conjunto. A primeira função é *retributiva*, consistindo em um alerta para o criminoso, buscando que faça uma reavaliação do seu comportamento, podendo arrepender-se do que foi feito e permitindo a cominação em lei da pena justa, consistente na fiel proporção entre a gravidade do fato e a punição aplicada. A segunda função refere-se à oportunidade concedida ao sentenciado para a sua *reeducação* ou *ressocialização*, se assim quiser. Para

tanto, o Estado deve proporcionar-lhe trabalho e estudo, além de garantir, nos termos da lei, o cumprimento da pena com acompanhamento das equipes multidisciplinares existentes nos estabelecimentos penais, assegurando assistência ao egresso para habitação, alimentação e emprego. Aplicada a sanção, busca-se atingir três finalidades, que podem ser concomitantes, conforme o caso concreto. A primeira finalidade diz respeito a demonstrar à sociedade a *eficiência e a eficácia do direito penal* para o enfrentamento do crime. A segunda concerne ao caráter *intimidante* da pena, despertando nos destinatários da norma penal a repulsa à prática do crime. A terceira liga-se à indispensável *segregação* de alguns condenados, como modo de afastá-los do convívio social por um certo período, protegendo a sociedade.

15. Urge instar o Poder Executivo a *cumprir a lei penal e de execução penal* de pronto, sem mais delonga, pois somente essa atitude já será extremamente eficiente para amenizar – e muito – o caos vivido pelo sistema penitenciário na atualidade. Cumpre ao Poder Legislativo trabalhar pela edição de leis harmônicas e coerentes, promovendo a revitalização do ordenamento jurídico na esfera criminal, nos termos de um *direito penal mínimo eficiente*. Cabe ao Judiciário evitar a decretação da prisão preventiva, quando puder ser evitada e aplicadas em seu lugar medidas cautelares alternativas, contribuindo para o esvaziamento dos estabelecimentos de detenção provisória. No cenário penal e de execução penal, parece-nos fundamental cumprir as decisões relativas à interpretação do direito, tomadas pelo Plenário do Supremo Tribunal Federal e pela Terceira Seção do Superior Tribunal de Justiça, especialmente quando *favoráveis ao réu*, para assegurar maior *segurança jurídica e uniformidade nas decisões* proferidas nas diversas comarcas brasileiras.

Bibliografia

ADORNO, Sérgio; DIAS, Camila. Monopólio estatal da violência. In: LIMA, Renato Sérgio de; RATTON, José Luiz; AZEVEDO, Rodrigo Ghiringhelli (Org.). *Crime, polícia e justiça no Brasil*. São Paulo: Contexto, 2014.

ALEXANDER, Michelle. *A nova segregação*: racismo e encarceramento em massa. Trad. Pedro Davoglio. São Paulo: Boitempo Editorial, 2018.

ALIMENA, Bernardino. *Introdução ao direito penal*. Trad. Maria Fernanda de Carvalho Bottallo. São Paulo: Rideel, 2006.

ALMEIDA, Letícia Núñez. *Tolerância zero ou nova prevenção*: a experiência da política de segurança pública do município de Porto Alegre – RS. Rio de Janeiro: Lumen Juris, 2015.

ALVAREZ, Marcos César. Teorias clássicas e positivistas. In: LIMA, Renato Sérgio de; RATTON, José Luiz; AZEVEDO, Rodrigo Ghiringhelli (Org.). *Crime, polícia e justiça no Brasil*. São Paulo: Contexto, 2014.

AMARAL, Augusto Jobim do; GLOECKNER, Ricardo Jacobsen. *Criminologia e(m) crítica*. Curitiba: Champagnat/EdiPUCRS, 2013.

ANCEL, Marc. *A nova defesa social*: um movimento de política criminal humanista. Trad. Osvaldo Melo. Rio de Janeiro: Forense, 1979.

ANDREUCCI, Ricardo Antunes; DOTTI, René Ariel; REALE JÚNIOR, Miguel; PITOMBO, Sérgio M. de Moraes. *Penas e medidas de segurança no novo Código*. 2. ed. Rio de Janeiro: Forense, 1987.

ANITUA, Gabriel Ignacio. *Castigo, cárceles y controles*. Buenos Aires: Ediciones Didot, 2015.

ANITUA, Gabriel Ignacio. *Introdução à criminologia*: uma aproximação desde o poder de julgar. Rio de Janeiro: Tirant lo Blanch, 2017.

ARAGÃO, Antônio Moniz Sodré de. *As três escolas penais*: clássica, antropológica e crítica. 8. ed. Rio de Janeiro: Freitas Bastos, 1977.

ARAUJO JUNIOR, João Marcello de. Os grandes movimentos da política criminal de nosso tempo: aspectos. In: ARAUJO JUNIOR, João Marcello de (Org.). *Sistema penal para o terceiro milênio*: atos do Colóquio Marc Ancel. 2. ed. Rio de Janeiro: Revan, 1991.

ARAUJO JUNIOR, João Marcello de (Org.). *Sistema penal para o terceiro milênio*: atos do Colóquio Marc Ancel, 2. ed. Rio de Janeiro: Revan, 1991.

ARNAOUTOGLOU, Ilias. *Leis da Grécia antiga*. Trad. Ordep Trindade Serra e Rosiléa Pizarro Carnelós. São Paulo: Odysseus, 2003.

ARRUDA, Élcio. *História do direito penal*. Rio de Janeiro: Lumen Juris, 2016.

AZEVEDO, David Teixeira de. *Dosimetria da pena*: causas de aumento e diminuição. 1. ed. 2. tir. São Paulo: Malheiros, 2002.

AZEVEDO, Luiz Carlos de. *História do direito, ciência e disciplina*. 2. ed. Osasco: Edifieo, 2005.

AZEVEDO, Rodrigo Ghiringhelli; LIMA, Renato Sérgio de; RATTON, José Luiz (Org.). *Crime, polícia e justiça no Brasil*. São Paulo: Contexto, 2014.

BARATTA, Alessandro. *Criminologia crítica e crítica do direito penal*. 3. ed. Trad. Juarez Cirino dos Santos. Rio de Janeiro: Revan, 2002.

BARJA DE QUIROGA, Jacobo López. *Teoría de la pena*. Madrid: Ediciones Akal, 1991.

BARRETO, Tobias. *Menores e loucos em direito criminal*. Campinas: Romana, 2003.

BARROS, Alcina Juliana Soares; TELLES, Lisieux E. de Borba; COSTA, Gabriela de Moraes; BINS, Helena Dias de Castro. Psiquiatria forense. In: MELEIRO, Alexandrina (Coord.). *Psiquiatria*: estudos fundamentais. Rio de Janeiro: GEN/Guanabara Koogan, 2018.

BEATO, Claudio; ZILLI, Luís Felipe. Organização social do crime. In: LIMA, Renato Sérgio de; RATTON, José Luiz; AZEVEDO, Rodrigo Ghiringhelli (Org.). *Crime, polícia e justiça no Brasil*. São Paulo: Contexto, 2014.

BECKER, Howard S. *Outsiders*: estudos de sociologia do desvio. Trad. Maria Luiza X. de A. Borges. Rio de Janeiro: Zahar, 2008.

BERGALLI, Roberto; BUSTOS RAMÍREZ, Juan. *O pensamento criminológico I*: uma análise crítica. Rio de Janeiro: Revan, 2015.

BERISTAIN, Antonio. *Nova criminologia à luz do direito penal e da vitimologia*. Trad. Cândido Furtado Maia Neto. Brasília: Editora UnB, 2000.

BERISTAIN, Antonio. *Victimología*: nueve palabras clave. Valencia: Tirant lo Blanch, 2000.

BERNALDO DE QUIRÓS, C. *Criminología*. 2. ed. Puebla: Editorial José M. Cajica, 1948.

BERNALDO DE QUIRÓS, C. *Criminología de los delitos de sangre em España*. Madrid: Editorial Internacional, 1906.

BERNALDO DE QUIRÓS, C. *Las nuevas teorías de la criminalidad*. Madrid: Revista de Legislación, 1908.

BERNALDO DE QUIRÓS, C. *Cursillo de criminología y derecho penal*. Trujillo: Montalvo, 1940.

BESSA, Halley Alves. *Personalidade e crime*. Belo Horizonte: Tipografia da Faculdade de Direito da Universidade de Minas Gerais, 1958.

BETTIOL, Giuseppe. O mito da reeducação. *Revista Brasileira de Criminologia e Direito Penal*, Rio de Janeiro, n. 16, p. 5-17, jul./set. 1964.

BETTIOL, Giuseppe. Objetivismo e subjetivismo no âmbito da noção de delito. *Revista Brasileira de Criminologia e Direito Penal*, Rio de Janeiro, n. 9, p. 23-34, abr./jun. 1965.

BEVILÁQUA, Clóvis. *Criminologia e direito*. Salvador: Livraria Magalhães, 1896.

BICCA, Carla; MARQUES, Ana Cecilia Petta Roselli; SALGADO, Carlos Alberto Iglesias; MELEIRO, Alexandrina Maria Augusto da Silva. Transtornos de dependência a substâncias psicoativas. In: MELEIRO, Alexandrina (Coord.). *Psiquiatria*: estudos fundamentais. Rio de Janeiro: GEN/Guanabara Koogan, 2018.

BINS, Helena Dias de Castro; TELLES, Lisieux E. de Borba; BARROS, Alcina Juliana Soares; COSTA, Gabriela de Moraes. Psiquiatria forense. In: MELEIRO, Alexandrina (Coord.). *Psiquiatria*: estudos fundamentais. Rio de Janeiro: GEN/Guanabara Koogan, 2018.

BITTAR, Walter Barbosa (Coord.). *A criminologia no século XXI*. Rio de Janeiro: Lumen Juris, 2007.

BITENCOURT, Cezar Roberto. Análise político criminal da reincidência e o falacioso objetivo ressocializador. *Consultor Jurídico*, 13 jun. 2019. Disponível em: <https://www.conjur.com.br/2019-jun-13/bitencourt-reincidencia-falacioso-objetivo-ressocializador>. Acesso em: 22 jun. 2019.

BITTENCOURT, Cezar Roberto. Criminologia crítica e o mito da função ressocializadora da pena. In: BITTAR, Walter Barbosa (Coord.). *A criminologia no século XXI*. Rio de Janeiro: Lumen Juris, 2007.

BITTENCOURT, Edgard de Moura. Vitimologia como ciência. *Revista Brasileira de Criminologia e Direito Penal*, Rio de Janeiro, n. 1, p. 143-146, abr./jun. 1963.

BLEGER, José. *Psicologia da conduta*. 2. ed. Trad. Emilia de Oliveira Diehl. Porto Alegre: Artes Médicas, 1989.

BOITEUX, Luciana; LEMGRUBER, Julita. O fracasso da guerra às drogas. In: LIMA, Renato Sérgio de; RATTON, José Luiz; AZEVEDO, Rodrigo Ghiringhelli (Org.). *Crime, polícia e justiça no Brasil*. São Paulo: Contexto, 2014.

BONESANA, Cesare (Beccaria). *Dos delitos e das penas*. Trad. Flório de Angelis. São Paulo: Edipro, 1997.

BOSCHI, José Antonio Paganella. *Das penas e seus critérios de aplicação*. 2. ed. Porto Alegre: Livraria do Advogado, 2002.

BOUZON, Emanuel. *O Código de Hammurabi*. 8. ed. Petrópolis: Vozes, 2000.

BOUZON, Emanuel. *Uma coleção de direito babilônico pré-hammurabiano*: leis do reino de Esnunna. Petrópolis: Vozes, 2001.

BRATTON, William; KNOBLER, Peter. *Turnaround*: how America's top cop reversed the crime epidemic. New York: Random House, 1998.

BRUNO, Aníbal. *Das penas*. Rio de Janeiro: Editora Rio, 1976.

BUSTOS RAMÍREZ, Juan (Coord.). *Prevención y teoría de la pena*. Santiago: Editorial Jurídica Conosur, 1995.

BUSTOS RAMÍREZ, Juan; BERGALLI, Roberto. *O pensamento criminológico I*: uma análise crítica. Rio de Janeiro: Revan, 2015.

CADOPPI, Alberto; VENEZIANI, Paolo. *Elementi di diritto penale*: parte generale. Padova: Cedam, 2002.

CALDEIRA, Teresa; HOLSTON, James. Democracy and violence in Brazil. *Comparative Studies in Society and History*, v. 41, n. 4, p. 691-729, Oct. 1999.

CALLEGARI, André Luís (Org.). *Política criminal, Estado e democracia*. Rio de Janeiro: Lumen Juris, 2007.

CALLEGARI, André Luís; WERMUTH, Maiquel Ângelo Dezordi. *Sistema penal e política criminal*. Porto Alegre: Livraria do Advogado, 2010.

CARRARA, Francesco. *Programa do curso de direito criminal*: parte geral. Trad. José Luiz V. de A. Franceschini e J. R. Prestes Barra. São Paulo: Saraiva, 1956. v. I.

CARRARA, Francesco. *Programa do curso de direito criminal*: parte geral. Trad. José Luiz V. de A. Franceschini e J. R. Prestes Barra. São Paulo: Saraiva, 1957. v. II.

CARNEIRO, Augusto Accioly. *Os penitenciários*. 2. ed. Rio de Janeiro: Henrique Velho, 1930.

CARVALHO, Hilario Veiga de. *Compêndio de criminologia*. São Paulo: José Bushatsky Editor, 1973.

CARVALHO, Salo de. *Antimanual de criminologia*. 6. ed. São Paulo: Saraiva, 2015.

CARVALHO, Salo de. Criminologia cultural. In: LIMA, Renato Sérgio de; RATTON, José Luiz; AZEVEDO, Rodrigo Ghiringhelli (Org.). *Crime, polícia e justiça no Brasil*. São Paulo: Contexto, 2014.

CARVALHO, Salo. Sobre as possibilidades de uma criminologia *queer*. In: DUARTE, Evandro Piza; CARVALHO, Salo. *Criminologia do preconceito*: racismo e homofobia nas ciências criminais. São Paulo: Saraiva, 2017.

CARVALHO, Salo de; DUARTE, Evandro Piza. *Criminologia do preconceito*: racismo e homofobia nas ciências criminais. São Paulo: Saraiva, 2017.

CARVALHO, Thiago Fabres de. *Criminologia, (in)visibilidade, reconhecimento*: o controle penal da subcidadania no Brasil. Rio de Janeiro: Revan, 2014.

CASOY, Ilana. *Serial killer*: louco ou cruel? São Paulo: Madras, 2002.

CASTELO BRANCO, Vitorino Prata. *Curso completo de criminologia da sociedade brasileira de direito criminal*. São Paulo: Sugestões Literárias, 1975.

CASTELO BRANCO, Vitorino Prata. *Direito romano*. São Paulo: Pioneira, 1965.

CASTIGLIONE, Theodolindo. As penas e as medidas e a sua execução. *Revista Brasileira de Criminologia e Direito Penal*, Rio de Janeiro, n. 1, p. 65-82, abr./jun. 1963.

CASTRO, Lola Aniyar. *Criminologia da libertação*. Trad. Sylvia Moretzsohn. Rio de Janeiro: Revan, 2005.

CASTRO, Lola Aniyar; CODINO, Rodrigo. *Manual de criminologia sociopolítica*. Trad. Amina Vergara. Rio de Janeiro: Revan, 2017.

CELIS, Jacqueline Bernat de; HULSMAN, Louk. *Penas perdidas*: o sistema penal em questão. 3. ed. Belo Horizonte: D'Plácido, 2018. (Coleção Percursos Criminológicos).

CHOCLÁN MONTALVO, José Antonio. *Individualización judicial de la pena*: función de la culpabilidad y la prevención en la determinación de la sanción penal. Madrid: Colex, 1997.

CHRISTIE, Nils. *Limits to pain*: the role of punishment in penal policy. Oregon: Wipf & Stock, 2007.

CHRISTIE, Nils. *Uma razoável quantidade de crime*. Trad. André Nascimento. Rio de Janeiro: Instituto Carioca de Criminologia, 2011.

CIASCA, Saulo Vito; GAGLIOTTI, Daniel Augusto Mori; CORDEIRO, Desirèe Monteiro; SAADEH, Alexandre. Transtornos parafílicos e disforia de gênero. In: MELEIRO, Alexandrina (Coord.). *Psiquiatria*: estudos fundamentais. Rio de Janeiro: GEN/Guanabara Koogan, 2018.

CODINO, Rodrigo; CASTRO, Lola Aniyar. *Manual de criminologia sociopolítica*. Trad. Amina Vergara. Rio de Janeiro: Revan, 2017.

COHEN, David; GAGARIN, Michael (Coord.). *The Cambridge companion to ancient greek law*. Cambridge: Cambridge University Press, 2005.

COHEN, Stanley. *Folks devils and moral panics*: the creation of the mods and rockers. London: Routledge, 2002.

CONDE, Francisco Muñoz; HASSEMER, Winfried. *Introducción a la criminología y al derecho penal*. Valencia: Tirant lo Blanch, 1989.

CORDEIRO, Desirèe Monteiro; GAGLIOTTI, Daniel Augusto Mori; CIASCA, Saulo Vito; SAADEH, Alexandre. Transtornos parafílicos e disforia de gênero. In: MELEIRO, Alexandrina (Coord.). *Psiquiatria*: estudos fundamentais. Rio de Janeiro: GEN/Guanabara Koogan, 2018.

COSTA, Alvaro Mayrink da. *Criminologia*. Rio de Janeiro: Editora Rio, 1976.

COSTA, Alvaro Mayrink da. *Exame criminológico*. Rio de Janeiro: Forense, 1989.

COSTA, Gabriela de Moraes; TELLES, Lisieux E. de Borba; BARROS, Alcina Juliana Soares; BINS, Helena Dias de Castro. Psiquiatria forense. In: MELEIRO,

Alexandrina (Coord.). *Psiquiatria*: estudos fundamentais. Rio de Janeiro: GEN/Guanabara Koogan, 2018.

COSTA JR., Paulo José da. Presunção normativa de perigosidade e jurisdicionalização da medida de segurança. *Revista Brasileira de Criminologia e Direito Penal*, Rio de Janeiro, n. 1, p. 137-141, abr./jun. 1963.

COSTA, Priscila de Almeida; VALADARES, Gislene Cristina; PRÍNCIPE, Raquel de Santana; RENNÓ JÚNIOR, Joel; MELEIRO, Alexandrina Maria Augusto da Silva. Saúde mental da mulher. In: MELEIRO, Alexandrina (Coord.). *Psiquiatria*: estudos fundamentais. Rio de Janeiro: GEN/Guanabara Koogan, 2018.

COUTINHO, Jacinto Nelson de Miranda. O gozo pela punição (em face de um Estado sem recursos). In: COUTINHO, Jacinto Nelson de Miranda; MORAIS, José Luís Bolzan de; STRECK, Lenio Luiz (Org.). *Estudos constitucionais*. Rio de Janeiro: Renovar, 2007.

COUTINHO, Jacinto Nelson de Miranda; MORAIS, José Luís Bolzan de; STRECK, Lenio Luiz (Org.). *Estudos constitucionais*. Rio de Janeiro: Renovar, 2007.

CRESSEY, Donald R.; SUTHERLAND, Edwin H. *Principles of criminology*. 6. ed. Philadelphia: J. B. Lippincott Company, 1960.

CULLEN, Francis T.; JONSON, Cheryl Lero; ECK, John E. The small prison. In: CULLEN, Francis T.; STOHR, Mary K.; JONSON, Cheryl Lero (Ed.). *The american prison*: imagining a different future. Los Angeles: Sage, 2014.

CULLEN, Francis T.; STOHR, Mary K.; JONSON, Cheryl Lero. Lessons learned: from penal harm to penal help. In: CULLEN, Francis T.; STOHR, Mary K.; JONSON, Cheryl Lero (Ed.). *The american prison*: imagining a different future. Los Angeles: Sage, 2014.

CULLEN, Francis T.; STOHR, Mary K.; JONSON, Cheryl Lero (Ed.). *The american prison*: imagining a different future. Los Angeles: Sage, 2014.

CULLEN, Francis T.; SUNDT, Jody L.; WOZNIAK, John F. The virtuous prison. In: CULLEN, Francis T.; STOHR, Mary K.; JONSON, Cheryl Lero (Ed.). *The american prison*: imagining a different future. Los Angeles: Sage, 2014.

CUNJAMA LÓPEZ, Emilio Daniel; ORDAZ HERNÁNDEZ, David (Coord.). *Criminología reflexiva*: discusiones acerca de la criminalidad. México: Ubijus Editorial, 2011.

DAHRENDORF, Ralf. *A lei e a ordem*. Trad. Tamara D. Barile. Brasília: Instituto Tancredo Neves, 1987.

DAL RI JÚNIOR, Arno; SONTAG, Ricardo (Org.). *História do direito penal entre medievo e modernidade*. Belo Horizonte: Del Rey, 2011.

DAVIS, Angela. *Estarão as prisões obsoletas?* 2. ed. Trad. Marina Vargas. Rio de Janeiro: Bertrand Brasil, 2018.

DELGADO, Honorio. *La personalidade y el carácter*. 2. ed. Lima: Talleres Graficos de la Editorial Lumen, 1946.

DEMETRIO CRESPO, Eduardo. *Prevención general y individualización judicial de la pena*. Salamanca: Ediciones Universidad de Salamanca, 1999.

DÍAZ CORTÉS, Lina Mariola. Etapa científica de la criminología. In: PÉREZ ÁLVAREZ, Fernando (Dir.); DÍAZ CORTÉS, Lina Mariola (Coord.). *Introducción a la criminología*. 2. ed. Salamanca: Ratio Legis, 2015.

DÍAZ CORTÉS, Lina Mariola. Etapa pre-científica de la criminología. In: PÉREZ ÁLVAREZ, Fernando (Dir.); DÍAZ CORTÉS, Lina Mariola (Coord.). *Introducción a la criminología*. 2. ed. Salamanca: Ratio Legis, 2015.

DI TULLIO, Benigno. *Principios de criminología clínica y psiquiatría forense*. 3. ed. Trad. Domingo Teruel Carralero. Madrid: Aguilar, 1966.

DI TULLIO, Benigno. *Tratado de antropología criminal*. Trad. Instituto Panamericano de Cultura. Buenos Aires: General San Martín, 1950.

DORADO MONTEIRO, P. *El positivismo en la ciencia jurídica y social italiana*. Madrid: Revista de Legislación, 1891.

DOTTI, René Ariel; REALE JÚNIOR, Miguel; ANDREUCCI, Ricardo Antunes; PITOMBO, Sérgio M. de Moraes. *Penas e medidas de segurança no novo Código*. 2. ed. Rio de Janeiro: Forense, 1987.

DOURADO, Luiz Ângelo. *Ensaio de psicologia criminal*: o teste da árvore e a criminalidade. Rio de Janeiro: Zahar, 1969.

DOURADO, Luiz Ângelo. Psicologia criminal: o crime passional e suas relações com o narcisismo. *Revista Brasileira de Criminologia e Direito Penal*, Rio de Janeiro, n. 17, p. 89-93, abr./jun. 1967.

DUARTE, Evandro Piza. Criminologia e racismo. In: DUARTE, Evandro Piza; CARVALHO, Salo. *Criminologia do preconceito*: racismo e homofobia nas ciências criminais. São Paulo: Saraiva, 2017.

DUARTE, Evandro Piza; CARVALHO, Salo. *Criminologia do preconceito*: racismo e homofobia nas ciências criminais. São Paulo: Saraiva, 2017.

DURKHEIM, Émile. *As regras do método sociológico*. 8. ed. Trad. Maria Isaura Pereira de Queiroz. São Paulo: Companhia Editora Nacional, 1977.

DURKHEIM, Émile. *O suicídio*: estudo de sociologia. Trad. Andréa Stahel M. da Silva. São Paulo: Edipro, 2017.

ECK, John E.; JONSON, Cheryl Lero; CULLEN, Francis T. The small prison. In: CULLEN, Francis T.; STOHR, Mary K.; JONSON, Cheryl Lero (Ed.). *The american prison*: imagining a different future. Los Angeles: Sage, 2014.

ESBEC RODRÍGUEZ, Enrique; GÓMES-JARABO, Gregorio. *Psicología forense y tratamento jurídico-legal de la discapacidad*. Madrid: Edisofer Libros Juridicos, 2000.

FEDELI, Mario. *Temperamento, caráter, personalidade*: ponto de vista médico e psicológico. Trad. José Maria de Almeida. São Paulo: Paulus, 1997.

FERRACINI NETO, Ricardo; MORAES, Alexandre Rocha Almeida de. *Criminologia*. Salvador: JusPodivm, 2019.

FERRAJOLI, Luigi. *Direito e razão*: teoria do garantismo penal. 2. ed. Trad. Ana Paula Zomer Sica et al. São Paulo: RT, 2006.

FERRELL, Jeff; HAYWARD, Keith; YOUNG, Jock. *Cultural criminology*. 2. ed. London: Sage, 2015.

FERRI, Enrico. *Criminal sociology*. La Vergne: Kessinger Publishing, 2010.

FERRI, Enrico. *Delinquente e responsabilidade penal*. Trad. Fernanda Lobo. São Paulo: Rideel, 2006.

FERRI, Enrico. *Os criminosos na arte e na literatura*. 3. ed. Trad. Dagma Zimmermann. Porto Alegre: Ricardo Lenz, 2001.

FERRI, Enrico. *Princípios de direito criminal*. Trad. Luiz Lemos D'Oliveira. São Paulo: Saraiva, 1931.

FONSECA, A. Fernandes da. *Herança da personalidade (a genética em psiquiatria)*. São Paulo: Instituto de Psicologia da Pontifícia Universidade Católica de São Paulo, 1968.

FOUCAULT, Michel. *Os anormais*. 2. ed. 3. tir. Trad. Eduardo Brandão. São Paulo: Martins Fontes, 2013.

FOUCAULT, Michel. *Vigiar e punir*: história da violência nas prisões. 42. ed. Trad. Raquel Ramalhete. Petrópolis: Vozes, 2018.

FRAGOSO, Heleno Cláudio. Apontamentos sobre o conceito de crime no direito soviético. *Revista Brasileira de Criminologia e Direito Penal*, Rio de Janeiro, n. 5, p. 67-74, abr./jun. 1964.

FRAGOSO, Heleno Cláudio. *Lições de direito penal*: parte geral. 15. ed. Rio de Janeiro: Forense, 1994.

FURQUIM, Saulo Ramos. *A criminologia cultural e a criminalização cultural periférica*. Rio de Janeiro: Lumen Juris, 2016.

GAGARIN, Michael; COHEN, David (Coord.). *The Cambridge companion to ancient greek law*. Cambridge: Cambridge University Press, 2005.

GAGLIOTTI, Daniel Augusto Mori; CIASCA, Saulo Vito; CORDEIRO, Desirèe Monteiro; SAADEH, Alexandre. Transtornos parafílicos e disforia de gênero. In: MELEIRO, Alexandrina (Coord.). *Psiquiatria*: estudos fundamentais. Rio de Janeiro: GEN/Guanabara Koogan, 2018.

GAIO, André Moysés (Org.). *Contra a criminologia*: enfrentando os mitos da criminologia positiva. Curitiba: CRV, 2012.

GAIO, André Moysés. O governo através do crime. In: GAIO, André Moysés (Org.). *Contra a criminologia*: enfrentando os mitos da criminologia positiva. Curitiba: CRV, 2012.

GALVÃO, Clarissa. Cultura e subcultura. In: LIMA, Renato Sérgio de; RATTON, José Luiz; AZEVEDO, Rodrigo Ghiringhelli (Org.). *Crime, polícia e justiça no Brasil*. São Paulo: Contexto, 2014.

GARCÍA ARÁN, Mercedes. *Fundamentos y aplicación de penas y medidas de seguridad en el Código Penal de 1995*. Pamplona: Aranzadi, 1997.

GARCÍA-PABLOS DE MOLINA, Antonio. *Tratado de criminología*. 5. ed. Valencia: Tirant lo Blanch, 2014.

GAROFALO, R. *A superstição socialista*. Salvador: Livraria Progresso, 1955.

GAROFALO, R. *Criminologia*: estudo sobre o delito e a repressão penal. Trad. Julio de Mattos. São Paulo: Teixeira & Irmão Editores, 1997.

GENELHÚ, Ricardo; SCHEERER, Sebastian. *Manifesto para abolir as prisões*. Rio de Janeiro: Revan, 2017.

GILISSEN, John. *Introdução histórica ao direito*. 3. ed. Trad. A. M. Hespanha e L. M. Macaísta Malheiros. Lisboa: Fundação Calouste Gulbenkian, 2001.

GILL, Howard B. Filosofia correcional e arquitetura. *Revista Brasileira de Criminologia e Direito Penal*, Rio de Janeiro, n. 1, p. 21-41, abr./jun. 1963.

GIORDANI, Mário Curtis. *História da antiguidade oriental*. Petrópolis: Vozes, 1963.

GIORDANI, Mário Curtis. *História da Grécia*. Petrópolis: Vozes, 1967.

GIORDANI, Mário Curtis. *História de Roma: antiguidade clássica*. 9. ed. Petrópolis: Vozes, 1987.

GIORDANI, Mário Curtis. *História do direito penal entre os povos antigos do Oriente próximo*. Rio de Janeiro: Lumen Juris, 2004.

GIORDANI, Mário Curtis. *História do mundo árabe medieval*. 3. ed. Petrópolis: Vozes, 1992.

GIORDANI, Mário Curtis. *História do mundo feudal*. 3. ed. Petrópolis: Vozes, 1997.

GIORGI. Alessandro De. *A miséria governada através do sistema penal*. Trad. Sérgio Lamarão. Rio de Janeiro: Revan, 2017.

GOFFMAN, Erving. *Estigma*: notas sobre a manipulação da identidade deteriorada. 4. ed. Trad. Márcia Bandeira de Mello Leite Nunes. Rio de Janeiro: LTC, 2017.

GOFFMAN, Erving. *Manicômios, prisões e conventos*. 9. ed. São Paulo: Perspectiva, 2017.

GOMES, Marcus Alan. *Mídia e sistema penal*: as distorções da criminalização nos meios de comunicação. Rio de Janeiro: Revan, 2015.

GLOECKNER, Ricardo Jacobsen; AMARAL, Augusto Jobim do. *Criminologia e(m) crítica*. Curitiba: Champagnat/EdiPUCRS, 2013.

GRAHAM, Stephen. *Cidades sitiadas*: o novo urbanismo militar. Trad. Alyne Azuma. São Paulo: Boitempo Editorial, 2016.

GRAMATICA, Filippo. *Principios de defensa social*. Trad. Jesus Muñoz Y Nuñez de Prado e Luis Zapata Aparicio. Madrid: Editorial Montecorvo, 1974.

GODINHO, Letícia. Participação e segurança pública. In: LIMA, Renato Sérgio de; RATTON, José Luiz; AZEVEDO, Rodrigo Ghiringhelli (Org.). *Crime, polícia e justiça no Brasil*. São Paulo: Contexto, 2014.

GÓMES-JARABO, Gregorio; ESBEC RODRÍGUEZ, Enrique. *Psicología forense y tratamento jurídico-legal de la discapacidad*. Madrid: Edisofer Libros Juridicos, 2000.

HARRIES, Jill. *Law and crime in the roman world*. Cambridge: Cambridge University Press, 2007.

HART, H. K. A. *Punishment and responsibility*. 2. ed. Oxford: Oxford University Press, 2008.

HART, H. K. A. *The concept of law*. 3. ed. Oxford: Oxford University Press, 2012.

HASSEMER, Winfried. *Direito penal libertário*. Trad. Regina Greve. Belo Horizonte: Del Rey, 2007.

HASSEMER, Winfried; CONDE, Francisco Muñoz. *Introducción a la criminología y al derecho penal*. Valencia: Tirant lo Blanch, 1989.

HAYWARD, Keith; YOUNG, Jock; FERRELL, Jeff. *Cultural criminology*. 2. ed. London: Sage, 2015.

HENTIG, Hans von. *Criminología*: causas y condiciones del delito. 4. ed. Trad. Diego Abad de Santillán. Buenos Aires: Lafuente, 1948.

HIRSCHI, Travis. *Causes of delinquency*. New Brunswick: Transaction Publishers, 2009.

HIRST, Paul Q. Marx e Engels – sobre direito, crime e moralidade. In: TAYLOR, Ian; WALTON, Paul; YOUNG, Jock (Org.). *Criminologia crítica*. Trad. Juarez Cirino dos Santos e Sérgio Tancredo. Rio de Janeiro: Edições Graal, 1980.

HOFF, Paul. *O pentateuco*. Trad. Luiz Caruso. São Paulo: Vida, 2007.

HOLSINGER, Kristi. The feminist prison. In: CULLEN, Francis T.; STOHR, Mary K.; JONSON, Cheryl Lero (Ed.). *The american prison*: imagining a different future. Los Angeles: Sage, 2014.

HULSMAN, Louk. Alternativas à justiça criminal. In: PASSETTI, Edson (Coord.). *Curso livre de abolicionismo penal*. 2. ed. Rio de Janeiro: Revan, 2012.

HULSMAN, Louk; CELIS, Jacqueline Bernat de. *Penas perdidas*: o sistema penal em questão. 3. ed. Trad. Maria Lúcia Karam. Belo Horizonte: D'Plácido, 2018. (Coleção Percursos Criminológicos).

HUNGRIA, Nélson. *Comentários ao Código Penal*. 4. ed. Rio: Forense, 1957. v. I, t. II.

HUNGRIA, Nélson. Direito penal e criminologia. *Revista Brasileira de Criminologia e Direito Penal*, Rio de Janeiro, n. 1, p. 5-19, abr./jun. 1963.

INGENIEROS, José. *Criminología*. Madrid: Daniel Jorro Editor, 1913.

JACOB, François. *A lógica da vida*: uma história de hereditariedade. Trad. Ângela Loureiro de Souza. Rio de Janeiro: Edições Graal, 1983.

JAKOBS, Günther. *Derecho penal del enemigo*. Trad. Manuel Cancio Meliá. Madrid: Thompson-Civitas, 2003.

JARDÉ, A. *A Grécia antiga e a vida grega*. São Paulo: Edusp, 1977.

JESCHECK, Hans-Heinrich; WEIGEND, Thomas. *Tratado de derecho penal*: parte general. Trad. Miguel Olmedo Cardenete. Granada: Comares, 2002.

JOHNSON, Byron R. The faith-based prison. In: CULLEN, Francis T.; STOHR, Mary K.; JONSON, Cheryl Lero (Ed.). *The american prison*: imagining a different future. Los Angeles: Sage, 2014.

JONSON, Cheryl Lero; CULLEN, Francis T.; STOHR, Mary K. (Ed.). *The american prison*: imagining a different future. Los Angeles: Sage, 2014.

JONSON, Cheryl Lero; ECK, John E.; CULLEN, Francis T. The small prison. In: CULLEN, Francis T.; STOHR, Mary K.; JONSON, Cheryl Lero (Ed.). *The american prison*: imagining a different future. Los Angeles: Sage, 2014.

JONSON, Cheryl Lero; STOHR, Mary K.; CULLEN, Francis T. Lessons learned: from penal harm to penal help. In: CULLEN, Francis T.; STOHR, Mary K.; JONSON, Cheryl Lero (Ed.). *The american prison*: imagining a different future. Los Angeles: Sage, 2014.

JUNG, C. G. *O desenvolvimento da personalidade*. 14. ed. Trad. Frei Valdemar do Amaral. Petrópolis: Vozes, 2018.

JUNQUEIRA, Fernanda Campos. Entre interações e violências: a percepção dos atores sociais a respeito de seu cotidiano escolar. In: GAIO, André Moysés (Org.). *Contra a criminologia*: enfrentando os mitos da criminologia positiva. Curitiba: CRV, 2012.

KANGA, Kavasji Edulji. *Khodeh Avesta.* Trad. Maneck Furdoonji Kanga. Bombay: Jenaz Printers, 2014.

KELLING, George L.; COLES, Catherine M. *Fixing broken windows:* restoring order and reducing crime in our communities. New York: Touchstone, 1997.

KELLING, George L.; WILSON, James Q. Broken windows: the police and neighborhood safety, Mar. 1982. Disponível em: <https://www.theatlantic.com/magazine/archive/1982/03/broken-windows/304465/>. Acesso em: 4 fev. 2021.

KHALED JR., Salah H. *Crime e castigo*: ensaios de resistência, controle social e criminologia cultural. Belo Horizonte: Letramento & Casa do Direito, 2018.

KLABIN, Aracy Augusta Leme. *História geral do direito*. São Paulo: RT, 2004.

KIRCHHEIMER, Otto; RUSCHE, Georg. *Punição e estrutura social.* Trad. Gizlene Neder. Rio de Janeiro: Freitas Bastos, 1999.

KNOBLER, Peter; BRATTON, William. *Turnaround*: how America's top cop reversed the crime epidemic. New York: Random House, 1998.

KOSOVISKI, Ester; MAYR, Eduardo; PIEDADE JÚNIOR, Heitor (Coord.). *Vitimologia em debate II*. Rio de Janeiro: Lumen Juris, 1997.

LAMO RUBIO, J. de. *Penas y medidas de seguridad en el nuevo Código*. Barcelona: Bosch, 1997.

LAUWE, Paul-Henry Chombart de. A organização social no meio urbano. In: VELHO, Otávio Guilherme (Org.). *O fenômeno urbano*. 2. ed. Rio de Janeiro: Zahar, 1973.

LE BON, Gustave. *A civilização árabe*. Trad. Augusto Sousa. Curitiba: Paraná Cultural, 1965. v. I, II e III.

LEMGRUBER, Julita; BOITEUX, Luciana. O fracasso da guerra às drogas. In: LIMA, Renato Sérgio de; RATTON, José Luiz; AZEVEDO, Rodrigo Ghiringhelli (Org.). *Crime, polícia e justiça no Brasil*. São Paulo: Contexto, 2014.

LESCH, Heiko H. *La función de la pena*. Madrid: Dykinson, 1999.

LIMA, Renato Sérgio de; RATTON, José Luiz; AZEVEDO, Rodrigo Ghiringhelli (Org.). *Crime, polícia e justiça no Brasil*. São Paulo: Contexto, 2014.

LOMBROSO, César. *O homem delinquente*. 2. ed. Trad. Maristela B. Tomasini e Oscar Antonio Corbo Garcia. Porto Alegre: Ricardo Lenz Editor, 2001.

LOPES, José Reinaldo de Lima. *O direito na história*: lições introdutórias. 2. ed. São Paulo: Max Limonad, 2002.

LUHMANN, Niklas. *O direito da sociedade*. Trad. Saulo Krieger. São Paulo: Martins Fontes, 2016.

LUNA, Everardo da Cunha. As ciências penais. *Revista Brasileira de Criminologia e Direito Penal*, Rio de Janeiro, n. 1, p. 121-126, abr./jun. 1963.

LYKKEN, David T. *Las personalidades antisociales*. Trad. Isabel Ferrer. Barcelona: Herder, 2000.

LYRA, Roberto. *Criminologia*. Rio de Janeiro: Forense, 1964.

LYRA, Roberto. História do direito penal. *Revista Brasileira de Criminologia e Direito Penal*, Rio de Janeiro, n. 14, p. 7-19, jul./set. 1966.

LYRA, Roberto. *Novíssimas escolas penais*. Rio de Janeiro: Borsoi, 1956.

LYRA FILHO, Roberto. *Criminologia dialética*. Rio de Janeiro: Borsoi, 1972.

MAGUIRE, Mike; MORGAN, Rod; REINER, Robert. *The Oxford handbook of criminology*. 5. ed. Oxford: Oxford University Press, 2012.

MALANDRA, Willian W. (Ed.). *An introduction to ancient iranian religion*: readings from the Avesta and achaemenid inscriptions. Minneapolis: University of Minnesota Press, 1983.

MANNHEIM, Hermann. *Criminologia comparada*. Trad. Faria Costa e Costa Andrade. Lisboa: Fundação Calouste Gulbenkian, 1984. v. I e II.

MANSCHRECK, C. L. *A history of christianity*: from persecution to uncertainty. Englewood Cliffs, N. J.: Prentice Hall, 1974.

MARINHO, Frederico Couto; SILVA, Braulio. Urbanismo, desorganização social e criminalidade. In: LIMA, Renato Sérgio de; RATTON, José Luiz; AZEVEDO, Rodrigo Ghiringhelli (Org.). Crime, polícia e justiça no Brasil. São Paulo: Contexto, 2014.

MARQUES, Adalton. *Humanizar e expandir*: uma genealogia da segurança pública em São Paulo. São Paulo: IBCCRIM, 2018.

MARQUES, Ana Cecilia Petta Roselli; BICCA, Carla; SALGADO, Carlos Alberto Iglesias; MELEIRO, Alexandrina Maria Augusto da Silva. Transtornos de dependência a substâncias psicoativas. In: MELEIRO, Alexandrina (Coord.). *Psiquiatria*: estudos fundamentais. Rio de Janeiro: GEN/Guanabara Koogan, 2018.

MARQUES, Oswaldo Henrique Duek. *Fundamentos da pena*. São Paulo: Juarez de Oliveira, 2000.

MARTÍNEZ SÁNCHEZ, Mauricio. El problema social. Sistema penal: el sistema acusado por los abolicionistas. In: ARAUJO JUNIOR, João Marcello de (Org.). *Sistema penal para o terceiro milênio*: atos do Colóquio Marc Ancel. 2. ed. Rio de Janeiro: Revan, 1991.

MATTHEWS, Roger. *Criminología realista*. Arévalo: Ediciones Didot, 2015.

MATHIESEN, Thomas. *Law, society and political action*: towards a strategy under late capitalism. London: Academic Press, 1980.

MATHIESEN, Thomas. *Prison on trial*. 3. ed. Hampshire: Waterside Press, 2006.

MAYR, Eduardo; PIEDADE JÚNIOR, Heitor; KOSOVISKI, Ester (Coord.). *Vitimologia em debate II*. Rio de Janeiro: Lumen Juris, 1997.

MCGINN, Thomas A. J. *Prostitution, sexuality and the law in ancient Rome*. Oxford: Oxford University Press, 1998.

MEADE, Benjamin; STEINER, Benjamin. The safe prison. In: CULLEN, Francis T.; STOHR, Mary K.; JONSON, Cheryl Lero (Ed.). *The american prison*: imagining a different future. Los Angeles: Sage, 2014.

MELEIRO, Alexandrina (Coord.). *Psiquiatria*: estudos fundamentais. Rio de Janeiro: GEN/Guanabara Koogan, 2018.

MELEIRO, Alexandrina Maria Augusto da Silva; MARQUES, Ana Cecilia Petta Roselli; BICCA, Carla; SALGADO, Carlos Alberto Iglesias. Transtornos de dependência a substâncias psicoativas. In: MELEIRO, Alexandrina (Coord.). *Psiquiatria*: estudos fundamentais. Rio de Janeiro: GEN/Guanabara Koogan, 2018.

MELEIRO, Alexandrina Maria Augusto da Silva VALADARES, Gislene Cristina; PRÍNCIPE, Raquel de Santana; COSTA, Priscila de Almeida; RENNÓ JÚNIOR, Joel. Saúde mental da mulher. In: MELEIRO, Alexandrina (Coord.). *Psiquiatria*: estudos fundamentais. Rio de Janeiro: GEN/Guanabara Koogan, 2018.

MELEIRO, Alexandrina Maria Augusto da Silva; VALENÇA, Alexandre; NOVAIS, Valéria Barreto. Transtornos de personalidade. In: MELEIRO, Alexandrina (Coord.). *Psiquiatria*: estudos fundamentais. Rio de Janeiro: GEN/Guanabara Koogan, 2018.

MELO, Patrícia Bandeira de. Criminologia e teorias da comunicação. In: LIMA, Renato Sérgio de; RATTON, José Luiz; AZEVEDO, Rodrigo Ghiringhelli (Org.). *Crime, polícia e justiça no Brasil*. São Paulo: Contexto, 2014.

MELOSSI, Dario; PAVARINI, Massimo. *Cárcere e fábrica*: as origens do sistema penitenciário (séculos XVI-XIX). Trad. Sérgio Lamarão. Rio de Janeiro: Revan, 2006.

MEZGER, Edmundo. *Criminología*. 2. ed. Trad. José Arturo Rodríguez Muñoz. Madrid: Editorial Revista de Derecho Privado, 1950.

MILITELLO, Vincenzo. *Prevenzione generale e commisurazione della pena*. Milano: Giuffrè, 1982.

MINGARDI, Guaracy. Crime organizado. In: LIMA, Renato Sérgio de; RATTON, José Luiz; AZEVEDO, Rodrigo Ghiringhelli (Org.). *Crime, polícia e justiça no Brasil*. São Paulo: Contexto, 2014.

MIOTTO, Armida Bergamini. *A violência nas prisões*. 2. ed. Goiânia: Cegraf-UFG, 1992.

MIOTTO, Armida Bergamini. Breves considerações sobre a pena. *Revista Brasileira de Criminologia e Direito Penal*, Rio de Janeiro, n. 14, p. 65-78, jul./set. 1966.

MIOTTO, Armida Bergamini. Considerações a respeito da denominada "vitimologia". *Revista Brasileira de Criminologia e Direito Penal*, Rio de Janeiro, n. 4, p. 127-137, jan./mar. 1964.

MIOTTO, Armida Bergamini. Problemas humanos do preso – sua eficácia como fatores criminógenos. *Revista Brasileira de Criminologia e Direito Penal*, Rio de Janeiro, n. 17, p. 69-88, abr./jun. 1967.

MIOTTO, Armida Bergamini. *Temas penitenciários*. São Paulo: RT, 1992.

MIR PUIG, Santiago. *El derecho penal en el Estado social y democrático de derecho*. Barcelona: Editorial Ariel, 1994.

MIR PUIG, Santiago. *Estado, pena y delito*. Montevideo: Editorial B de F, 2013.

MIRANDA, Darcy Arruda. O problema criminológico do alcoolismo. *Revista Brasileira de Criminologia e Direito Penal*, Rio de Janeiro, n. 1, p. 43-63, abr./jun. 1963.

MOLINA BLÁZQUEZ, Maria Concepción. *La aplicación de la pena*. 3. ed. Barcelona: Bosch, 2002.

MORAES, Alexandre Rocha Almeida de. *Direito penal do inimigo*: a terceira velocidade do direito penal. 2. reimpr. Curitiba: Juruá, 2011.

MORAES, Alexandre Rocha Almeida de; FERRACINI NETO, Ricardo. *Criminologia*. Salvador: JusPodivm, 2019.

MORAIS, José Luís Bolzan de; STRECK, Lenio Luiz; COUTINHO, Jacinto Nelson de Miranda (Org.). *Estudos constitucionais*. Rio de Janeiro: Renovar, 2007.

MOREIRA FILHO, Guaracy. *Vitimologia*: o papel da vítima na gênese do delito. São Paulo: Jurídica Brasileira, 1999.

MORGAN, Rod; REINER, Robert; MAGUIRE, Mike. *The Oxford handbook of criminology*. 5. ed. Oxford: Oxford University Press, 2012.

MUKHERJEE, Siddhartha. *O gene*: uma história íntima. Trad. Laura Teixeira Motta. São Paulo: Schwarcz, 2016.

MÜLLER, Marisa Campio; PICCOLOTO, Neri Maurício; SCHMIDT, Eluisa Bordin. Depressão pós-parto: fatores de risco e repercussões no desenvolvimento infantil. Disponível em: <http://www.scielo.br/scielo.

php?script=sci_arttext&pid=S1413-82712005000100008>. Acesso em: 19 fev. 2021.

NASCIMENTO, Walter Vieira do. *Lições de história do direito*. 3. ed. Rio de Janeiro: Forense, 1984.

NISTAL BURÓN, Javier; RODRÍGUEZ MAGARIÑOS, Faustino Gudín. *La historia de las penas*: de Hammurabi a la cárcel electrónica. Valencia: Tirant lo Blanch, 2015.

NORONHA, E. Magalhães. A classificação de delinquentes no novo direito penal. *Revista Brasileira de Criminologia e Direito Penal*, Rio de Janeiro, n. 14, p. 95-104, jul./set. 1966.

NORONHA, E. Magalhães. Culpabilidade e periculosidade. *Revista Brasileira de Criminologia e Direito Penal*, Rio de Janeiro, n. 5, p. 57-65, abr./jun. 1964.

NORONHA, E. Magalhães. *Trottoir* e contravenção. *Revista Brasileira de Criminologia e Direito Penal*, Rio de Janeiro, n. 16, p. 103-105, jan./mar. 1967.

NOVAIS, Valéria Barreto; VALENÇA, Alexandre; MELEIRO, Alexandrina Maria Augusto da Silva. Transtornos de personalidade. In: MELEIRO, Alexandrina (Coord.). *Psiquiatria*: estudos fundamentais. Rio de Janeiro: GEN/Guanabara Koogan, 2018.

NUCCI, Guilherme de Souza. *Curso de direito penal*. 4. ed. Rio de Janeiro: Forense, 2020. v. 1.

NUCCI, Guilherme de Souza. *Direitos humanos* versus *segurança pública*. Rio de Janeiro: Forense, 2016.

NUCCI, Guilherme de Souza. *Individualização da pena*. 7. ed. Rio de Janeiro: Forense, 2015.

NUCCI, Guilherme de Souza. *Princípios constitucionais penais e processuais penais*. 4. ed. Rio de Janeiro: Forense, 2015.

NUCCI, Guilherme de Souza. *Prostituição, lenocínio e tráfico de pessoas*. 2. ed. Rio de Janeiro: Forense, 2015.

NÚÑEZ REBOLLEDO, Lucía. La prevención del delito a través de los paradigmas criminológicos. In: ORDAZ HERNÁNDEZ, David; CUNJAMA LÓPEZ, Emilio Daniel (Coord.). *Criminología reflexiva*: discusiones acerca de la criminalidad. México: Ubijus Editorial, 2011.

NUVOLONE, Pietro. O problema da reeducação do condenado. *Revista Brasileira de Criminologia e Direito Penal*, Rio de Janeiro, n. 11, p. 7-17, out./dez. 1965.

OLMO, Rosa del. *A América Latina e sua criminologia*. Rio de Janeiro: Revan, 2004.

ORDAZ HERNÁNDEZ, David; CUNJAMA LÓPEZ, Emilio Daniel (Coord.). *Criminología reflexiva*: discusiones acerca de la criminalidad. México: Ubijus Editorial, 2011.

PALMA, Rodrigo Freitas. *História do direito*. São Paulo: Saraiva, 2000.

PALMA, Rodrigo Freitas. *Manual elementar de direito hebraico*. Curitiba: Juruá, 2008.

PALOMBA, Guido Arturo. *Tratado de psiquiatria forense*: civil e penal. São Paulo: Atheneu, 2003.

PARK, Robert Ezra. A cidade: sugestões para a investigação do comportamento humano no meio urbano. In: VELHO, Otávio Guilherme (Org.). *O fenômeno urbano*. 2. ed. Rio de Janeiro: Zahar, 1973.

PASSETTI, Edson. A atualidade do abolicionismo penal. In: PASSETTI, Edson (Coord.). *Curso livre de abolicionismo penal*. 2. ed. Rio de Janeiro: Revan, 2012.

PASSETTI, Edson (Coord.). *Curso livre de abolicionismo penal*. 2. ed. Rio de Janeiro: Revan, 2012.

PASUKANIS, E. B. *A teoria geral do direito e o marxismo*. Trad. Paulo Bessa. Rio de Janeiro: Renovar, 1989.

PAVARINI, Massimo; MELOSSI, Dario. *Cárcere e fábrica*: as origens do sistema penitenciário (séculos XVI-XIX). Trad. Sérgio Lamarão. Rio de Janeiro: Revan, 2006.

PEARSON, Geoff. A sociologia do desajuste e a política de socialização. In: TAYLOR, Ian; WALTON, Paul; YOUNG, Jock (Org.). *Criminologia crítica*. Trad. Juarez Cirino dos Santos e Sérgio Tancredo. Rio de Janeiro: Edições Graal, 1980.

PEIXOTO, Afrânio. *Criminologia*. 2. ed. Rio de Janeiro: Guanabara, 1933.

PÉREZ ÁLVAREZ, Fernando (Dir.); DÍAZ CORTÉS, Lina Mariola (Coord.). *Introducción a la criminología*. 2. ed. Salamanca: Ratio Legis, 2015.

PESSINA, Enrico. *Teoria do delito e da pena*. Trad. Fernanda Lobo. São Paulo: Rideel, 2006.

PICCOLOTO, Neri Maurício; SCHMIDT, Eluisa Bordin; MÜLLER, Marisa Campio. Depressão pós-parto: fatores de risco e repercussões no desenvolvimento infantil. Disponível em: <http://www.scielo.br/scielo.php?script=sci_arttext&pid=S1413-82712005000100008>. Acesso em: 19 fev. 2021.

PIEDADE JÚNIOR, Heitor; MAYR, Eduardo; KOSOVISKI, Ester (Coord.). *Vitimologia em debate II*. Rio de Janeiro: Lumen Juris, 1997.

PIERANGELI, José Henrique; ZAFFARONI, Eugenio Raúl. *Manual de direito penal brasileiro*: parte geral. 11. ed. São Paulo: RT, 2015.

PINHO, Ruy Rebello. *História do direito penal brasileiro*: período colonial. São Paulo: José Bushatsky, 1973.

PINSKY, Ilana. Álcool e violência. In: LIMA, Renato Sérgio de; RATTON, José Luiz; AZEVEDO, Rodrigo Ghiringhelli (Org.). *Crime, polícia e justiça no Brasil*. São Paulo: Contexto, 2014.

PITOMBO, Sérgio Marcos de Moraes; ANDREUCCI, Ricardo Antunes; DOTTI, René Ariel; REALE JÚNIOR, Miguel. *Penas e medidas de segurança no novo Código*. 2. ed. Rio de Janeiro: Forense, 1987.

PLATT, Tony. Perspectivas para uma criminologia radical nos EUA. In: TAYLOR, Ian; WALTON, Paul; YOUNG, Jock (Org.). *Criminologia crítica*. Trad. Juarez Cirino dos Santos e Sérgio Tancredo. Rio de Janeiro: Edições Graal, 1980.

POMPEU, Victor Marcilio. *Justiça restaurativa*: alternativa de reintegração e de ressocialização. 2. ed. Rio de Janeiro: Lumen Juris, 2019.

PORTELLA, Ana Paula. Criminologia feminista. In: LIMA, Renato Sérgio de; RATTON, José Luiz; AZEVEDO, Rodrigo Ghiringhelli (Org.). *Crime, polícia e justiça no Brasil*. São Paulo: Contexto, 2014.

PRÍNCIPE, Raquel de Santana; VALADARES, Gislene Cristina; COSTA, Priscila de Almeida; RENNÓ JÚNIOR, Joel; MELEIRO, Alexandrina Maria Augusto da Silva. Saúde mental da mulher. In: MELEIRO, Alexandrina (Coord.). *Psiquiatria*: estudos fundamentais. Rio de Janeiro: GEN/Guanabara Koogan, 2018.

QUINNEY, Richard. O controle do crime na sociedade capitalista: uma filosofia crítica da ordem legal. In: TAYLOR, Ian; WALTON, Paul; YOUNG, Jock (Org.). *Criminologia crítica*. Trad. Juarez Cirino dos Santos e Sérgio Tancredo. Rio de Janeiro: Edições Graal, 1980.

RADBRUCH, Gustav. *Introdução à ciência do direito*. Trad. Vera Barkow. São Paulo: Martins Fontes, 2011.

RATTON, José Luiz; AZEVEDO, Rodrigo Ghiringhelli; LIMA, Renato Sérgio de (Org.). *Crime, polícia e justiça no Brasil*. São Paulo: Contexto, 2014.

REALE JÚNIOR, Miguel. *Instituições de direito penal*: parte geral. Rio de Janeiro: Forense, 2003. v. II.

REALE JÚNIOR, Miguel; DOTTI, René Ariel; ANDREUCCI, Ricardo Antunes; PITOMBO, Sérgio M. de Moraes. *Penas e medidas de segurança no novo Código*. 2. ed. Rio de Janeiro: Forense, 1987.

RECASÉNS SICHES, Luis. *Tratado de sociologia*. Trad. João Baptista Coelho Aguiar. Porto Alegre: Globo, 1965. v. I.

REINER, Robert; MAGUIRE, Mike; MORGAN, Rod. *The Oxford handbook of criminology*. 5. ed. Oxford: Oxford University Press, 2012.

REIS, Érika Figueiredo. *Justiça e espírito de vingança*: o que se quer quando se pede por justiça e o ressentimento do homem atual. Curitiba: Juruá, 2015.

RENNÓ JÚNIOR, Joel; VALADARES, Gislene Cristina; PRÍNCIPE, Raquel de Santana; COSTA, Priscila de Almeida; MELEIRO, Alexandrina Maria Augusto da Silva. Saúde mental da mulher. In: MELEIRO, Alexandrina (Coord.). *Psiquiatria*: estudos fundamentais. Rio de Janeiro: GEN/Guanabara Koogan, 2018.

RIBEIRO, Ludmila. Policiamento comunitário. In: LIMA, Renato Sérgio de; RATTON, José Luiz; AZEVEDO, Rodrigo Ghiringhelli (Org.). *Crime, polícia e justiça no Brasil*. São Paulo: Contexto, 2014.

ROBINSON, O. F. *The criminal law of ancient Rome*. Baltimore: The Johns Hopkins University Press, 1995.

RODRIGUES, Anabela Miranda. *A determinação da medida da pena privativa de liberdade*. Coimbra: Coimbra Editora, 1995.

RODRIGUES, Nina. *Os africanos no Brasil*. 7. ed. Brasília: Editora UnB, 1988.

RODRÍGUEZ MAGARIÑOS, Faustino Gudín; NISTAL BURÓN, Javier. *La historia de las penas*: de Hammurabi a la cárcel electrónica. Valencia: Tirant lo Blanch, 2015.

ROLIM, Marcos. *A síndrome da rainha vermelha*: policiamento e segurança pública no século XXI. Rio de Janeiro: Zahar, 2006.

ROXIN, Claus. *Política criminal e sistema jurídico-penal*. Trad. Luís Greco. Rio de Janeiro: Renovar, 2012.

RUDÁ, Antonio Sólon. *Breve história do direito penal e da criminológica* (do primitivismo criminal à era das escolas penais). Lisboa: IJASR, 2018.

RUSCHE, Georg; KIRCHHEIMER, Otto. *Punição e estrutura social*. Trad. Gizlene Neder. Rio de Janeiro: Freitas Bastos, 1999.

SAADEH, Alexandre; GAGLIOTTI, Daniel Augusto Mori; CIASCA, Saulo Vito; CORDEIRO, Desirèe Monteiro. Transtornos parafílicos e disforia de gênero. In: MELEIRO, Alexandrina (Coord.). *Psiquiatria*: estudos fundamentais. Rio de Janeiro: GEN/Guanabara Koogan, 2018.

SÁ, Alvino Augusto de. *Criminologia clínica e psicologia criminal*. 3. ed. São Paulo: RT, 2013.

SÁ, Alvino Augusto de. Do viés médico-psicológico ao viés crítico da criminologia clínica: mudanças no enfoque interpretativo dos fatores apontados nos exames criminológicos. In: SÁ, Alvino Augusto de; SHECAIRA, Sérgio Salomão; TANGERINO, Davi de Paiva Costa (Coord.). *Criminologia no Brasil*: história e aplicações clínicas e sociológicas. Rio de Janeiro: Elsevier/Campus Jurídico, 2011.

SÁ, Alvino Augusto de. *Reincidência criminal sob o enfoque da psicologia clínica preventiva*. São Paulo: Editora Pedagógica Universitária, 1987.

SÁ, Alvino Augusto de; SHECAIRA, Sérgio Salomão (Org.). *Criminologia e os problemas da atualidade*. São Paulo: Atlas, 2008.

SÁ, Alvino Augusto de; SHECAIRA, Sérgio Salomão; TANGERINO, Davi de Paiva Costa (Coord.). *Criminologia no Brasil*: história e aplicações clínicas e sociológicas. Rio de Janeiro: Elsevier/Campus Jurídico, 2011.

SALEILLES, Raymond. *A individualização da pena*. Trad. Thais Miremis Sanfelippo da Silva Amadio. São Paulo: Rideel, 2006.

SALGADO, Carlos Alberto Iglesias; MARQUES, Ana Cecilia Petta Roselli; BICCA, Carla; MELEIRO, Alexandrina Maria Augusto da Silva. Transtornos de dependência a substâncias psicoativas. In: MELEIRO, Alexandrina (Coord.). *Psiquiatria*: estudos fundamentais. Rio de Janeiro: GEN/Guanabara Koogan, 2018.

SANTA CECILIA GARCIA, Fernando. Concepto de criminología. In: PÉREZ ÁLVAREZ, Fernando (Dir.); DÍAZ CORTÉS, Lina Mariola (Coord.). *Introducción a la criminología*. 2. ed. Salamanca: Ratio Legis, 2015.

SANTA CECILIA GARCIA, Fernando. Método y técnicas de la criminología. In: PÉREZ ÁLVAREZ, Fernando (Dir.); DÍAZ CORTÉS, Lina Mariola (Coord.). *Introducción a la criminología*. 2. ed. Salamanca: Ratio Legis, 2015.

SANTA CECILIA GARCIA, Fernando. Objeto de la criminología: delito y delincuente. In: PÉREZ ÁLVAREZ, Fernando (Dir.); DÍAZ CORTÉS, Lina Mariola (Coord.). *Introducción a la criminología*. 2. ed. Salamanca: Ratio Legis, 2015.

SANTA CECILIA GARCIA, Fernando. Objeto de la criminología: el control social. In: PÉREZ ÁLVAREZ, Fernando (Dir.); DÍAZ CORTÉS, Lina Mariola (Coord.). *Introducción a la criminología*. 2. ed. Salamanca: Ratio Legis, 2015.

SANTOS, Juarez Cirino dos. *A criminologia radical*. Rio de Janeiro: Forense, 1981.

SCHEERER, Sebastian; GENELHÚ, Ricardo. *Manifesto para abolir as prisões*. Rio de Janeiro: Revan, 2017.

SCHMIDT, Eluisa Bordin; PICCOLOTO, Neri Maurício; MÜLLER, Marisa Campio. Depressão pós-parto: fatores de risco e repercussões no desenvolvimento infantil. Disponível em: <http://www.scielo.br/scielo.php?script=sci_arttext&pid=S1413-82712005000100008>. Acesso em: 19 fev. 2021.

SCHWEITZER, Myrinda; SMITH, Paula. The therapeutic prison. In: CULLEN, Francis T.; STOHR, Mary K.; JONSON, Cheryl Lero (Ed.). *The american prison*: imagining a different future. Los Angeles: Sage, 2014.

SCHWENDINGER, Herman; SCHWENDINGER, Julia. Defensores da ordem ou guardiães dos direitos humanos? In: TAYLOR, Ian; WALTON, Paul; YOUNG, Jock (Org.). *Criminologia crítica*. Trad. Juarez Cirino dos Santos e Sérgio Tancredo. Rio de Janeiro: Edições Graal, 1980.

SCHWENDINGER, Julia; SCHWENDINGER, Herman. Defensores da ordem ou guardiães dos direitos humanos? In: TAYLOR, Ian; WALTON, Paul; YOUNG, Jock (Org.). *Criminologia crítica*. Trad. Juarez Cirino dos Santos e Sérgio Tancredo. Rio de Janeiro: Edições Graal, 1980.

SEELIG, Ernst. *Manual de criminologia*. Trad. Guilherme de Oliveira. Coimbra: Armênio Amado Editor, 1957. v. 1 e 2.

SENDEREY, Israel Drapkin. *Manual de criminologia*. Trad. Ester Kosovski. São Paulo: José Bushatsky, 1978.

SERRANO MAÍLLO, Alfonso. *Curso de criminologia*. 3. ed. Trad. Luiz Regis Prado. São Paulo: RT, 2016.

SHECAIRA, Sérgio Salomão. *Criminologia*. 6. ed. São Paulo: RT, 2014.

SHECAIRA, Sérgio Salomão. Drogas e criminologia. In: LIMA, Renato Sérgio de; RATTON, José Luiz; AZEVEDO, Rodrigo Ghiringhelli (Org.). *Crime, polícia e justiça no Brasil*. São Paulo: Contexto, 2014.

SHECAIRA, Sérgio Salomão. Exclusão moderna e prisão antiga. In: SHECAIRA, Sérgio; TANGERINO, Davi de Paiva Costa; SÁ, Alvino Augusto de (Coord.). *Criminologia no Brasil*: história e aplicações clínicas e sociológicas. Rio de Janeiro: Elsevier/Campus Jurídico, 2011.

SHECAIRA, Sérgio Salomão; SÁ, Alvino Augusto de (Org.). *Criminologia e os problemas da atualidade*. São Paulo: Atlas, 2008.

SHECAIRA, Sérgio Salomão; SÁ, Alvino Augusto de; TANGERINO, Davi de Paiva Costa (Coord.). *Criminologia no Brasil*: história e aplicações clínicas e sociológicas. Rio de Janeiro: Elsevier/Campus Jurídico, 2011.

SHIRLEY, Robert Weaver. *Antropologia jurídica*. São Paulo: Saraiva, 1987.

SIDOU, J. M. Othon. *Os recursos processuais na história do direito*. 2. ed. Rio de Janeiro: Forense, 1978.

SIGHELE, Scipio. *A multidão criminosa*. Rio de Janeiro: Organização Simões, 1954.

SILVA, Braulio; MARINHO, Frederico Couto. Urbanismo, desorganização social e criminalidade. In: LIMA, Renato Sérgio de; RATTON, José Luiz; AZEVEDO, Rodrigo Ghiringhelli (Org.). Crime, polícia e justiça no Brasil. São Paulo: Contexto, 2014.

SILVA, Evandro Lins e. De Beccaria a Filippo Gramatica. Disponível em: <http://www.fragoso.com.br/wp-content/uploads/2017/10/20171002212053-beccaria_filippo_gramatica_4.pdf>. Acesso em: 23 jan. 2020.

SILVA, Germano Marques da. *Direito penal português*: parte geral – teorias das penas e das medidas de segurança. Lisboa: Editorial Verbo, 1999.

SILVA SÁNCHEZ, J. M. (Ed.). *Política criminal y nuevo derecho penal*: libro homenaje a Claus Roxin. Barcelona: J. M. Bosch, 1997.

SILVEIRA, Alípio. O exame biopsicossocial na justiça penal. *Revista Brasileira de Criminologia e Direito Penal*, Rio de Janeiro, n. 11, p. 119-171, out./dez. 1965.

SILVEIRA, Andréa Maria. A prevenção do crime e segurança comunitária. In: LIMA, Renato Sérgio de; RATTON, José Luiz; AZEVEDO, Rodrigo Ghiringhelli (Org.). *Crime, polícia e justiça no Brasil*. São Paulo: Contexto, 2014.

SIMMEL, Georg. A metrópole e a vida mental. In: VELHO, Otávio Guilherme (Org.). *O fenômeno urbano*. 2. ed. Rio de Janeiro: Zahar, 1973.

SMITH, Paula; SCHWEITZER, Myrinda. The therapeutic prison. In: CULLEN, Francis T.; STOHR, Mary K.; JONSON, Cheryl Lero (Ed.). *The american prison*: imagining a different future. Los Angeles: Sage, 2014.

SOARES, Orlando. *Criminologia*. Rio de Janeiro: Freitas Bastos, 1986.

SOARES, Orlando. *Justiça e criminalidade*. Rio de Janeiro: Orlando Estêvão da Costa Soares, 1974.

SONTAG, Ricardo; DAL RI JÚNIOR, Arno (Org.). *História do direito penal entre medievo e modernidade*. Belo Horizonte: Del Rey, 2011.

STEINER, Benjamin; MEADE, Benjamin. The safe prison. In: CULLEN, Francis T.; STOHR, Mary K.; JONSON, Cheryl Lero (Ed.). *The american prison*: imagining a different future. Los Angeles: Sage, 2014.

STOHR, Mary K.; JONSON, Cheryl Lero; CULLEN, Francis T. Lessons learned: from penal harm to penal help. In: CULLEN, Francis T.; STOHR, Mary K.; JONSON, Cheryl Lero (Ed.). *The american prison*: imagining a different future. Los Angeles: Sage, 2014.

STOHR, Mary K.; JONSON, Cheryl Lero; CULLEN, Francis T. (Ed.). *The american prison*: imagining a different future. Los Angeles: Sage, 2014.

STRECK, Lenio Luiz; COUTINHO, Jacinto Nelson de Miranda; MORAIS, José Luís Bolzan de (Org.). *Estudos constitucionais*. Rio de Janeiro: Renovar, 2007.

SUED, Gazir. *Genealogía del derecho penal*: antecedentes jurídico-políticos, filosóficos y teológicos desde la Antigüedad hasta la Modernidad. San Juan: Editorial La Grieta, 2015. t. II.

SUNDT, Jody L.; CULLEN, Francis T.; WOZNIAK, John F. The virtuous prison. In: CULLEN, Francis T.; STOHR, Mary K.; JONSON, Cheryl Lero (Ed.). *The american prison*: imagining a different future. Los Angeles: Sage, 2014.

SUTHERLAND, Edwin H. *Crime de colarinho branco*: versão sem cortes. Trad. Clécio Lemos. Rio de Janeiro: Revan, 2016.

SUTHERLAND, Edwin H.; CRESSEY, Donald R. *Principles of criminology*. 6. ed. Philadelphia: J. B. Lippincott Company, 1960.

TANGERINO, Davi de Paiva Costa; SHECAIRA, Sérgio Salomão; SÁ, Alvino Augusto de (Coord.). *Criminologia no Brasil*: história e aplicações clínicas e sociológicas. Rio de Janeiro: Elsevier/Campus Jurídico, 2011.

TARDE, Gabriel. *A criminalidade comparada*. Trad. Ludy Veloso. Rio de Janeiro: Editora Nacional de Direito, 1957.

TAYLOR, Ian; WALTON, Paul; YOUNG, Jock. Criminologia crítica na Inglaterra: retrospecto e perspectiva. In: TAYLOR, Ian; WALTON, Paul; YOUNG, Jock (Org.). *Criminologia crítica*. Trad. Juarez Cirino dos Santos e Sérgio Tancredo. Rio de Janeiro: Edições Graal, 1980.

TAYLOR, Ian; WALTON, Paul; YOUNG, Jock (Org). *Criminologia crítica*. Trad. Juarez Cirino dos Santos e Sérgio Tancredo. Rio de Janeiro: Edições Graal, 1980.

TELLES, Lisieux E. de Borba; BARROS, Alcina Juliana Soares; COSTA, Gabriela de Moraes; BINS, Helena Dias de Castro. Psiquiatria forense. In: MELEIRO, Alexandrina (Coord.). *Psiquiatria*: estudos fundamentais. Rio de Janeiro: GEN/Guanabara Koogan, 2018.

THOMPSON, Augusto. *Quem são os criminosos?* O crime e o criminoso: entes políticos. Rio de Janeiro: Lumen Juris, 1998.

TONRY, Michael. *Thinking about crime*: sense and sensibility in american penal culture. New York: Oxford Press, 2004.

VALADARES, Gislene Cristina; PRÍNCIPE, Raquel de Santana; COSTA, Priscila de Almeida; RENNÓ JÚNIOR, Joel; MELEIRO, Alexandrina Maria Augusto da Silva. Saúde mental da mulher. In: MELEIRO, Alexandrina (Coord.). *Psiquiatria*: estudos fundamentais. Rio de Janeiro: GEN/Guanabara Koogan, 2018.

VALENÇA, Alexandre; NOVAIS, Valéria Barreto; MELEIRO, Alexandrina Maria Augusto da Silva. Transtornos de personalidade. In: MELEIRO, Alexandrina (Coord.). *Psiquiatria*: estudos fundamentais. Rio de Janeiro: GEN/Guanabara Koogan, 2018.

VELHO, Otávio Guilherme (Org.). *O fenômeno urbano*, 2. ed. Rio de Janeiro: Zahar, 1973.

VENEZIANI, Paolo; CADOPPI, Alberto. *Elementi di diritto penale*: parte generale. Padova: Cedam, 2002.

VERAS, Ryanna Pala. *Nova criminologia e os crimes do colarinho branco*. São Paulo: Martins Fontes, 2010.

VIEIRA, Jair Lot (Ed.). *Código de Hamurabi – Código de Manu – Leis das XII Tábuas*. 3. ed. Bauru: Edipro, 2011.

WACQUANT, Loïc. *As duas faces do gueto*. Trad. Paulo Cezar Castanheira. São Paulo: Boitempo Editorial, 2008.

WACQUANT, Loïc. *As prisões da miséria*. Trad. André Telles. Rio de Janeiro: Zahar Editor, 2011.

WACQUANT, Loïc. *Punir os pobres*: a nova gestão da miséria nos Estados Unidos. 2. ed. Trad. Eliana Aguiar. Rio de Janeiro: Revan, 2003.

WALTON, Paul; YOUNG, Jock; TAYLOR, Ian. Criminologia crítica na Inglaterra: retrospecto e perspectiva. In: TAYLOR, Ian; WALTON, Paul; YOUNG, Jock (Org.). *Criminologia crítica*. Trad. Juarez Cirino dos Santos e Sérgio Tancredo. Rio de Janeiro: Edições Graal, 1980.

WALTON, Paul; YOUNG, Jock; TAYLOR, Ian (Org). *Criminologia crítica*. Trad. Juarez Cirino dos Santos e Sérgio Tancredo. Rio de Janeiro: Edições Graal, 1980.

WEIGEND, Thomas; JESCHECK, Hans-Heinrich. *Tratado de derecho penal*: parte general. Trad. Miguel Olmedo Cardenete. Granada: Comares, 2002.

WHITAKER, Edmur de Aguiar. *Manual de psicologia e psicopatologia judiciárias*. 2. ed. São Paulo: Sugestões Literárias, 1969.

WILSON, James Q. *Thinking about crime*. New York: Basic Books, 2013.

WILSON, James Q.; KELLING, George L. Broken windows. The police and neighborhood safety, Mar. 1982. Disponível em: <https://www.theatlantic.com/magazine/archive/1982/03/broken-windows/304465/>. Acesso em: 4 fev. 2021.

WIRTH, Louis. O urbanismo como modo de vida. In: VELHO, Otávio Guilherme (Org.). *O fenômeno urbano*. 2. ed. Rio de Janeiro: Zahar, 1973.

WOLKMER, Antonio Carlos (Org.). *Fundamentos de história do direito*. 9. ed. Belo Horizonte: Del Rey, 2016.

WOZNIAK, John F.; CULLEN, Francis T.; SUNDT, Jody L. The virtuous prison. In: CULLEN, Francis T.; STOHR, Mary K.; JONSON, Cheryl Lero (Ed.). *The american prison*: imagining a different future. Los Angeles: Sage, 2014.

YOUNG, Jock. *A sociedade excludente*. Trad. Renato Aguiar. Rio de Janeiro: Revan, 2002.

YOUNG, Jock. Criminologia da classe trabalhadora. In: TAYLOR, Ian; WALTON, Paul; YOUNG, Jock (Org.). *Criminologia crítica*. Trad. Juarez Cirino dos Santos e Sérgio Tancredo. Rio de Janeiro: Edições Graal, 1980.

YOUNG, Jock; HAYWARD, Keith; FERRELL, Jeff. *Cultural criminology*. 2. ed. London: Sage, 2015.

YOUNG, Jock; TAYLOR, Ian; WALTON, Paul. Criminologia crítica na Inglaterra: retrospecto e perspectiva. In: TAYLOR, Ian; WALTON, Paul; YOUNG, Jock (Org.). *Criminologia crítica*. Trad. Juarez Cirino dos Santos e Sérgio Tancredo. Rio de Janeiro: Edições Graal, 1980.

YOUNG, Jock; WALTON, Paul; TAYLOR, Ian (Org). *Criminologia crítica*. Trad. Juarez Cirino dos Santos e Sérgio Tancredo. Rio de Janeiro: Edições Graal, 1980.

ZAFFARONI, Eugenio Raúl. *Em busca das penas perdidas*: a perda de legitimidade do sistema penal. 5. ed. 5. tir. Trad. Vânia Romano Pedrosa e Amir Lopes da Conceição. Rio de Janeiro: Revan, 2017.

ZAFFARONI, Eugenio Raúl. *O inimigo no direito penal*. Rio de Janeiro: Revan, 2007.

ZAFFARONI, Eugenio Raúl. *Tratado de derecho penal*: parte general. Buenos Aires: Ediar, 1995. v. I.

ZAFFARONI, Eugenio Raúl. *Tratado de derecho penal*: parte general. Buenos Aires: Ediar, 1987. v. II.

ZAFFARONI, Eugenio Raúl; PIERANGELI, José Henrique. *Manual de direito penal brasileiro*: parte geral. 11. ed. São Paulo: RT, 2015.

ZAMBRANA MORAL, Patricia. *Estudios de historia del derecho penal*: vindicatio, inimicitia y represión penal em el derecho español medieval y moderno. Saarbrücken: Editorial Académica Española, 2016.

ZEHR, Howard. *Justiça restaurativa*: teoria e prática. 3. ed. Trad. Tônia Van Acker. São Paulo: Palas Athena, 2020.

ZILLI, Luis Felipe. Grupos delinquentes. In: LIMA, Renato Sérgio de; RATTON, José Luiz; AZEVEDO, Rodrigo Ghiringhelli (Org.). *Crime, polícia e justiça no Brasil*. São Paulo: Contexto, 2014.

ZILLI, Luís Felipe; BEATO, Claudio. Organização social do crime. In: LIMA, Renato Sérgio de; RATTON, José Luiz; AZEVEDO, Rodrigo Ghiringhelli (Org.). *Crime, polícia e justiça no Brasil*. São Paulo: Contexto, 2014.

Obras do Autor

Código de Processo Penal comentado. 20. ed. Rio de Janeiro: Forense, 2021.

Código Penal comentado. 21. ed. Rio de Janeiro: Forense, 2021.

Código Penal Militar Comentado. 4. ed. Rio de Janeiro: Forense, 2021.

Curso de Direito Penal. Parte geral. 5. ed. Rio de Janeiro: Forense, 2021. vol. 1.

Curso de Direito Penal. Parte especial. 5. ed. Rio de Janeiro: Forense, 2021. vol. 2.

Curso de Direito Penal. Parte especial. 5. ed. Rio de Janeiro: Forense, 2021. vol. 3.

Curso de Direito Processual Penal. 18. ed. Rio de Janeiro: Forense, 2021.

Curso de Execução Penal. 4. ed. Rio de Janeiro: Forense, 2021.

Direito Penal. Partes geral e especial. 7. ed. São Paulo: Método, 2021. Esquemas & sistemas.

Estatuto da Criança e do Adolescente Comentado. 5. ed. Rio de Janeiro: Forense, 2021.

Leis Penais e Processuais Penais Comentadas. 14. ed. Rio de Janeiro: Forense, 2021. vol. 1 e 2.

Manual de Direito Penal. 17. ed. Rio de Janeiro: Forense, 2021.

Manual de Processo Penal. 2. ed. Rio de Janeiro: Forense, 2021.

Organização Criminosa. 5. ed. Rio de Janeiro: Forense, 2021.

Prisão, medidas cautelares e liberdade. 6. ed. Rio de Janeiro: Forense, 2021.

Processo Penal e Execução Penal. 6. ed. São Paulo: Método, 2021. Esquemas & sistemas.

Prática Forense Penal. 13. ed. Rio de Janeiro: Forense, 2021.

Pacote Anticrime Comentado. Rio de Janeiro: Forense, 2020.

Tribunal do Júri. 8. ed. Rio de Janeiro: Forense, 2020.

Código de Processo Penal Militar Comentado. 3. ed. Rio de Janeiro: Forense, 2019.

Execução Penal no Brasil – Estudos e Reflexões. Rio de Janeiro: Forense, 2019 (coordenação e autoria).

Habeas Corpus. 3. ed. Rio de Janeiro: Forense, 2019.

Instituições de Direito Público e Privado. Rio de Janeiro: Forense, 2019.

Manual de Processo Penal e Execução Penal. 14. ed. Rio de Janeiro: Forense, 2017.

Direitos Humanos versus *Segurança Pública*. Rio de Janeiro: Forense, 2016.

Individualização da pena. 7. ed. Rio de Janeiro: Forense, 2015.

Corrupção e Anticorrupção. Rio de Janeiro: Forense, 2015.

Prostituição, Lenocínio e Tráfico de Pessoas. 2. ed. Rio de Janeiro: Forense, 2015.

Princípios Constitucionais Penais e Processuais Penais. 4. ed. Rio de Janeiro: Forense, 2015.

Provas no Processo Penal. 4. ed. Rio de Janeiro: Forense, 2015.

Crimes contra a Dignidade Sexual. 5. ed. Rio de Janeiro: Forense, 2015.

Dicionário Jurídico. São Paulo: Ed. RT, 2013.

Código Penal Comentado – versão compacta. 2. ed. São Paulo: Ed. RT, 2013.

Tratado Jurisprudencial e Doutrinário. Direito Penal. 2. ed. São Paulo: Ed. RT, 2012. vol. I e II.

Tratado Jurisprudencial e Doutrinário. Direito Processual Penal. São Paulo: Ed. RT, 2012. vol. I e II.

Doutrinas Essenciais. Direito Processual Penal. Organizador, em conjunto com Maria Thereza Rocha de Assis Moura. São Paulo: Ed. RT, 2012. vol. I a VI.

Doutrinas Essenciais. Direito Penal. Organizador, em conjunto com Alberto Silva Franco. São Paulo: Ed. RT, 2011. vol. I a IX.

Crimes de Trânsito. São Paulo: Juarez de Oliveira, 1999.

Júri – Princípios Constitucionais. São Paulo: Juarez de Oliveira, 1999.

O Valor da Confissão como Meio de Prova no Processo Penal. Com comentários à Lei da Tortura. 2. ed. São Paulo: Ed. RT, 1999.

Tratado de Direito Penal. Frederico Marques. Atualizador, em conjunto com outros autores. Campinas: Millenium, 1999. vol. 3.

Tratado de Direito Penal. Frederico Marques. Atualizador, em conjunto com outros autores. Campinas: Millenium, 1999. vol. 4.

Tratado de Direito Penal. Frederico Marques. Atualizador, em conjunto com outros autores. Campinas: Bookseller, 1997. vol. 1.

Tratado de Direito Penal. Frederico Marques. Atualizador, em conjunto com outros autores. Campinas: Bookseller, 1997. vol. 2.

Roteiro Prático do Júri. São Paulo: Oliveira Mendes e Del Rey, 1997.

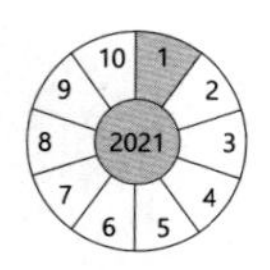

10
1
2
3
4
5
6
7
8
9
2021